U0649429

普通高等教育"十一五"国家级规划教材

高等学校交通运输与工程类专业规划教材

交通运输设施与管理

（第二版）

郭忠印　杨　群　主编

陈荣生　李宇峙　主审

人民交通出版社

内 容 提 要

本书为普通高等教育"十一五"国家级规划教材,主要讲述交通运输基础设施和载运工具,以及交通运输基础设施养护与运营管理的相关知识。

本书可作为交通工程、土木工程(道路、铁路、机场等方向)、交通土建工程以及交通运输等专业大学本科生学习运输设施与管理的教科书,也可作为相关的工程类专业和相关的管理类专业大学生、工程技术人员的教学参考书和培训教材。

图书在版编目(CIP)数据

交通运输设施与管理/郭忠印,杨群主编. —2 版. —北京:人民交通出版社,2011.5

普通高等教育"十一五"国家级规划教材

ISBN 978-7-114-08993-0

Ⅰ.交… Ⅱ.①郭…②杨… Ⅲ.①交通设施—高等学校—教材②交通运输管理—高等学校—教材 Ⅳ. ①U②F502

中国版本图书馆 CIP 数据核字(2011)第 057641 号

书　　名:交通运输设施与管理(第二版)
著 作 者:郭忠印　杨　群
责任编辑:沈鸿雁　丁润铎
出版发行:人民交通出版社
地　　址:(100011)北京市朝阳区安定门外外馆斜街 3 号
网　　址:http://www.ccpress.com.cn
销售电话:(010)59757973
总 经 销:人民交通出版社发行部
经　　销:各地新华书店
印　　刷:北京市密东印刷有限公司
开　　本:787×1092　1/16
印　　张:18.5
字　　数:455 千
版　　次:2005 年 9 月　第 1 版　2011 年 5 月　第 2 版
印　　次:2018 年 6 月　第 2 版　第 3 次印刷
书　　号:ISBN 978-7-114-08993-0
定　　价:38.00 元

(有印刷、装订质量问题的图书由本社负责调换)

高等学校交通运输与工程（道路、桥梁、隧道与交通工程）教材建设委员会

主 任 委 员：沙爱民　（长安大学）

副主任委员：梁乃兴　（重庆交通大学）

　　　　　　陈艾荣　（同济大学）

　　　　　　徐　岳　（长安大学）

　　　　　　黄晓明　（东南大学）

　　　　　　韩　敏　（人民交通出版社股份有限公司）

委　　　员：（按姓氏笔画排序）

　　　　　　马松林　（哈尔滨工业大学）　　王云鹏　（北京航空航天大学）

　　　　　　石　京　（清华大学）　　　　　申爱琴　（长安大学）

　　　　　　朱合华　（同济大学）　　　　　任伟新　（合肥工业大学）

　　　　　　向中富　（重庆交通大学）　　　刘　扬　（长沙理工大学）

　　　　　　刘朝晖　（长沙理工大学）　　　刘寒冰　（吉林大学）

　　　　　　关宏志　（北京工业大学）　　　李亚东　（西南交通大学）

　　　　　　杨晓光　（同济大学）　　　　　吴瑞麟　（华中科技大学）

　　　　　　何　民　（昆明理工大学）　　　何东坡　（东北林业大学）

　　　　　　张顶立　（北京交通大学）　　　张金喜　（北京工业大学）

　　　　　　陈　红　（长安大学）　　　　　陈　峻　（东南大学）

　　　　　　陈宝春　（福州大学）　　　　　陈静云　（大连理工大学）

　　　　　　邵旭东　（湖南大学）　　　　　项贻强　（浙江大学）

　　　　　　胡志坚　（武汉理工大学）　　　郭忠印　（同济大学）

　　　　　　黄　侨　（东南大学）　　　　　黄立葵　（湖南大学）

　　　　　　黄亚新　（解放军理工大学）　　符锌砂　（华南理工大学）

　　　　　　葛耀君　（同济大学）　　　　　裴玉龙　（东北林业大学）

　　　　　　戴公连　（中南大学）

秘 书 长：孙　玺　（人民交通出版社股份有限公司）

第二版前言

随着我国交通运输基础设施的建设和交通运输的发展,运输设施的养护管理和运营管理需要更加科学与合理的技术支持。合理与平衡地发挥各类基础设施的独特作用是提高综合运输体系运输效能的关键。但交通运输基础设施的养护管理、运营管理与交通运输基础设施的建设对工程技术人员的知识要求有所不同。本教材针对该教学需要而编写。

本书的内容总体上分两部分。第一部分从第一章到第五章,讲述交通运输基础设施和载运工具。第一章(郭忠印编写)对交通运输基础设施的国内外发展概况和基本组成等概念做了介绍。第二章(郭忠印编写)、第三章(顾保南编写)、第四章(袁捷编写)主要讲述公路、铁路和民用机场设施。第五章(柳本民编写)主要以汽车为代表介绍载运工具,对机车、飞机等仅作了简要介绍。第二部分从第六章到第十一章,讲述交通运输基础设施养护与运营管理,以养护管理为主。六~八章(杨群、郭忠印编写)讲述道路的养护维修管理及运营安全管理。第九章(陈长编写)讲述资产管理系统的内容。第十章(顾保南编写)讲述轨道设施的管理。第十一章(袁捷编写)讲述民用航空设施的管理。

本书由郭忠印、杨群、顾保南、柳本民、袁捷、陈长共同编写,由东南大学陈荣生教授、长沙理工大学李宇峙主审。本教材在编写中参考了沈志云编写的《交通运输工程学》,张月中、王彦卿主编的《高速公路交通工程及沿线设施》,潘玉利编写的《路面管理系统原理》,中交第二公路勘察设计院编写的《公路设计手册 路基》,姚祖康主编的《公路设计手册 路面》,余志生主编的《汽车理论》等著作和教材,在此对相关作者表示感谢。

本书的出版得到了同济大学教材、学术著作出版基金委员会的资助和支持。

限于作者的学识和水平,书中错误和不当之处在所难免,恳请读者批评指正。

编 者
2011 年 4 月

目　录

第一章　绪　　论

交通运输基础设施,如公路、铁路、机场、城市道路等,是国家公共基础设施的重要组成部分,主要为人们的工作与生活提供出行服务。同时,交通运输基础设施也是国民经济发展所必需的设施。

第一节　交通运输基础设施的类别与作用

按交通运输基础设施的特征及其所对应的运载工具类别,交通运输基础设施可分为轨道运输设施、道路运输设施、水路运输设施、航空运输设施和管道运输设施,对应为轨道运输系统、道路运输系统、水路运输系统、航空运输系统和管道运输系统五个运输系统。五大运输系统构成一个有机的整体,共同组成综合运输系统。

五大运输系统各有优势,在一定的地理环境和经济条件下有其各自的合理使用范围,发挥着重要作用。表1-1 ~ 表1-3 列出了不同运输方式在综合运输系统中的比例。表1-4 列出了各种运输方式的平均运距。

美国各种运输方式的城市间旅客运输量(1980 年) 表1-1

总计 （×10⁹人次·km）	私人小汽车 （%）	公共运输(%)		
		15.6		
2 408.33	84.4	铁路(%)	公共汽车(%)	航空(%)
		2.8	11.5	85.7

我国各种运输方式的全社会客运量 表1-2

年度	2005 年	2006 年	2007 年	2008 年
客运总量(万人次)	1 836 983	2 024 055	2 227 716	2 867 784
铁路运输(万人次)	115 583	125 656	135 697	146 193
公路运输(万人次)	1 687 400	1 860 500	2 050 700	2 682 100
水路运输(万人次)	20 200	22 000	22 800	20 300
民航运输(万人次)	13 800	15 899	18 519	19 191
铁路运输所占比例(%)	6.29	6.21	6.09	5.1
公路运输所占比例(%)	91.86	91.92	92.06	93.52
水路运输所占比例(%)	1.1	1.08	1.02	0.71
民航运输所占比例(%)	0.75	0.79	0.83	0.67

我国各种运输方式的旅客周转量 表1-3

年度	2005 年	2006 年	2007 年	2008 年
旅客周转总量(亿人次·km)	17 465.87	191 86.42	215 78.13	23 179.45
铁路运输(亿人次·km)	6 061.09	6 622.12	7 217.25	7 778.60
公路运输(亿人次·km)	9 292.08	10 130.85	11 506.77	12 476.11
水路运输(亿人次·km)	67.77	73.85	77.78	59.18
民航运输(亿人次·km)	2 044.93	2 359.60	2 776.33	2 865.56
铁路运输所占比例(%)	34.70	34.52	33.45	33.56
公路运输所占比例(%)	53.20	52.80	53.33	53.82
水路运输所占比例(%)	0.39	0.38	0.35	0.26
民航运输所占比例(%)	11.71	12.30	12.87	12.36

我国各种运输方式的旅客及货物平均运距(2008 年)(单位:km) 表1-4

项目	铁路运输	公路运输	水路运输	民航运输	管道运输
旅客平均运距	532	47	29	1 497	
货物平均运距	760	171	1 707	2 934	426

现代化综合运输系统的共同特点是使用机械动力驱动运载工具在线路上运送人员和物资(管道运输是接受动力推进的)。因此,综合运输系统的设备结构基本上有两大子系统,即固定设备子系统和移动设备子系统。只有这两个系统在综合运输能力的范围内协调配合,才能形成最优的综合运输能力。

(1)固定设施子系统

综合运输系统固定设施子系统包括线路、港站的土木建筑及相关的技术设备,具体包括铁路、公路、航道、管道、桥梁、隧道、车站、枢纽、港口码头、船闸、客货运设施、航空港、机场、管路、油气泵站以及相关的通信信号与控制等设备。其特点是投资额大,建设周期长,一经建成就不易移动。

(2)移动设施子系统

综合运输系统使用的动力装置和运载工具即为铁路的机车车辆、公路的汽车、城市的电车、水上的船舶,这些设施都是在交通网上移动,故称为移动设施。它们主要是直接运输货物和旅客。除了有固定设施子系统外,其还必须有相应的移动设施子系统,才能保证综合运输系统功能的实现。

第二节　各类交通运输基础设施的发展情况

一、铁路运输

截至 2008 年年底,全国铁路营业里程 79 687km,比上年增加 1 721km,路网里程位居世界第三。路网密度 83.0km/万 km²,比上年增加 1.8km/万 km²。

我国铁路分国家铁路、合资铁路和地方铁路三种。其中,国家铁路占主导地位(营业里程占 80.3%)。我国铁路的运输设备情况如表 1-5 所示。2008 年,铁路货运总量 32.9 亿 t,货物总周转量达 24.8 × 10³ 亿 t·km;铁路旅客发送量 14.6 亿人次,旅客周转量 7.8 × 10³ 亿人次·km。

我国铁路运输设备情况（2008 年）　　　　　　　　　　表 1-5

指　标	单　位	年　末　数
营业里程	万 km	8.0
复线里程	万 km	2.9
复线率	%	36.2
电气化里程	万 km	2.8
电气化率	%	34.6

　　1949 年,我国共有铁路营业里程 21 810km,集中分布在东北地区(占 40%)和东部沿海地区。经过五十多年的努力,为开发内地,我国在西南和西北地区新建了较多的铁路,铁路路网布局逐渐趋于均衡。由表 1-6 中所列的 2008 年各地区国家铁路营业里程的分布情况可以看出,华北地区铁路里程所占的比重最高;东北地区比重明显下降,与华东、中南地区的比重相近;西北、西南地区的比重虽然还低于其他地区,但比解放初期提高了近 5 倍,有了明显的改善。比较各地区的铁路里程和所承担的客货运比例可看出,华北地区的货运任务较重,中南和华东地区的客运负荷较重。

各地区铁路营业里程和运量分布　　　　　　　　　表 1-6

地区	1949 年		2008 年					
	营业里程（km）	占全国的比例（%）	营业里程（km）	占全国的比例（%）	客运量	旅客周转量	货运量	货物周转量
					占全国的比例（%）			
华北	4 678	21.4	16 948	21.3	17.1	14.5	38.5	31.2
东北	8 740	40.1	13 778	17.3	18.7	11.4	13.4	11.8
华东	3 635	16.7	14 066	17.7	26.5	26.6	15.2	15.8
中南	3 568	16.3	14 931	18.7	21.9	29.7	13.4	19.9
西南	733	3.4	11 085	13.9	9.4	7.3	6.7	7.1
西北	456	2.1	8 879	11.1	6.3	10.5	12.4	13.1
全国	21 810	100.0	79 687	100.0	100.0	100.0	100.0	100.0

　　2008 年,我国铁路所承运的货物主要是煤,它占总货运量的 49.04%,占总货物周转量的37.59%;其次是钢铁及有色金属、粮食、金属矿石、石油等(表 1-7)。因而,铁路货运的主要输送对象是能源、原材料和粮食等大宗、散装货物,共占总货运量的 89.12%,占总货物周转量的81.01%。

　　出现上述状况的部分原因是我国矿产资源的分布特点及加工工业的远离能源和材料基地。例如,我国的煤炭产量集中在山西、河南等地。其中,山西煤炭的外运量占全国煤炭总运量的 30.64%。因而,煤炭运输的主要流向为西煤东运、北煤南运。我国的钢铁企业主要分布在东北和华东地区,钢铁产品的主要流向是由北向南和由东向西。

2008 年我国铁路系统货物运输主要货物类别的结构组成　　表 1-7

货物类别		煤	金属矿石	钢铁及有色金属	矿建材料	石油	非金属矿石	粮食	化肥及农药	焦炭	其他
货运量	（×10^7t）	134.32	29.80	20.72	9.52	12.67	9.05	11.47	7.81	8.78	29.80
	比例（%）	49.03	10.88	7.56	3.47	4.63	3.31	4.19	2.85	3.20	10.88
货物周转量	（×10^{10}t·km）	83.60	19.31	23.74	4.36	11.62	6.59	19.94	11.48	8.60	44.35
	比例（%）	35.79	8.27	10.16	1.87	4.98	2.82	8.54	4.91	3.68	18.99
平均运距（km）		622	648	1 146	458	917	728	1 739	1 470	9.80	—

由于农民外出务工、学生寒暑假回家和长假旅游,铁路的客运高峰主要出现在春节、暑期和长假日三个时段。

依据上述货运和客运的主要流向,铁路系统形成的主要运输通道为"八纵八横"(图1-1)。

"八纵"铁路通道有:

(1)京哈通道——自北京经天津、沈阳、哈尔滨至满洲里,全长 2 344km,由既有的京秦、京山、沈山、沈哈、滨州线和规划的京沈哈客运专线构成,是东北与其他地区客货交流的主要通道,也是东北地区的交通命脉。通道大部分线路为复线自动闭塞,客车最高运行速度为 100～140km/h。

(2)沿海通道——自沈阳经大连、烟台、胶州、新沂、长兴、杭州、宁波、温州、福州、厦门、广州至湛江,全长 4 019km,由既有的沈大、蓝烟、宣杭线杭长段、萧甬、鹰厦线厦门至漳平段、梅坎、广梅汕、三茂、黎湛、新长铁路以及规划的烟大轮渡、胶州至新沂铁路、宁温、温福、福厦铁路等构成。该通道沟通环渤海、长江三角洲和珠江三角洲地区,在我国社会经济和国防建设中十分重要。

(3)京沪通道——自北京经天津、济南、徐州、南京至上海,全长 1 463km,由既有的京沪铁路和规划的京沪高速铁路构成,是东北、华北地区与华东地区客货交流的主要通道。既有京沪铁路全线为复线自动闭塞、内燃牵引线路,大部分区段最高运行速度达 140～160km/h。

(4)京九通道——自北京经聊城、商丘、南昌、龙川至九龙,全长 2 403km,纵穿我国东、中部的接合部,是近年来我国新建成的又一条南北铁路通道。该通道是我国东北、华北地区与华东、中南地区客货交流的主要通道之一,对京广、京沪两大通道起重要的分流作用。该通道在向塘以北为复线自动闭塞,仅龙川北至东莞东为单线,客车最高运行速度为 100～120km/h,广深线最高客车运行速度为 160km/h。

(5)京广通道——自北京经石家庄、郑州、武汉、长沙、衡阳至广州,全长 2 265km,由既有的京广铁路和规划的京广客运专线构成。该通道纵贯南北,连接京津唐环渤海经济圈和珠江三角洲经济圈,是东北、华北、西北地区通往华南地区的主要通道。截至 2001 年年底,该通道全部实现电气化牵引。

(6)大湛通道——自大同经太原、洛阳、襄樊、石门、益阳、永州、柳州、黎塘、湛江至海口,全长 3 108km,由既有的北同蒲、太焦、焦柳、石长、湘桂、黎湛和在建的益阳至永州铁路、粤海铁路构成,是我国山西煤炭南运的主要通道之一,也是我国内地通往南部港口城市的主要出海通道。

（7）包柳通道——自包头经西安、重庆、贵阳、柳州至南宁，全长 3 011km，由既有的包神、西延、湘渝、川黔、黔桂、湘桂铁路和已基本建成的神延、西康铁路构成。该通道是我国西部南北向的一条重要铁路通道，其北段（包头—西安）是陕西优质动力煤外运的主要通道，中段（西安—重庆）是西南与北部之间铁路通道的重要组成部分，南段（重庆—南宁）是西南与两广客货交流的重要通道。

（8）兰昆通道——自兰州经宝鸡、成都至昆明，全长 2 261km，由既有的陇海线宝兰段、宝成线和成昆线构成，是西部地区南北向的重要通道，也是沟通西北和西南地区以及西部和东中部地区客货交流的重要纽带。

"八横"铁路通道有：

（1）京兰（拉）通道——自北京经大同、呼和浩特、包头、银川、兰州、西宁至拉萨，全长 3 943km，由既有的丰沙、京包、宝兰、兰青和青藏铁路构成。该通道是我国横贯东西的重要通道，其东段是晋煤外运的重要线路。

（2）煤运北通道——由大同至秦皇岛、神朔至黄骅港的两条运煤专用铁路构成。大秦铁路自山西的大同至渤海湾北侧的秦皇岛，全长 658km，双线自动闭塞，具备开行万吨列车的条件；神黄铁路自陕西神木北经河北朔州至渤海湾南侧的黄骅港，全长 855km。

（3）煤运南通道——由太原至青岛、侯马至日照港的两条铁路构成，是晋中、晋南、晋东南地区煤炭外运的主通道之一。太青通道自太原经石家庄、德州、济南（及经长治、邯郸、聊城、济南）至青岛，除运煤外，也是沟通山西、河北南部与我国东部地区的重要通道；侯日通道自侯马经月山、新乡、菏泽、兖州至日照港，除运煤外，还具有陆桥通道的分流作用。

（4）陆桥通道——自连云港经徐州、郑州、西安、宝鸡、兰州、乌鲁木齐至阿拉山口，全长 4 120km，横贯我国东、中、西部，是东西部联系的最重要纽带。该通道由陇海、兰新、北疆铁路构成。在乌鲁木齐以东的铁路大部分已经复线，区段最高运行速度可达 120km/h。

（5）宁西通道——自启东经南京、合肥、潢川、南阳至西安，全长 1 558km，连接我国东、中、西部，是我国未来东西向的一条主要铁路通道。该通道的建成，对优化路网结构，强化西南、西北与华东、中南地区以及沿海港口间的联系，分流陇海线的运量，减轻陆桥通道中段压力，推动沿线经济发展等，均具有十分重要的意义。

（6）沿江通道——自重庆经荆门、武汉、九江、芜湖至南京（上海），全长 1 893km。该通道由既有的宁芜、芜铜、武九铁路，在建的长荆、达万铁路和规划建设的铜九、万枝（宜）等铁路构成，横跨西南、华中、华东三大经济区，贯穿我国东中西部，对促进长江经济带的发展和西部大开发都具有重要作用。

（7）沪昆（成）通道——自上海经杭州、株洲、怀化至贵阳、昆明（至重庆、成都），全长 2 653km，由沪杭线、浙赣线、湘黔线、贵昆线、达成线和在建的渝怀线、规划的遂渝线构成，是华东、中南、西南客货运的重要通道，对发展国民经济和促进西部开发及巩固国防具有重要意义。

（8）西南出海通道——自昆明经南宁至湛江，全长 1 770km，是我国西南内陆各省出海的快捷通道。该通道由南昆、黎南和黎湛铁路构成。

2008 年，上述铁路线路的运输量前 10 位见表 1-8，主要铁路车站的旅客发送量前 10 位见表 1-9。

2008 年主要铁路线路运输量前 10 位 表 1-8

线路	客运量 （×10^7 人次）	线路	旅客周转量 （×10^10 人次·km）	线路	货运量 （×10^7 t）	线路	货物周转量 （×10^10 t·km）
京沪	14.53	京广	12.56	北同蒲	14.90	陇海	14.37
京广	14.47	沪昆	7.89	沪昆	8.47	京广	13.55
沪昆	8.20	京沪	7.78	陇海	7.79	大秦	13.37
陇海	8.15	京九	6.06	包兰	7.69	沪昆	13.00
京九	6.79	陇海	5.94	京广	6.56	京九	11.22
京哈	6.37	京哈	4.30	太焦	6.19	兰新	11.10
宝成、成渝	2.47	兰新	2.40	石太	5.90	焦柳	8.10
京包	2.00	襄渝	1.46	南同蒲	5.82	京沪	8.02
襄渝	1.93	宝成、成渝	1.30	京沪	5.52	京包	6.94
南同蒲	1.59	焦柳	1.26	京包	5.38	京哈	6.39

2008 年主要铁路车站旅客发送量前 10 位（单位：百万人次） 表 1-9

北京西站	上海站	广州站	北京站	西安站	郑州站	哈尔滨站	南京站	成都站	杭州站
38.65	36.12	31.70	30.66	26.33	25.47	24.13	20.73	19.72	17.98

近年来，我国铁路在不断扩展路网的同时，铁路装备水平和运营速度有了明显的提高。我国在"七五"、"八五"期间对机车车辆和通信信号等技术装备进行了全面的技术改造和升级，为"九五"期间铁路客运提速奠定了基础。1994 年 12 月，我国速度为 160km/h 的广深准高速铁路建成。此后，沈大、沪宁、京秦、郑武等繁忙干线提速实验相继取得成功。在此基础上，我国铁路分别于 1997 年、1998 年、2000 年、2001 年、2004 年实施了 5 次大规模的提速，提速总里程达到 16 500km，提速网络基本覆盖了全国主要城市区域。特快列车最高速度由 120km/h 提高到 160～200km/h，旅客列车平均旅行速度提高了 25%。其中，时速 160km 及以上的线路 7 700 多公里，直达特快列车平均旅行速度 119.2km/h，特快列车平均旅行速度 92.8km/h。截至 2005 年，我国已初步建成以北京、上海、广州为中心的连接全国主要城市的快速铁路网，主要干线城市间旅客列车运程在 500km 左右，实现"朝发夕归"；运程在 1 200～1 500km，实现"夕发朝至"；运程在 2 000～2 500km，实现"一日到达"，进一步适应旅客的需要。

为了适应国民经济发展的需要，我国铁路部门制订了《中长期铁路网规划》，正在积极努力修建新路、加密路网，改善装备和路况，提高运营速度和管理水平等。

据铁道部统计，截至 2010 年 10 月，我国高速铁路运营里程已经超过 7 055km，居世界首位。目前，北京至天津、武汉至广州、郑州至西安、上海至南京等高速铁路已开通运营，运营速度达到每小时 350km，居世界之最。

在高速铁路技术方面，我国拥有多项专利。我国铁路所拥有的国际专利在 2009 年达到 946 项，2010 年还有大量的专利在申请中。虽然国际上存在着关于我国高铁技术的争议，但仍有包括巴西、美国在内的多个国家,开始引进我国高铁技术。

第七届世界高速铁路大会于 2010 年 12 月 7 ~ 9 日在北京召开。这项由国际铁路联盟(UIC)于 1992 年发起并组织的会议,旨在展示和交流世界高速铁路发展水平与成就。该会议首次将地点放在欧洲以外的中国。这与我国今年快速发展的高速铁路建设不无关系。

此次世界高速铁路大会的论坛主题中,有两个议题值得关注:一是关于高速铁路网规划,二是关于高铁运营情况。在 2010 年 10 月 27 日发布的中共中央关于制定"十二五"规划的建议全文第四部分第 15 条强调推进国家运输网建设,"基本建成国家快递铁路网和高速公路网,发展高速公路",显示了中央对高铁建设的重视。

按照铁道部的规划,到 2020 年,我国将要建成"四纵四横"高速铁路网,贯穿京津至长三角、珠三角,连接西部与中东部。运营里程方面,到 2012 年,我国高速铁路总里程将超过 1.3 万 km;到 2020 年,将达到 1.6 万 km 以上。

2008 年,国务院调整通过了《中长期铁路网规划》,明确提出为适应全面建设小康社会的目标要求,铁路网要扩大规模,完善结构,提高质量,快速扩充运输能力,迅速提高装备水平,到 2020 年,全国铁路营业里程达到 12 万 km 以上,复线率和电化率分别达到 50% 和 60% 以上,主要繁忙干线实现客货分线,基本形成布局合理、结构清晰、功能完善、衔接顺畅的铁路网络,运输能力满足国民经济和社会发展需要,主要技术装备达到或接近国际先进水平。

(1)发展客运专线 1.6 万 km。为满足快速增长的旅客运输需求,建立省会城市及大中城市间的快速客运通道,以及环渤海地区、长江三角洲地区、珠江三角洲地区三个城际快速客运系统。"四纵四横"是我国《中长期铁路网规划》中的主骨架,规划里程 1 万 km。"四纵"是指北京—上海、北京—广州、北京—哈尔滨、上海—深圳;"四横"是青岛—太原、徐州—兰州、上海—武汉—成都、柳州—长沙。这些线路建成后,全国将形成以"四纵四横"为骨架,以 2 万 km 提速铁路为基础,覆盖全国 50 万以上人口城市的铁路快速客运通道。在维持"四纵四横"客运专线基础骨架不变的基础上,增加 4 000km 客运专线,包括杭甬深客运专线向北延伸至上海、杭长客运专线向西延伸至昆明等连接线。客运专线的设计速度在 200km/h 以上,较重要的长大干线的基础工程按 350km/h 设计。

(2)完善路网布局和西部开发性新线。以扩大西部路网规模为主,形成西部铁路网骨架,完善中东部铁路网结构,提高对地区经济发展的适应能力。规划建设新线约 4.1 万 km,形成西北、西南进出境国际铁路通道,西北至华北新通道,西北至西南新通道,新疆至青海、西藏的便捷通道,完善西部地区和东中部铁路网络。

(3)加强既有路网技术改造和枢纽建设,提高路网既有通道能力。在既有线上增建二线 1.9 万 km,既有线电气化 2.5 万 km。

在 2004 年出台的《铁路主要技术政策》中也提出了快速提高我国铁路技术装备水平的指导方针:积极采用先进、成熟、经济、适用、可靠的技术,强化专业基础理论的研究;要立足国产化,引进和吸收国外先进经验和技术,增强自主创新能力,推动新技术快速转化为生产力。

目前我国常用的内燃机车有 NY7 型、东风 4 型、东风 6 型等,电力机车有韶山 1 型、韶山 4 型、韶山 6 型等。

东风 6 型机车是以东风 4 型机车为基础,通过与国外合作,引进国外的先进技术和先进设备开发而成的。它保留了东风 4 型系列机车的设计优点,应用了大连机车厂与英国里卡多工程咨询公司合作改进而成的 16V240ZJD 型柴油机,并采用了 1985 年铁道部从美国 GE 公司购买 ND5 型机车时,以技贸结合方式引进的 GE 机车电传动装置专有技术,因而使东风 6 型机车较东风 4 系列机车在牵引性能、经济性、耐久性和可靠性诸方面有了明显的改善和提高,机车主要技术性能指标达到 20 世纪 90 年代初国际先进水平。机车标称功率为 2 425kW,最大起动牵引力 534kN,按机车的黏着质量和牵引计算规程推荐的黏着牵引力为 435kN,机车的持续牵引力为 306kN,柴油机的设计大修周期达 25 000h,机车的厂修周期延长到 80 万走行公里。

韶山 6 型机车为我国铁路干线客货两用电力机车。韶山 6 型机车是在韶山 4 型基础上,采用了许多国际先进技术进行改造而成的。其牵引电机为日本日立公司提供的 800kW 牵引电动机;其主电路为两段桥相控无级调压;转向架独立供电,具有轴重转移的电气补偿功能;为减少无功损耗,采用了功率因数补偿装置;机车电制动为电阻制动,空气制动采用 DK-1 电空制动机。该机车具有起动加速快、牵引力大、恒功速度范围宽、操纵方便、工作可靠等特点。

为了适应我国铁路快速客运不断增长的需求,我国机车车辆研究和生产部门研制了"先锋"号和"中华之星"的电动车组,将我国高速列车制造技术推进了一大步。

"先锋"号电动车组是我国自行设计制造的时速 200km 的动力分散型交流传动电动车组,它由两个单元组成,每个单元 3 节车厢,其中两节车自带动力,另一节车为拖车。电动车组设有一等软座车 1 辆,二等软座车 5 辆,总定员为 424 人,车内设有电话间。"先锋"号已在广深线上运营。

"中华之星"是我国自行设计制造的时速 250km 以上的高速列车,由 2 节车头(动车组)加上 9 节车厢(拖车组)组成。中间拖车包括 2 辆一等座车,6 辆二等座车,1 辆酒吧车。设计运行速度为 270km/h,实际运行的最高时速达到 321.5km。

由于我国铁路机车车辆装备工业的整体水平还不高,我国企业研制的"中华之星"、"先锋"号等客车电动车组还处于研发阶段,难以适应列车大范围提速到时速 200km 的要求。2004 年,我国铁路通过国内公开招标方式,引进时速 200km 铁路客车电动车组制造技术。坚持按照"引进先进技术、联合设计生产、打造中国品牌"的总体要求,招标采购主体是国内机车车辆制造企业,外方作为国内企业的合作伙伴,转让先进技术并提供相关支持。对国外企业转让的内容、进度和有效性作了严格规定,要求外方全面转让先进技术,特别是系统集成、交流传动等核心技术;坚持国内生产制造,一律使用中国品牌。这对于我国铁路实现既有线大面积提速,以及提高我国铁路装备制造企业的研制开发能力,打造中国品牌的客车电动车组,具有重要意义。

2007 年 4 月 18 日,我国铁路成功实施了第六次大面积提速,和谐号 CRH 动车组首次出现在我国大地,在既有线上实现了最高时速 250km 的高速列车运营,这标志着我国铁路既有线提速达到了世界先进水平。2008 年 8 月 1 日,铁路京津城际客运专线正式运营,和谐号 CRH 动车组以时速 350km 的速度行驶,两城间 30min 内到达,实现了我国高速铁路又一次跨越。

铁路动车组的通常定义是动力分散、固定编组,能够两端同时驾驶,配备现代化服务设施的旅客列车单元,是高速铁路旅客运输的重要装备。我国铁路高速动车组生产企业、科研单位,联合了一批高校,以掌握核心技术为目标,把原始创新、集成创新和引进消化吸收创新结合起来,以产、学、研为一体开发制造了 CRH 系列动车组。

和谐号 CRH 系列动车组分别是青岛四方—庞巴迪—鲍尔铁路运输设备有限公司生产的

CRH1 型,四方机车车辆股份有限公司生产的 CRH2 型,唐山轨道客车有限责任公司生产的 CRH3 型以及长春轨道客车股份有限公司生产的 CRH5 型。CRH1 型和 CRH5 型为时速 200km 速度等级的动车组;CRH2 型动车组则包括了时速 200km 速度等级的动车组(又称 CRH2—200 型)和通过技术升级而成的时速 300km 速度等级的动车组(又称 CRH2—300 型);CRH3 型动车组为时速 300km 速度等级的动车组。

二、公路运输

1. 公路运输的特点

与其他运输方式相比,公路运输机动灵活、门到门、覆盖面广,是中短途客货运输的主要方式。公路运输在整个交通运输系统中具有重要的纽带作用,其他运输方式的最终完成需要公路运输的参与。例如,水路运输和航空运输都需要通过发达的公路运输网络将旅客和货物从港口或者机场运送到目的地。

我国的经济发展具有典型的区域经济特征,目前比较发达的经济区域有长三角、珠三角以及环渤海等。在区域化经济环境下,在同一经济发展区域内部,公路运输承担了大部分的客货运输,是连接区域中心城市与区域内其他城市的重要纽带。这是其他运输方式所无法替代的。随着高速公路的快速发展,在不同经济发展区域之间,公路运输也承担着越来越多的客货运输,极大地提高了货物流通的速度和灵活性。由于公路运输网络的覆盖率以及通达深度,使得公路运输的发展在农村经济的发展中发挥着越来越重要的作用。目前,虽然公路客、货运输的平均运距还远低于航空和铁路客、货运输的平均运距,但随着高速公路网的逐步建设以及区域内路网的进一步完善,将会使客货运输的运距有较大提高。同时,随着公路等级的提高以及大型集装箱拖挂车的大量使用,货物运输的运距也会得到提高,从而改变铁路运输一统长距离运输的格局。

目前,我国已经基本实现乡乡通公路,今后将致力于进一步提高公路的覆盖率以及农村公路的质量,力争实现村村通公路,为发展农村经济、解决三农问题提供重要的基础设施条件。

2. 公路运输的发展

公路客运和货运的运量在五大运输方式中所占比重最大,周转量上也占较大的份额。表 1-10 是 2005～2008 年公路运输在综合运输中的比重。可以看出,公路运输的运量所占比重远高于其周转量的比重,这是由于目前公路运输的客、货运输的运距还比较低。其货物周转量低于铁路和水路运输。

公路运输在综合运输中的比重(单位:%) 表 1-10

年 份	客 运 量	货 运 量	旅客周转量	货物周转量
2005	91.90	72.3	53.20	10.9
2006	91.92	72.1	52.80	11.1
2007	92.05	72.3	53.33	11.4
2008	93.53	72.9	53.82	12.3

进入 21 世纪以来,公路运输在综合运输中的作用得到进一步发展。2008 年,全社会完成公路客运量 268.2 亿人次,旅客周转量 12 476.11 亿人次·km,分别比上年增长 1.48% 和

0.49%;全社会完成公路货运量 273.9 亿 t,货物周转量 23 359 亿 t·km,分别比上年增长 0.6%和0.9%。公路客运量、旅客周转量在综合运输体系中所占比重分别为 93.53% 和 53.82%;公路货运量、货物周转量在综合运输体系中所占比重分别为 75.3% 和 13.4%。

3. 公路建设的发展

旧中国的公路交通极为落后,1949 年全国公路通车里程仅 8.07 万 km,公路密度仅 0.8km/100km²。新中国成立初期,公路交通经历一段时期的恢复后开始获得长足发展,1952 年公路里程达到 12.67 万 km。20 世纪 50 年代中后期,为适应经济发展和开发边疆的需要,我国开始大规模建设通往边疆和山区的公路,相继修建了川藏公路、青藏公路,并在东南沿海、东北和西南地区修建国防公路,公路里程迅速增长,于 1959 年达到五十多万公里。

20 世纪 60 年代,我国在继续大力兴建公路的同时,加强了公路技术改造,有路面道路里程及其高级、次高级路面比重得到显著提高。70 年代中期,我国开始对青藏公路进行技术改造,于 80 年代全面完成,建成了世界上海拔最高的沥青路面公路。在 1949 ~ 1978 年的三十年间,尽管国民经济发展道路曲折,但全国公路里程仍基本保持持续增长,到 1978 年底达到 89 万 km,平均每年增加约 3 万 km,公路密度达到 9.3km/100km²。

改革开放后,国民经济持续高速发展,公路运输需求强劲增长,公路基础设施建设开始发生了历史性转变。从统计数字看,到 1999 年,全国公路里程达到 135 万 km,公路密度达到 14.1km/100km²,为 1978 年的 1.5 倍。二级以上公路占全国公路总里程的比重由 1979 年的 1.3% 提高到 1999 年的 12.5%,主要城市之间的公路交通条件显著改善,公路交通紧张状况初步缓解。同时,县、乡公路里程快速增长,质量也有了很大提高,有的省份已实现全部县道铺筑沥青路面达到二级技术标准,全国实现了 100% 的县、98% 的乡和 89% 的行政村通公路。总体而言,一个干支衔接、布局合理、四通八达的全国公路网已初步形成。

进入 21 世纪以来,我国公路建设的速度进一步加快,公路的等级得到较大提高,并且大规模启动西部公路建设。近几年,我国公路建设发展呈现出以下一些发展特征。

(1)公路总量继续增加

2008 年底,全国公路总里程达到 373.02 万 km,比上年末增加 14.64 万 km。路网结构进一步改善。全国公路总里程中,国道里程 15.53 万 km、省道 26.32 万 km、县道 51.23 万 km、乡道 101.11 万 km、专用公路 6.72 万 km、村道 172.10 万 km,分别占公路总里程的 4.2%、7.1%、13.7%、27.1%、1.8% 和 46.1%。

(2)公路技术等级和路面等级不断提高

2008 年底,全国等级公路里程 277.85 万 km,占公路总里程的 74.5%。其中,二级及二级以上高等级公路里程 39.97 万 km,占公路总里程的 10.7%,比上年末提高 0.1 个百分点。按公路技术等级分组,各等级公路里程分别为:高速公路 6.03 万 km,一级公路 5.42 万 km,二级公路 28.52 万 km,三级公路 37.42 万 km,四级公路 200.46 万 km,等外路 95.16 万 km。

(3)高速公路里程增长迅速

目前,我国高速公路总里程已经稳居世界第二位。图 1-1 是我国高速公路里程的历年发展状况。从中可以看出,从 1998 年开始,我国高速公路的通车里程平均以 5 000km/年的速度增加。截至 2009 年底,我国高速公路通车里程已达 6.5 万 km。

(4)县乡公路里程大幅增长,公路密度和通达深度进一步提高

2008 年底,全国县道、乡道、村道里程达到 324.44 万 km,比上年末增加 11.01 万 km。全国公路密度为 33.8km/100km²,比上年末提高 0.7km/100km²。全国通公路的乡(镇)占全国

10

乡（镇）总数的 99.5%，比上年末提高 0.2 个百分点；通公路的行政村占全国行政村总数的 92.3%，比上年末提高 0.5 个百分点。全年全国共解决了 103 个乡镇和 5 529 个行政村不通公路的问题。

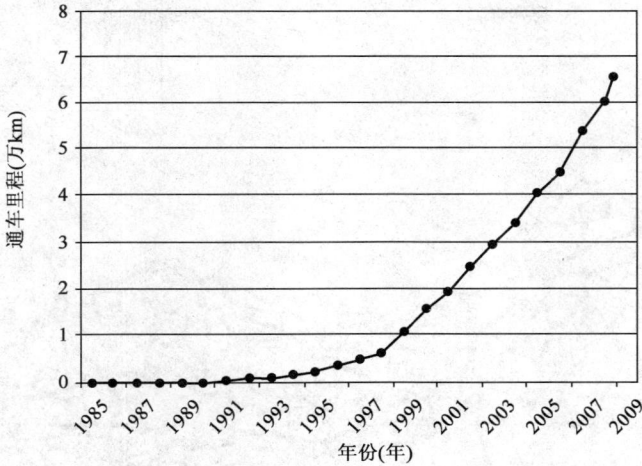

图 1-1　我国高速公路里程历年发展

（5）中西部地区公路里程增长明显

2008 年底，东部地区公路里程为 105.01 万 km；中部地区为 125.89 万 km；西部地区为 142.11 万 km。东、中、西部各地区分别占全国公路总里程的 28.2%、33.8%、38.0%。截至 2008 年底，中部地区高速公路 18 285km，比上年增长 1 910km，二级及二级以上公路 12.15 万 km；西部地区高速公路 16 456km，比上年增长 1 445km，二级及二级以上公路 9.95 万 km。

（6）公路建设投资规模继续加大

2008 年底，全社会累计完成投资比上年增加 6 880.64 亿元，增长 1.9%。公路重点项目完成投资 3 049.78 亿元，同比减少 6.3%；路网改造完成 1 779.22 亿元，比上年增加 482.17 亿元，增长 27.1%；县乡公路完成 2 051.64 亿元，比上年增加 242.09 亿元，增长 11.8%。中、西部地区投资增长显著，全年中部地区完成 992.76 亿元，增长 21.7%；西部地区完成 785.63 亿元，增长 21.3%。

4. 国家高速公路网

国家高速公路网是我国公路网中最高层次的骨干通道，主要连接大中城市，包括国家和区域性经济中心、交通枢纽、重要对外贸易口岸；主要承担区域间、省际以及大中城市间的快速客货运输，保障提供高效、便捷、安全、舒适的服务。

2004 年 12 月 17 号，国务院讨论通过了国家高速公路网规划。规划的主要目标是：连接目前所有城镇人口在 20 万人以上的城市；连接首都与各省会、自治区首府和直辖市；连接各大经济区和相邻省会级城市；完善省会级城市与地市之间、城市群内部的连接；强化长江三角洲、珠江三角洲和环渤海三大经济区之间及与其他经济区之间的联系；保障西部地区、东北老工业基地内部高速网络的合理布局和对外连接；加强对国家主要港口、铁路枢纽、公路枢纽、重点机场、著名旅游区和主要公路口岸的连接。

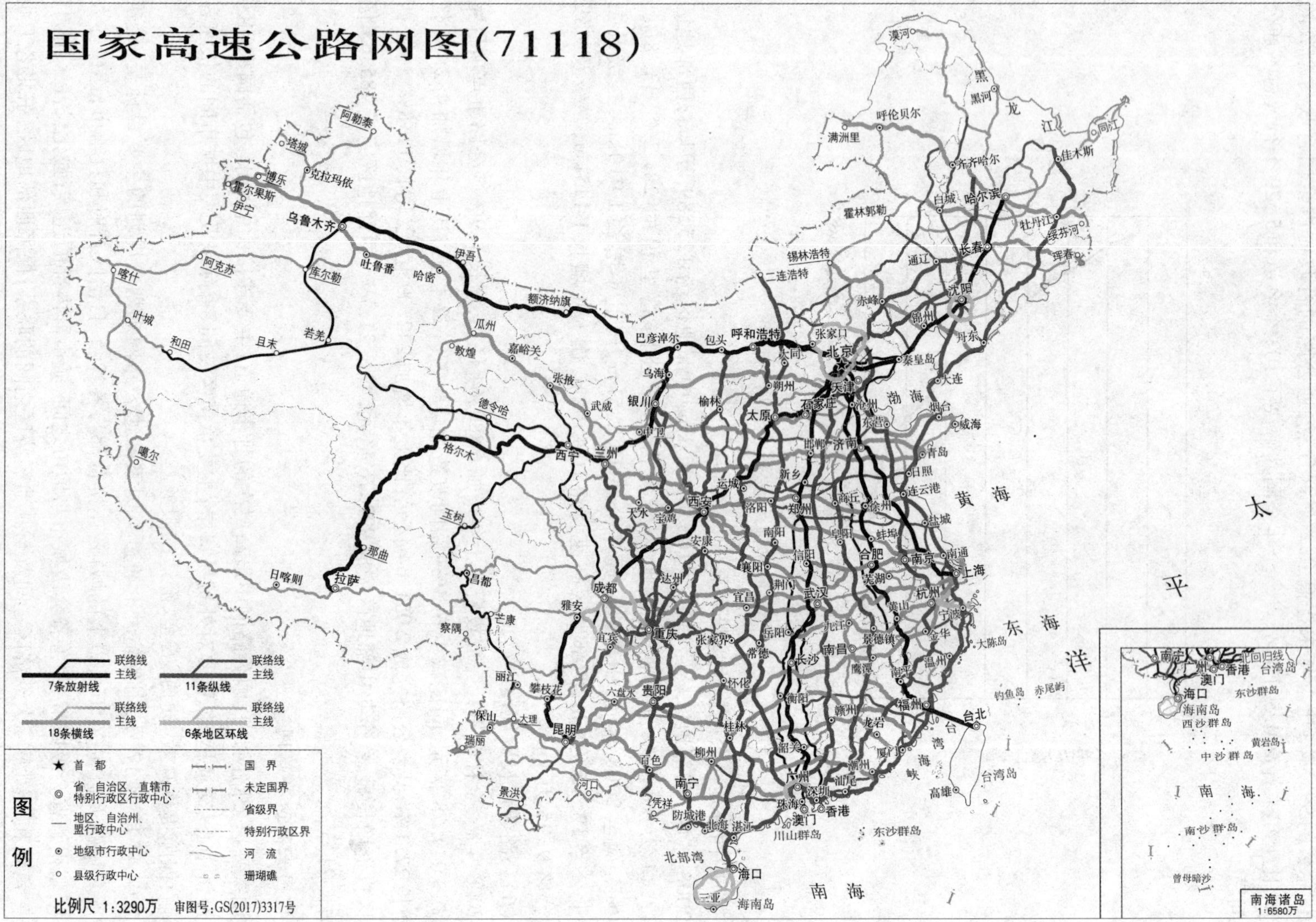
国家高速公路网图(71118)
联络线
主线
7条放射线
联络线
主线
11条纵线
联络线
主线
18条横线
联络线
主线
6条地区环线
图例
★ 首都
省、自治区、直辖市、特别行政区行政中心
地区、自治州、盟行政中心
地级市行政中心
县级行政中心
国界
未定国界
省级界
特别行政区界
河流
珊瑚礁
比例尺 1:3290万
审图号:GS(2017)3317号
南海诸岛
1:6580万
太平洋
黄海
东海
渤海
南海
北部湾
北京
天津
上海
重庆
乌鲁木齐
拉萨
西宁
兰州
银川
呼和浩特
西安
成都
昆明
贵阳
南宁
广州
深圳
香港
澳门
海口
三亚
长沙
武汉
南昌
福州
台北
杭州
南京
合肥
济南
郑州
太原
石家庄
沈阳
长春
哈尔滨

图1-2　国家高速公路网

2013 年,交通运输部推出了新一轮国家高速公路网规划,如图 1-2 所示。我国将建成布局为"71118"的高速公路网,即 7 条北京放射线、11 条南北纵线、18 条东西横线,总里程约 11.8 万 km。规划的国家高速公路网将连接 319 个现状人口在 20 万以上的城市,包括所有的省会城市以及香港、澳门、台北。规划中,东部地区平均半小时可上高速公路,中部地区平均 1 小时可上高速公路,西部地区平均 2 小时可上高速公路。

此外,国家高速公路网还包括辽中环线、成渝环线、海南环线、珠三角环线、杭州湾环线、台湾环线共 6 条环线,2 段并行线和 35 条联络线,见表 1-11。

"71118"高速公路网

表 1-11

(1)7 条北京放射线:		
北京—上海(1245km) 北京—昆明(2865km) 北京—哈尔滨(1280km)	北京—台北(1973km) 北京—拉萨(3733km)	北京—香港、澳门(2387km) 北京—乌鲁木齐(2582km)
(2)11 条南北纵线:		
鹤岗—大连(1394km) 济南—广州(2110km) 包头—茂名(3132km)	沈阳—海口(3711km) 大庆—广州(3460km) 兰州—海口(2577km) 呼和浩特—北海(2628km) 银川—百色(2281km)	长春—深圳(3618km) 二连浩特—广州(2685km) 银川—昆明(2322km)
(3)18 条东西横线:		
绥芬河—满洲里(1523km) 荣成—乌海(1880km) 连云港—霍尔果斯(4286km) 上海—成都(1960km) 上海—昆明(2336km) 厦门—成都(2307km)	珲春—乌兰浩特(887km) 青岛—银川(1601km) 南京—洛阳(712km) 上海—重庆(1898km) 福州—银川(2488km) 汕头—昆明(1029km)	丹东—锡林浩特(960km) 青岛—兰州(920km) 上海—西安(1490km) 杭州—瑞丽(3405km) 泉州—南宁(1250km) 广州—昆明(1610km)

三、民用航空运输

1.航空运输(商业航空)

民用航空是指使用各类航空器从事除了军事性质(包括国防、警察和海关)以外的所有航空活动。作为交通运输的一个组成部分,航空运输与铁路运输、公路运输、水路运输和管道运输共同组成了国家的交通运输系统。随着我国国民经济的快速发展,民用航空事业已经成为我国发展最为迅速的行业之一。民用航空由两部分组成,即商业航空和通用航空。

商业航空是指通过航空器进行经营性客货运输的航空活动,也称为航空运输。商业航空既是一种以盈利为目的商业活动,又是一种运输活动,具有快速、高效的特点,特别适合于远距离的客、货运输,在经济全球化的浪潮中和国际交往上具有不可替代的作用。民用航空中除了商业航空以外的其余部分统称为通用航空,大致可以分为工业航空、农业航空、航空科研和探险活动、飞行训练、航空体育运动、公务航空和私人航空七大类。

航空运输在五种运输方式中出现得最晚而发展最快,具有速度快、受地形限制少、舒适安全的优势,在长途客运,尤其是跨洋的或远距离国际客运方面占有明显的优势;在货运方面,适宜运送邮件和时间价值高的货物。航空运输飞机的运载能力(运载质量乘以巡航速度)很高,如在纽约和伦敦之间的一架大型喷气运输机的运载能力可以大于或等于一艘远洋巨轮。但是,因为航空运输具有成本高、衔接它的地面交通占有一定时间、货物的体积和质量不能太大等劣势,在整个运输系统中所占的比例并不高。

作为综合运输体系的重要组成部分,航空运输对增进国际友好往来、创造良好的经济环境、促进旅游事业的发展起着重要作用。它承担长途快速运输,在节省运输时间方面具有较大的社会效益。在欧美日等发达国家,航空运输在城市间客运公共运输中占有很高的比重,在客运总量中也占有一定的比例(表1-1)。我国民用航空运输在各种运输方式中所占的比例还很小,与民航发达国家相比,还有巨大的增长潜力,航空运输所占的比例正在迅速增长(表1-2和表1-3)。

我国旅客及货物平均运距的统计情况见表1-4。可以看出,民用航空是远距离客、货运输的主要方式。资料显示,当往返旅程在650km以上时,航空运输是主要的交通方式。

民用航空运输业具有高度的集中性,表现在机场旅客吞吐量和货邮吞吐量高度集中在相对较少的一些大城市。以美国为例,美国共有定期航班运行的机场628个,其中14个机场的旅客运量达到了总数的一半,3/4的旅客运量集中在40个机场,而60个机场占有全部旅客运量的84%,有92%以上的旅客在100个最大的机场乘机(1980年)。我国2008年机场旅客和货邮吞吐量比重的统计见图1-3和图1-4。可以看出,我国航空运输的集中度虽然不如美国,但也很明显,而且预计集中程度将越来越高。

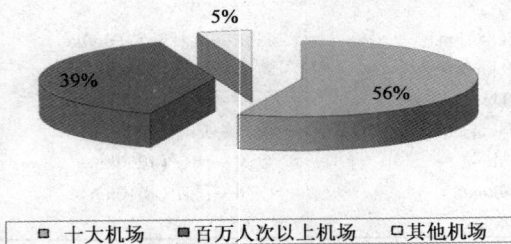

图1-3　我国机场旅客吞吐量比重(2008年)　　图1-4　我国机场货邮吞吐量比重(2008年)

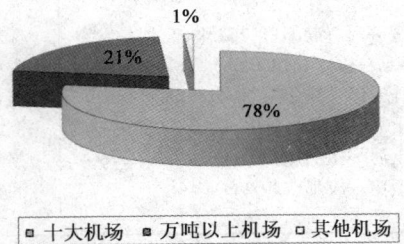

新中国成立以来,特别是从1989年开始,我国的民用航空事业进入了快速发展的阶段。例如,在1989～2001年,我国民航运输总周转量、旅客周转量和货邮周转量年均增长率分别为17.4%、16.0%和17.3%(图1-5～图1-7)。运输总周转量的增长率是同期国内生产总值(GDP)增长率的1.87倍,是同期世界民航平均增长率的3.78倍。定期航班运输总周转量在国际民航组织缔约国中的排位由1989年的第20位上升到2001年的第6位。

民用航空运输系统是一个庞大复杂的系统,由飞机、机场和航路(航线)三部分组成。

2. 机场及国内主要航空枢纽

机场是航空运输体系中运输网络的节点(航线的交汇点),是地面交通转向空中交通(或反之)的接口。民用运输机场具有三个基本功能,即保证飞机安全、及时起飞和降落;安排旅客和货物准时、舒适地上下飞机;提供方便和迅速的地面交通联结市区。为了实现地面交通和空中交通的联结,机场包括空域和地域两部分。空域即为航站区空域,供进出机场的飞机起飞

14

和降落。地域由飞行区、航站区和进出机场的地面交通三部分组成（图1-8）。飞行区主要包括跑道、滑行道和停机坪等。航站区主要由地面交通出入航站楼的交接面、航站楼以及飞机交接面三部分组成。进出机场的地面交通一般包括各种公共交通（公共汽车、轻轨、地铁等）和小汽车（私人小汽车和出租车等）。

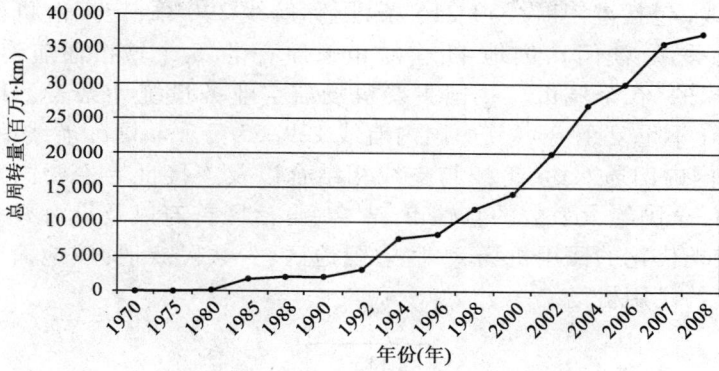

图1-5 我国民用航空运输总周转量统计

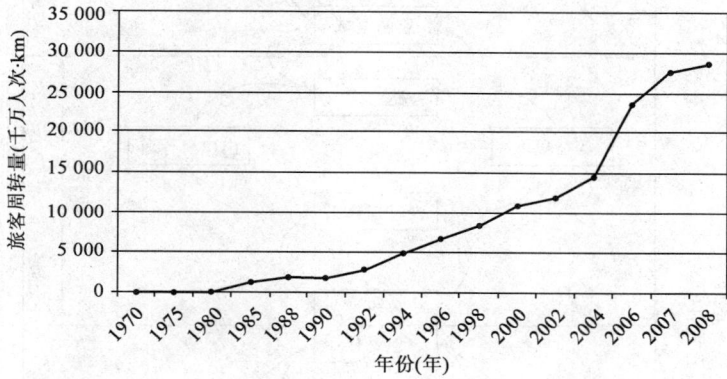

图1-6 我国民用航空旅客周转量统计

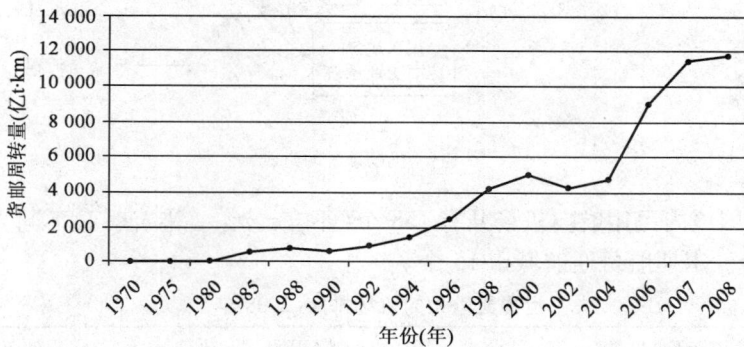

图1-7 我国民用航空货邮周转量统计

　　民用机场可以分为枢纽机场和非枢纽机场。枢纽机场是主要航线的交汇点和客货流的集散和中转地，集中了大部分的运输量。非枢纽机场则承担连接枢纽机场的地区航线（支线）的运输。现代大型民用机场的年旅客吞吐量接近8 000万人次，货邮年吞吐量则

15

达到 300 万 t 以上，飞机年起降架次超过 90 万架次（表 1-12）。目前，我国已形成以北京、上海、广州三大枢纽机场为中心，以沈阳、西安、乌鲁木齐、武汉、成都、昆明 6 个地区枢纽为依托，以省会机场和一大批支线机场为网点的航空运输格局，初步形成了功能完善、层次清晰、分工明晰的机场体系。截至 2008 年底，我国民航定期航线航班达到 1 506 条，其中国内航线（包括港澳航线）1 216 条，国际航线 290 条；定期航班国内通航 146 个城市（不含台湾、香港、澳门），内地 41 个城市通航香港，5 个城市通航澳门；国际定期航班通航 43 个国家的 96 个城市。我国主要机场航空业务量统计见表 1-13。航线里程总长 234.29 万 km（不重复距离），其中国内航线 129.55 万 km，国际航线里程达 104.74 万 km，形成了一个国内四通八达、干线与支线相结合以及连接世界主要国家和地区的航空运输网络。目前，全国绝大多数的直辖市、省会、自治区首府以及沿海开放城市和主要旅游城市都拥有较现代化的民用机场，一些边疆地区、少数民族地区、地面交通部方便地区也拥有相应规模的民用机场。

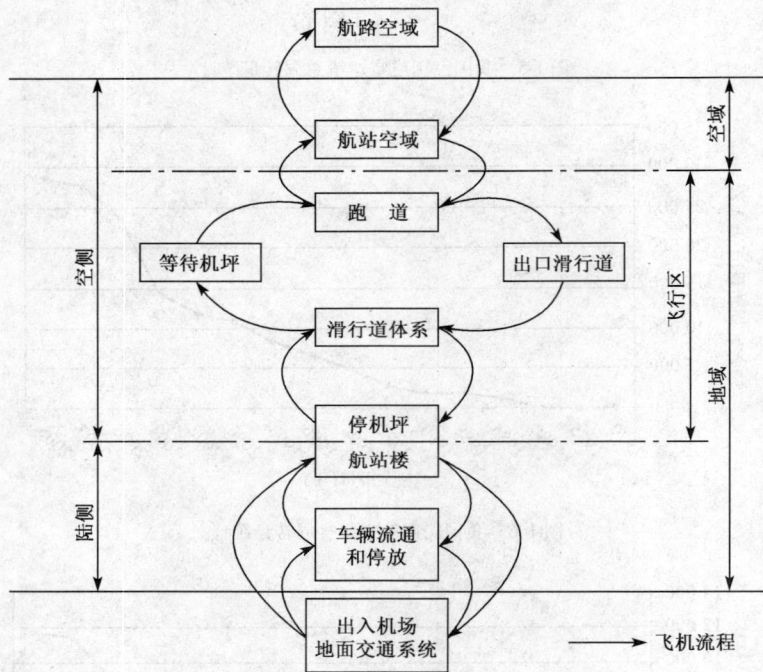

图 1-8 机场系统的组成

2008 年，我国境内民用航空机场共有 158 个（不含台湾、香港、澳门，下同），其中定期航班通航机场 152 个。定期航班通航城市 15 个。

世界最繁忙的机场排序（2008 年）   表 1-12

排名	按旅客吞吐量		按货邮吞吐量		按起降架次	
	机场	旅客吞吐量（人次）	机场	货邮吞吐量（t）	机场	起降架次（架次）
1	亚特兰大机场	90 039 280	孟菲斯国际机场	3 695 438	亚特兰大机场	978 824
2	芝加哥奥黑尔机场	69 353 876	香港国际机场	3 660 901	芝加哥奥黑尔机场	881 566

排名	按旅客吞吐量		按货邮吞吐量		按起降架次	
	机场	旅客吞吐量(人次)	机场	货邮吞吐量(t)	机场	起降架次(架次)
3	伦敦希思罗机场	67 056 379	上海浦东国际机场	2 602 901	达拉斯沃斯机场	656 310
4	东京羽田机场	66 754 829	首尔仁川国际机场	2 423 717	洛杉矶机场	622 506
5	巴黎戴高乐机场	60 874 681	安克雷奇国际机场	2 339 831	丹佛机场	619 503
6	洛杉矶国际机场	59 497 539	巴黎国际机场	2 280 050	拉斯维加斯机场	578 949
7	达拉斯—沃斯堡国际机场	57 093 187	法兰克福机场	2 111 031	休斯敦机场	576 062
8	北京首都国际机场	55 937 289	东京羽田机场	2 100 448	巴黎戴高乐机场	559 816
9	法兰克福国际机场	53 467 450	路易(斯)维尔机场	1 974 276	夏洛特国际机场	536 253
10	丹佛国际机场	51 245 334	新加坡机场	1 883 894	凤凰城机场	502 499

我国最繁忙的机场排序（2008 年）   表 1-13

排名	按旅客吞吐量		按货邮吞吐量		按起降架次	
	机场	旅客量(万人次)	机场	货邮量(万 t)	机场	起降架次(架次)
1	北京首都国际机场	5 593.81	上海浦东国际机场	260.30	北京首都国际机场	429 646
2	广州新白云国际机场	3 343.55	北京首都国际机场	136.77	广州新白云国际机场	280 392
3	上海浦东国际机场	2 823.57	广州新白云国际机场	68.59	上海浦东国际机场	265 735
4	上海虹桥国际机场	2 287.74	深圳宝安国际机场	59.80	深圳宝安国际机场	187 942
5	深圳宝安国际机场	2 140.05	上海虹桥国际机场	41.57	上海虹桥国际机场	185 302
6	成都双流国际机场	1 724.68	成都双流国际机场	37.31	成都双流国际机场	158 615
7	昆明巫家坝国际机场	1 587.78	昆明巫家坝国际机场	23.63	昆明巫家坝国际机场	150 353
8	杭州萧山国际机场	1 267.32	杭州萧山国际机场	21.08	西安咸阳国际机场	121 992
9	西安咸阳国际机场	1 192.19	厦门高崎国际机场	19.55	杭州萧山国际机场	118 560
10	重庆江北国际机场	1 113.84	南京禄口国际机场	18.76	重庆江北国际机场	112 565

我国 10 个主要航空枢纽机场的基本情况如下。

（1）北京首都国际机场

简称首都机场，是我国地理位置最重要、规模最大、设备最齐全、运输生产最繁忙的大型国际航空港。北京首都国际机场不但是我国首都北京的空中门户和对外交往的窗口，而且是我国民航最重要的航空枢纽，是民用航空网络的辐射中心，并且是当前我国最繁忙的民用机场。

北京首都国际机场拥有三座航站楼，两条 4E 级跑道、一条 4F 级跑道以及旅客、货物处理设施，是我国国内仅有的两座拥有三条跑道的国际机场之一。机场原有东、西两条 4E 级双向跑道，分别为 3 800m×60m、3 200m×50m，并且装备有 II 类仪表着陆系统；其间为一号航站楼、二号航站楼。2008 年建成的三号航站楼和第三条跑道（3 800m×60m，满足 F 类飞机的使用要求)位于机场东边。

(2)广州新白云国际机场

广州新白云国际机场位于广州市北部,白云区人和镇和花都区新华镇交界处,一期工程占地面积约为15km²。广州新白云国际机场距广州市中心直线距离约为28km,距原白云国际机场18km。新白云国际机场一期航站楼由主楼、连接楼、指廊和高架连廊组成,总面积达31万m²,共分为四层,其中地上三层为出发及候机大厅,地上二层为到达夹层,地上一层为到达及接机大厅和商业层,地下一层则通往地铁及停车场、机场酒店。作为我国三大枢纽机场之一的广州新白云国际机场,目前已开通超过120条国内外航线,2005年旅客吞吐量超过2 300万人次。新机场一期航站楼建筑面积三十余万平方米,可满足年旅客吞吐量2 500万人次、高峰小时9 300人次的需求;飞行区按4E标准设计,可满足目前世界上各类大型民用飞机全重起降,东跑道长3 800m、宽60m,设二类进近着陆系统,西跑道长3 600m、宽45m,设一类进近着陆系统。终端规划三条跑道,满足年旅客吞吐量8 000万人次,年货邮吞吐量250万t的需求。

广州新白云国际机场货运仓库面积为8.32万m²,附属设施2.9万m²,按满足2010年货运100t的要求设计建设,是一个现代化的、具有对货物进行自动、半自动化处理能力的综合货库。

(3)上海浦东国际机场

它是我国(包括香港、澳门、台湾)三大国际机场之一,与北京首都国际机场、香港国际机场并称中国三大国际航空港。上海浦东国际机场位于上海浦东长江入海口南岸的滨海地带,距虹桥机场约40km。

上海浦东国际机场一期工程于1997年10月全面开工,1999年9月建成通航。一期建有一条4 000m长、60m宽的4E级南北向跑道,两条平行滑行道,80万m²的机坪,共有76个机位,货运库面积达5万m²。同时,装备有导航、通信、监视、气象和后勤保障等系统,能提供24小时全天候服务。

浦东航站楼由主楼和候机长廊两大部分组成,均为三层结构,由两条通道连接,面积达28万m²,到港行李输送带13条,登机桥28座;候机楼内的商业餐饮设施和其他出租服务设施面积达6万m²。上海浦东国际机场一期工程改造工程完成后,具备年飞机起降30万架次、年旅客吞吐量3 650万人次的保障能力。

目前,上海浦东国际机场日均起降航班为800架次左右,航班量占整个上海机场的六成左右。通航上海浦东国际机场的中外航空公司约60家,航线覆盖90多个国际(地区)城市、60多个国内城市。

(4)上海虹桥国际机场

扩建前占地面积26.4km²,拥有跑道和滑行道各一条,其中跑道长3 400m、宽57.6m(4E级),停机坪达51万m²。有13个登机桥位,48个远机位,2个专机位,2个货机位,可满足各类飞机的起降要求。上海虹桥国际机场1号航站楼(T1)由A、B两座候机楼紧密相连,面积达8.2万m²(A楼面积为5万m²,B楼面积为3.2万m²)。共有15个候机大厅,18个贵宾室和15条行李传输系统。每日平均起降飞机达540架次,高峰小时起降飞机达85架次,年运送旅客量超过1 488.92万人次,已开通了到达91个国内国际城市的航班。

上海虹桥国际机场扩建工程按满足年旅客吞吐量4 000万人次、货邮吞吐量100万t和飞机起降架次30万架次设计建设,主要包括新建1座36.26万m²的2号航站楼(T2),1条长

3 300m、宽 60m 的平行跑道和 3 条平行滑行道以及站坪、货运站、业务用房、能源中心、市政道路等相关配套设施。经过 3 年多的建设,2009 年底通过工程竣工验收,2010 年 3 月 3 日又通过了国家民航局的行业验收,并于当年 3 月 16 日零时起作为虹桥综合交通枢纽的主体项目率先投用。

(5)深圳宝安国际机场

深圳宝安国际机场位于珠江口东岸的一片滨海平原上,距离深圳市区 32km,场地辽阔,净空条件优良,可供大型客货机起降,符合大型国际机场运行标准。深圳宝安国际机场占地面积 11km^2,按照我国一级民用机场标准规划设计,实行分期建设。一期建设投资 9.8 亿元,二期建设投资 9 亿元,飞行区等级为 4E,机场实行 24h 运行服务,拥有跑道(3 400m×45m)、滑行道各 1 条,可供世界上最大型客货机起降。现有客货机坪总面积 84.5 万 m^2,停机位 84 个。A、B 两座候机楼总面积 14.6 万 m^2。有面积为 19 万 m^2 的航空物流园区,其中有国际国内货站、保税仓库、分拨仓库等设施,航空货运年处理能力达 115 万 t。

(6)成都双流国际机场

位于我国四川省川西平原中部,成都市双流县北部,距成都市中心西南约 16km,有高速公路与市区相通。成都双流国际机场是我国中西部最繁忙的民用机场,也是我国西南地区重要的航空枢纽港和客货集散地。成都双流国际机场是我国民航继北京首都国际机场、上海浦东国际机场后第三家开放 II 类的机场。成都双流国际机场于 2009 年 11 月 19 日,年旅客吞吐量历史性地突破 2 000 万人次,成为继北京首都机场、广州白云机场、上海浦东机场和虹桥机场、深圳宝安机场之后,全国第六个、中西部第一个迈入年旅客吐量 2 000 万人次大关的机场。2000 年,成都双流国际机场年旅客吞吐量突破 500 万人次,2004 年突破 1 000 万人次,2009 年达 2 264 万人次,短短 9 年时间里实现了三次跨越。

(7)昆明巫家坝国际机场

昆明巫家坝国际机场位于昆明东南部,是我国最重要的国际口岸机场和全国起降最繁忙的国际航空港之一,是我国西南地区门户枢纽机场。昆明巫家坝国际机场始建于 1923 年,曾于 1958 年、1993 年、1998 年进行过 3 次大的改扩建,占地总面积 4 297.12 亩。目前,机场属国家一类机场,飞行区等级为 4E,跑道长 3 600m,有 ILS、VOR/DME、NDB 等通信导航设施,可供波音 747、空客 A340 等机型起降。站坪和停机坪面积 25 万 m^2,有停机位 34 个。机场航站楼总面积为 76 900m^2,共有候机厅 17 个。机场航站楼的年旅客吞吐量的设计为 1 037 万人次,服务功能完善,设有商务贵宾厅、空港花卉超市、中西餐厅等,是一座现代化的航空港。目前,共有 18 家国内、国外和地区航空公司经营昆明通往国内 57 个城市、国外及地区 17 个城市的 167 条航线。

(8)杭州萧山国际机场

杭州萧山国际机场是国内重要干线机场、重要旅游城市机场和国际定期航班机场,也是上海浦东国际机场的主备降机场。机场位于钱塘江南岸,距杭州市中心 27km。杭州萧山国际机场第一期占地 7 260 公顷,每年可运送旅客 800 万人次及货物 11 000 万 t。杭州萧山国际机场拥有一条长 3 600m、宽 45m 的跑道,可供波音 747—400 等大型客机起降。客运大楼楼面面积为 10 万 m^2,其中包括一个 2.2 万 m^2 的地下停车场;每小时可运送 3 600 位旅客。大楼内有 36 个旅客登记柜台,其中包括 12 个供国际线用的柜台。离港大堂有 2 900 张座椅。边检和海关用地占 9 500m^2。截至 2009 年底,杭州萧山国际机场已开通航线 160 条,其中国际航线 25 条,港、澳、台航线 8 条。全年民航旅客进出港达到 1 494.47 万人次,比上年增长 17.9%,在全国民用航空机场中排名第 9 位。货邮吞吐量完成 226 307.9t。

(9)西安咸阳国际机场

西安咸阳国际机场以其"承接东西、联结南北"的区位优势成为国内干线重要的航空港和国际定期航班机场,是我国规划建设的大型区域性枢纽机场之一,也是中国东方航空集团西北公司、海南航空集团长安公司和南方航空集团西安分公司的基地机场。西安咸阳国际机场飞行区等级为 4E 级,可起降波音 747 等大型客货机,场区占地面积 564 公顷,拥有 3 000m×45m 和 3 000m×48m 的跑道和平行滑行道各一条,跑道实行 II 类运行标准,停机位 59 个。西安咸阳国际机场现有候机楼两座,共 10 万 m^2,其中 1 号候机楼年内将投入使用。已具备年旅客吞吐量超过 1 150 万人次、年飞机起降超过 10 万架次和年货邮吞吐量超过 16 万 t 的保障能力,可满足未来 3~5 年的业务发展。目前,西安咸阳国际机场已与国内外 20 家航空公司建立了航空业务往来,开辟了通往国内外 70 个城市的 129 条航线,并有通往国际和地区 18 个城市的 25 条航线,已经形成了以西安为中心、沟通祖国各地的航空运输网。西安咸阳国际机场设施齐备,功能完善,可以满足年旅客吞吐量 1 000 万人次、年飞机起降 10 万架次、年货邮吞吐量 13 万 t、高峰小时 32 架次航班保障能力。

(10)重庆江北国际机场

重庆江北国际机场,简称江北机场,位于重庆市郊东北方向 21km 渝北区两路镇,是西南地区三大航空枢纽之一,率先在西部地区开通直飞欧洲的航线。重庆江北国际机场为 4E 级民用机场。混凝土跑道一条,长 3 200m,宽 45m。一期工程按计年旅客吞吐量为 100 万人次、候机楼高峰小时旅客流量为 800 人次,占地面积为 4 500 亩,于 1990 年 1 月正式建成并投入使用,二期工程于 2004 年 12 月 12 日正式运行。重庆江北国际机场共有两个航站楼,分别用于国内和国际候机。第三个航站楼和第二跑道正在建设中。重庆江北国际机场国内航站楼建筑面积为 8.4 万 m^2,设计年旅客吞吐量为 700 万人次。该航站楼有 19 个近机位,15 个登机桥,24 个远机位,54 个值机柜台,12 条安检通道,10 个 VIP 候机室。重庆江北国际机场国际航站楼建筑面积为 1.8 万 m^2,设计年旅客吞吐量为 100 万人次。该航站楼共 8 个登机口(其中 6 个是近机位),9 个值机柜台办票,4 个检验检疫通道,5 个海关通道,11 个边防检查通道,5 个 VIP 候机室。

3. 航线和航路

航空公司开辟的由甲地航行到乙地的营业航线,称为航线,可分为固定航线和临时航线。航路是飞机按指定的航线由一地飞行到另一地的空中通道(空域),分为供飞机进出机场的航站区空域和联结各航站区航路的航线空域。航路在高度和宽度上有一定的规定,在垂直方向的空域,我国的标准是 6 000m 以下,每 300m 为一个高度层间隔;6 000~11 400m,每 600m 一个高度层间隔。航路的宽度一般为 20km,如果航路中某一段受到条件限制时,宽度可以减小,但不得小于 8km。我国的航路由空军规定,经国务院和中央军委批准。民航飞机必须经过申请批准后,才能够在指定的航路上飞行。

4. 国际民航组织和国际航空法

民用航空运输有相当一部分是国际间的,各个国家之间需要相互协商,通过国际性的组织进行协调,需要一套规则(国际航空法)来规范航空活动,统一航行程序与技术标准。现将主要的国际性航空组织介绍如下。

国际民用航空组织(International Civil Aviation Organization,简称 ICAO)是各国政府参加组成的国际航空运输机构。该机构于 1947 年正式成立,并成为联合国的专门机构,2001 年已有

187个缔约国,总部设在加拿大的蒙特利尔。我国是该组织的缔约国之一。该组织的主要任务包括:

(1)确保全世界国际民航事业安全而有秩序的发展;

(2)满足全世界人民对安全、正常、有效和经济的航空运输的需要;

(3)鼓励各国为发展国际民航事业的航路、航站和助航设备而做的努力;

(4)鼓励为和平用途改进航空器的设计和操作技术;

(5)确保各缔约国的权利充分得到尊重,在国际民航上获得平等的机会;

(6)避免各国国际民航的恶性竞争;

(7)避免缔约国间的差别待遇;

(8)促进国际民用航空器的飞行安全。

国际航空运输协会(International Air Transport Association,简称IATA)是世界航空运输企业自愿组成的非政府组织,协会的宗旨是"为世界人民利益而促进安全、正常而经济的航空运输;为直接或间接从事国际航空运输工作的各空运企业提供合作途径;与国际民航组织以及其他国际组织通力合作"。我国的国际航空公司、南方航空公司、东方航空公司都是该组织的成员。

除了上述两个最主要的国际组织外,世界上还有其他很多相关国际组织,如专门行业组织和地区性组织。有代表性的组织包括国际航空电信协会(SITA)和国际货物发运人协会(FIATA)。

国际航空法是规范航空活动的一套规则,促使大气空间有效利用并使世界各国的民航事业从中受益。国际航空法可以分为三类,即:

(1)处理民用航空有关国家之间及国际关系和事物的航空公法,以《芝加哥公约》为主;

(2)处理在国际航空中承运人和乘客及货主之间的责任的航空私法,以《华沙公约》为核心;

(3)处理航空器上犯罪行为的航空刑法,以《东京公约》、《海牙公约》和《蒙特利尔公约》为代表。

国际航空法从1919年《巴黎公约》的签订开始,此后1929年在华沙由航空法专家国际技术委员会制订了《统一国际航空运输某些规则的公约》(简称《华沙公约》),规定了运输凭证和承运责任的一整套国际统一规则,成为国际上绝大多数国家承认的国际规则,为后来国际航空运输发展奠定了基础。1944年,芝加哥会议上制订的《国际民用航空公约》(简称《芝加哥公约》)是国际民航界公认的"宪章",是现行航空法的基本文件,取代了以前和它相抵触的各种航空公约。《芝加哥公约》规定了民用航空的范围和实行措施、国际民航组织等基本内容,但不包括《华沙公约》所涉及的运输责任问题,因而这两个公约是并行的。由于第二次世界大战以后航空运输业的巨大发展,华沙公约有很多地方已经不适应形势的发展,从1948年到1975年主要国家召集了多次国际会议来修订《华沙公约》,制订了多个协议。由于没有得到主要当事国的一致同意,这些协议被称为《议定书》,只在有限的范围内适用,其中影响较大的有《海牙议定书》(1955年)和《蒙特利尔议定书》(1975年)。从20世纪50年代起,机上犯罪开始出现,为了制止这种犯罪,1963年制订了《关于航空器上犯罪和其他某些行为的公约》,被称为《东京公约》。在20世纪60年代末,恐怖主义冲击全球,劫机事件接连发生。1970年,在海牙制订了《制止非法劫持航空器公约》;1971年,在蒙特利尔制订了《制止危害民航安全非法行为公约》。这几个公约共同奠定了处理民航飞机上不法行为的法律基础。

第三节　交通运输基础设施管理

运输设施自建成投入运营以后,为了保证设施的服务性能,充分发挥其功能,需要对基础设施进行日常的保养和维修,建立养护管理体制;需要建立一套与之相适应的管理方式和管理体制,保证其在使用期内能够正常高效运营。同时,为了保证基础设施庞大资产的保值和增值,需要建立良好的资产管理体制。因此,运输设施的管理包含三个方面的内容:基础设施养护管理、运营管理和资产管理。这三个方面是紧密相连的。良好的资产管理为运营管理和基础设施养护管理提供了资金和手段上的保障;运营管理是资产管理的核心内容;基础设施的养护管理则是运营管理和资产管理的基础。

一、基础设施养护管理

基础设施的养护管理是运输设施管理的基本内容,不同的运输方式需要采用不同的养护管理的形式。第七章、第十章和第十一章分别对公路设施养护管理、铁路设施养护管理和民航设施的养护管理进行了叙述。

二、运营管理

运营管理是指运输设施建成投入使用以后,由专门的管理机构按照国家有关法律法规、行业相应的管理工作规范和程序,对收费、交通管理、监控和服务等系统的运作进行组织管理、协调,使其能为使用者提供快速、高效和安全的服务,在实现其应有的社会效益的同时,也保证经营管理方或投资者获得预期的经济效益。下面以高速公路的运营管理为例,简述其主要内容。

高速公路的运营管理工作,按其业务性质和范围一般可概括为以下三项基本内容。

1. 路政管理

高速公路路政管理的职责是贯彻实施国家和地方的有关法律、法规,保证高速公路路产的完整性,维护高速公路的路权不受侵犯以及各项公路设施不受破坏。同时,高速公路路政管理还包括道路施工养护作业现场的秩序维护,恶劣天气下对高速公路行驶车辆实施交通管制以及与交管部门协调配合,对发生故障车辆的牵引拖带,事故现场的救援清障以及环境保护监督等项内容。由于高速公路的路政管理具有代表政府部门从事执法的功能,所以一般由各级地方政府主管部门,如公路管理局派遣或指定的专职人员担负路政管理工作。

2. 交通安全管理

高速公路交通安全管理的主要任务是维护高速公路交通正常秩序,保障交通安全和高速公路的行车畅通。基于高速公路作为现代化交通设施的特点,其交通管理应利用先进的技术手段进行安全管理,及时、有效地处理交通事故,正确、合理地引导组织交通流。交通安全管理也要依法执行公务,加强法治意识,纠正交通违章现象;同时,负责对违章驾驶员的培训、处罚及行车安全的宣传教育。

3. 收费管理

高速公路一般都是通过银行贷款或其他渠道从资本市场筹集资金建设的,所以为了收回建设投资,并保证维持日常养护管理支出,经国家政府部门特许批准,高速公路均采取收费管理方法。目前,收费工作是高速公路运营管理部门的一项经常性而且十分重要的基础性管理工作,投入的人力、物力较大。它的主要任务是在收费站口按照物价部门批准的收费标准,采用一定的技术和管理手段,向过往车辆收取足额的通行费,用以保证高速公路建设资金的偿还及管理运营费用的支出。

高速公路的收费管理包括收费计划的制订、执行以及稽查工作。由于收费部门是高速公路管理直接对外的"窗口部门",其服务质量及效率等直接关系到高速公路运营管理的"形象工程",因此加强人员的培训教育、提高素质、实现标准化作业是收费管理部门一项重要的基础工作。

三、资产管理

在市场经济条件下,资产管理围绕成本和效益这个核心展开,通过相关的企业或者机构,利用市场化的手段,对基础设施建设项目的规划设计、资金筹措、建设、实物资产和存量资产的保值增值等进行管理决策,并付诸实施。其目的是取得良好的经济效益。资产管理必须要依照相关的法律法规进行,在管理过程中不断健全相关的法律法规。

资产管理为基础设施养护管理和运营管理提供经济上的保障,需要在基础设施使用过程中加强资产管理。

1.加强资产的投资管理

做好资产投资的可行性研究,是实现资产投资少、投产快、效益高、提高资产利用效果的根本保证,需要从以下几个方面进行:

(1)根据市场行情和生产任务,依据科学的计算分析方法,确定资产投资的必要性;

(2)拟订资产的投资方案,按照全寿命经济分析方法,进行方案的优化比较;

(3)预测资产的投资效益,作出资产投资决策;

(4)拓宽筹集固定资产投资的资金来源。

2.加强资产的日常管理

资产的日常管理,是保证资产完好率、延长使用寿命的关键,必须做好以下几点:

(1)建立资产统一领导,分级管理的机制;

(2)建立资产日常维修保养制度;

(3)制订各种设备的消耗定额,降低设备利用成本;

(4)建立责任事故赔偿制度,保证资产的完好性。

3.加强资产的经营开发

运输设施的经营开发是在搞好收费和服务区管理的基础上,充分利用沿线的土地边角和现有设施,从事广告、仓库储存、旅游业、房地产等多种项目经营,从而带动沿线经济发展,增加基础设施建设和养护基金。主要的开发内容有:

(1)广告开发;

(2)仓储及物流开发;

(3)旅游开发;

(4)土地开发;

(5)其他开发,如提供信息咨询、技术和商贸服务等。

经营开发可以采取以下几种形式:

(1)自主经营式;

(2)合资、合作经营式;

(3)承包与租赁经营方式。

第四节 主要教学内容

本书可作为供交通工程、土木工程（道路、铁路、机场等方向）、交通土建工程以及交通运输等专业大学本科生学习交通运输设施与管理知识的教科书，也可作为相关的工程类专业和相关的管理类专业大学生、工程技术人员的教学参考书和培训教材。

在选材时，对运输设施与管理的体系和主要内容有所侧重地作了取舍。考虑到教材的使用对象主要是道路、交通运输等专业（方向）的学生，本书侧重于铁路、公路以及民航基础设施的介绍；对移动设施子系统，以汽车为代表作主要介绍；对设施管理，侧重点在于对交通运输基础设施养护管理的介绍。

根据教学大纲要求和学时安排，主要教学内容包括：

（1）公路运输基础设施；

（2）轨道运输基础设施；

（3）航空运输基础设施；

（4）载运工具；

（5）公路养护维修管理；

（6）路面管理系统；

（7）公路交通安全设施；

（8）路面检测与性能评价；

（9）安全管理。

复习思考题

1. 五大运输系统的运输特点分别是什么？
2. 近几年，我国公路建设的发展特点是什么？
3. 民航运输系统的构成是什么？
4. 运输设施管理的主要内容有哪些？

第二章 公路运输基础设施

公路在交通运输中是车辆的载体,它也是一个有机的整体。根据不同的交通量和设计车速,公路分为不同的等级和服务水平。总体上来讲,道路都包括线形和结构两部分。线形包括平、纵、横三方面,空间投影后可以得到平面图、纵断面图和横断面图。结构包括路基、路面、桥涵、隧道、排水系统、防护工程、特殊结构物及交通沿线服务设施。在实际工程应用中,道路在空间上发生交叉不可避免,而道路交叉会严重影响道路的使用效率、交通安全、行车速度、运营费用和通行能力,因此必须合理设计道路交叉,保证车辆快速、顺畅、安全通行。

第一节 公路等级与技术要求

一、公路分级与功能

公路等级的划分按照功能、路网规划与交通量、具备的相应服务水平、通行能力等,分为以下几类。

高速公路是专供汽车分向、分车道行驶,并应全部控制出入的多车道公路。四车道高速公路、六车道高速公路和八车道高速公路应能适应的将各种汽车折合成标准小客车的年平均日交通量分别为25 000~55 000辆、45 000~80 000辆、60 000~10 000辆,并应具备表2-1的服务水平。

一级公路为供汽车分向、分车道行驶,并可根据需要控制出入的多车道公路。当作为集散公路时,纵横向干扰较大,为保证汽车分道、分向行驶,可设慢车道供非汽车交通行驶。作为干线公路时,为保证运行速度、交通安全和服务水平,应根据需要采取控制出入措施。四车道一级公路应能适应的将各种汽车折合成标准小客车的年平均日交通量为15 000~30 000辆,六车道一级公路为25 000~55 000辆,并应具备表2-2的服务水平。

二级公路为供汽车行驶的双车道公路,为保证汽车的行驶速度和交通安全,在混合交通量大的路段,可设置慢车道供非汽车交通行驶。其应能适应将各种汽车折合成标准小客车的年平均交通量为5 000~15 000辆。二级公路也有两种功能,即作为干线公路和集散公路,根据其不同的功能和交通组成等决定是否设置慢车道以及其他设施。

三、四级公路为主要供汽车行驶的双车道公路,其主要技术指标按供汽车行驶的要求设计,但同时也允许拖拉机、畜力车、人力车等非汽车交通使用车道,其混合交通特征明显,设计速度应在40km/h以下。

二、三级公路应具备表2-3的服务水平,四级公路视需要而定。

二、服务水平

服务水平划分为四级,是为了说明公路交通负荷状况,以交通流状态为划分条件,定性地描述交通流从自由流、稳定流到饱和流和强制流的变化阶段。因此,采用四级服务水平,可以方便地评价公路交通的运行质量。

高速公路服务水平分级　　　　　　　　　　　　　表 2-1

服务水平等级	密度 [pcu/(km·ln)]	设计速度(km/h)								
		120			100			80		
		速度(km/h)	V/C	最大服务交通量 [pcu/(h·ln)]	速度(km/h)	V/C	最大服务交通量 [pcu/(h·ln)]	速度(km/h)	V/C	最大服务交通量 [pcu/(h·ln)]
一	≤7	≥109	0.34	750	≥96	0.33	700	≥78	0.25	600
二	≤18	≥90	0.74	1 600	≥79	0.67	1 400	≥66	0.60	1 200
三	≤25	≥78	0.88	1 950	≥71	0.86	1 800	≥62	0.78	1 500
四	≤45	≥48	接近1.0	<2 200	≥47	接近1.0	<2 100	≥45	接近1.0	<2 000
	>45	<48	>1.0	0~2 200	<47	>1.0	0~2 100	<45	>1.0	0~2 000

注:V/C 是在理想条件下,最大服务交通量与基本通行能力之比;基本通行能力是四级服务水平上半部的最大交通量。

一级公路服务水平分级　　　　　　　　　　　　　表 2-2

服务水平等级	密度 [pcu/(km·ln)]	设计速度(km/h)								
		100			80			60		
		速度(km/h)	V/C	最大服务交通量 [pcu/(h·ln)]	速度(km/h)	V/C	最大服务交通量 [pcu/(h·ln)]	速度(km/h)	V/C	最大服务交通量 [pcu/(h·ln)]
一	≤7	≥92	0.32	650	≥75	0.29	550	≥57	0.25	400
二	≤18	≥73	0.65	1 300	≥60	0.61	1 110	≥50	0.56	900
三	≤25	≥68	0.85	1 700	≥56	0.78	1 400	≥47	0.72	1 150
四	≤40	≥50	接近1.0	<2 000	≥46	接近1.0	<1 800	≥40	接近1.0	<1 600
	>40	<50	>1.0	0~2 000	<46	>1.0	0~1 800	<40	>1.0	0~1 600

服务水平的划分,高速公路、一级公路以车流密度作为主要指标;二、三级公路以延误率和平均运行速度作为主要指标;交叉口则以车辆延误来描述其服务水平。

一级服务水平:交通量小,驾驶员能自由或较自由地选择行车速度并以设计速度行驶,行驶车辆不受或基本不受交通流中其他车辆的影响,交通流处于自由流状态,超车需求远小于超车能力,被动延误少,为驾驶员和乘客提供的舒适便利程度高。

二级服务水平:随着交通量的增大,速度逐渐减小,行驶车辆受其他车辆或行人的干扰较大,驾驶员选择行车速度的自由度受到一定限制,交通流状态处于稳定流的中间范围,有拥挤感。到二级下限时,车辆间的相互干扰较大,开始出现车队,被动延误增加,为驾驶员提供的舒适便利程度下降,超车需求与超车能力相当。

三级服务水平:当交通需求超过二级服务水平对应的服务交通量后,驾驶员选择车辆运行速度的自由度受到很大限制,行驶车辆受其他车辆或行人的干扰很大,交通流处于稳定流的下半部分,并已接近不稳定流范围,流量稍有增长就会出现交通拥挤,服务水平显著下降。到三级下限时,行车延误的车辆达到80%,所受的限制已达到驾驶员所允许的最低限度,超车需求超过了超车能力,但可通行的交通量尚未达到最大值。

四级服务水平:交通需求继续增大,行驶车辆受其他车辆或行人的干扰更加严重,交通流处于不稳定流状态。靠近下限时,每小时可通行的交通量达到最大值,驾驶员已无自由选择速度的余地,交通流变成强制状态。所有车辆都以通行能力对应的、但相对均匀的速度行驶。一旦上游交通需求和来车强度稍有增加或交通流出现小的扰动,车流就会出现走走停停的状态,此时能通过的交通量很不稳定,其变化范围从基本通行能力到零,时常发生交通阻塞。

二、三级公路服务水平分级 表2-3

服务水平等级	延误率（%）	设计速度（km/h）									
		80				60				≤40		
		速度（km/h）	不准超车区（%）			速度（km/h）	不准超车区（%）			不准超车区（%）		
			<30	30~70	>70		<30	30~70	>70	<30	30~70	>70
			V/C				V/C			V/C		
一	≤30	≥76	0.15	0.13	0.12	≥57	0.15	0.13	0.11	0.14	0.13	0.10
二	≤60	≥67	0.40	0.34	0.31	≥54	0.38	0.32	0.28	0.37	0.25	0.20
三	≤80	≥58	0.64	0.60	0.57	≥48	0.58	0.48	0.43	0.54	0.42	0.35
四	<100	≥48	1.0	1.0	1.0	≥40	1.0	1.0	1.0	1.0	1.0	1.0
		<48				<40						

第二节　路　线

道路是一条三维空间的实体,是由路基、路面、桥梁、涵洞、隧道和沿线设施所组成的线形构造物。

一、横断面

1. 道路横断面的构成

在路线设计上,道路横断面是指中线上各点的法向切面。横断面构成包括行车道、路肩、分隔带、变速车道、爬坡车道、紧急停车带、边沟边坡、截水沟、护坡道以及取土坑、弃土堆、环境保护设施、路权隔离设施等。城市道路横断面组成中还包括机动车道、非机动车道、人行道、绿化带等。典型的公路横断面构成如图2-1所示。城市道路的典型横断面形式如图2-2所示。

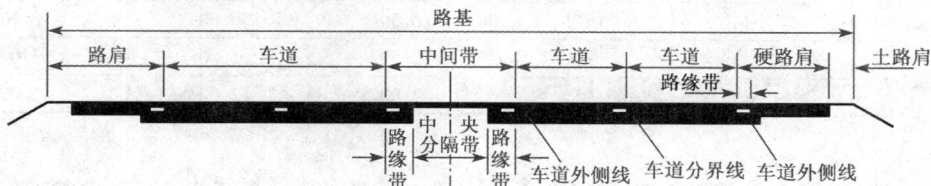

图2-1　典型的公路横断面

2. 车道宽度与车道数

车道是纵向排列、以安全顺适地通行车辆为目的而设置的公路带状部分。所谓车道宽度是为了交通上的安全和行车上的顺适,根据汽车大小、车速高低而确定的各种车辆以不同速度行驶时所需的宽度。

车道宽度应该满足车辆行驶的需要。双车道公路应满足错车、超车行驶所需要的余宽,四车道公路应满足车辆并列行驶所需的宽度。车道宽度是根据设计车辆的最大宽度加上错车、超车所必需的余宽而确定的。不同设计车速下的车道宽度要求如表2-4所示。

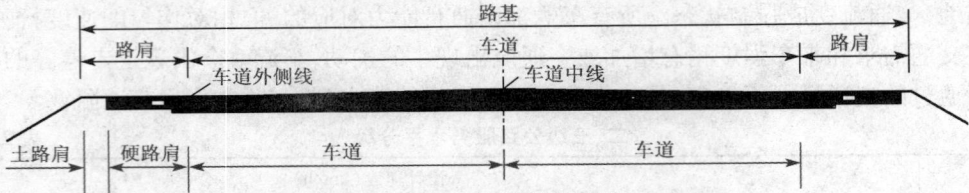

图2-2 典型的城市道路横断面

车 道 宽 度   表2-4

设计速度（km/h）	120	100	80	60	40	30	20
车道宽度（m）	3.75	3.75	3.75	3.50	3.50	3.25	3.00 （单车道时为3.50）

道路横向按车道宽度和行车要求划分成一定的车道数供车辆行驶，高速公路、一级公路各路段的车道数根据预测的设计交通量、设计速度、服务水平等确定。二级、三级公路为双车道公路。二级公路混合交通量大，非汽车交通对汽车运行影响较大时，可划线分快、慢车道（慢车道可利用硬路肩及土路肩的宽度），但这种公路仍属双车道范畴。

3. 中间带

为了保证行车安全和公路应有的功能，高速公路和一级公路在路基纵向中间必须设置中间带。中间带由中央分隔带和路缘带组成。中央分隔带在构造上起到分隔对向交通的作用。在分隔带的两侧设置路缘带。路缘带提供了安全行车所必需的侧向余宽，并能引导驾驶员的视线。

中间带宽度有一般值和最小值，如表2-5所示。同时，考虑中小桥与前后线形的连接，在断面组合方面，应避免多变。仅当中间带内不埋设管线或不设置跨线桥桥墩时，中央分隔带宽度取1.00m。

中 间 带 宽 度   表2-5

设计速度（km/h）		120	100	80	60
中央分隔带 宽度（m）	一般值	3.00	2.00	2.00	2.00
	最小值	2.00	2.00	1.00	1.00
左侧路缘带 宽度（m）	一般值	0.75	0.75	0.50	0.50
	最小值	0.75	0.50	0.50	0.50
中间带宽度（m）	一般值	4.50	3.50	3.00	3.00
	最小值	3.50	3.00	2.00	2.00

4. 路肩

高速公路、一级公路应在右侧硬路肩宽度内设右侧路缘带，宽度为0.5m。高速公路和一级公路采用分离式断面时，应设置左侧硬路肩。为保证行车安全，考虑到八车道高速公路小客车因事故等临时紧急停车的需要，有条件时应设置左侧硬路肩。鉴于内侧车道上行驶的车辆以小客车为主，故规定左侧硬路肩包括左侧路缘带的宽度采用2.50m。

5. 紧急停车带

高速公路、一级公路右侧硬路肩宽度小于2.50m时，应设置与车道平行的紧急停车带。紧急停车带宽度仅供故障车辆临时停放时，不致侵占行车道宽度，不影响行车道上的车辆正常行驶。紧急停车带宽度一般为5.00m。驶入时需有一个斜的缓和长度，有效长度的确定应考虑车辆的最大长度,一般为50m,间距不宜大于2km。

6. 其他车道

(1)加(减)速车道

设置在高速公路、一级公路的互通立体交叉、服务区、停车区、公共汽车停靠站、管理设施等的出入口处的加(减)速车道供车辆驶出或驶入高速公路。

(2)爬坡车道

当通行能力、运行安全等受到影响时,高速公路和一级公路、二级公路的连续上坡路段应设置爬坡车道。

(3)避险车道

在连续长陡下坡路段应在适当地点设置避险车道,以供制动失效的车辆强制减速停车。避险车道可修建在主线直线段上合适的位置,并应修建在失控车辆不能安全转弯的主线弯道之前以及修建在坡底人口稠密区之前,以保证失控车辆上的人员以及位于坡底居民的安全。

(4)错车道

四级公路路基宽度采用4.5m时,应设置错车道。错车道的间距应根据错车时间、视距、交通量等情况决定。

7. 路基宽度

各级公路路基宽度为车道宽度与路肩宽度之和。当设有中间带、加(减)速车道、爬坡车道、紧急停车带、错车道等时,路基宽度包括这些车道的宽度。

高速公路、一级公路的路基横断面分为整体式和分离式两类。整体式断面包括车道、中间带(中央分隔带及左侧路缘带)、路肩(硬路肩及土路肩)以及紧急停车带、爬坡车道、加(减)速车道等;分离式断面包括车道、路肩(硬路肩及土路肩)以及紧急停车带、爬坡车道、加(减)速车道等。

二级公路、三级公路、四级公路的路基横断面包括车道、路肩以及错车道等。二级公路位于中、小城市城乡接合部、混合交通量大的连接线路段,实行快、慢车道分开行驶时,可根据当地经验设置慢车道或加宽右侧硬路肩。整体式路基宽度规定见表2-6。

整 体 式 路 基 宽 度 表2-6

公 路 等 级			高速公路、一级公路						
设计速度(km/h)		120			100			80	60
车道数		8	6	4	8	6	4	6	4	4
路基宽度 (m)	一般值	42.00	34.50	28.00	41.00	33.50	26.00	32.00	24.50	23.00
	最小值	40.00	—	25.00	38.50	—	23.50	—	21.50	20.00
公 路 等 级			二级公路、三级公路、四级公路						
设计速度(km/h)		80	60	40	30		20			
车道数		2	2	2	2		2 或 1			
路基宽度 (m)	一般值	12.00	10.00	8.50	7.50		6.50(双车道)	4.50(单车道)		
	最小值	10.00	8.50	—	—					

注:1. 一般值为正常情况下的采用值;最小值为条件受限制时可采用对的值。

2. 八车道高速公路路基宽度一般值为设置左侧硬路肩,内侧车道采用3.50m时的宽度;八车道高速公路路基宽度最小值为不设置左侧硬路肩,内侧车道采用3.75m时的宽度。

高速公路、一级公路根据地形、地物等情况,其路基横断面形式可分段采用整体式或分离式。在山岭、丘陵地段或地形受制约地段,当采用整体式断面而工程量过大时,宜采用分离式断面。

确定路基宽度时,中央分隔带宽度、右侧路缘带、右侧硬路肩宽度、土路肩宽度等的一般值和最小值应同类相加。

二、平面线形

在平面上,公路几何线形由一系列的直线、圆曲线、缓和曲线等组成。直线、圆曲线、缓和曲线等在曲率、长度等几何参数方面应相互协调,保证行车安全和舒适性。平面线形在图纸上的显示如图 2-3 所示。

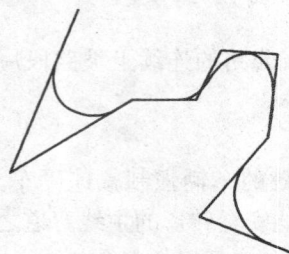

1. 直线

直线是平面线形的要素之一。笔直的道路给人以短捷、直达的良好印象。汽车在直线上行驶受力简单、方向明确、驾驶操作简单。但直线过长,行车单调,驾驶员易犯困,尾随车辆不易估计车速,易造成车速过快而发生事故。

图 2-3 平面线形设计图

对直线最大长度与最小长度应有所限制,可根据驾驶员的视觉反应及心理上的承受能力来确定。据有关研究,对于设计速度大于或等于 60km/h 的公路,最大直线长度为以汽车按设计速度行驶 70s 左右的距离控制;一般直线路段的最大长度(以 m 计)应控制在设计速度(以 km/h 计)的 20 倍为宜;另外,同向曲线之间直线的最小长度(以 m 计)以不小于设计速度(以 km/h 计)的 6 倍为宜;反向曲线之间的最小直线长度(以 m 计)以不小于设计速度(以 km/h 计)的 2 倍为宜。设计速度小于成等于 40km/h 的公路可参照上述做法。

直线路段的汽车运行速度与相邻曲线段上的车速差是影响汽车行车安全的重要因素,一般不超过 20km/h。可采用透视图法检查线形,特别要避免断背曲线。曲线间的直线最小长度还应满足超高渐变段的长度要求。

2. 圆曲线

各级公路和城市道路不论转角大小均应设置平曲线。圆曲线是平曲线中的主要组成部分。常用的有单曲线、同(反)向复曲线、回头曲线等。

圆曲线最小半径是以汽车在曲线部分能安全而又顺适地行驶所需的条件而确定的。圆曲线最小半径有三种值,即一般值、极限值、不设超高最小半径,见表 2-7。

圆曲线最小半径　　　　　　　　　　　　　表 2-7

设计速度(km/h)		120	100	80	60	40	30	20
一般值(m)		1 000	700	400	200	100	65	30
极限值(m)		650	400	250	125	60	30	15
不设超高最小半径(m)	路拱≤2.0%	5 500	4 000	2 500	1 500	600	350	150
	路拱>2.0%	7 500	5 250	3 350	1 900	800	450	200

3. 缓和曲线

高速公路、一级公路、二级公路、三级公路的直线与半径小于表 2-7 所列不设超高圆曲线最小半径相衔接处,应设置缓和曲线进行连接。由于汽车行驶轨迹非常近似回旋线,缓和曲线采用回旋线。回旋线不仅可以用作缓和曲线,而且也可以作为线形要素之一。

缓和段一般包括下列内容:

(1)曲率变化缓和段(从直线向曲线或从大半径曲线向小半径曲线变化);

(2)横向坡度变化的缓和段(直线段的路拱横坡度渐变至弯道超高横坡度的过渡或曲线部分不同的横坡度之间的过渡);

(3)加宽缓和段(直线段的标准宽度向加宽段曲线部分之间的渐变)。

三、纵断面

沿着道路中线竖直剖切然后展开即为道路纵断面,它是一条起伏的空间线。其组成要素主要有纵坡与坡长、竖曲线等。纵断面线形的图纸表达形式如图 2-4 所示。

1. 纵坡与坡长

(1)最大纵坡

最大纵坡是指在纵坡设计中各级道路允许的最大坡度值,应根据汽车的动力特性、道路等级、自然条件以及工程、运营经济等因素,综合分析合理确定。

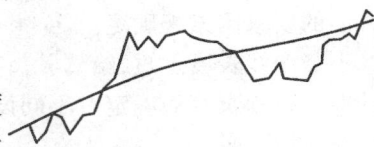

图 2-4　公路纵断面图

不同设计速度下的最大纵坡见表 2-8。

最大纵坡　　　　　　　　　表 2-8

设计速度(km/h)	120	100	80	60	40	30	20
最大纵坡(%)	3	4	5	6	7	8	9

长、大纵坡对载货汽车行驶很不利,上坡会使车速减慢,妨碍后续的快速车辆,使超车需求增多,安全性降低;而下坡热制动效能减弱,更易发生交通事故。因此,各级公路必须对连续下坡路段按平均纵坡进行控制。

(2)最小纵坡

为保证排水要求,防止积水渗入路基而影响路基稳定性,防止路面表面积水影响行车安全,在长路堑、低填以及其他横向排水不通畅地段,公路纵坡不宜小于 0.3%。

(3)坡长

最短坡长主要从汽车行驶平顺性的要求考虑。

最大纵坡长度限制主要是依据 8t 载货汽车(功率/质量比是 9.3W/kg)的爬坡性能曲线,同时考虑坡底的入口速度与允许速度差确定的。坡长限制是变坡点间的直线距离。最小坡长和不同纵坡的最大坡长见表 2-9、表 2-10。

最小坡长　　　　　　　　　表 2-9

设计速度(km/h)	120	100	80	60	40	30	20
最小坡长(m)	300	250	200	150	120	100	60

不同纵坡的最大坡长　　　　　　　　　表 2-10

设计速度(km/h) / 最大坡长(m) / 纵坡坡度(%)	120	100	80	60	40	30	20
3	900	1 000	1 100	1 200	—	—	—
4	700	800	900	1 000	1 100	1 100	1 200
5	—	600	700	800	900	900	1 000
6	—	—	500	600	700	700	800
7	—	—	—	—	500	500	600
8	—	—	—	—	300	300	400
9	—	—	—	—	—	200	300
10	—	—	—	—	—	—	200

2. 竖曲线

纵断面上两个坡段的转折处设置竖曲线,可以是抛物线和圆曲线。竖曲线分凸形和凹形竖曲线两类,主要技术指标为竖曲线半径和长度。

竖曲线半径分为一般值和极限值,可通过考虑缓和冲击、时间行程和满足视距的要求三个方面的要求因素来确定。

竖曲线长度过短,给驾驶员在纵面上一个很急促折曲的感觉,最小竖曲线长度应按3s设计速度行程长度而确定。不同设计车速下的竖曲线最小半径和竖曲线长度见表2-11。

竖曲线最小半径和竖曲线长度 表2-11

设计速度(km/h)		120	100	80	60	40	30	20
凸形竖曲线半径(m)	一般值	17 000	10 000	4 500	2 000	700	400	200
	极限值	11 000	6 500	3 000	1 400	450	250	100
凹形竖曲线半径(m)	一般值	6 000	4 500	3 000	1 500	700	400	200
	极限值	4 000	3 000	2 000	1 000	450	250	100
竖曲线长度(m)	一般值	250	210	170	120	90	60	50
	最小值	100	85	70	50	35	25	20

四、公路线形组合设计原则

(1)平、纵线形组合设计原则为相互对应。当平、竖曲线半径均较小时,其相互对应程度应较严格;随着平、竖曲线半径的同时增大,其对应程度可适当放宽;当平、竖曲线半径均大时,可不严格相互对应。

(2)长直线不宜与坡陡或半径小且长度短的竖曲线组合。

(3)长的平曲线内不宜包含多个短的竖曲线;短的平曲线不宜与短的竖曲线组合。

(4)半径小的圆曲线起讫点,不宜接近或设在凸形竖曲线的顶部或凹形竖曲线的底部。

(5)长的竖曲线内不宜设置半径小的平曲线。

(6)凸形竖曲线的顶部或凹形竖曲线的底部,不宜同反向平曲线的拐点重合。

(7)复曲线、S形曲线中的左转圆曲线不设超高时,应采用运行速度对其安全性予以验算。

第三节 路 基 路 面

一、路基

公路路基是一种线形结构物,具有距离长、直接受大自然因素影响的特点。路基的设计与养护需对影响路基稳定性的地形、气候、水文与水文地质、土类、地质条件、植物覆盖等因素进行全面的勘察研究。

1. 一般路基

一般路基横断面的路基结构形式如图2-5所示。按照断面形式,路基一般分为填方路基、挖方路基和半填半挖路基等。常见形式如图2-6所示。

2. 排水设施

排水设施是路基结构的重要组成部分,也是保证路基稳定耐久的关键设施。路基排水设施分为地面排水设施和地下排水设施。

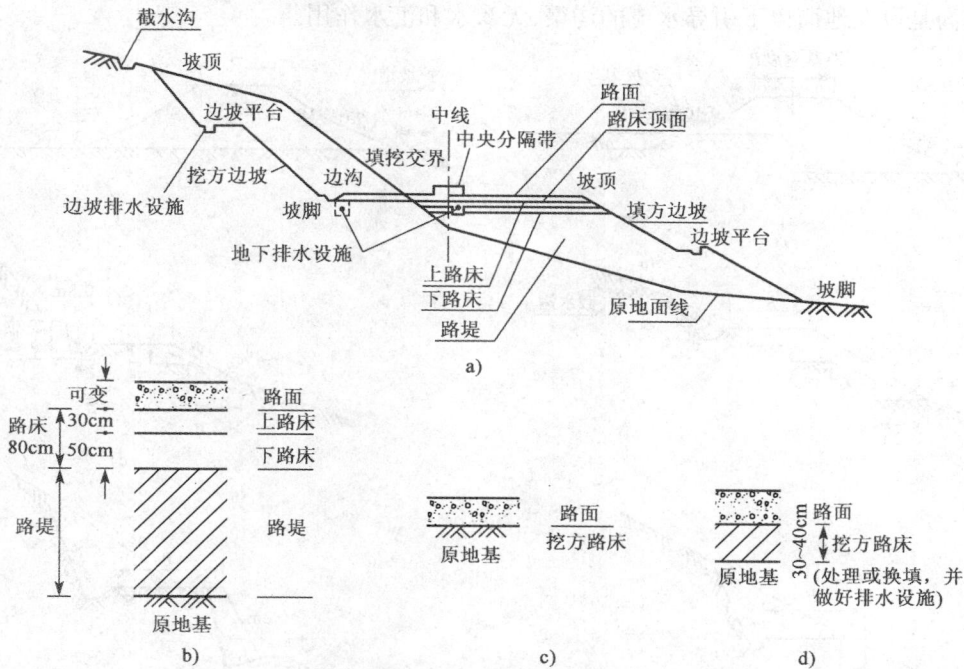

图 2-5　公路路基结构图
a)路基横断面各部名称;b)填方路基剖面各部名称;c)地基良好(岩石、砂土)挖方路基剖面各部名称;
d)地基不良挖方路基剖面各部名称
注:路床即原路槽底面下 0～80cm 范围内的路基

1)地面排水设施的类型

①边沟。设置在挖方路基的路肩外侧,或低路堤的坡脚外侧,用以汇集和排除路基范围内和流向路基的小量地面水。填方路段的取土坑,常与路基排水综合考虑,使之起到边沟的作用。

②截水沟(天沟)。设置在挖方路基边坡坡顶以外,或山坡路堤上方的适当处,用以截引路基上方流向路基的地面径流,防止冲刷和侵蚀挖方边坡和路堤坡脚,并减轻边沟的泄水负担。岩石裸露和坡面不怕冲刷的路段,可不设置截水沟。

③排水沟(泄水沟)。用来引出路基附近低洼处积水的人工沟渠。在平丘区,当原有地面沟渠蜿蜒曲折且影响路基稳定时,可用于改善沟渠线路。有时,为了减少涵洞数量,也可用于合并沟渠。

④跌水与急流槽(吊沟)。设置于需要排水的高差较大而距离较短或坡度陡峻的地段。跌水是阶梯形的建筑物,水流以瀑布形式通过,有单级和多级的。它的作用主要是降低流速和消减水的能量。急流槽是具有很陡坡度的水槽,但水流不离开槽底。它的作用主要是在很短的距离内、水面落差很大的情况下进行排水,多用于涵洞的进出水口,或在特殊情况下用于截水沟流向边沟的场合。

⑤积水池。在年降雨量不大、晴天日数多、空气相对湿度小、多风易蒸发的空旷荒野地段,如我国西北地区,路线经过平坦地段,无法把地面水排走时,可在距路基适当的地方设置积水池,引水入池,任其蒸发或下渗。池的面积大小应根据当地降雨量决定,深可达 1.5～2.0m,沿路线方向筑成矩形。

2)地下排水设施的类型

（1）暗沟

暗沟是设在地面以下引导水流的沟渠，无渗水和汇水作用。

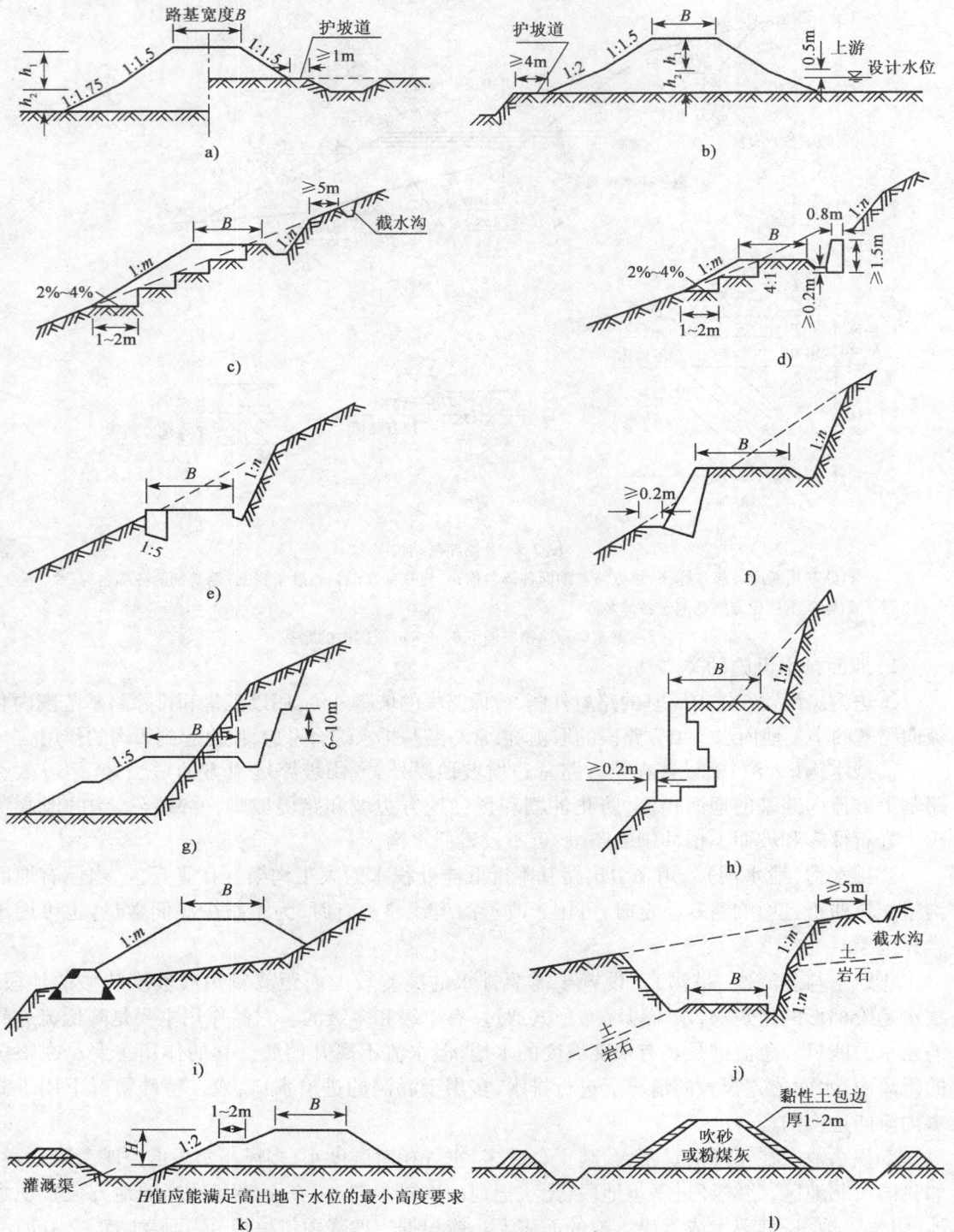

图 2-6　路基常用的典型断面形式

a）一般路基；b）沿河路提（桥头引道，河滩路提）；c）半填半挖路基；d）矮墙路基；e）护肩路基；f）砌石路基；g）边坡台阶形路基；h）挡墙路基；i）护脚路基；j）挖方路基；k）利用挖渠的土填筑路基；l）吹砂或粉煤灰路基

①使用条件：

a.当路基范围内遇有个别泉眼,泉水外涌,路线不能绕避时,为将泉水引至填方坡脚以外或挖方边沟,加以排除,可在泉眼与出口之间开挖沟槽,修建暗沟。

b.市区街道污水管或雨水管以及公路有中央分隔带时弯道处的排水设计也有采用暗沟或暗管排除积水的。

c.暗沟造价一般高于明沟,同时,一旦淤堵,疏通费事,甚至需开挖重建。因此,设计时必须与修建明沟方案进行经济比较,择优选用。

②构造：

a.暗沟的构造一般比较简单。在路基填土之前或挖出泉眼之后,按照泉眼范围大小,保证盖板顶面的填土厚度不小于 50cm,井宽 b 按泉眼的范围大小决定。高 h 约为 20cm,暗沟宽 20～30cm。如沟深两侧为石质,盖板可直接放在两侧石壁上。

b.过水暗沟,如两雨水井之间的水道连接。可采用混凝土水管,不仅构造简单,施工方便,而且造价低廉。

（2）渗井

渗井按其渗水方向不同,可分为排水渗井与积水渗井两种。渗井的作用是将地面水通过竖井,渗入地下排除。

①使用条件与使用说明：

a.路线穿过雨量稀少地区的村落或集市,路线高度与原地面相仿,因建筑物障碍不能贯通边沟,而距地面不深处有渗透性土层,且地下水流向背离路基,地面水流量不大,此时可以修筑渗水井,将边沟水流分散到地面 1.5m 以下的透水层中,使之不致影响路基稳定。

b.高速公路或城市道路立交桥下的通道,路线为凹形竖曲线时,如通道路基下层有良好的渗水性土质,则可在凹形的最低部位设置渗井,井口宽取 41.5cm,上盖铁算盖板,总宽与通道宽相等,使低洼处积水由渗井排出。这种构造远较采用涵管排除或水泵排除经济、简单。

c.施工时,在不透水部分,建议用铁管或铁皮做围圈插入井内,分内外两层,外层填较细集料以保证质量。

②构造：

上部构造为集水结构,下部为排水结构。

a.上部构造：渗水井面积的大小,取决于路基表面的流量,一般可采用直径为 0.7m 的圆井,或 $0.6m \times 0.6m \sim 1.0m \times 1.0m$ 的方井。渗水井的顶部四周(进口部分除外)用黏土筑堤围护。

b.下部构造：渗水井的下部,必须穿过不透水层而深达渗透层。井内填充材料用碎石或卵石,上部不透水层内填充砂和砾石。透水性土层离地面较深时,可用钻井机钻孔,但钻井的直径不应小于 15cm,有时可达 50～60cm。

c.立交桥下通道采用渗井时,雨水口的铁算盖板及其两侧墙身即为上部集水构造,墙身应深达透水层。墙身可用砖或片(块)石砌筑。墙内不透水性的土应挖除,而以碎(卵)石与砂砾石回填,作为下部构造,疏散雨水。

（3）渗沟

在地面以下汇集流向路基的地下水,排到路基范围以外,使路基土保持干燥,不致因地下水成害。例如,路线所经地段遇有潜水、层间水,路堑顶部出现地下水,或地下水位较高,影响路基或路堑边坡稳定,则需修建渗沟将水排除。

①分类。按构造的不同,渗沟大致有三种形式:Ⅰ式为填石渗沟,也称盲沟;Ⅱ式下部设排水管;Ⅲ式下部设石砌排水孔洞。三种形式均由排水层(石缝或管、洞)、反滤层和封闭层所组成。

②使用条件和使用说明。

a.Ⅰ式填石渗沟(盲沟):一般用于流量不大、渗沟不长的地段,是目前公路上常用的一种渗沟,应考虑淤塞失效问题。由于排水层阻力较大,其纵坡不应小于1%,一般可采用5%。

b.Ⅱ式管式渗沟:设于地下引水较长的地段,但渗沟过长时,应加设横向泄水管,将纵向渗沟内的流水迅速分段排除。沟底纵坡取决于设计流速,最大流速应考虑到水管的构造及其使用寿命,且不致冲毁管下垫枕材料,一般以不大于1.0m/s为宜,亦不应低于最小流速。最小纵坡为5%,以免淤积。

c.Ⅲ式洞式渗沟:当地下水流量较大或缺乏水管时,可采用石砌涵洞,洞口大小依设计流量而定。

3. 防护设施

路基防护是确保道路全天候使用,使路基不致因地表水流和气候变化而失稳的必要工程措施,是路基设计的主要项目之一,其重要性因道路技术等级的提高和交通量的急剧增长而日益突出。

路基防护的方法一般可分为坡面防护和冲刷防护两类。冲刷防护可分为直接和间接两种。直接防护是指在坡面加铺护面墙、混凝土板或采用砌石护坡以及土工织物护面等,也包括对沿河浸水边坡或坡脚进行抛石或以石笼、梢料、浸水挡土墙防护;间接防护则指沿河路堤修筑调治构造物和对河道进行整治,将危害路基的较大水流引向指定位置,以减少水流对路基的直接冲刷。

4. 特殊路基

路线通过特殊地质、地形等地段的路基,按特殊路基设计和防护。常见的特殊路基有:滑坡地段路基、崩塌与岩堆地段路基、泥石流地区路基、岩溶地区路基、多年冻土地区路基、黄土地区路基、膨胀土地区路基、盐土地区路基、风沙地段路基、雪害地区路基、延流冰地段路基等。

二、路面

1. 路面结构组成与类别

(1)结构组成

路面结构由如图2-7所示的各个部分组成。图2-7中,左半侧为沥青路面,右半侧为水泥混凝土路面。

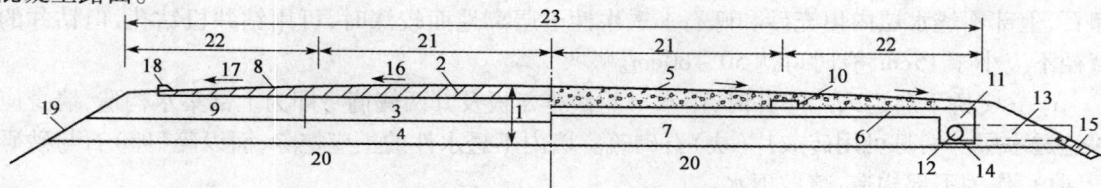

图2-7 路面结构组成横断面

1-路面结构;2-行车道沥青面层;3-基层;4-垫层;5-行车道水泥混凝土面层;6-排水基层;7-不透水垫层;8-路肩沥青面层;9-路肩基层;10-路肩水泥混凝土面层;11-集水沟;12-纵向排水管;13-横向出水管;14-反滤织物;15-坡面冲刷防护;16-行车道横坡;17-路肩横坡;18-拦水带;19-路基边坡;20-路基;21-行车道宽度;22-路肩宽度;23-路基宽度

（2）行车道路面类型和结构层次

按面层所用材料的不同，路面可分为沥青路面、水泥混凝土路面、块料路面、粒料路面和复合式路面五类。

各类路面的结构可分为面层、基层和垫层三个主要层次。

面层是直接承受行车荷载作用及大气降水和温度变化影响的路面结构层次，并为车辆提供行驶表面，直接影响行车的舒适性、安全性和经济性，给周围环境带来一定程度的不良影响。因此，面层应具有足够的结构强度和稳定性、良好的表面特性。面层由一层或多层组成；其上层可为磨耗层或多孔层，下层可为整平层或联结层。

基层主要起承重作用，应具有足够的强度。基层厚度大时，可分设两层，分别称为上基层（或基层）和底基层，并选用不同强度（或质量）要求的材料。

在路基土质较差、水温状况不良时，宜在基层之下设置垫层，起排水、防冻胀、扩散应力等作用。基层为排水层时，垫层应采用密级配材料，并能起反滤层作用。

路面类型结构层可选用的组成材料见表2-12。

各类路面各类结构层可选用的组成材料 表2-12

结构层次	路面类型				
	沥青路面	水泥混凝土路面	复合式路面	块料路面	粒料路面
面层	沥青混合料 沥青表面处治 沥青贯入碎石	普通混凝土 钢筋混凝土 连续配筋混凝土 钢纤维混凝土 聚酯纤维混凝土	连续配筋混凝土＋ 沥青混合料 碾压混凝土＋ 沥青混合料	嵌锁式混凝土 块料 整齐或半整齐 块石	级配碎石或 砾石 泥灰结碎石 粒料改善土
基层	水泥或石灰—粉煤灰稳定碎石或砾石粒料 贫水泥混凝土 沥青碎石、沥青贯入碎石 水结碎石、泥灰结碎石				石灰、水泥或石灰—粉煤灰稳定土 砂砾
垫层	水泥、石灰或石灰—粉煤灰稳定土 碎石、砂或砂砾				—

（3）路肩类型和结构层次

路肩设在行车道两侧，供车辆临时或紧急停靠，或者在路面大、中修期间，作为临时车道供车辆行驶。

按面层所用材料的不同，路肩结构可分为沥青路肩、水泥混凝土路肩和粒料或土路肩三类。前两类路肩结构设面层和基层两个层次。

路肩铺面结构应具有一定的承载能力，并应同行车道路面作为一个整体进行结构设计，协调结构层次和组成材料的选用，统一考虑路面和路肩结构的内部排水，提供路面和路肩结构交界面处的良好衔接。

路肩铺面结构的横断面如图2-7所示，还可参照图2-8中所示的形式布置。

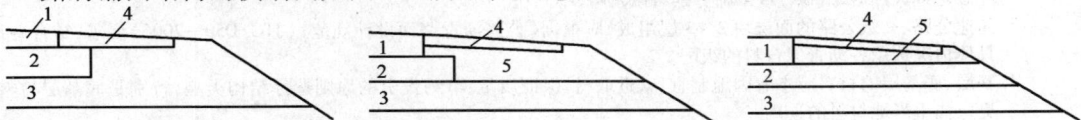

图2-8 路肩铺面结构横断面形式
1-面层；2-基层；3-垫层；4-路肩面层；5-路肩基层（透水性粒料）

2. 沥青路面标准结构断面

根据近年来修建高等级公路的实践和使用经验,并采用公路沥青路面设计规范规定的标准及方法分析和计算,推荐了高速公路、一级公路以及二级公路、三级公路的标准结构断面(表2-13和表2-14),以供设计人员参考。应用时,应结合当地的交通量、材料供应、自然条件、施工条件等因素选用,并按规范中的设计程序进行结构厚度计算。

高速公路、一级公路路面标准结构推荐断面(单位:cm)　　　　　　　表2-13

类　型	层　次	设计年限内设计车道的累计标准轴次(×10⁴)		
		400~800	800~1 200	>1200
I₁	面层	AC 12	AC 15	AC 16~18
	基层	CGA 20~30	CGA 20~34	CGA 20~38
	底基层	LS 或 CS 或 CLS		
I₂	面层	AC 12	AC 15	AC 16~18
	基层	CGA		
	底基层	GA 20	GA 20~30	GA 20~30
II₁	面层	AC 12	AC 15	AC 16~18
	基层	LFGA 20~30	LFGA 20~34	LFGA 20~38
	底基层	LS 或 CS 或 LFS		
II₂	面层	AC 12	AC 15	AC 16~18
	基层	LFGA		
	底基层	GA 20	GA 20~30	GA 20~30
III₁	面层	AC 12	AC 15	AC 16~18
	基层	CLFGA 20~30	CLFGA 20~34	CLFGA 20~38
	底基层	LS 或 LFS 或 CS 或 CLS		
III₂	面层	AC 12	AC 15	AC 16~18
	基层	CLFGA		
	底基层	GA 20	GA 20~30	GA 20~30
IV	面层	AC 6~10		
	上基层	AS 8~10		
	下基层	CR		
	底基层	GA 或 CR 或 SG 20~30		

注:1. 各结构层材料名称代号:AC 为沥青混凝土;AS 为沥青碎石;CGA 为水泥稳定集料;CCR 为水泥稳定级配碎石;CSG 为水泥稳定砂砾;LFGA 为二灰稳定集料;LFCR 为二灰稳定碎石;LFSG 为二灰稳定砂砾;CLFGA 为水泥粉煤灰等综合稳定集料;SGA 为石灰稳定集料;CS 为水泥土;LFS 为二灰土;LS 为石灰土;CLS 为水泥石灰土;CR 为级配碎石;SG 为砂砾;GA 为集料。

2. CGA 为水泥稳定集料,包括水泥稳定级配碎石(CCR)、水泥稳定砂砾(CSG);集料 GA 包括级配碎石(CR)和级配砂砾或天然砂砾(SG)或未筛分碎石以及粗、中土粒。

3. 高速公路、一级公路的面层由 2~3 层组成,应根据《公路沥青路面设计规范》(JTG D50—2006)要求,结合各地具体情况选用各沥青混合料的级配。

4. 基层、底基层的材料应本着因地制宜、就近取材、保证质量、节约投资的原则选择结构类型,特别是底基层材料,更应注重当地材料的选用。

5. 各结构层原材料及混合料的配合比、级配、力学性能指标应符合《公路沥青路面设计规范》(JTG D50—2006)及有关规范的规定。

6. 应将基层或底基层作为设计层,考虑交通量、土基状况按专用设计程序进行厚度计算。

二级公路、三级公路路面标准结构推荐断面(单位:cm) 表2-14

类型	层次	设计年限内设计车道的累计标准轴次(×10^4)		
		<100(三级公路)	100~200(二级公路)	200~400(二级公路)
I	面层	AC 2~4	AC 5~8	AC 8~10
	基层	CGA 15~20	CGA 20	CGA 20~30
	底基层	LS(或CS或CLS或GA)		
II	面层	AC 2~4	AC 5~8	AC 8~10
	基层	LFGA 20		LFGA 20~30
	底基层	LFS(LS或GA)		
III	面层	AC 2~4	AC 5~8	AC 8~10
	基层	SGA 20	SFGA	
	底基层	LS(或SGA)		
IV	面层	AC 2~4	AC 5~8	AC 8~10
	基层	CR 8~10	CR 8~12	CR 12~15
	底基层	LS(或SGA)		
V	面层	AC 8	AC 10	AC 12
	基层	CR		
	底基层	GA 20		

3. 水泥混凝土路面

（1）面层类型

水泥混凝土面层可以选用普通混凝土、碾压混凝土、钢筋混凝土、连续配筋混凝土、钢纤维混凝土或预应力混凝土等铺筑。

①普通混凝土。也称有接缝素混凝土，是指除接缝处和一些局部范围(如角隅、边缘或孔口周围)外，面层板内不配置钢筋的水泥混凝土面层，这是目前应用最为广泛的一种面层类型。

②碾压混凝土。采用沥青摊铺机等机械摊铺干硬性混凝土混合料，并使用振动压路机、轮胎压路机碾压密实的混凝土。

③钢筋混凝土。为防止混凝土面层板产生的裂缝缝隙张开而在板内配置纵向和横向钢筋的混凝土面层。

④连续配筋混凝土。除了在邻近构造物处或与其他路面交接处设置胀缝以及视施工需要设置施工缝外，在路段长度内不设横缝，而配置纵向连续钢筋和横向钢筋的混凝土面层。

⑤钢纤维混凝土。在混凝土中掺拌钢纤维，以提高混凝土的韧性和强度，减少其收缩量。钢纤维可以采用不同方式制造，如钢丝截断法、薄钢板剪切法、熔抽法和钢坯铣削法，相应地得到不同形状和横截面的纤维。

（2）标准结构断面

按设计规范所规定的方法和有关参数，对四个交通等级的普通水泥混凝土路面，按三种路基状况和两类常用的垫层和基层，通过计算分析和使用经验总结，分别制订出路面结构的标准断面。

第四节 桥 涵

桥涵分类有两个指标:一个是单孔跨径 L_K,用以反映技术复杂程度;另一个是多孔跨径总长 L,用以反映建设规模。具体分类等级标准见表2-15。

桥涵分类	多孔跨径总长 L(m)	单孔跨径总长 L_K(m)
特大桥	$L > 1\ 000$	$L_K > 150$
大桥	$100 \leqslant L \leqslant 1\ 000$	$40 \leqslant L_K \leqslant 150$
中桥	$30 < L < 100$	$20 \leqslant L_K \leqslant 40$
小桥	$8 \leqslant L \leqslant 30$	$5 \leqslant L_K \leqslant 20$
涵洞	—	$L_K < 5$

公路桥梁桥面铺装的结构形式应与相邻公路路面相协调。桥面铺装宜采用沥青混凝土或水泥混凝土。桥面应有完善的防水、排水系统,不致因桥面积水而遭到破坏,减少使用寿命,影响行车。桥面应设纵坡,便于纵向排水;横向应设路拱并设泄水管,以利横向排水,桥面面层以下宜设防水层。

公路上的行车速度快,桥路衔接必须舒服顺畅,才能满足行车要求。因此,高速公路、一级公路上的各类桥梁除特殊大桥外,其布设应满足路线总体布设的要求;而特殊大桥应尽量顺直,以方便桥梁结构的设计。当二级公路、三级公路、四级公路的特大桥、大桥桥位选择余地较小,成为路线控制点时,路线线位应兼顾桥位。

第五节 隧 道

随着我国经济的发展以及环保意识的增强,公路建设中特别是高速公路采用隧道的方案越来越多,其中,长大隧道和短隧道的数量呈现大量增长趋势,并且出现了较多的连拱隧道、明洞、隧道群、桥隧相连等形式。

隧道长度的分类标准主要依据的是隧道的建设规模和设计、施工以及运营管理的技术水平。公路中隧道按长度来划分:500m 以下为短隧道,500 ~ 1 000m 为中隧道,1 000 ~ 3 000m 为长隧道,3 000m 以上为特长隧道。

公路隧道横断面由车道、左侧侧向宽度 $L_左$、右侧侧向宽度 $L_右$、检修道(或人行道或余宽)组成。左侧侧向宽度($L_左$)为行车道左侧标线内缘至左侧最近行车障碍物间的距离。最近行车障碍物是指检修道或人行道或余宽的突起部位。对高速公路和一级公路而言,左侧侧向宽度即为左侧路缘带。右侧侧向宽度($L_右$)为行车道右侧标线内缘至右侧最近行车障碍物间的距离。对高速公路和一级公路而言,右侧侧向宽度即为右侧硬路肩。

高速公路和一级公路隧道由于设计速度高,交通量大且养护要求高,因此在隧道两侧设置检修道。二级公路和和三级公路含有混合交通,设置人行道,其宽度视隧道所在地区的行人密度、隧道长度、交通量等因素而定,并同时兼顾洞内设施的检查需求。四级公路可根据隧道所处位置和功能要求,考虑是否设置人行道,当不设人行道时,应设置余宽。

当隧道内设置检修道或人行道时,余宽包括在检修道或人行道的宽度当中。考虑单车道隧道的改建和通行能力、交通安全等问题,四级公路不宜修建单车道隧道。

隧道入洞前一定距离内,设置有必要的安全设施和视线诱导标,如标志、标线、安全护栏、警示牌、信号等,使驾驶员能预知,并逐渐适应驾驶环境的变化。

为了预防或消除地表水和地下水对隧道产生的危害,要求隧道洞内、洞口与洞外构成完整的防水、排水系统,以保证隧道结构、附属设施的正常使用以及行车安全。

隧道电力负荷应根据供电可靠性和中断供电在社会、经济上所造成的损失或影响程度定出负荷等级。

第六节 路线交叉

一、互通式立体交叉

1. 立体交叉的作用和组成

通过平面交叉口的各种车辆和行人会造成相互干扰,使得行车速度降低,阻滞交通,通行能力减小,容易发生交通事故。采用立体交叉是解决平面交叉口交通问题最彻底的方法。据调查,设置立体交叉后,行车速度和通行能力要比相同规模的平面交叉口提高 2.5~3 倍。另外,设计新颖、施工先进、绿化良好的立体交叉,也可以作为某地区的代表工程,或作为一种人工构造的景观来点缀环境。

立体交叉通常由跨线构造物、正线、匝道、出入口以及变速车道等部分组成,如图 2-9 所示。

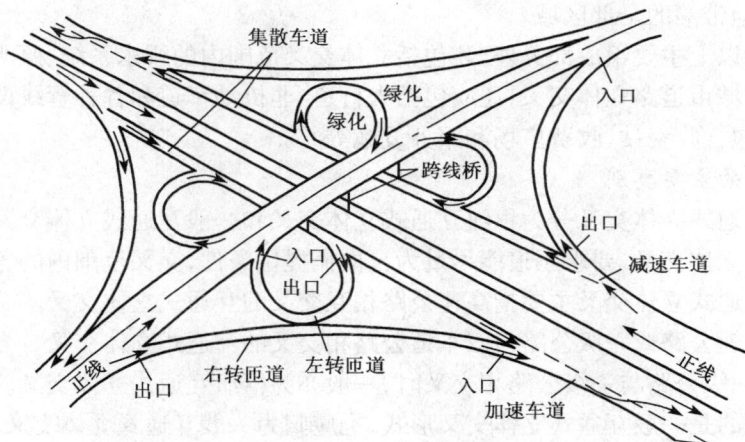

图 2-9 立体交叉的组成

（1）跨线构造物

跨线构造物是指跨越被交道路的跨线桥(上跨式)或穿越被交道路的路堑(下穿式),是立体交叉实现车流空间分离的主体构造物。

（2）正线

正线指各交汇道路的直行路段本体,是组成立体交叉的主体。根据交汇道路等级,正线可分为主要道路(简称主线)、一般道路或次要道路(简称次线)。

（3）匝道

匝道指专供正线转弯车辆行驶的连接道,有时也包括匝道与正线或匝道与匝道之间的跨线桥(或路堑),是立体交叉的重要组成部分。按其作用可分为右转匝道和左转匝道两类,供右转车辆行驶的为右转匝道,供左转弯车辆行驶的为左转匝道。

（4）出口与入口

由正线驶出进入匝道的道口为出口,由匝道驶入正线的道口为入口。

（5）变速车道

变速车道是指为适应车辆变速行驶的需要,而在正线右侧的出入口附近增设的附加车道。按其功能可分为减速车道和加速车道两种,出口端为减速车道,入口端为加速车道。

（6）辅助车道

辅助车道是指在高速公路立体交叉的分、合流附近,为使匝道与高速公路车道数平衡和保持正线的基本车道数而在正线外侧增设的附加车道。

（7）匝道的道口

匝道的道口是指匝道两端分别与正线的连接部。它包括出入口、变速车道和辅助车道等。

（8）绿化地带

绿化地带是指在立体交叉范围内,由匝道与正线或匝道与匝道之间所围成的封闭区域,一般采用以美化环境的绿化栽植,也可布设排水管渠、照明杆柱等设施。

（9）集散道路

集散道路是指在城市附近,为了减少车流进出高速公路的交织和出入口数量,可在立体交叉范围内正线的一侧或两侧设置的与其平行且分离的专用道路。

立体交叉的范围,一般是指各交汇道路变速车道渐变段顶点以内所包含的正线、跨线构造物、匝道和绿化地带等的全部区域。

立体交叉除以上主要组成部分外,还包括立体交叉范围内的排水系统、照明设备以及交通工程设施等。对城市道路立体交叉,还应包括人行道、非机动车道和各种管线设施等。对于收费立体交叉,也包含收费站、收费广场和服务设施等。

2. 立体交叉的主要类别

按功能将互通式立体交叉分为枢纽互通式立体交叉和一般互通式立体交叉。

枢纽互通式立体交叉,要求匝道能尽量为自由流提供条件,交叉范围内的各向交通流无交叉冲突。枢纽互通式立体交叉主要指高速公路相互交叉的互通式立体交叉。一般互通式立体交叉则主要指高速公路或一级公路与双车道公路相交叉的互通式立体交叉。当高速公路与一级公路相交叉、一级公路与一级公路相交叉时,一般亦为枢纽互通式立体交叉。如果因为设置收费站等而采用的是一般互通式立体交叉形式,也应归为一般互通式立体交叉。

3. 立体交叉的技术要求

高速公路的安全和运营性能在很大程度上取决于互通式立体交叉的间距。一方面,在高速公路交通事故中,有很大一部分发生在互通式立体交叉范围内,特别是进出口匝道和变速车道范围内,如果互通式立体交叉的间距过小,事故率的增加是显而易见的;另一方面,如果过分强调加大互通式立体交叉的间距,又会使高速公路与当地路网难以有机联结,从而影响高速公路的骨架作用和路网整体效益的发挥。

互通式立体交叉的最小间距是保证交通安全的一项控制性指标。研究结果表明,当相邻互通式立体交叉间的距离超过设置三个出口预告标志所要求的距离时,间距的大小对安全几乎没有明显的影响,因此最小间距的确定主要取决于标志设置的需要,即最小间距等于两互通式立体交叉相邻侧的构造长度±标志设置所需要的距离。

当间距达不到一般最小间距的要求时,即使在相邻互通式立体交叉之间增设辅助车道,也会因频繁的交通合流与分流等导致运营问题和事故率的增加。

互通式立体交叉的最大间距是为满足管理、维修和错过出口车辆折返的需要。在人烟稀少地区,当在规定的最大距离范围内确无必要设置互通式立体交叉时,应在适当的位置设置专供汽车掉头用的U形转弯车道。在设置转弯设施时,应尽量利用主线桥孔和服务设施等。

互通式立体交叉与服务区、停车区、公共汽车停靠站和隧道等其他重要设施相邻时,在控制其最小间距时所考虑的因素仍为满足标志设置的需要和维持其间交通流稳定的需要等。

二、平面交叉

平面交叉是公路路网中的节点,其位置和形式的选定直接影响路网整体效益的发挥以及交通安全,因此平面交叉的选址和选形必须综合考虑各种相关因素,同时应体现安全第一的原则,保证相交公路的线形指标等平面交叉各组成要素都能满足其安全要求。

一级公路具有两种功能,但都允许设置平面交叉。一级公路作为干线公路时,为视需要控制出入,应限制平面交叉数量,可采取合并、设置辅道等措施尽量加大平面交叉的间距;一级公路作为集散公路时,其平面交叉必须配以齐全、完善的交通安全设施。

1. 平面交叉的类型

平面交叉的类型按几何形状分为T形交叉、Y形交叉、十字形交叉和环形交叉。T形交叉和Y形交叉有加铺转角式交叉、分道转弯式交叉、加宽路口式交叉和渠化T形交叉,如图2-10所示。十字形交叉有简易十字形交叉、设附加车道的十字形交叉、渠化十字形交叉,如图2-11所示。

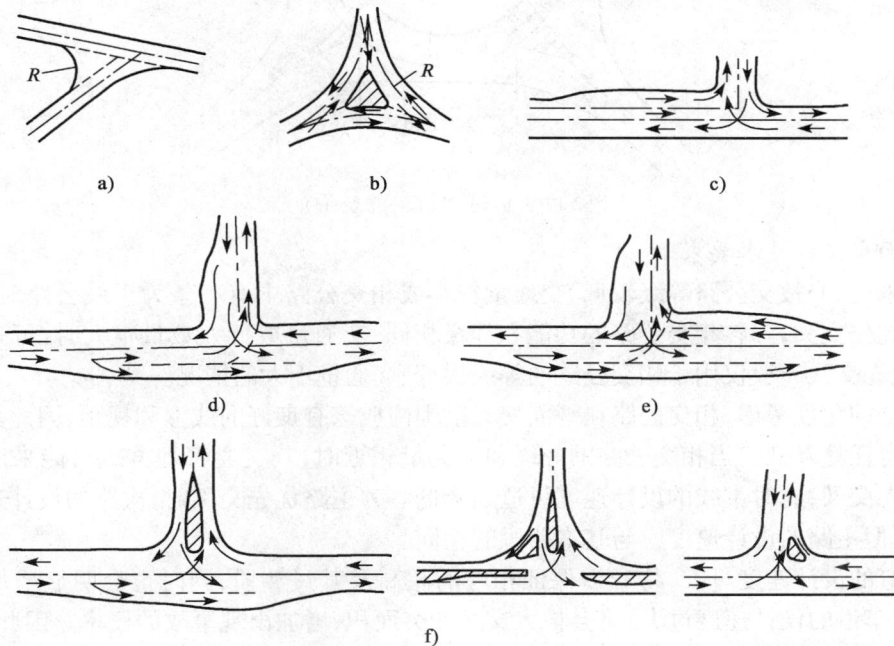

图 2-10　T形交叉和Y形交叉的类别

a)加铺转角式交叉;b)分道转弯式交叉;c)增设右转弯车道的T形交叉;d)增设左转弯车道的T形交叉;e)增设左转弯和右转弯车道的T形交叉;f)渠化的T形交叉

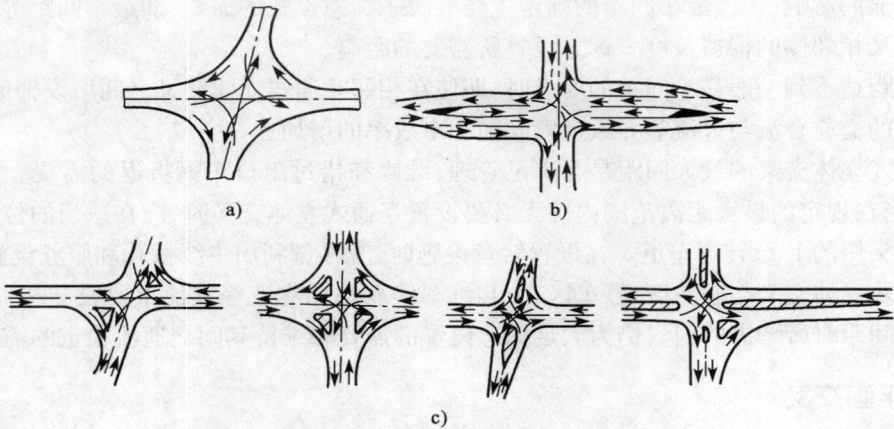

图 2-11 十字形交叉

a)简易十字形交叉；b)设附加车道的十字形交叉；c)渠化十字形交叉

多条公路交叉可考虑采用环形交叉，如图 2-12 所示。

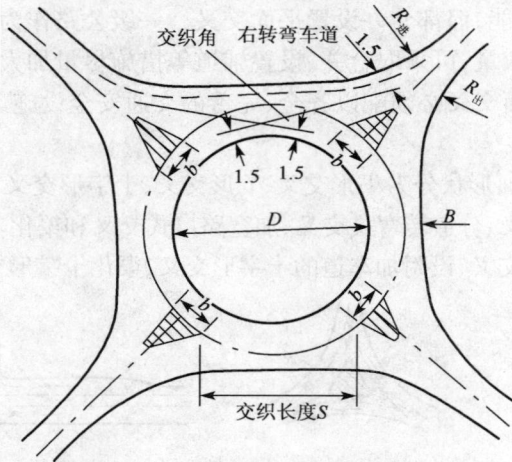

图 2-12 环形交叉(尺寸单位:m)

2. 平面交叉的技术要求

一般来讲，当被交公路等级较低、交通量较小或相交公路中有一条为干线公路时，应考虑采用主路优先交叉；当各相交公路的功能和等级相同、交通量或行人数量很大时，可采用信号交叉；无优先交叉一般仅用于相交公路的等级很低、交通量不大的情况。

从安全的角度考虑，相交公路在平面交叉范围内应该有良好的线形和视距，因此其设计速度一般不得任意降低。当相交公路的等级和交通量相近时，其交通管理方式可能采用信号交叉或无优先交叉，此时主线的设计速度可适当降低。为主路优先交叉时，次路的设计速度也可适当降低，但主路的设计速度应与基本路段的相同。

右转弯的设计速度过大，将难以保证相应的超高及其过渡段，同时也会明显增加用地面积；左转弯车道的设计速度过大，将会扩大交叉冲突面积，增加出现事故的概率。因此，对右转弯和左转弯车道的设计速度应予以控制。

平面交叉间距过小，数量过多，是引发交通事故的主要原因之一，当主线为干线公路时尤其如此。平面交叉的最小间距主要是从车辆运行的交织段长度、附加左转弯车道及减速车道长度、交通运行和管理、平面交叉间距与事故率的关系等方面结合调研资料经综合分析后确定。按现状和通常的设计思路，在路网密集地区要满足其规定的间距要求似乎较为困难，但安全的保证必须是第一位的，应该正确认识综合效益与投资的关系，更新设计理念，强化平面交叉最小间距的保证措施，如加设辅道，合并部分交叉口，增设立交以及在上游合并支路等。

平面交叉的渠化是提高安全性和通行能力的有效手段之一，对渠化的设置要求根据相交公路的功能和交通量而定。随着交通量的增长，非渠化交叉已难以适应，对渠化的设计要求根据相交公路的功能和交通量而定。

三、公路、铁路相交叉

高速公路为控制出入公路，一级公路为根据需要控制出入的公路，与铁路交叉时必须设置立体交叉。旅客列车设计速度为140km/h的地段，列车速度高、密度大，若设平面交叉，则安全性很差，因此此时铁路与公路交叉必须设置立体交叉。

公路、铁路平面相交时应以正交或接近正交为宜。必须斜交时，交叉角应大于45°，以缩短道口的长度与宽度，避免小型机动车和非机动车的车轮陷入铁轨轮缘槽内。

四、公路、乡村道路相交叉

各级公路、乡村道路交叉时，选择交叉方式的原则为：高速公路与乡村道路交叉必须采用分离式立体交叉。一级公路与乡村道路交叉时，若一级公路作为集散公路，一般采用平面交叉，也可利用辅道合并交叉数量，必要时设置分离式立体交叉，其目的是控制平面交叉的数量和间距，尽量减少横向干扰，增强行车安全和提高道路通行能力；若一级公路作为干线公路，应根据需要控制出入。二级公路、三级公路、四级公路与乡村道路交叉时，一般采用平面交叉。

第七节　交通工程及沿线设施

交通工程及沿线设施是公路的重要组成部分，是发挥公路经济效益、保障安全运营必不可少的设施，是公路现代化、智能化的标志之一。

交通工程及沿线设施分为安全设施、管理设施和服务设施三种。这些设施应按总体规划、分期实施的原则配置，其最重要的是做好前期基础工作，即总体规划设计，确定系统的设置规模，一次性征用土地和实施基础工程、地下管线及预留预理工程等。依据技术发展和交通量增长情况等分期布设设备，逐步补充完善，最终形成系统规模。

交通工程与沿线设施是为保障道路通行能力、运行安全等而设置的系统、设施，特别是对于高速公路，完善的交通工程与沿线设施是确保高速公路交通高速、安全、高效和舒适运营的重要设施。其功能和效果包括以下五个方面：

（1）提高通行能力和交通运行效率；

（2）提高交通安全性；

（3）降低交通能耗和交通对环境的影响；

（4）提高运输生产力；

（5）提高旅行的舒适和方便程度。

一、安全设施

公路交通应满足快速、安全、便捷等运输要求。公路交通安全除了通过公路线形设计、边坡防护等工程措施保障外，还应通过设置必要合理的交通安全设施和道路安全管理实现。

公路交通安全设施主要包括：交通标志、标线、安全护栏、防眩设施、隔离施舍、视线诱导标等。它们为道路使用者提供各种警告、禁令、指示、指路信息和视线诱导；排除干扰；提供路侧保护，减轻潜在事故的严重程度；防止眩光对驾驶员视觉性能的伤害。因此，安全设施可以给道路用户提供必要的信息，给予交通指示，限制道路用户的行为；发挥主动引导、被动防护、全时保障、隔离封闭等功能。合理设置交通安全设施可有效降低事故率，减轻事故严重程度。

1. 安全护栏

护栏作为公路上的基本安全设施，已经历了约70年的应用。安全护栏设置的目的是阻止失控车辆驶出路外，减轻事故严重程度，防止二次事故的发生。但从路侧安全的概念出发，要认识到护栏本身也是一种障碍物，可能对车辆造成损坏。因此，护栏应设计成消能结构，在阻止车辆越出路外的同时，通过变形来吸收碰撞能量，改变车辆方向，最大限度地减少对驾乘人员的损伤。它的设置是有条件的，只有进行正确的设计，才有可能实现以下的护栏功能和目标：

（1）能阻止车辆越出路外，保护路外建筑物的安全，确保行人等不致受到重大伤害，确保与其相交道路、铁路的安全；阻止失控车辆穿越中央分隔带闯入对向车道。

（2）应能使车辆回到正常的行驶方向。车辆碰撞护栏的运动轨迹应能圆滑过渡，以较小的驶离角和较小的回弹量停留在不影响车辆正常行驶的地方。

（3）一旦失控车辆与护栏发生碰撞，对驾乘人员的损伤为最小，要求护栏具有良好的吸收碰撞能的功能。

（4）能诱导驾驶员的视线，使驾驶员能清晰地看到道路的轮廓及前进方向的线形，增加行车的安全性，增加公路美观。

（5）防止车辆从护栏翻下、钻出，或将护栏板冲断。

事故资料显示，公路上与路侧护栏和中央分隔带护栏有关的事故占20%左右。这些数字在一定程度上反映了护栏设计是否适当，设计不当的护栏可成为路侧危险物。设置护栏受到适用性、安全性、经济性、环境限制和交通管理约束等因素的影响。

车辆的质量、行驶速度、占用车道的位置都会直接影响安全护栏受冲撞的能量和安全护栏对车辆的损坏程度。根据我国公路上车辆组成情况的调查及对我国道路交通特点的分析，我国护栏的设计条件为：

（1）设计标准车定为10t的中型车辆。

（2）碰撞速度的取值规定见表2-16。

设计速度与碰撞速度（km/h） 表2-16

公 路 等 级	高速公路、一级公路				二级公路、三级公路、四级公路
设计速度	120	100	80	60	80、60、40、30、20
碰撞速度规定值	100	80	60		40

（3）碰撞角度为20°。

2.路基护栏

（1）路侧护栏

①车辆驶出路外有可能造成二次特大事故的路段必须设置路侧护栏。

②凡符合下列情况之一，车辆驶出路外有可能造成单车特大事故或二次重大事故的路段必须设置路侧护栏：

a.二级及以上等级公路边坡坡度和路堤高度在图2-13的I区方格阴影范围之内的路段。

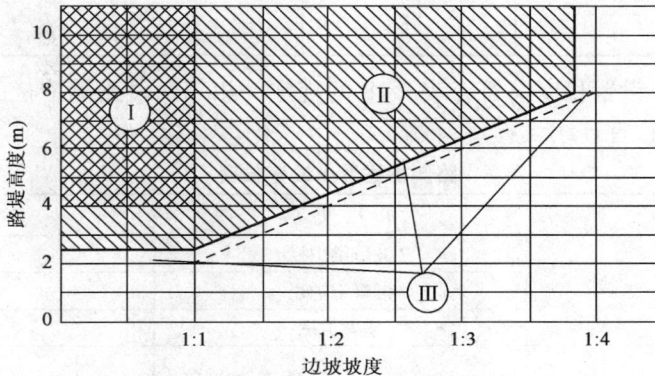

图2-13　边坡坡度、路堤高度与设置护栏的关系

b.路侧有江、河、湖、海、沼泽、航道等水域的路段。

③凡符合下列情况之一，车辆驶出路外有可能造成重大事故的路段，应设置路侧护栏：

a.二级及以上等级公路边坡坡度和路堤高度在图2-13的II区斜线阴影范围以内的路段；

b.高速公路、一级公路路侧安全净区内设有车辆不能安全穿越的照明灯、摄像机、可变信息标志、交通标志、路堑支撑壁、声屏障、上跨桥梁的桥墩或桥台等设施的路段；

c.二级及以上等级公路路侧边沟无盖板、车辆无法安全穿越的挖方路段；

d.三、四级公路路侧有悬崖、深谷、深沟等的路段。

④凡符合下列情况之一、经论证车辆驶出路外有可能造成一般或重大事故的路段，宜设置路侧护栏：

a.二级及以上等级公路边坡坡度和路堤高度在图2-13的III区内的路段，三、四级公路边坡坡度和路堤高度在图2-13中I区内的路段；

b.二级及以上等级公路纵坡坡度大于或等于《公路工程技术标准》（JTG B01—2003）规定的最大纵坡值的下坡路段和连续长下坡路段；

c.二级及以上等级公路平曲线半径小于《公路工程技术标准》（JTG B01—2003）一般最小半径的路段外侧；

d.在高速公路、一级公路用地范围内存在粗糙的石方开挖断面、高出路面30cm以上的混凝土基础、挡土墙或大孤石等障碍物时；

e.高速公路、一级公路互通式立交交叉出口匝道的三角地带及匝道小半径圆曲线外侧。

⑤根据车辆驶出路外有可能造成的交通事故等级，应按表2-17的规定选取路侧护栏的防撞等级。因公路线形、运行速度、填土高度、交通量和车辆构成等因素易造成更严重碰撞后果的路段，应在表2-17的基础上提高护栏的防撞等级。

公路等级	设计速度（km/h）	车辆驶出路外或进入对向车道有可能造成的交通事故等级		
		一般或重大事故	单车特大事故或二次重大事故	二次特大事故
高速公路	120	A、Am	SB、SBm	SS
	100、80			SA、SAm
一级公路	60		A、Am	SB、SBm
二级公路	80、60		A	SB
三级公路	40、30	B		A
四级公路	20		B	A

⑥路侧护栏最小设置长度应符合表 2-18 的规定。相邻两段路侧护栏的间距小于表 2-18 中规定的最小长度时，宜连续设置。

公 路 等 级	护 栏 类 型	最小长度（m）
高速公路、一级公路	波形梁护栏	70
	混凝土护栏	36
	缆索护栏	300
二级公路	波形梁护栏	48
	混凝土护栏	24
	缆索护栏	120
三级公路、四级公路	波形梁护栏	28
	混凝土护栏	12
	缆索护栏	120

（2）中央分隔带护栏

①当整体式断面中间带宽度小于或等于 12m 时，必须设置中央分隔带护栏；当整体式断面中间带宽度大于 12m 时，应分路段确定是否设置中央分隔带护栏。

②公路采用分离式断面时，行车方向左侧应按路侧护栏设置；上、下行路基高差大于 2m 时，可只在路基较高的一侧按路侧护栏设置。

③高速公路和禁止车辆掉头的一级公路中央分隔带开口处，必须设置活动护栏。

④根据车辆驶入对向车道有可能造成的交通事故等级，应按表 2-18 的规定选取中央分隔带护栏的防撞等级。因公路线形、运行速度、交通量和车辆构成等因素易造成更严重碰撞后果的路段，应在表 2-18 的基础上提高护栏的防撞等级。

（3）形式选择

选择护栏形式时，应考虑下列因素：

①护栏的防撞性能。所选取的护栏形式在强度上必须能有效吸收设计碰撞能量，阻止相应失控车辆越出路外或进入对向车道，并使其正确改变行驶方向。

②受碰撞后的护栏变形程度。受碰撞后护栏的最大动态变形量不应超过护栏与被防护对象之间容许的变形距离。

③护栏所在位置的现场条件。路肩和中央分隔带宽度、公路的边坡坡度等均可影响某些形式护栏的使用。

④护栏材料的通用性。护栏及其端头、与其他形式护栏的过渡处理，宜采用标准化材料。

⑤护栏的全寿命周期成本。除考虑护栏的初期建设成本外,还应考虑投入使用后的养护成本。

⑥护栏养护工作量的大小和养护的方便程度。应综合考虑常规养护、事故养护、材料储备和养护方便性等因素。

⑦护栏的美观、环境因素。应适当考虑护栏的美观因素,并充分考虑沿线的环境腐蚀程度、气象条件和护栏本身对视距的影响等因素。

⑧所在地区现有公路护栏使用的效果。应避免现有护栏使用中存在的缺陷。

对景观有特殊要求的公路可选择外观自然、与周围环境相融合的护栏形式,但不得降低护栏防撞等级。

3. 桥梁护栏

(1)一般规定

作用于桥梁护栏上的碰撞荷载大小可按表2-19规定确定。钢筋混凝土墙式桥梁护栏的碰撞荷载分布可采用《公路交通安全设施设计规范》(JTG D81—2006)中表4.4.3的规定。

桥梁护栏碰撞强度 表2-19

防撞等级	碰撞力(kN)	
	$Z=0m$	$Z=0.3\sim0.6m$
B	95	75~60
A、Am	210	170~140
SB、SBm	365	295~250
SA、SAm	430	360~310
SS	520	435~375

注:Z为桥梁护栏的容许变形量。

(2)设置原则

高速公路桥梁的外侧和中央分隔带必须设置桥梁护栏。

作为干线公路的一级公路、二级公路桥梁必须设置路侧护栏;作为干线公路的一级公路桥梁必须设置中央分隔带护栏。

作为集散公路的一级公路、二级公路桥梁应设置路侧护栏;作为集散公路的一级公路桥梁宜设置中央分隔带护栏。

跨越深谷、深沟、江河湖泊的三级公路、四级公路桥梁应设置路侧护栏;位于其他路段经综合论证可不设置护栏的桥梁应设置事先诱导设施或人行栏杆。

根据车辆驶出桥外或进入对向车行道有可能造成的交通事故等级,按表2-17的规定选取桥梁护栏的防撞等级。因桥梁线形、运行速度、桥梁高度、交通量和车辆构成等因素易造成更严重碰撞后果的路段,应在表2-20的基础上提高护栏的防撞等级。

桥梁护栏防撞等级适用条件 表2-20

公路等级	设计速度(km/h)	车辆驶出桥外有可能造成的交通事故等级	
		重大事故或特大事故	二次重大事故或二次特大事故
高速公路	120	SB、SBm	SS
	100、80		SA、SAm
一级公路	60	A、Am	SB、SBm
二级公路	80、60	A	SB

公 路 等 级	设计速度(km/h)	车辆驶出桥外有可能造成的交通事故等级	
		重大事故或特大事故	二次重大事故或二次特大事故
三级公路	40、30	B	A
四级公路	20		

注:二级及以上等级公路小桥、通道、明涵的护栏防撞等级宜与相邻的路基护栏相同。

（3）形式选择

选择桥梁护栏形式时,应考虑下列因素:

①桥梁护栏的防撞性能。所选取的护栏形式在强度上必须能有效吸收设计碰撞能量,阻止相应失控车辆越出桥外或进入对向车道并使其正确改变行驶方向。

②受碰撞后的护栏变形程度。受碰撞后护栏的最大动态变形量不应超过可容许的变形距离。

③环境和景观要求。

a. 钢桥应采用金属梁柱式桥梁护栏;

b. 对景观有特殊要求的桥梁宜选用梁柱式桥梁护栏或组合式桥梁护栏;

c. 积雪严重的地区,宜采用金属梁柱式或组合式桥梁护栏;

d. 为减小桥梁自重、减轻车辆碰撞荷载对桥面板的影响,宜采用金属梁柱式桥梁护栏;

e. 跨越大片水域的特大桥或桥下净空大于或等于 10m 时,宜采用组合式或钢筋混凝土墙式桥梁护栏;

f. 二级及以上等级公路小桥、通道、明涵宜采用与相邻的路基护栏同样的形式。

④护栏的全寿命周期成本。除考虑护栏的初期建设成本外,还应考虑投入使用后的养护成本。

（4）构造要求

金属梁柱式护栏的构造应满足下列规定:

①高速公路、一级公路的桥梁不宜设置护轮安全带,否则其高度宜控制在 5～10cm,护栏面宜与护轮安全带边缘呈直线。

②护栏的最小高度应满足图 2-14 的要求。在图 2-14 中阴影区设置横梁时,应避免失控车辆的驾乘人员头部直接撞击护栏。

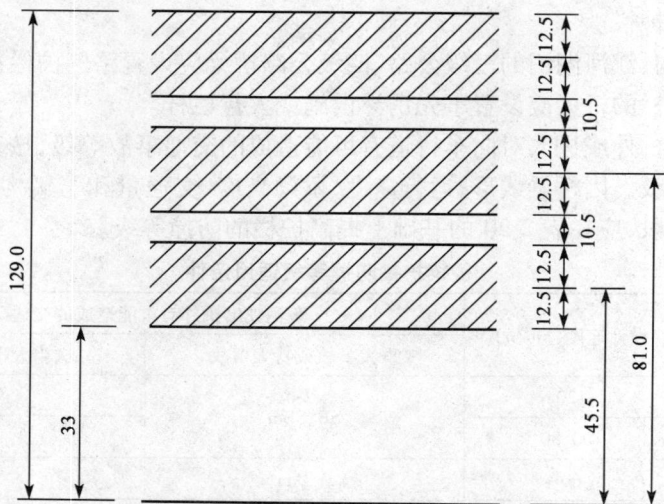

图 2-14　桥梁护栏高度要求(阴影区内宜设置横梁)(尺寸单位:cm)

③护栏构件的截面厚度应根据计算确定,并不小于表 2-21 规定的最小值。

金属制护栏的截面最小厚度值　　　　　　　　　　　　表 2-21

材　料	截面形式	最小厚度值（mm）			
		主要纵向有效构件	纵向非有效构件和次要纵向有效构件	辅助板、杆和网	抱箍、辅助构件
钢	空心截面	3	3	3	3
	其他截面	4	3	3	3
铝合金	所有截面	3	1.2	3	1.2
不锈钢	所有截面	2	1.0	2	0.5

④横梁的拼接设计应满足下列要求:

a. 拼接套管长度应大于或等于 $2D$,并不应小于 30cm,如图 2-15 所示。

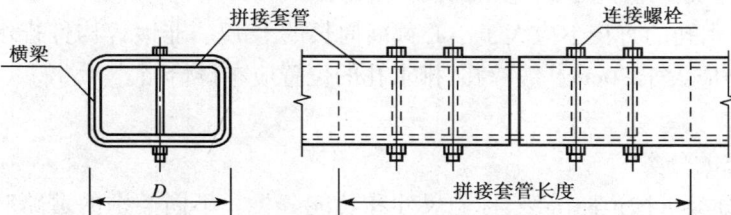

图 2-15　横梁的拼接

b. 拼接套管的截面抵抗矩不应低于 0.75 倍的横梁截面抵抗矩,连接螺栓应满足横梁极限弯曲状态下的抗剪强度要求。

c. 拼接处的设计拉力值应不小于表 2-22 的规定。

横梁拼接处的设计拉力值　　　　　　　　　　　　表 2-22

防　撞　等　级	设计轴拉力（kN）	防　撞　等　级	设计轴拉力（kN）
B	30	SA、SAm	70
A、Am	54	SS	70
SB、SBm	70		

d. 护栏面应顺适、光滑、无锋利的边角。在横梁的拼接处可有凸出或凹入,其凸出或凹入量不得超过横梁的截面厚度或 1cm。

钢筋混凝土墙式护栏和组合式护栏未经试验验证,不得随意改变护栏迎撞面的截面形状,但其背面刻根据实际情况采用合适的形状。护栏迎撞面混凝土的钢筋保护层厚度不得小于 4.0cm。

桥梁护栏应按下列规定随主体结构设置伸缩缝:

①金属梁柱式护栏。

a. 当伸缩缝处的纵向设计总位移小于或等于 5cm 时,伸缩缝应能传递横梁 60% 的抗拉强度和全部设计最大弯矩;伸缩缝处连接套管的长度应大于或等于横梁宽度的 3 倍。

b. 当伸缩缝处的纵向设计位移大于 5cm 时,伸缩缝应能传递横梁的全部设计最大弯矩;伸缩缝两侧应设置端部立柱,其中心间距不应大于 2.0cm;伸缩缝处连接套管的长度应大于或等于横梁宽度的 3 倍。

c.当伸缩缝处发生纵向、横向复杂位移时,桥梁护栏在伸缩缝处可不连续,但应在伸缩缝两端设置端部立柱,其中心间距不应大于2.0m,两横梁断头的间距不得大于伸缩缝设计位移量加2.5cm。横梁断头不得对失控车辆构成危险。

②钢筋混凝土墙式、梁柱式护栏在桥面伸缩缝处应断开,其间隙不应大于桥面伸缩缝的设计位移量,钢筋混凝土梁柱式护栏在伸缩缝两端应设置端部立柱。

③组合式护栏中钢筋混凝土部分应符合墙式护栏中有关伸缩缝设置的规定,金属结构部分应符合金属护栏中有关伸缩缝设置的规定。

护栏根据需要可设置承受碰撞受力构件以外的辅助构件。所有辅助构件应与桥梁护栏受力构件牢固连接,并不得侵入公路建筑限界以内。桥梁护栏与桥面板应进行可靠连接。当桥梁护栏与路基护栏的结构形式不同时,应进行过渡段设计。金属构件的密封和排水应符合以下规定:

①金属构件应设置排水孔或在所有的拼缝处完全密封。

②镀锌孔、排水孔的直径不应大于空心截面周长的1/12。非镀锌构件排水孔的孔径不应小于8mm,其间距应大于70cm。镀锌孔、排水孔的位置应布设恰当。

4.交通标志

（1）交通标志的分类

交通标志的分类可按道路等级、标志尺寸和功能分类。不同类别的道路对交通标志有不同要求。交通标志按道路类别,可分为一般道路标志和高速公路标志两类。交通标志按标志尺寸,可分为小型、大型、巨型标志,以适应不同行驶速度对标志认读的要求。交通标志按其功能,可分为主标志和辅助标志两大类。

①主标志。主标志包括以下四类:

a.指示标志。通常为圆形、矩形,蓝色底白色图案,是指示车辆和行人按规定方向、地点行进的标志,如直行、左转、右转、单向行驶、步行等。

b.警告标志。通常为等边三角形（或菱形）,黄色底黑边黑图案或白色底红边黑（或深蓝色）图案,用于警告驾驶员注意前方路段存在的危险及应采取的措施,如交叉口、急弯、铁路道口、易滑、路面不平、傍山险路等。

c.禁令标志。通常为圆形,白色底红边斜杠黑色图案,是根据道路和交通量情况,为保障交通安全而对车辆行为加以禁止或限制的标志,如禁止通行、禁止停车、速度限制等。

d.指路标志。通常为矩形,蓝色底白色字符（一般道路）,绿色底白色字符（高速公路）,用来指示市镇村的境界、目的地方向、距离,高速公路的出入口、服务区、著名地点等。

②辅助标志。辅助标志为附设于主标志下起辅助说明作用的标志,为长方形,白底黑字黑边框,可分为表示车辆种类、时间、区域或距离、禁令、警告等几种。辅助标志不能单独设立。

（2）交通标志的三要素

交通标志的三要素是指标志的颜色、形状和图形符号。为了获得较理想的标志设计,世界各国长期以来从标志的可见性、易读性、亮度、设置位置、标志效能的评价和测试方法等方面对标志的颜色、形状、字符等编码成分进行了研究。

①颜色。对人的视觉有色彩感的波长在380~780mm,这段波长人眼是可以看见的。不

同波长引起不同的颜色感觉,如短波范围470mm产生蓝色感觉,蓝色在交通运输上作为"指示"的符号;中波范围530mm产生绿色感觉,绿色作为"安全"、"行进"的符号;长波范围700mm产生红色感觉,红色作为"禁止"、"停车"的符号。此外,各波长之间还有各种中间色,如橙黄、黄绿等。

②形状。驾驶员认读标志是从它的形状、颜色判别开始的,因此交通标志的设计赋予其形状和颜色以一定的意义,增加了传递信息的内容。驾驶员在发现标志后首先判别其形状和颜色,认知标志的类别,可以提前做些准备,这无疑更充分发挥了交通标志的作用。

根据对交通标志形状可认性的研究,认为在同等面积条件下,三角形的辨认效果最好。正三角形表示警告,圆形表示禁止和限制,正方形和长方形表示提示。

③图形符号。在困难的视觉条件下(如低亮度、快速显示等),图形符号信息无论是在辨认速度上还是在辨认距离上均比文字信息优越。用图形符号来表征信息的另一优点是不受语言、文字的限制,只要设计的图案形象、直观,不同国家、不同民族、不同语言文字的驾驶员均可理解、认读。因此,以符号为主的标志受到联合国的推荐,并已被世界上大多数国家采用。

工程心理学中采用视角概念来表示图形大小。视角的大小由图形尺寸和观察距离来决定。同样尺寸的图形,观察距离近,则视角大;反之,则视角小。视角大者则看得清楚,视角小者则看得模糊。低于一定的阈限值,则看不清。

(3)指路标志

指路标志用来向道路用户提供沿线路径的地名、方向和距离,或与之相交道路的编号,著名的名胜古迹,游乐休息或服务区等。指路标志主要类别有:

①道路编号、方位标志;

②交叉口方向、地点标志;

③出口预告及出口标志;

④地点、方向、距离标志;

⑤收费站标志;

⑥服务区标志;

⑦情报标志;

⑧交通指示标志。

驾驶员对指路标志的认读是在高速行驶中进行的,标志必须足够大,以确保驾驶员有足够的时间去发现、判别、认读、理解和采取行动。最佳的指路标志尺寸应满足在规定速度下对信息获取的要求。

指路标志板的尺寸,首先根据道路的计算行车速度确定汉字大小,再根据汉字的字数及板面要求确定板面尺寸。汉字高度与计算行车速度的关系见表2-23。

汉字高度与计算行车速度的关系　　　　　　　　　　　　　　　表2-23

计算行车速度(km/h)	100～120	99～71	70～40	<40
汉字高度(cm)	60～70	50～60	40～50	25～30

指路标志的阿拉伯数字和拼音字、拉丁字或少数民族文字的高度应根据汉字高度确定,它们与汉字高度的关系见表2-24。指路标志的汉字或其他文字的间隔、行距等应符合表2-25的

规定。指路标志外边框宽为 0.1h，衬底边宽为 0.1h，外边框圆角半径为 0.2h（h 为汉字高度）。

其他文字与汉字高度的关系

表 2-24

其 他 文 字		与汉字高度（h）的关系
拼音字、拉丁字或少数民族文字高	大写	$h/2$
	小写	$h/3$
阿拉伯数字	字高	h
	字宽	$0.6h$
	笔画粗	$h/6$
公里符号高	K	$h/2$
	m	$h/3$

文字的间隔、行距等的规定

表 2-25

汉字或其他文字	与汉字高度（h）的关系	汉字或其他文字	与汉字高度（h）的关系
字间距	1/10 以上	行距	1/3
笔画粗	1/10	距标志边缘最小距离	2/5

（4）警告标志

警告标志用来向道路使用者提供道路沿线存在的危险或应该注意的路段，使隧道使用者提高警觉，并准备防范应变之措施。

警告标志到危险地点的距离，应根据计算行车速度确定。如受实际地形限制，可酌情变更。但其设置位置必须明显，并不得少于安全停车视距。

警告标志尺寸与计算行车速度的关系见表 2-26。

警告标志的内容大多与道路的几何线形、构造物有关，如道路交叉、急弯、陡坡、窄路、隧道、渡口、驼峰桥等。有的警告标志与道路沿线的环境有关，如行人、儿童、信号灯、村庄、牲畜等。

警告标志采用的图形符号为国际统一标准。

警告标志尺寸与计算行车速度的关系

表 2-26

计算行车速度（km/h）	100～120	99～71	60～40	<40
三角形边长 a（cm）	130	110	90	70
里边宽度 b（cm）	9	7	6	5
里边圆角半径 R（cm）	6	5	4	3
衬底边宽度 c（cm）	1.0	0.8	0.6	0.4

（5）禁令标志

禁令标志用来向道路使用者表示交通的禁止、限制等规定。禁令标志设于距禁制事项附近的适当地点，一般需设置在最醒目的地方，并随标志设置目的而改变。禁令标志尺寸与计算行车速度的关系见表 2-27。

禁令标志尺寸与计算行车速度的关系

表 2-27

计算行车速度(km/h)		100～120	80	60、40	30、20
圆形标志	标志外径 D(cm)	120	100	80	60
	红边宽度 a(cm)	12	10	8	6
	红杠宽度 b(cm)	9	7.5	6	4.5
	衬边宽度 c(cm)	1.0	0.8	0.6	0.4
三角形标志	三角形边长 a(cm)			90	70
	红边宽度 b(cm)			9	7
	衬边宽度 c(cm)			0.6	0.4

禁令标志的禁令可以是:对行驶路线的限制,如禁止驶入、禁止通行等;对行驶方向的限制,如禁止左转、直行等;对某种车辆行驶的限制,如禁止机动车通行、禁止大型客车通行等;对某种驾驶行为的限制,如禁止超车、禁止掉头、禁止停车等;对交叉口控制方式的规定,如停车让行标志、减速让行标志;有对行人的限制,如禁止行人通行等。

(6)指示标志

指示标志用来向道路使用者指示行进的信息,设于行车道的入口处。指示标志主要用来指示准许行驶的方向,如向左(或向右)转弯、靠右侧(或靠左侧)道路行驶等;也可用来表示机动车道或非机动车道、步行街等。

(7)标志的位置

道路标志设置地点的选择,首先要考虑到标志的易识别性,标志应放置在容易被看见的地方;其次要研究道路的几何线形、交通流量、流向和交通组成、道路沿线的状况等对标志设置位置的影响。为使道路使用者能根据标志的指示安全、顺畅、舒适地行驶,提出以下设置原则:

①道路标志的设置应通盘考虑整体布局。标志布设应做到连贯性、一致性,给道路使用者提供全面的信息,满足道路使用者对各种道路交通信息的需要。

②道路标志的设置,应确保行驶的安全、快捷、通畅。标志的布设应以完全不熟悉周围路网体系的外地驾驶员为对象,通过标志的引导,能顺利、快捷地抵达目的地,不发生错向行驶。

③道路标志给道路使用者提供正确、及时的信息,避免提供过多的信息,防止信息过载。重要的信息应给予重复显示的机会。

④道路标志的位置应根据标志的类别分别计算确定,应充分考虑道路使用者对标志感知、识别、理解、行动的特性,根据速度和反应时间确定合适的设置地点。

⑤道路附属设施(如上跨桥、照明设施、监控设施等)及路上构造物(如电杆、电话、消火栓、广告牌、门架等)对标志视认性的影响要给予高度重视。在标志布设时,要随时注意上述设施对标志板面的遮挡,以免影响标志的视认性。对行道树及中央带绿篱,在枝叶生长茂密季节,必须注意枝叶对标志视认性的影响。

⑥静态的交通标志应该与动态的可变标志相辅相成,互相配合,统一布局,形成整体。

⑦应避免在交叉路口标志林立,妨碍驾驶员视野。交叉路口多设置指路标志和禁令标志。对于指路标志,可采用前置预告的方法,把位置错开。驾驶员通过路口后,可以看到确认标志,使驾驶员知道他现在行驶的方向是否正确。禁令标志可采用组合方式或采用加辅助标志的办法,以减少标志数量。

⑧道路标志是交通管理设施,路上的标志具有法律效力。因此,设置标志是一项严肃、认真的工作,必须尽力避免由于标志设置不当对交通流造成影响或给管理上带来麻烦。

⑨道路标志的设置不得侵占建筑限界,应保证侧向余宽。标志牌不应侵占人行道有效宽度,应确保净空高度。

（8）标志结构

交通标志的结构在外界荷载作用下应具有足够强度、刚度和稳定性。另外,交通标志作为道路的构造物,还需考虑交通标志的雄伟、壮观,美化路容,与道路沿线环境相协调。

不同形式的标志结构验算内容有所不同,荷载考虑也有所差异。

5. 交通标线

道路标线是交通设施的重要组成部分,它是引导驾驶员视线、管制驾驶员驾车行为的重要设施。因此,对标线的可见性、耐久性、施工性等有严格的要求。在白天、黑夜和其他环境条件下,驾驶员都能由于光泽和色彩的反衬而清晰地识别和辨认路面标线。路面标线涂料必须保持与路面的紧密结合,具有一定的抗车辆和行人来往通行而剥落的能力。标线涂料应具有优良的耐久性,能经受车轮长久的磨耗,不会产生明显的裂缝。标线涂料应具有很好的防滑性能,车辆驶过标线时产生较小的噪声和振动。标线涂料的涂敷作业要安全、无毒、无污染。反光标线的回归反射性能在相当长的使用期内不应显著下降。标线应颜色均匀,不会因气候、路面材料等作用而变色。标线涂料应具有快干性,涂敷作业应尽量减少对交通的干扰。标线涂料应具有良好的施工性能,画出的标线边缘整齐,表面平整,不会产生涂料流淌,表面产生沟槽、气泡等缺陷。

（1）标线的分类

①标线材料的分类。路面标线涂料按施工温度可分为常温型（冷用）、加热型和熔融型三类。常温型和加热型（50～80℃）属于溶剂型涂料,呈液态供应。加热型涂料固体成分略多一些,黏度也高。熔融型涂料呈粉末状供应,需加高温（180～220℃）,使其熔融才可涂敷于路面。

除涂料用作标线外,还有各种粘贴材料,如贴附成型标带、突起路标、分离器等。路面标线材料的分类见表2-28。

路面标线材料的分类　　　　　　　　　　　　　　　表2-28

序　　号	分　　　类		施　工　条　件
1	标线涂料	溶剂型 常温涂料	常温施工
		溶剂型 加热涂料	加热施工
		熔融型 热熔涂料	熔融施工
2	贴附材料	贴附成型标带	粘贴施工
		热熔成型标带	加热施工
		铝箔标带	粘贴施工
3	标线器	突起路标	粘贴或埋入施工
		分离器	螺栓固定施工

其中,贴附材料、标线器（包括突起路标、分离器）均属于标线的范畴,它们是标线的派生物,由于具有独特性能而受到重视,应用范围逐步扩大。但由于它们是一种新型材料,尚缺乏相关标准。

②路面标线的分类。

道路交通标线按设置方式分为以下三类：

a.纵向标线:沿道路行车方向设置的标线。

b.横向标线:与道路行车方向呈角度设置的标线。

c.其他标线:字符标记或其他形式标线。

道路交通标线按功能分为以下三类：

a.警告标线:促使车辆驾驶人员及行人了解道路上的特殊情况,提高警觉,准备防范应变措施的标线。

b.指示标线:指示车行道、行车方向、路面边缘、人行道等设施的标线。

c.禁止标线:告示道路交通的遵行、禁止、限制等特殊规定,车辆驾驶员及行人需严格遵守的标线。

道路交通标线按形态分为以下四类：

a.线条:标画于路面、缘石或立面上的实线或虚线。

b.字符标记:标画于路面上的文字、数字及各种图形符号。

c.突起路标:安装于路面上用于表示车道分界、边缘、分合流、弯道、危险路段、路宽变化、路面障碍物位置的反光体。

d.路边线轮廓标:安装于道路两侧,用以指示道路的方向、车行道边界轮廓的反光柱(或片)。

（2）指示标线

指示标线的类别和作用如下：

①双车道路面中心线为黄色虚线,用于分隔对向行驶的交通流。在保证安全的情况下,允许车辆越线超车或向左转弯。

②车道分界线为白色虚线,用来分隔同向行驶的交通流,设在同向行驶的车行道分界线上。在保证安全的情况下,允许车辆越线变换车道行驶。

③车行道边缘线为白色实线,用来指示机动车道的边缘,或用来划分机动车道与非机动车道的分界。

④左转弯待转区线为白色虚线,用来指示左拐车辆可在直行时段进入待转区,等待左转。左转时段终止,禁止车辆在待转区内停留。

⑤人行横道线为白色平行粗实线,表示准许行人横穿车行道的标线。

⑥车距确认标线为白色平行粗实线,为驾驶员保持行车安全距离提供参考。视需要设于经常发生超车、易肇事或其他有需要的路段。车距确认标线应有车距确认标志配合使用。

⑦高速公路出入口是为驶入或驶出匝道车辆提供安全交汇、减少与突出部缘石碰撞的标线,包括出入口的横向标线、三角地带的标线。出入口标线的颜色为白色,按直接式或平行式两种情况设置。

⑧停车位标线表示车辆停放位置,可在停车场或路边空地、车行道边缘或道路中央位置设置。停车位标线的颜色为白色,应与停车场标志配合使用。停车位标线可分为:平行式——车辆平行于通道的方向停放;倾斜式——车辆与通道方向呈 30°~60°角停放;垂直式——车辆垂直于通道的方向停放。

⑨港湾式停靠站标线表示公共客车通向专门的分离引道和停靠位置,包括公共客车进出引道的横向标线和斑马线。

⑩收费岛标线包括岛头标线和迎车流方向地面标线,表示收费岛的位置,为驶入收费车道的车辆提供清晰的标记。

⑪导向箭头表示车辆的行驶方向。

⑫地面文字标记是利用路面文字指示或限制车辆行驶的标记。

（3）禁止标线

①禁止超车线。

a. 中心黄色双实线,表示严格禁止车辆跨线超车或压线行驶,用以划分上下行方向各有两条或两条以上机动车道而没有设置中央分隔带的道路;

b. 中心黄色虚实线,为一条实线和一条与其平行的虚线组成的标线,表示实线一侧禁止车辆越线超车或向左转弯,虚线一侧准许车辆越线超车或向左转弯;

c. 中心黄色单实线,表示不准车辆跨线超车或压线行驶。

②禁止变换车道线为白色实线,用于禁止车辆变换车道,设于交通特别繁杂而同向具有多条行车道的桥梁、隧道、弯道、坡道、车行道宽度渐变路段、交叉口驶入段、接近人行横道的路段或其他认为需要禁止变换车道的路段。

③禁止路边停车线为黄色实线,用于指示禁止路边停车路段,通常画设于禁止路边停车路段的缘石正面及顶面,无缘石的道路则可画设于距路面边缘30cm的路面上。

④停止线为白色实线,表示车辆等候放行信号或停车让行的停车位置。

⑤减速让行线为两条白色平行线的虚线和一个倒三角形,表示车辆在此路口必须减速让干道车辆先行。

⑥导流线为白色单实线、V形线和斜纹线,表示车辆需按规定的路线行驶,不得压线或越线行驶。

⑦网状线为黄色,用以告示驾驶员禁止在设置本标线之交叉路口内临时停车,防止交通阻塞。

⑧车种专用车道线由白色菱形图案和文字组成,用以指示仅限于某车种行驶之专用车道,其他车种及行人不得进入。

⑨警告标线。

a. 车行道宽度渐变段标线,用以警告车辆驾驶员路宽缩减或车道数减少,应谨慎行驶,禁止超车;

b. 接近障碍物标线,用以指示路面有固定性障碍物,警告车辆驾驶员谨慎行驶,绕过路面障碍物;

c. 近铁路平交道口标线,由白色交叉线、"铁路"标字、横向虚线、禁止超车线和停车线组成,用以指示前方有铁路平交道口;

d. 减速标线为白色虚线,用于警告车辆驾驶员前方应减速慢行,视需要设于收费广场、出口匝道或易超速、易肇事路段起点附近;

e. 立面标记为黄黑相间的倾斜线条,可设在跨线桥、渡槽等的墩柱或侧墙端面上以及隧道洞口和人行横道上的安全岛等壁面上。

6. 隔离栅和防护设施

隔离栅是高速公路的基础设施之一,它使高速公路全封闭得以实现,并阻止人畜进入高速公路或其他禁入区域,防止非法侵占公路用地。

（1）隔离栅

隔离栅是阻止人畜进入高速公路、防止非法占用公路用地的基础设施。它可有效地排除横向干扰,避免由此产生的交通延误或交通事故,保障高速公路效益的发挥。

①构造形式。隔离栅按其使用材料的不同,可分为金属网、钢板网、刺铁丝和常青绿篱几大类。

常青绿篱在南方地区与刺铁丝隔离栅配合使用,具有隔声、降噪、美化路容和节约投资的综合功效。金属网隔离栅按网面材料的不同又可进一步分为电焊网、编织网等形式,见表2-29。

隔离栅的构造形式 表2-29

构 造 形 式		埋 设 条 件	支 撑 结 构
金属网	电焊网	混凝土基础或直埋土中	钢支柱
	编织网		
钢板网			
刺铁丝		混凝土基础或直埋土中	钢筋混凝土支柱、钢支柱、烧制圆木
常青绿篱		土中	

金属隔离栅是一种结构合理、美观大方的结构形式,但单位造价较高,故其主要适用于:

a. 城镇及其郊区人烟稠密的路段两侧;

b. 风景区、旅游区、名胜古迹等美观性要求较高的路段两侧;

c. 互通立交、服务区、管理所和收费站等重要设施的两侧。

从结构上来说,编织网比较适宜于地形起伏不平的路段,而钢板网和电焊网型较适于地形平坦的路段。

刺铁丝隔离栅是一种比较经济简单的结构形式,但美观性、耐久性较差,常用于:

a. 人烟稀少的路段,山岭重丘地区公路;

b. 郊外的公路保留用地;

c. 郊外高架构造物下面;

d. 路线跨越沟渠而需封闭的地段。

在互通立交区域、服务区、停车区、收费站、管理(处)所等区域,如将刺铁丝隔离栅与绿化相配合,选择合适的小乔木或灌木,在管辖地界范围形成绿篱,可有效地增强该区域的景观。

②设置原则。高速公路两侧原则上应连续设置隔离栅。但在公路路侧紧靠河流、水渠池塘、湖泊等天然屏障和公路路侧有高于1.5m的挡土墙或砌石陡坎等人、畜不能进入的路段,可考虑不设置隔离栅。

隔离栅一般沿公路用地界线以内20~50cm处设置。隔离设施遇桥梁、通道时,应朝桥头锥坡(或端墙)方向围死,不应留有让人、畜可以钻入的空隙。当受地形限制,隔离设施前后不能连续设置时,应处理好端头的围封。当沿隔离栅中心线地形起伏较大时,可设计成阶梯式。

③结构。隔离栅的结构特征主要是指其高度、支柱截面尺寸、稳定性和网孔尺寸等。

隔离栅的高度主要以成人高度为参考标准,一般在1.5~2.1m。在城市及其郊区人口密度较大的路段,特别是青少年较为集中的地方,如学校、运动场、体育馆、影(剧)院等处,隔离栅高度宜取上限。而在人迹稀少的路段,山岭地区和公路保留用地,隔离栅的高度值可取下限。在同一条高速公路上,隔离栅的高度和形式不宜变化太频繁。

隔离栅的结构验算直接关系其使用效果及投资。一般情况下,隔离栅的设计荷载主要考虑风力,同时在结构设计时宜考虑人、畜的破坏作用。

（2）防护设施

防护设施是指为预防人为或自然因素对公路交通的危害而设置的安全设施,包括桥梁防护网、防落石栅、防雪栅和防风栅等各类防护屏障。

①桥梁防护网。高速公路上跨桥和人行天桥上有人向桥下抛扔物品,或大风把桥上的杂物刮到高速公路上,或是桥上行驶车辆装载的物品散落到高速公路上。一旦上述情况发生,往往会使在高速公路上正常行驶的车辆猝不及防而引发交通事故。因而,在上述结构物的两侧设置防护网是非常必要的。

桥梁防护网的结构形式主要是采用编织网或电焊网,网孔尺寸一般不宜大于 50mm × 100mm,以防止危及车辆安全的较大的东西落到桥下。防护网应与桥梁结构作为一个整体统一考虑,注意与周围环境的协调。

桥梁防护网的设置高度为 1.8 ~ 2.1m。在交通量大、行人密度高、临近城镇厂矿等地点可取上限值;反之,则取下限值。防护网宜与桥梁横断面比例协调,避免给人以憋闷压抑感。

在空旷的原野上,上跨立交桥往往是周围地物中的最高点,在桥上设置金属防护网后,则其遭雷击的危险性大大增强,因而桥梁防护网一般宜考虑防雷保护接地设计。对交通量大、临近城镇厂矿的桥梁更应引起设计者的注意。防雷接地的阻抗一般应小于或等于 10Ω。

②防落石网。山区公路的路侧山坡上经常会掉落石块危及公路上行驶车辆及乘客的安全,在雨季其危险性更大,并常常导致交通中断。传统的处理方法,一是在路侧设置碎落台,二是定期检查和清除有可能落下的危石,三是用水泥浆灌注加固并修筑防护墙。这是山区公路养护人员每年工作量最大也极具危险性的一项工作,养护工人由此而引发的伤亡事故也屡见不鲜。

交通繁忙的高速公路上如有落石则危害更大,由于落石导致交通阻塞或中断会造成很大的损失,因而人们在上述传统防护方法的基础上,寻求了一种新的有效的解决办法——防落石网。

防落石网就是用金属编织网将具有落石危险的整个路侧坡面防护起来。另一种是尼龙绳编织网和工程塑料网,其网面的结构尺寸应根据需防护的坡面面积、地质情况和对网面的加固设计方法确定。金属网的耐用年限主要指其防腐处理要求,可参照隔离栅的有关规定。对尼龙绳编织网和工程塑料网,则是要求它们具有较理想的抗老化性能。

设置了网面结构的坡面,可以进行绿化和加固处理。结合网面的设置,在网面上下固定一定的培植土,种植与当地气候相宜的攀缘植物、根系较发达的矮小植株和花木等。经过一定周期的培植和养护,最终根除坡面的坍滑和落石危险,并使其成为交通线上的新景观。

落石比较严重路段的坡面底部,可结合防落网设置防落石栅,这样防护的效果更佳。防落石栅也可单独设置。

③防雪栅。冬季的北方,风雪常常是引起交通延误和诱发交通事故的主要因素。路堑路段极易积雪,另外路侧边坡上的积雪常常坍落到路上危及高速行驶的车辆安全,风口的暴风雪使驾驶员难以控制车辆。目前,在这些地区行之有效的方法就是设置防雪栅。

防雪栅的设置依路段所在地区风雪的持续期、强度及具体的地物、地貌和风向而定。防雪栅的高度一般为 1.0 ~ 1.8m。迎风面可以设置一道或数道,交错布置。

防雪栅主要用钢材或木材制作,一般可在冬季来临前设置,根据具体情况和经验可适当调整布置,以达到最佳的防护效果。防雪栅用石块或混凝土修筑固定的防雪屏障,但固定的防雪屏障需征用一定数量的土地,并需与排水工程一并考虑,以免引发新的问题。

④防风栅。风害严重的地区,风口的狂风对高速公路行驶车辆有一定危险。预防措施之一就是设置防风栅,并设置风标,以提醒驾驶员注意操纵车辆。

7.防眩设施

(1)防眩设施的类型

道路上使用的防眩设施主要有植树、防眩网和防眩板三种类型。对防眩设施的各种性能加以综合比较有助于根据当地的自然地理环境、道路条件、车辆构成和交通条件等来选择恰当的类型。表2-30是对这三种防眩设施进行综合比较的结果。

不同类型防眩设施的综合比较

表2-30

特　　点	植　　树		防眩网	防眩板
	密集型	间距型		
美观	好		较差	好
对驾驶员心理影响	小	大	较小	小
对风阻力	大		大	小
积雪	严重		小	严重
自然景观配合	好		不好	好
经济性	差	好	较差	好
施工难易	较难		难	易
养护工作量	大		小	小
横向通视	差	较好	好	好
阻止行人穿越	较好	差	好	差
景观效果	好		差	好
防眩效果	较好		较差	好

(2)防眩设施的设置原则

高速公路、一级公路凡符合下列条件之一者,应设置防眩设施:

①中央分隔带宽度小于9m的路段;

②夜间交通量较大、服务水平达到二级以上的路段;

③圆曲线半径小于一般值的路段;

④凹形竖曲线半径小于一般值的路段;

⑤公路路基横断面为分离式断面,上下行车行道高度小于或等于2m时;

⑥与相邻公路或交叉公路有严重眩光影响的路段;

⑦连拱隧道进出口附近。

非控制出入的一级公路平面交叉、中央分隔带开口两侧各100m(设计速度大于或等于80km/h)或60m(设计速度为60km/h)范围内可逐渐降低防眩设施的高度,由正常高度降至开口处的0高度,否则不宜设置防眩设施。

公路沿线有连续照明设施的路段,可不设置防眩设施。

防眩设施连续设置时,应符合下列规定:

①应避免在两段防眩设施中间留有短距离间隙;

②各结构段应相互独立,每一结构段的长度不宜大于12m;

③结构形式、设置高度、设置位置发生变化时,应设置渐变过渡段,过渡段长度以50m为宜。

（3）平、竖曲线路段防眩设施的设置

平曲线路段设置防眩设施时,应使曲线内侧车道的车辆驾驶员同样不受眩光的影响,在设置前应进行停车视距分析,以保证不减少停车视距。

①遮光角的调整。在平曲线路段,车辆前照灯的光线沿曲线切线方向射出。外侧车道上的车辆前照灯光线射向路外,不会使对向车道的驾驶员产生眩目;而内侧车道车辆的前照灯光线射向外侧车道,使外侧车道上的驾驶员暴露在设计眩光区内,受到瞬间眩光的照射,心理上感到不舒适,严重的会导致失能,使车辆沿切线方向越出路外造成交通事故。为在平曲线路段上获得和直线路段一样的遮光角,防眩设施的遮光角应按式(2-1)进行调整:

$$\alpha = \cos^{-1}\left(\frac{R - B_3}{R} \cdot \cos\theta\right) \tag{2-1}$$

式中:α——曲线段防眩设施的遮光角,°;

θ——直线段防眩设施的遮光角,°;

R——平曲线中心处的曲率半径,m;

B_3——从驾驶员眼睛到防眩设施的横向距离,m。

②停车视距。在中央分隔带较窄、曲率半径较小的平曲线路段,防眩设施可能会阻碍外侧车道驾驶员的视距。因此,在设置防眩设施前应进行停车视距分析,以判断在停车视距范围内是否有防眩设施阻挡外侧车道的视距。由于眩目程度随中央分隔带宽度变窄和曲线半径变小而趋于严重,因此对平曲线路段设置防眩设施而出现的视距问题应给予足够的重视。确保视距可采用下列方法:

a. 在不满足停车视距要求的平曲线路段,不要设置防眩设施或将中央分隔带加宽。

b. 降低防眩设施的高度,使驾驶员可以从防眩设施上缘通视本车道和对向车道。高度降低后的防眩设施应能阻挡对向车前照灯的大部分眩光,使驾驶员在被天能看到前方车流中尾车的顶部,这一高度一般为1.20m。

c. 对曲率半径较大的平曲线路段,可以把防眩设施的设置位置向曲线内侧适当偏移。

（4）竖曲线路段防眩设施的设置

①凸形竖曲线路段。在凸形竖曲线路段上,驾驶员可在一定范围内从较低的角度看到对向车前照灯的眩光,随着两车接近,视线上移,眩光才被防眩设施的遮光部分所遮挡。所以,防眩设施遮光部分的下缘漏光,可采用下述几种方法:

a. 防眩设施和混凝土护栏配合使用时,其下缘和护栏顶面接触,可完全遮光。与波形梁护栏配合时,护栏本身有一定宽度,可据计算确定其宽度能否满足阻挡对向车前照灯光线的要求。若不能,可考虑采用b、c中的方法。

b. 防眩设施和护栏高度不变,在中央分隔带上种植密集式矮灌木。

c. 降低防眩设施的下缘高度。

凸形竖曲线路段防眩设施设置的范围至少为凸形竖曲线顶部两侧各120m。

②凹形竖曲线路段。车辆前照灯在小半径凹形竖曲线路段底部照射的范围极有限,在大半径凹形竖曲线路段,当底部接近平坦、平面线形为直线段时,前照灯眩目的距离就长。车辆越过凸形竖曲线路段顶部进入凹形竖曲线路段底部时,前照灯的照射会使对向车的驾驶员产生瞬间眩感。

根据凹形竖曲线的半径和前后纵坡度大小,应根据计算适当增加在凹形竖曲线路段相应各点防眩设施的高度。由于各点的高度值是变化的,给防眩设施的材料加工和安装带来很多困难,实施中可采用下述方法:

a. 根据防眩设施高度的变化,加宽中央分隔带的宽度,种植足够的高树木;

b. 若防眩设施高度变化幅度较小,可取某一平均高度作为整个凹形竖曲线路段防眩设施的高度;

c. 在凹形竖曲线路段底部种植树篱,作为环境美化和与自然景观的配合。

为使防眩设施的高度能与道路的横断面比例协调,不使防眩设施受冲撞后倒伏在行车道上,并减少行驶的压迫感,防眩设施的高度一般不宜超过2m。

（5）注意事项

①防眩设施的设置应考虑连续性,避免在两段防眩设施之间留有短距离间隙,这种情况会使毫无思想准备的驾驶员带来很大的潜在眩目危险。

②中央分隔带设置防眩设施后,会遮挡驾驶员视线,把驾驶员的注意点诱导到防眩设施上。如果防眩设施设置长度很长,会使驾驶员感到单调乏味而打瞌睡,容易造成交通事故。因此,在长路段设置防眩设施时,可考虑做一些形式或颜色上的调整。一般每隔5km左右适当改变类型和颜色,给驾驶员提供多样化的景观,以克服行驶单调感。

③防眩板的宽度应根据中央分隔带的宽度和护栏类型确定。在较窄的中央分隔带上设置过宽的防眩板,使防眩板距行车道的距离过近,这样会对驾驶员有压迫感,防眩板也容易被车辆刮倒,影响道路的景观。防眩板过宽,其间距势必加大,会使驾驶员在行车时感觉到一晃一晃的,眼睛容易疲劳。

④防眩设施的设置应注意与公路周围景观相协调。

8. 视线诱导设施

（1）视线诱导设施的类别与功能

视线诱导标系沿车行道两侧设置,用于明示道路线形、方向、车行道边界及危险路段位置,诱导驾驶员视线的设施。视线诱导标按功能可分为轮廓标,分、合流诱导标,线形诱导标。其中,线形诱导标又可分为指示性诱导标和警告性诱导标。视线诱导标按设置方式可分为直埋式和附着式两种。

轮廓标以指示道路线形轮廓为主要目标;分、合流诱导标以指示交通流分合为主要目标;线形诱导标以指示或警告改变行驶方向为主要目标。它们以不同的侧重点来诱导驾驶员的视线,使行车更趋安全、舒适。

（2）视线诱导设施的设置原则

视线诱导设施的设置应根据公路的线形情况、照明的配置及交通流情况,同时充分考虑各种视线诱导设施的效果、经济性、科学性、美观及与公路周围环境协调等因素后确定。

①轮廓标的设置。应根据路侧设施的情况,选用附着式或立柱式的轮廓标。为了使轮廓标更加显眼,在一些气候条件较差的地区,如经常有雾、风沙、阴雨、下雪、暴雨等地区,可选用较大尺寸的反射器。

通常,在高速公路主线以及互通立交、服务区、停车区等的进、出匝道或连接道,应全线连续设置轮廓标。轮廓标在公路前进方向左、右侧对称设置。但是,在有道路照明的路线上可以省略。

在车道数、路基宽度发生变化的路段,也应设置视线诱导标,使驾驶员了解前方行驶条件的变化,这对顺利通过这种瓶颈路段、防止事故发生将会十分有效。

当车辆从直线段过渡到曲线段,特别是在小半径曲线路段行驶时,使驾驶员的视线跟随视线诱导标沿道路线形圆滑过渡,保证视线的连续性,可以大大提高行驶的安全性和舒适性。

我国《公路交通安全设施设计规范》(JTG D81—2006)中对曲线段轮廓标的设置规定见表2-31。

轮廓标曲线段的设置间距 表2-31

曲线半径(m)	≤89	90~179	180~274	275~374	375~999	1 000~1 999	>2 000
设置间距(m)	8	12	16	24	32	40	48

竖曲线对轮廓标设置间距的影响要比平曲线小得多。因此,在我国的规范中对此没有作出具体的规定,而允许在设计中根据竖曲线的不同半径在保持轮廓标视线诱导连续性的前提下,对设置间距作适当调整。德国对轮廓标在竖曲线上的设置间距有明确的规定,见表2-32。

轮廓标在竖曲线上的设置间距(德国) 表2-32

竖曲线半径(m)	<800	800~1 500	1 501~3 000	3 001~4 000	>4 000
设置间距(m)	5~15	16~20	21~31	47~50	50

对于公路路基宽度和车道数量有变化的路段,应适当加密轮廓标的间距。

在轮廓标布设设计时,应特别注意从直线段过渡到曲线段或由曲线段过渡至直线段的布设处理,使视线诱导保持连续性,能平顺圆滑地过渡。

②分、合流诱导标的设置。分、合流诱导标应设置在交通流交织运行的互通立交进、出口匝道附近出现分、合流的地方。分流诱导标设在分流端部前方适当地点;合流诱导标设在合流端部前方适当地点。

③线形诱导标的设置。

a.指示性线形诱导标应设置在一般最小半径或通视较差、对行车安全不利的曲线外侧;

b.警告性线形诱导标应设置在公路局部施工或维修作业等需临时改变行车方向的路段。

线形诱导标至少在150m远处就能看见,其设置间距应保证驾驶员至少能见到两个线形诱导标,或能辨明前方将进入弯道运行。

(3)视线诱导设施的结构形式

①轮廓标的结构形式。轮廓标的结构形式与路侧构造物情况有关。当路侧有护栏、桥梁栏杆、侧墙等构造物时,轮廓标附着在结构物的适当位置上;当路侧无构造物时,轮廓标为柱体,独立设置于路侧土路肩中。

a.柱式轮廓标。柱式轮廓标由柱体、反射器和基础组成。柱体为三角形,顶部斜向行车道,主体部分为白色。在距路面55cm以上部分有25cm的黑色标记,在黑色标记的中间镶嵌有一块18cm×4cm的反射器。反射器为定向反光材料(如有机玻璃类、聚甲基丙烯酸树脂等)制造。

轮廓标的基础采用混凝土基础,柱与基础的连接可以采用装配形式。当轮廓标被碰撞损坏时,能方便更换。

b.附着式轮廓标。附着于各类建筑物上的轮廓标由反射器、支架和连接件组成,可根据建筑物的种类及设置部位采用不同形状的轮廓标和不同的连接方式。例如,附着在波形梁护栏上轮廓标就安装在护栏中间的槽中,反射器为梯形,与后底板铆结在一起,后底板固定在护栏与立柱的连接螺栓上。安装完成后的轮廓标反射器应与汽车前照灯光大致保持垂直。

64

附着于隧道壁、桥墩、台侧墙及混凝土护栏侧墙上的轮廓标的形状可采用圆形、长方形或梯形。

附着于缆索护栏上的轮廓标可采用夹具直接将其固定在缆索上,其反射器形状为圆形,中央分隔带可采用两面反射的结构。

各类轮廓标的设置高度(反射器的中心高度)均应大致相同。

经常有雾、阴雨、暴雨等地区,可采用增大反射器的面积或提高反射性能来提高视认性,也可将轮廓标安装在护栏立柱顶上,或通过专门加工的支架把轮廓标固定在波形梁的上缘,以增加轮廓标的醒目度。

②分、合流诱导标的结构形式。分、合流诱导标由反射器、底板、立柱、连接件和基础等组成。反射器与底板可采用黏结或螺栓连接,底板与立柱用抱箍、滑动槽钢通过螺栓连接,基础采用混凝土。

a. 立柱式诱导标:采用单柱式结构,路侧安装。板面尺寸为80cm×80cm,菱形安装。可根据风力大小确定立柱截面和基础尺寸。

b. 附着式诱导标:其结构与埋置于土中的相同,只是将其立柱直接用抱箍与护栏连接,无混凝土基础。

高速公路分、合流诱导标的颜色为绿底、白色符号。

③线形诱导标的结构形式。线形诱导标由反射器、底板、立柱、连接件和基础等组成。反射器可以用黏结剂贴在底板上,也可采用螺栓连接;其结构形式、连接方式和分、合流诱导标相同;其基本单元符号及尺寸可参照《公路交通安全设施设计规范》(JTG D81—2006)、《公路交通安全设施施工技术规范》(JTG F71—2006)。

线形诱导标的基本单元可以单独使用,也可将几个基本单元组合在一起。

线形诱导标的颜色:指示性线形诱导标为白底蓝图案;警告性线形诱导标为白底红图案。

二、管理设施

1. 管理设施的构成

高速公路的管理设施等级应为 A 级,为用路者提供清晰、完整、明了、准确的公路信息;为公路管理者提供科学、先进的技术手段,保障高速公路运行的安全、舒适与高效。因此,高速公路的管理设施应设置管理、监控、收费、通信、配电、照明和养护等设施。

2. 监控系统的构成

根据高速公路监控系统设计的宗旨,监控系统具有三方面的功能,即信息采集、信息处理与决策、信息发布与控制功能。相应地,监控系统由信息采集子系统、信息提供子系统和监控中心三大部分组成。

(1)信息采集

①交通流信息。车辆检测器有多种类型,基本检测参数是交通量、车速、(时间)占有率等,有的车辆检测器还可以检测车辆类型(车长)、车头时距等交通流信息。

各种类型的检测器所适合的路面条件、环境条件、检测精度、维修条件以及价格各不相同,因此需要根据项目具体情况比较分析,选用最适用的类型。

②气象信息。公路周边小气候条件(团雾、冰冻、阵风、暴雨等)对交通安全和通行能力的影响极大,因此应设置气象检测器等设备来采集气象信息。需注意的是,气象检测器检测到的气象信息往往只能代表检测器所在位置附近的小范围气象情况,而沿高速公路连续设置气象

检测器的做法又因成本过高而不现实。因此,设计时应进行充分的调查,以确定设置位置。

③事件及路况信息。受到监控系统建设成本、维护成本和技术等多种因素的限制,建设一个完全自动采集信息的监控系统是不现实的。因此,需特别强调多途径获取信息、多部门协调工作的重要性。除以上与监控系统联机工作的信息采集设施外,还应根据所确定的规模有选择地设置闭路电视、交通服务信息等,并依靠交通、路政巡逻车以及与沿线养护服务部门的联系,采集高速公路交通事故、车辆路障、公路养护维修等事件及事件信息。

(2)信息处理与决策

一般情况下,监控系统仅提供对信息的预分析和决策方案,最终的决策以及控制指令的发布还需要监控人员通过对信息的进一步确认和分析判断之后作出,这种控制模式即为半自动控制。更高级的监控系统则具有自动完成交通事件检测、决策处理、控制指令发布等全部任务的功能,这种控制模式即为自动控制。半自动控制和自动控制应可以相互切换。

(3)信息发布与控制

狭义的信息发布与控制主要由设置在沿线并与监控中心联机工作的信息提供设备以及控制设备所构成。广义的信息发布与控制还包括向高速公路相关管理部门发布指令和向社会公众发布信息的设施。

三、服务设施

所谓服务设施是指设置在高速公路上,为高速公路的使用者提供服务的服务区。服务项目少的称为停车区,总体也称为服务区。

高速公路上的服务区对于高速公路来说属于附属建筑。但是高速公路通车后,人们经常与这些服务区相接触。因此,这些设施的功能是否完善,造型是否新颖独特,都会直接影响使用者对整条高速公路的印象。同时,这些设施与所有使用高速公路的驾乘人员的生活密切相关,其重要性不言而喻。

1. 高速公路沿线设置服务设施的必要性

(1)高速公路的特点是能够高速连续行驶,驾驶员必须经常保持高度的精力集中,因此,很容易造成精神上的疲劳。同时,道路线形的单调,也易引起驾驶能力的降低。

为解除连续行驶的疲劳和紧张,满足驾驶员生理上的要求,给汽车加油、加水或者适当地满足检查等需要的休息设施,在保证安全上是很有必要的。

(2)高速公路的"封闭性"保证了行车速度快、通行能力大、交通事故少,从而体现了高速公路的高效、安全、节时、舒适的优越性。但另一方面,它却人为地阻隔了车辆和旅客与外界的联系,给部分车辆和旅客带来了不便和困难。例如,乘客和驾驶员在旅途中的食宿、购物、通信、汽车的维修等,都不能直接与社会联系,接受社会服务,因而需要借助于高速公路内部的有关服务设施来提供。高速公路沿线服务区的设置正是为了解决以上问题,为车辆和乘客提供服务。

(3)在高速公路整个管理系统中,服务设施和路政管理、养护管理、收费管理、交通安全管理系统一样,也是其重要的组成部分。其目的是保证高速公路在全天候条件下,交通运输能获得高速、畅通。它以高质量、热情周到、讲究信誉的服务,使旅客比在一般公路上更容易得到干净、卫生的食品和安静、舒适的休息场所,使车辆加油和维修更迅速、安全、方便,从而消除驾驶员和旅客的后顾之忧,增加道路使用者的安全感和舒适感。

(4)高速公路沿线服务设施的设置,对减少交通事故、提高社会效益也具有一定意义。

（5）当前，我国的高速公路大都是靠贷款或集资来修建的，建设投资要在营运过程中回收。

2. 服务区

1）服务区的基本形式

服务区由于其主要设施，如停车场、餐厅和加油站等布置的位置不同，其基本形式也有所不同。

（1）停车场的位置

①分离式：上、下行车道停车场分别布置在高速公路两侧，如图 2-16 所示。

②集中式：上、下行车道停车场集中布置在高速公路一侧，如图 2-17 所示。

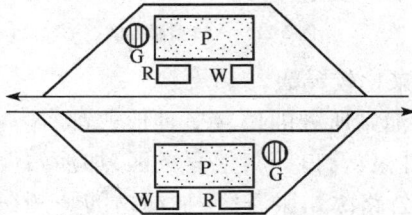

图 2-16　分离式服务区

P-停车场；G-加油站；W-公共厕所；R-餐厅

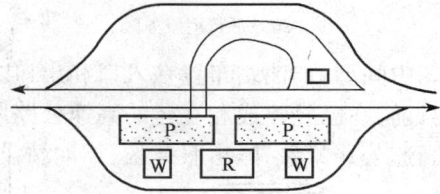

图 2-17　集中式服务区

由于高速公路上、下行车道中间有中央分隔带分开，两侧行驶的车辆都要使用停车场，所以分离式停车场更便于停车。车辆可直接开到停车场，不必绕到对面停车场去。同时，在收费的高速公路上采用分离式停车场，还可以防止驾驶员互相交换通行卡和收费票证等作弊现象。所以，一般高速公路都采用分离式停车场。

（2）餐厅的位置

①外向型：在餐厅和高速公路之间布置停车场、加油站等其他服务设施。这种布置适用于服务区外侧有较开阔的田原、山野、森林等风景秀丽的地带，旅客在用餐的同时，还可以欣赏窗外美丽的景色，从而消除旅途的疲劳，如图 2-18 所示。

②内向型：餐厅与高速公路相邻。餐厅的另一侧布置停车场和加油站等其他服务设施。这种布置适用于服务区周围环境比较封闭、旅客无法向外远眺的情况，如深挖地段或四周为乡镇街道等。京石高速公路望都服务区属于这种类型，餐厅与主线相邻，如图 2-19 所示。

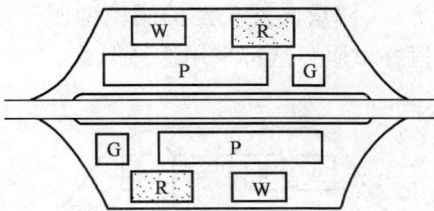

图 2-18　外向型服务区

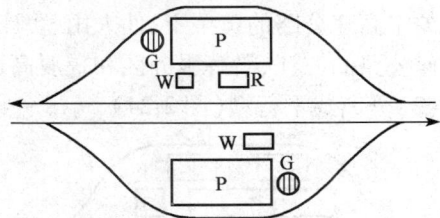

图 2-19　内向型服务区

③平行型：餐厅和停车场、加油站等服务社都与高速公路相邻，沿高速公路方向作长条形布置。这种布置方式用于地势狭长和山区的地段，如图 2-20 所示。

外向型的服务区便于停车且旅客进入服务区可避开嘈杂的汽车声的干扰，以便在安静的环境中得到较好的休息，从而更快地缓解疲劳。同时，因餐厅离高速公路较远，有时还有花台、树木等绿化带的隔离，减少了尘土的污染，使旅客能得到较为干净卫生的食品。因此，一般都

67

采取外向型的方案。只有在地形条件受到限制时,才采用内向型的方案。

（3）加油站的位置

①入口型:加油站布置在服务区的入口处,车辆一进入服务区就可以立刻加油,如图2-21所示。

②出口型:加油站布置在服务区的出口处,车辆在休息后出服务区时再加油,如图2-22所示。

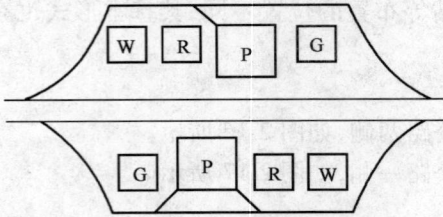

图2-20　平行型服务区

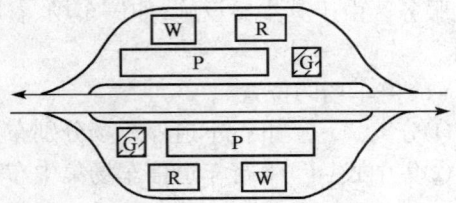

图2-21　入口型服务区

③中间型:加油站布置在入口和出口之间,使用起来比较灵活。

目前,在已经建成和在建的高速公路服务区中,加油站所处的位置三种形式都有。例如,沈大高速公路景象、熊岳服务区,加油站设在进口处,甘泉、营口等其他服务区,加油站设在出口处;京石高速公路涿州服务区,加油站的一侧在进口处,另一侧在出口处;望都服务区的加油站设在进口处;京津塘高速公路马驹桥服务区的加油站设在停车场的中间。加油站设在出口处有利于场区合理布局、交通流畅以及行人行车的安全,但是如果加油站设在入口处,则更便于这些车辆加油。然而当加油的车辆比较多时,就会在服务区入口处排队,妨碍匝道上车辆的行驶。

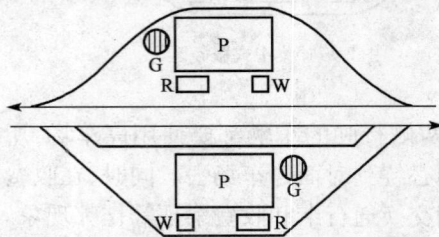

图2-22　出口型服务区

总之,以上三种形式各有利弊,尚无定论。

停车场（P）、餐厅（R）、加油站（G）、公共厕所（W）等主要设施的布置与地形、地貌、沿线自然特征、土地利用、投资费用以及管理条件等因素有关。实际上,服务区的形式是通过对各种因素的综合分析和比较,并且按照上述不同分类进行组合来确定的。

2）我国目前服务区常见的几种形式

（1）分离式外向型（图2-23）

这是最常见的一种形式。沈大、京津塘、京沈、石安等高速公路全部服务区均采用这种形式。沪宁高速公路的黄栗墅、仙人山、窦庄、芳茂山服务区,津唐高速公路的唐山南服务区,杭甬高速公路的三江、梁辉服务区和福厦高速公路泉厦段朴里服务区都采用这种形式。

（2）分离式平行型（图2-24）

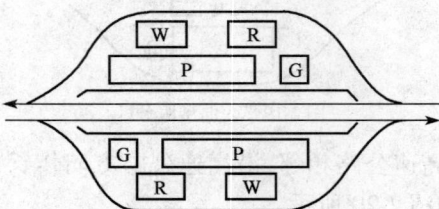

图2-23　分离式外向型

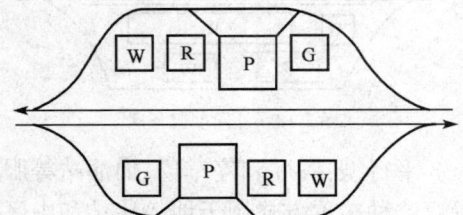

图2-24　分离式平行型

沪宁高速公路梅村服务区、京津塘高速公路马驹桥服务区和京石高速公路望都服务区都采用这种形式。

（3）分离式餐厅单侧集中型（图2-25）

这种形式适合于高速公路一侧场地比较狭窄的情况。餐厅可以建在另一侧,旅客通过地下通道进入另一侧餐厅用餐。为了节省投资和场地,也可以在路两边建设小卖部和简易食堂（或快餐厅）,将旅馆和餐厅等集中建在一侧,如京石高速公路涿州服务区和望都服务区就是这样规划的。沪宁高速公路两个服务区的客房也都建在一侧,如阳澄湖服务区。在高速公路初期运行阶段,交通量较少,餐厅利用率不高。服务区采取分期修建,可先在一侧的服务区内建餐厅,另一侧餐厅留待以后发展时再建。福厦高速公路泉厦段朴里服务区第一期工程就拟建一侧综合服务大楼,沪宁高速公路阳澄湖服务区的综合服务设计集中建在一侧。

这种形式还适用于某一侧景观优美,对使用者有较强的吸引力,而另一侧场地条件又有限,餐厅、休息室等设施只可能采用外向型的情况。例如,沪宁高速公路阳澄湖服务区就采取这种形式,因收费及管理上的需要,上、下行线的停车场应分隔开。

还有一种分离式,餐厅建在高速公路上空,两侧可共同使用,这样可以充分利用高速公路的空间。餐厅造型可以设计得尽量完美,作为高速公路的一种标志,如图2-26所示。

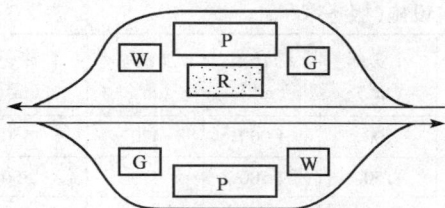

图2-25 分离式餐厅单侧集中型　　　　　图2-26 主线上空型

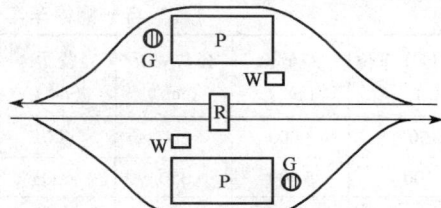

另有一种中央集聚型,服务区设在正中,高速公路到这里分成左右两侧供汽车行驶。

以上两种形式的服务区在国外经常遇到,只是由于造价高、占地面积大,在我国目前尚未见到。

3）服务区内各种服务设施的布置原则

（1）关于汽车维修站的位置有以下两种意见：

①一般认为汽车维修站应与加油站并排布置。这样布置便于共用通信设备、浴室、盥洗室及室外场地,提高设备和场地的利用率,但是一定要注意按照消防规范进行设计。

②汽车维修站与加油站分开布置。沈大高速公路6个服务区,其中3个服务区维修站建在进口、加油站建在出口;有1个服务区反之;其他2个加油站与维修站邻近建设。根据使用的经验,认为维修站设在进口、加油站设在出口为好。驾驶员进入服务区后,先维修车辆,然后休息,临走时再去加油。使用者认为这样顺当且较安全,不用采取特殊的消防措施。

（2）餐厅、旅社、商店、小卖部、办公用房等宜设在同栋综合服务楼内,以方便旅客,减少人流和车流的交叉,提高安全性。

（3）公共厕所宜靠近大型车辆停车场,便于大批旅客使用。同时,要靠近餐厅、旅社和商店。如果服务区规模大,则可分设几处。

（4）其他如给排水设施、供电设施、垃圾处理设施等应尽量设在较隐蔽的地方。

4）服务区内各种设施的组成及区域范围

服务区内各种设施按其使用功能大体可分为：为旅客服务的设施、为车辆服务的设施、为职工服务的设施及其他设施。

5）休息室与旅馆

车的设施与人的设施原则上应当是分别单独地、分离开布置。这是为了尽量避免车流与人流的交叉,使人们休息的场所更为安全,并造成一种幽静的气氛,特别是为了防止交通肇事,在出入匝道附近必须避免人与车辆交叉。

休息室与旅馆是专供驾乘人员休息、娱乐和睡眠使用的,其设施应布置得舒适、雅致、安静、卫生,特别是要注意建筑物的造型与周围环境的协调一致。根据沈大高速公路服务区的营运实践,来服务区投宿的人员并非都是旅客驾驶员,还有相当数量的旅游者、商贸人员和出差办事的公务人员,这些旅客和部分驾驶员往往希望住高、中档的客房,以便更好地休息以解除疲劳。因此,中、低档的住宿标准已不能满足要求,有必要设置部分高档的客房。每间客房住宿人数不宜太多,一般以 2~3 人为宜,客房内要有电视机,并设置公共天线。高、中档客房应配备单独沐浴设施,低档客房则配备集体沐浴设施。

6)商店与餐厅

①与服务区、停车场的一侧停车车位数相对的标准建筑规模见表2-33。

②按照规格和建筑设施设计规定进行布置,用地要合理。

与一侧停车车位相应的建筑设施(服务区)　　　　表2-33

一侧停车车位 (个)	停车场 (m²)	公共厕所 (m²)	餐厅 (m²)	免费休息室 (m²)	小卖部 (m²)	综合楼 (m²)	加油站 (m²)	附带设施 (m²)
50	3 000	280	400	200	100	1 000	470	550
100	5 000	350	600	300	150	1 500	470	550
150	6 000	400	650	350	200	1 600	470	550
200	6 500	400	700	400	250	1 800	470	550

商店与餐厅经销日常旅行用品、当地名优产品、土特产以及各类方便食品、饮料等。由于一般在服务区内停车时间不长,所以快餐和小卖部比较受欢迎。商店和餐厅外面应设置从外部可以直接与之相连接的道路和停车场,为运货物和工作人员上下班提供方便。餐厅、厨房的设计标准应符合卫生防疫部门的有关规定。

复习思考题

1. 服务水平的划分依据是什么?

2. 路基断面的基本形式有哪些?

3. 行车视距有哪几种,其各自的含义是什么?

4. 路基防护措施有哪些?

5. 立体交叉设计的技术要求是什么?

6. 交通安全防护设施主要有哪些?

7. 路侧净区概念是什么,其设置的依据是什么?

8. 交通标志的三要素是什么?

9. 防眩设施的种类及特点是什么?

第三章　轨道运输基础设施

轨道运输基础设施包括线路、站场和附属工程三部分。

轨道交通线路是列车(机车和车辆)在路网内行驶的地面轨道式通道,包含轨道和路基。站场分为车站和场段。车站(货运站及客运站)是货物和旅客出入铁路运输系统的交接点或界面;场段(编组场、机务段及车辆段)则是列车进行解体、编组、整备、检查等作业的场所。附属工程包括信号、电力供应和给水排水等交通控制、运营管理和供应的设施。

本章主要介绍普通铁路、高速铁路和城市轨道交通的基础设施。介绍时,以普通铁路的线路为主,在此基础上介绍高速铁路与城市轨道交通基础设施的特点。

第一节　普通铁路基础设施

一条铁路线路要与邻近的铁路联网才能充分发挥其作用,因而铁路列车常常跨越多条线路运行,这就要求各铁路线路之间有一定的协同性,如轨距、列车限界。即使在同一条线路上,需要根据列车荷载及运行速度的要求,使同一线路总体上保持某种协调性,即线路的平面、纵断面、横断面符合一定的标准,以保证列车安全、高效地运行。

一、线路总体特征

线路总体特征是指整条线路均具有的特征,一般反映在主要技术标准的选用上,主要包括线路等级、正线数目、最小曲线半径、最大坡度、闭塞方式、机车交路、到发线有效长、牵引种类和机车类型、轨距等。其中,最小曲线半径影响线路的平面,最大坡度影响线路的纵断面,正线数目、到发线有效长、牵引种类及机车类型、轨距等影响线路的横断面。

线路平面是指线路路基顶面中心线在水平面上的投影(俯视图);线路纵断面是指沿线路平面走向将路基顶面中心线投影在垂直面上展平后的图形;线路横断面是指用垂直于线路平面的垂直面将铁路剖开所形成的断面轮廓线。

1. 线路等级

我国铁路设计年度分初期、近期、远期。初期为交付运营后第3年,近期为交付运营后第10年,远期为交付运营后第20年。

依据铁路在路网中的作用、性质、旅客列车设计行车速度及其所承担的远期(交付运营后第20年)客货运量的大小,将普通铁路划分为四个技术等级,见表3-1。其中,年客、货运量通过运量调查和预测确定,年货运量取重车方向的运量,每对旅客列车上下行各按7GN年货运量折算。

2. 正线数目

正线数目是指一定起终点之间铁路线路条数,通常是1条,有些地方有2条、3条甚至4条。1条线路称为单线,2条线路称为复线,4条线路称为双复线。

铁路线路依据初期运量大小和远期运量增长情况,分别按单线、双线或预留双线设计。一条单线铁路的通过能力,按目前常采用的半自动闭塞情况计算,最多可达到42~48对列车。双线铁路配备自动闭塞,如列车间隔时间按8min计,则通过能力可达每天180对,为单线的4倍左右。

普通铁路线路等级和相关主要技术标准 表3-1

等级	在路网中的作用	设计运量（Mt）	最高行车速度（km/h）		限制坡度（‰）			最小曲线半径（m）	
			客车	货车	平原	丘陵	山区	一般地段	困难地段
I	骨干 非骨干	≥20	120~160	120	6	9~12	12~15	1 200~2 000	800~1 600
II	联络、辅助 地区性	<20 ≥10	80~120	80~120	6	9~15	15~20	600~1 200	500~800
III	地区性或企业性	5~10	100	80	6	12~18	18~25	400~600	350~550
IV	地区性或企业性	<5	80	80	6	12~18	18~25	400	350

注:1. 限制坡度根据地形及机车类型进行选择,内燃机车取小值,电力机车可取大值。
　　2. 曲线半径根据速度和地形困难程度进行选择,速度低(80km/h)时取小值,速度高(160km/h)时取大值。特殊困难条件下,在列车进、出站等必须减、加速地段有充分经技术经济依据时,可采用与行车速度相匹配的曲线半径。

3. 线路平面与最小曲线半径

铁路线形由平面曲线和竖曲线组成。平面曲线包括(平面)圆曲线和(平面)缓和曲线。

圆曲线的设计要素是半径和外轨超高,缓和曲线的设计要素是线形函数、长度及超高顺坡。普通铁路的线形函数通常采用三次抛物线。缓和曲线长度与此处的行车速度、圆曲线半径、超高顺坡、旅客舒适度要求有关。铁路概略设计的线路平面形式如图3-1所示。

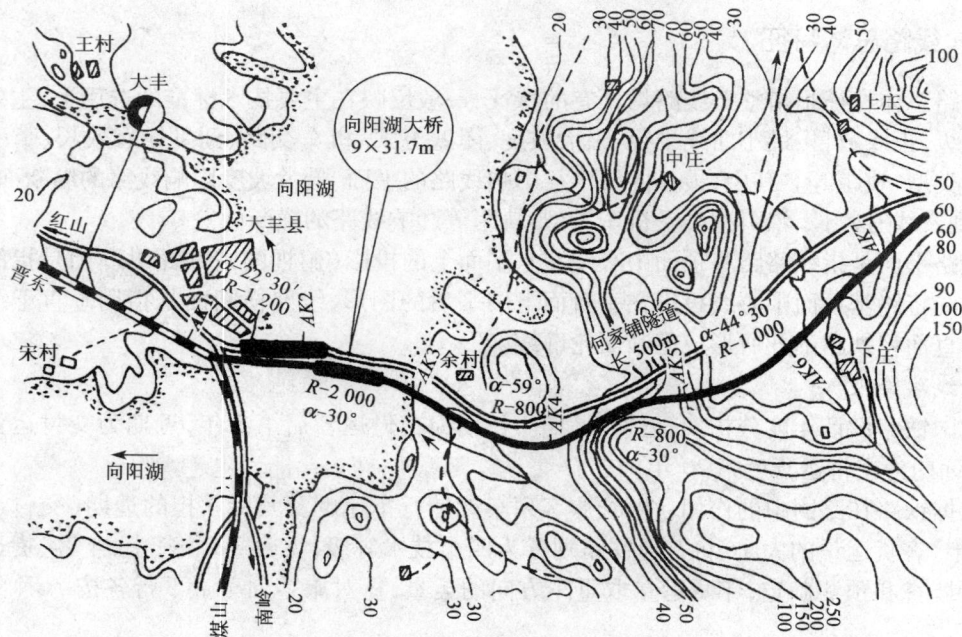

图3-1 铁路线路概略平面图(高程单位:m)

最小曲线半径是平面设计中最主要的要素。它是指线路中允许设置的平面圆曲线的最小半径,其取值对线路建设期的工程量及运营期的养护维修工作量有很大影响。最小曲线半径值越小,工程量越小,养护维修工作量越大。此外,由于下述原因,曲线半径小至一定程度会限制列车速度。

列车以一定的速度在曲线上行驶时,车辆会受到离心力的作用。离心力的大小同速度的平方成正比,同曲线半径成反比。离心力的作用,一方面影响到列车行驶的平稳性,另一方面使外侧车轮轮缘紧压外轨,而加剧其磨损。同时,由于动轮踏面在曲线段会发生横向滑动,而曲线范围内的外轨较内轨长,车轮又会产生纵向滑动。这些滑动会引起车轮同钢轨间的黏着系数下降,使牵引力减小。因而,列车在较小半径的曲线上需限速行驶。曲线半径越小,限速便越低。表3-2为不同曲线半径的限速值。同时,根据各级铁路旅客列车最高行车速度的要求,规定了圆曲线的最小半径,见表3-1。

圆 曲 线 限 速 表 表3-2

曲线半径 R(m)	200	250	300	350	400	450	500	550	600	700	800
货车限速($4.0\sqrt{R}$)(km/h)	55	60	65	75	80	85	85	90	95	105	110
客车限速($4.0\sqrt{R}$)(km/h)	60	65	70	80	85	90	95	100	105	110	120

在地形较为平坦或地物限制(控制点)较少的一般地段,应尽可能采用大的曲线半径。而在地形困难地段,为减小工程量,可选用较小的曲线半径。

4. 线路纵断面与最大坡度

铁路线路在纵向设置上坡或下坡,可以适应地形起伏以减少工程量。列车在坡道上行驶时,其重力平行于坡道方向的分力便成为车辆行驶的阻力,称为坡道阻力。纵坡越大,其坡道阻力也越大,而机车克服坡道阻力后所剩余的牵引力就越少。这就影响到机车所能牵引的列车质量,也直接影响到线路的运输能力和运行速度。

不同坡度的两坡段需要通过竖曲线连接。竖曲线也包括竖圆曲线和竖缓和曲线,但普通铁路一般不设竖曲线缓和曲线,采用大半径(5 000m 或 10 000m)圆曲线与相应的纵坡相切。铁路概略设计的线路纵断面形式如图3-2所示。

最大坡度是纵断面线形中最主要的要素。它是指某段线路纵断面的最大坡度。最大坡度的取值大小对线路的工程量、运输能力、旅行速度等有很大影响。

最大坡度分为限制坡度(单机牵引地段的最大坡度)和加力坡度(双机或多机牵引地段的最大坡度)。

单机牵引地段的最大坡度之所以称为限制坡度,是因为这种坡度限制了列车的牵引质量。列车的牵引质量是按照机车牵引该质量的列车在限制坡度上作等速运行的条件确定的,即在此状态下已经充分利用了机车的牵引力。

限制坡度定得越小,所能牵引的列车重力越大,线路的运输能力也越大。但如果地形起伏较大的话,则相应的工程费用也越高。因而,应结合地形情况和所要求的运输能力,通过分析比较来选定合适的限制坡度。此外,机车的类型反映了它所具有的牵引能力,在选择时应结合在一起考虑。如果要求的运输能力较大,则选用大功率的机车和较低的限制坡度。而在运输能力一定的条件下,选用大功率的机车就有可能采用较高的限制坡度。我国规范规定的各级铁路的最大限制坡度如表3-1所示。

5. 闭塞方式

为了确保行车安全,同一单线区间上不能同时开行对向行驶的两列车。为了从根本上消除这种可能,需要信联闭(信号、联锁、闭塞)设备来管理和控制列车。闭塞方式是利用信联闭设备来管理和控制列车在线路上运行的方式的总称。闭塞方式影响车站作业间隔时分,从而影响通过能力。

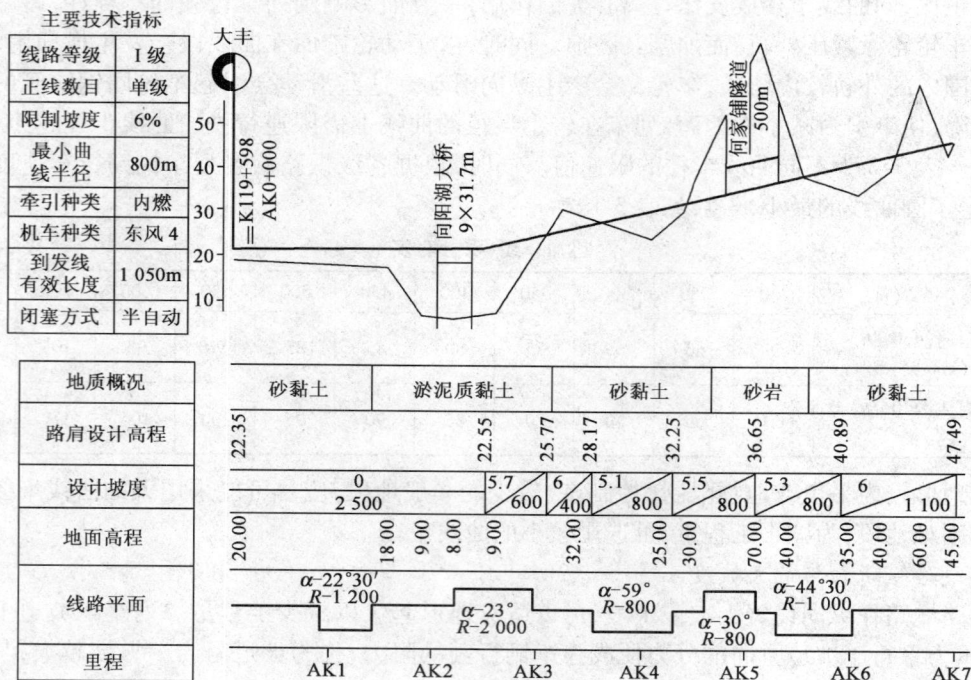

图 3-2　铁路线路概略纵断面图

（1）信号设备

信号设备是用来显示行车指示和命令、机车车辆运行条件、线路状况、列车或车辆的位置等。其主要类型有臂板信号机、色灯信号机、信号标志及机车信号设备等。

（2）联锁设备

在车站上,为列车进、出站所准备的通路称为列车进路;为各种调车作业准备的通路称为调车进路。通常,列车的进、出站和站内调车工作都是防护每一进路的信号机的显示状态而进行的。同时,列车调车的进路又要靠操纵道岔来排列。因此,在有关的道岔和信号机之间以及信号机与信号机之间,必须建立一种相互制约的关系,才能保证行车安全。这种相互制约的关系称为联锁。

目前,用于实现上述联锁关系的设备有三类:电锁器联锁、电气集中联锁、微机联锁。

（3）闭塞设备

在某个轨道线路区间内,同一个时间只允许有一列列车占用,以免在区间内发生冲突或尾追事故。保证列车按这种空间间隔运行的行车方法,称为闭塞。闭塞方式有人工闭塞、半自动闭塞和自动闭塞三种。

人工闭塞是把铁路线路划分为若干区间,在区间的入口和出口分别装置相互联系的闭塞设备(如电气路签或路牌机),机内装有作为占有区间凭证的路签或路牌,平时不能任意取出,在确认区间线路空闲并得到邻站同意,经送电后方可从机中取出路签或路牌。这种方法目前仅在个别的支线或专用线上应用。

半自动闭塞,是在区间两端车站上各设一台闭塞机,用轨道电路把它们及出站信号机连接起来,实现彼此间的电气联锁关系,见图3-3。半自动闭塞以装在闭塞区间入口处的出站信号机的开放显示作为列车可进入该区间的凭证。而出站信号机的开放,必须经过车站同意并办理闭塞手续后才能实现。当列车一旦占用闭塞区间,设在闭塞区间入口处的信号机便自动关闭,显示停车信号,其他列车便不能再进入该区间。半自动闭塞在保证行车安全和提高区间通过能力方面比人工闭塞好。

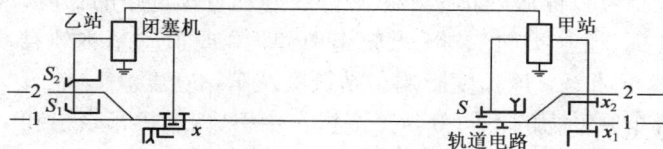

图3-3　半自动闭塞电气联锁关系图

　　自动闭塞是由运行中的列车自动完成闭塞作用的一种闭塞方式。自动闭塞设备将两站间的区间划分成若干闭塞分区,每个闭塞分区的起点设置一个通过色灯信号机进行防护。由于每个闭塞分区都装设轨道电路,因而能够正确反映列车的运行情况和钢轨的完整情况,并及时传给通过色灯信号机显示出来,向接近它的列车指示运行条件。采用自动闭塞设备时,准许列车占用区间的行车凭证是出站信号机(闭塞分区为通过信号机)的行进显示(绿灯或黄灯)。通过信号机经常显示绿灯,随着列车进入或离开闭塞分区而自动变换。进、出站信号机可以实现自动控制,但为便于调整运行图,一般仍由车站实行人工控制,只有当连续地放行通过列车时,才改由列车运行控制。自动闭塞设备有三显示和四显示等种类。

　　6.机车交路

　　普通铁路上运转的机车通常是在一定的路段内行驶的,机车并不随其所牵引的车辆走完全程。机车往返行驶的路段,称为机车交路。交路两端的车站,称为区段站。区段站上都设有一定的机务设备。

　　区段站上的机务设备,按工作性质和设备规模分为机务段(俗称机务本段)和折返段。机务本段配属一定数量的机车,担负相邻交路的运转作业,并配有供机车进行整备和检修的设备。机车乘务组在机务段居住或轮换出乘。折返段设于机车往返的车站,一般不配属机车,仅配设供机车进行整备和检查的机务设备。机车乘务组在折返段休息或驻班。

　　7.铁路限界

　　为了使列车在线路上安全顺利地运行,铁路沿线的建筑物和设备以及在沿线临时堆放的工程材料,与机车车辆(包括所装载的货物)之间应当有一定的间隙,以免建筑物和设备与列车接触,阻碍行车。因此,建筑物和设备以及机车车辆本身都要规定一个不得侵入或超过的轮廓尺寸线,这个轮廓尺寸线称为限界。此外,无论在区间或站内,平行的两条线路之间的距离不能小于一定数值,使两线的列车能安全运行。这个线间距也属于限界范围。

　　(1)建筑限界

　　铁路沿线的建筑物和设备,如桥梁、隧道、天桥或靠近铁路的房舍、站台信号设备、雨棚等,都应保证列车运行而无阻碍。建筑接近限界是一个和线路中心线垂直的横断面,其周围轮廓线好像一个看不见的门,规定除了机车车辆和与机车车辆相互作用的设备(车辆减速器、路签接收机、接触网、脱轨器等)外,其他建筑物和设备不得侵入。

（2）机车车辆限界

机车车辆限界是规定机车车辆不同部位的宽度及高度的最大尺寸以及其零部件至轨面的最小距离。它是一个与线路中心线垂直的横断面，无论是新造的空车，还是具有最大限度公差及磨耗的旧车，停在水平线上，沿车身所有一切凸出部分和悬挂部分除升起的受电弓外，都应容纳在限界轮廓之内，不得超出。

8. 其他主要技术标准

到发线有效长是指可以停放列车又不影响邻线办理行车进路的长度。控制有效长的标志是：出发信号机、警冲标、道岔尖轨尖端（无轨道电路时）或道岔基本轨接头处的轨道绝缘缝（有轨道电路时）以及车挡等。该长度影响车站长度及车站宽度。

牵引种类根据机车原动力的不同分为蒸汽机车牵引、内燃机车牵引和电力机车牵引，其中蒸汽机车因污染严重已于 2005 年 12 月全部退出我国铁路系统。

机车类型是指各牵引种类机车的类型。例如，电力机车有 SS1、SS3、SS4、SS5 等类型；内燃机车有 DF4、DF8、DF9 等类型。

轨距是指一条线路中两根平行的钢轨轨顶内侧边缘之间的距离，标准轨距为 1 435mm。轨距对车辆的设计和运行有很大影响。不同轨距线路的互通运行需要在接轨站处更换轮轴。

二、路基

1. 路基构造

路基是轨道线路承受轨道和列车荷载的地面基础结构物。按照地形条件及路线平面和纵断面设计要求，路基横断面可以修筑成路堤、路堑和半路堤半路堑三种基本形式。其主要组成元素如图 3-4 所示。

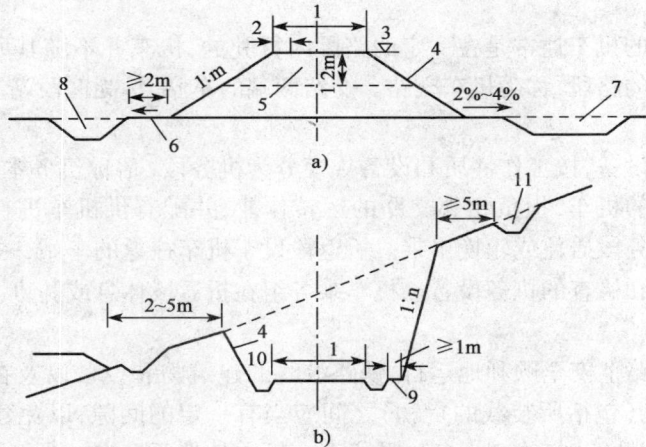

图 3-4　铁路路基横断面形式

a）路堤；b）路堑

1-路基面宽度；2-路肩；3-路肩高程；4-边坡；5-基床；6-护道；7-取土坑；8-排水沟；9-平台；10-弃土堆；11-截水沟

2. 路基排水设施

为了消除或减轻地面水和地下水对路基的危害作用，使路基处于干燥状态，须采用地面和地下排水措施，将降落或渗入路基范围内的地面或地下水拦截、汇集、引导和排离出路基范围外。

（1）地面排水设施，用以排除地面雨水和泉涌。用于路堤排水的有排水沟；用于路堑排水的有侧沟、天沟、截水沟、水槽、跌水和急流槽等。

（2）地下排水设施，用以截断、疏通地下水，并把地下水排到路基范围以外。地下排水设施主要有明沟、排水槽、渗水暗沟、渗水隧洞、平式钻孔、渗井和渗管等。明沟和排水漕常设置在缓坡地带或路堤两侧，用于拦截、引排或降低埋藏不深的地下水，并排地面水。渗水暗沟主要设置在土质的边坡上，用以疏通潮湿的边坡，引排边坡上冒出的泉水，也用于拦截并排走地下水。当地下水埋藏较深或为固定含水层时，可用渗水隧洞、渗井、渗管或平式钻孔。

3.路基防护加固设施

路基防护加固设施根据其用途分为以下四类：

（1）坡面防护设施。设置在受自然因素作用易产生破坏的边坡坡面。对易生长植物的边坡可采用种草籽、铺草皮或植树防护。对植物不易生长的边坡可选用抹面、捶面、喷浆、喷射混凝土、干砌或浆砌片石护坡，必要时可修筑护墙、拦石墙、落石坑、明洞、棚洞等用来拦截或遮挡从边坡上坍落的土石。

（2）冲刷防护设施。沿河地段路基当受水流冲刷或波浪侵袭时，需按当时情况和冲刷严重程度采用下列防护措施：铺草皮，种植防水林，在岸边挂柳枝，修建干砌片石、浆砌片石或混凝土护坡，抛填石块或石笼，修大型砌块或浸水挡墙，沿河砌筑顺坝、挑水坝等。

（3）支撑加固设施。这类设施主要用来支撑路基本体和路堑边坡，增加其稳定性，为各种类型的挡土墙、支顶墙、支柱和抗滑桩等。遇有不便于清除的边坡上的悬崖危石，也常常用支顶墙加以支顶。

（4）防沙防雪设施。包括在风沙地区用来防沙以及在寒冷地区用来防雪掩埋线路的各种栅栏和防护林。

三、轨道

轨道起着引导车辆行驶方向，承受由车轮传下的压力，并把它们扩散到路基或桥隧结构物上去的作用。轨道主要由钢轨和连接零件、轨枕和扣件、道床以及道岔等部分组成（图3-5）。轨道的强度和稳定性，取决于钢轨类型、轨枕类型和密度、道床类型和厚度等因素。根据主要运营条件，如近期的运量和最高行车速度，将轨道分为特重、重型、次重型、中型和轻型5个等级，分别对这些影响因素规定不同的要求。表3-3为铁路正线轨道类型的标准。其中，年通过总质量是根据近期运量调查，把净载、机车和车辆（包括旅客列车）的质量都计算在内后而得到的。单线铁路按往复的总质量计算，双线按一条线的通过总质量计算。

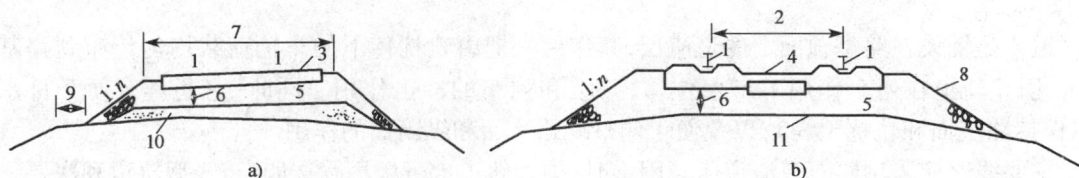

图3-5　轨道组成

a）曲线线路木轨枕道床；b）直线线路钢筋混凝土轨枕

1-钢轨；2-轨距；3-木轨枕；4-钢筋混凝土轨枕；5-道床；6-道床厚度；7-道床顶宽；8-道床边坡；9-路肩；10-砂垫层；11-路基面

轨道类型	年通过总质量密度（GN·km/km）	最高行车速度（km/h）	钢轨（kg/m）	轨枕根数（根/km）				道床厚度（cm）		
				混凝土枕		防腐木枕		渗水土路基		岩石、渗水土路基
				型号	铺轨根数（根/km）	型号	铺轨根数（根/km）	道渣	底渣	
特重型	>500	≤140	75 或 60	III	1 680～1 720	—		30	20	35
重型	500～250	≤140	60	III	1 680	—		30	20	35
		≤120	60	II 或 III	1 840 或 1 680	I	1 840	30	20	35
次重型	250～150	≤120	50	II	1 680～1 760	I	1 760～1 840	25	20	30
中型	150～80	≤100	50	II	1 600～1 680	I	1 680～1 760	20	20	30
轻型	<80	≤80	50 或 43	II	1 520～1 640	II	1 680	20	15	25

1. 钢轨

钢轨要支承和引导机车和车辆的轮子。它必须具有足够的刚度，以抵抗动轮作用下的弹性挠曲变形，并具有一定的韧度，以减轻动轮的冲击作用，不致产生折断。此外，它还应具有足够的硬度，以抵抗车轮的压陷和磨损作用。我国生产的标准钢轨有：≥75kg/m，60kg/m，50kg/m，43kg/m 等数种。标准长度为 25m 和 12.5m 两种。

2. 轨枕和扣件

轨枕位于钢轨和道床之间。它一方面作为钢轨的支座，承受由钢轨传来的竖向力、横向力和纵向力；另一方面又将其扩散传给道床。另外，还起着固定轨距、保持钢轨方向和位置的作用。因而，钢轨应具有足够的强度、弹性和耐久性。

轨枕有木枕、钢筋混凝土枕和钢枕三种，但主要采用前两种。木枕具有弹性好、易于加工、便于运输和铺设、更换方便及成本低的优点，但使用寿命短，并需消耗大量木材。目前我国大量采用的是钢筋混凝土枕，其耐久性好，使用寿命长，主要缺点是质量大（每根质量为220～250kg），弹性差，损坏后难于修补。

钢轨同木枕的连接零件为垫板和道钉。垫板垫在钢轨和木枕之间，以扩散钢轨传下的压力，而后用道钉将钢轨和垫板固定在木枕上。混凝土轨枕采用70型扣板式扣件或弹条I型扣件将钢轨扣牢在轨枕上。

列车运行时产生的作用于钢轨上的纵向水平力会使钢轨沿着轨枕甚至带动轨枕作纵向移动，使轨道出现爬行。爬行往往会引起接缝不匀和轨枕歪斜等现象。为了防止爬行，除了加强中间扣件的扣压力和接头夹板的夹紧力外，还在易发生爬行地段增设防爬设备。防爬设备主要有穿销式防爬器和弹簧防爬器两种，目前主要采用前一种。

3. 道床

道床是铺设在路基顶面上的道渣层，其作用是把由轨枕传下的车辆荷载均匀传布到路基面上，阻止轨道在列车作用下产生位移，并缓和列车的冲击作用。同时，它还具有便于排水（以保持路基面和轨枕干燥），以及便于调整线路平面和纵断面的作用。

主要线路应采用碎石道渣道床。困难时，中型轨道也可采用筛选卵石，轻型轨道和次要线路可选用其他各种道渣材料。

4. 道岔

道岔是铁路线路和线路间连接和交叉设备的总称，其作用为使机车车辆由一条线路转向另一条线路,或者越过与其相交的另一条线路。道岔大都设在车站区。

最常用、最简单的线路连接设备是普通单开式道岔,也称单开道岔。它由转辙器、转辙机械、辙叉、连接部分和岔枕所组成,见图3-6a)。转辙器包括两根尖轨和两根基本轨,起引导机车车辆转向的作用。转辙机械用来操纵尖轨的位置,有手动和电动两种。辙叉设在两条钢轨的交叉处,由一副辙叉和两根翼轨组成,其作用为使运行在一条钢轨上的车轮能越过另一条钢轨。辙叉有固定式和可动式两种。采用固定式辙叉,须在辙叉两侧设置护轨,以防车轮脱轨。连接部分包括两根直轨和两根曲线导轨。除了单开道岔外,还有双开道岔、三开道岔、交分道岔等,可供多个方向转向。

常用的交叉设备为菱形交叉,见图3-6b)。它由两个锐角辙叉和两个钝角辙叉组成。由于没有转辙器,车轮只能在原来的线路上通过交叉后继续前进,而不能转线。

此外,轨道上还有防爬设备、轨距杆、轨撑等,主要用于小半径曲线和道岔上的一些部位。

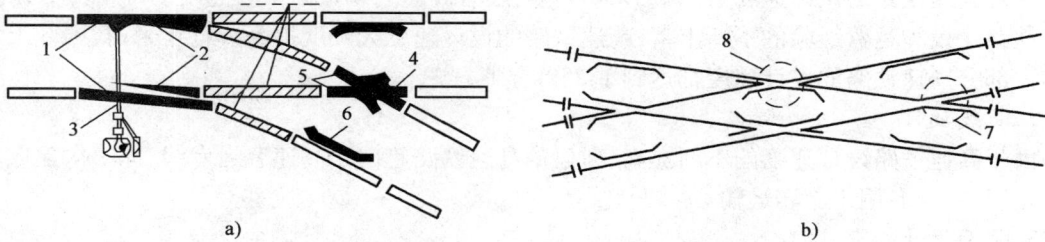

图3-6 单开道岔和菱形交叉
a)单开道岔;b)菱形交叉
1-基本轨;2-尖轨;3-转辙机械;4-辙叉;5-翼轨;6-护轨;7-锐角辙叉;8-钝角辙叉

四、站场

站场包括各种铁路车站和作业场。货物和旅客通过站场出入铁路运输系统,在车站办理承运、装(上)车和卸(下)车、交付手续。而列车在各种作业场进行编组、解体、转运、整备、检修等作业,并在车站进行接车和发车作业。为执行上述任务,站场需设置各种相应的设施,它们随站场的类型和作业要求而异。

车站按运输对象的不同,可分为货运站、客运站和客货运站。车站按技术作业特性的不同,可分为中间站、区段站、编组站。

(1)客运站:位于客运量较大的城市,专门办理旅客运输业务的车站。位于城市的区段站或中间站,还往往兼办客货运业务,可称作客货混合站。

(2)货运站:主要办理货物装卸作业以及专门办理货物联运或换装作业的车站。

(3)中间站:一条铁路通常分为若干个段落,在段落间的分界点上设置的车站。设置中间站的主要目的,是为了使一个区段内能同时行驶多对列车,以保证线路有必要的通过能力。因而,其主要任务是办理列车的通过、会让和越行。同时,它还承担少量的客货运业务。部分中间站还有摘挂调车作业。

(4)区段站:在机车牵引区段的分界点设置的车站。其主要任务是办理通过列车的技术作业,即机车的更换、整备和修建等。为此,均设有机务段或折返段。区段站一般都靠近中等以上城市,因而有较大数量的客货运业务。有的区段站还有列车编组作业。

(5)编组站:办理大量货物列车的解体、编组作业的专业技术站。一般不办理客货运业务。

第二节　高速铁路基础设施

高速铁路的发展历史已久。1936 年,德国在柏林至汉堡间的既有铁路上创造了 200km/h 的最高行车速度记录,但是全新意义的第一条高速铁路是于 1964 年 10 月在日本开通的东海道新干线(东京至新大阪)。该线路全长 515km,初期最高速度为 200km/h,旅行速度为 129km/h。至此,国际上认为:运行速度超过 200km/h 的铁路线称为高速铁路。

高速铁路设施在线路总体特征、路基、轨道、车站等方面与普通铁路有很多不同之处。

一、线路总体特征

1. 设计速度目标值

早期高速铁路的设计速度为 200～250km/h,随着高速列车最高试验速度的不断提升以及高速铁路建设和运营经验的不断丰富,高速铁路的设计速度大幅度提高。近年来,我国开工建设的大部分高速铁路的设计速度都达到了 350km/h。

2. 正线数目

由于高速铁路设计速度的不断提高,新建的高速铁路趋向于高速客运专线,即一次建成高速铁路双线,且专用于旅客运输。

3. 平面设计标准

设计速度目标值对线路平面设计标准中最小曲线半径及缓和曲线标准等方面有很大影响。

（1）最小曲线半径

除速度外,最小曲线半径允许值还与曲线外轨超高、允许欠超高及允许过超高诸因素有关。根据有关研究,在设计速度为 300km/h、350km/h 时,其允许最小曲线半径分别为 4 425～6 908m、6 023～8 850m。此值要比普通铁路大 10 倍以上。

（2）缓和曲线线形及长度

三次抛物线缓和曲线的超高和曲率均按直线渐变,虽然有计算方便、易于铺设养护等优点,但会在 ZH(直缓点)、HY(缓圆点)等特征点产生加速度突变而引起轮轨动力冲击。因此,有些高速铁路选用其他线形的缓和曲线。例如,日本东海道新干线采用了半波正弦形缓和曲线,德国在高速铁路上采用 S 形缓和曲线。

高速铁路的缓和曲线长度也比普通铁路长。德国在运行速度小于 200km/h 的线路上,缓和曲线长度为 $0.4v$(v 为最高速度,单位为 km/h)m,但运行速度在 200km/h 以上线路上为 $0.6v$m。

此外,相比普通铁路而言,高速铁路的夹直线长度、两缓和曲线间的圆曲线长度要长得多。

4. 纵断面设计标准

高速铁路列车具有强大的动力,其荷载为客车,比货车轻得多,因而线路的最大坡度可以较大。例如,德国汉诺威至维尔茨堡高速线的最大坡度达到 18‰,意大利罗马至佛罗伦萨高速线为 30‰,巴黎东南新干线甚至达到 35‰。

为了改善列车行驶的稳定性及旅客舒适性,有专家建议在时速 350km/h 以上的高速铁路上设竖曲线缓和曲线,其线形可采用三次抛物线。

5. 列车自动控制系统

现代高速铁路的列车运行均采用自动控制系统(Automatic Train Control System,简称

ATC），它集信号、控制、车辆于一体，实现无人驾驶并安全高效地运行。

6. 列车交路

高速铁路列车有动力集中型的机车，也有动力分散型的动车组。无论哪种，动车与拖车在整个运营过程中是不分离的，这与普通铁路的机车交路有所不同。当然，一条线路的不同区段，可以运行不同密度的列车对数。

7. 铁路限界

由于高速列车交会时会产生很大空气压力，这种压力在隧道内可使一般的车窗玻璃被压破。为此，需要扩大线间距。相应地，高速铁路的各类限界都要扩大。

二、路基及路桥过渡段

与普通铁路相比，高速铁路路基有较严格的强度、刚度及防渗要求。

高速铁路轨道传递给路基面很大的动应力，这种动应力与轨面不平顺程度成正比。为了减轻这种动应力，要求轨面高度平顺，这又要求路基面的不均匀变形很小。为此，对路基的土质、填压工序、碾压方法、平顺度标准都提出了更高的要求。高速铁路采用较好的土质材料、分层填铺、逐层碾压，使之平整而密实。

在路桥过渡段，由于路基与桥梁之间的不均匀沉降会影响轨面不平顺，因此需要对过渡段进行特殊处理。常用的措施有三类：

（1）在过渡段较软一侧增大基床刚度，减小路堤沉降，具体方法有加筋土法、碎石类优质材料填筑法、过渡板法等；

（2）在过渡段较软一侧增大轨道竖向刚度；

（3）在过渡段较硬一侧，通过设置轨下、枕下、砟底橡胶垫块（板）来调整轨道竖向刚度。

三、轨道

1. 技术要求

高速铁路要求轨道具有高平顺性、高可靠性及长寿命和高稳定性。

（1）高平顺性

在平顺的轨道上，车辆处于稳定运行状态，车体不会产生振动，即使速度很高，轮轨附加荷载也很小。轨道不平顺所引起的轮轨动力响应及其对行车的安全性、平稳性和乘车舒适性的影响均随速度提高而显著增大。计算机仿真和动力测试表明，幅值 10mm、波长 40m 的连续高低不平顺在常规速度下引起的车体振动和轮轨动力附加荷载都很小，可以不加管理，容许大量存在。但在速度达到 300km/h 时，可使车体产生频率为 2Hz、半幅值为 0.18g 的持续振动加速度，人体承受这种加速度的持续时间最多为 5h，否则会出现血压、脉搏、消化等生理现象不正常。

（2）高可靠性及长寿命

高可靠性主要指轨道结构保持高平顺性、维持线路正常运营的能力。高速列车的轴重较轻，在高平顺性条件下产生的轮轨动力附加荷载也较小，因而轨道各部件的静载强度指标通常易于得到满足。高速列车荷载的特点主要在于高频冲击和振动，这种高频荷载容易造成扣件的松动、轨下胶垫的磨耗、混凝土轨枕承轨槽的破损，特别是有砟轨道中道砟的破碎和粉末化、道床的沉降和变形，导致轨面不平顺。因此，提高轨道对高频冲击的承受能力、减小或隔离振动荷载的影响是高速铁路轨道结构的另一特征。

长寿命是指轨道结构具有较长的维修、中修和大修周期。由于高速铁路的行车密度大、速度高，在行车间隔中人员不能上道，只能利用天窗时间进行轨道的检查和维修。因此要求其维修工作量少、维修周期长。

（3）高稳定性

高速铁路为减少列车冲击、提高行车舒适性而必须采用跨区间无缝线路。这种线路将道岔与线路连续焊接，在道岔区基本轨产生较大的温度应力，从而使结构、受力和变形较为复杂的道岔区成为高速铁路稳定性的控制区。

高速铁路轨道分为有砟轨道和无砟轨道两种，由于后者可靠度及稳定性较好、寿命较长而得到较多的采用。

2. 钢轨

除了抗拉强度、延伸率和踏面强度等传统的力学指标之外，高速铁路还对钢轨的疲劳强度断裂韧性、裂纹扩展速度、残余应力、落锤性能等提出了较高的要求。

在钢轨焊接接头处，其平直度的标准比普通铁路更为严格。

为了减少超长无缝线路的巨大温度应力，通常采用钢轨伸缩接头，也称钢轨伸缩调节器。

3. 有砟轨道

高速铁路有砟轨道结构与普通铁路类似，但扣件、轨枕、道床等部件的设计参数有所不同。

高速铁路扣件的初始扣压力不小于 10kN，弹性件弹程不小于 10mm，这样我国普通铁路使用的 I 型弹条就不满足要求，从而要求使用 II 型弹条或 III 型弹条。

高速铁路轨枕应具有较大的纵向及横向阻力、使用寿命长、维修工作量少等性能，普通铁路的 I 型、II 型混凝土轨枕已不能满足要求，而要使用 III 型轨枕。

高速铁路道床由约 30cm 厚的碎石层及约 20cm 厚的砂砾层构成。碎石层也称为道砟层，砂砾层也称为底砟层（德国称为路基保护层）。

4. 无砟轨道

无砟轨道是没有碎石道砟的轨道结构的总称，现有板式轨道（包括轨枕板、轨道板、纵向轨枕、框架式轨枕等）、整体道床、支撑块式轨道结构等多种形式。

这些轨道结构没有道砟，维修工作量很少；但建设时施工速度慢，工程费用高，使用中轨下基础一旦变形整修十分困难。

5. 高速道岔

普通铁路一般采用 9 号道岔（号数是道岔辙叉角的余切值），快速铁路（120～160km/h）一般采用 12 号道岔，而高速铁路则要采用 20 号以上的道岔。德国有 42 号道岔，法国有 64 号道岔。

高速道岔除了提高号数（减小辙叉角角度）之外，还采用可动心轨辙叉来消除了有害空间。

四、站场

高速铁路主要用于旅客运输，沿途只设客运站。由于客流量大，单位时间内在车站集散的人流比普通铁路客运站大得多，因而要合理安排车站的集散通道布局及其规模，并与城市交通顺畅衔接。

高速铁路在线路两端需要设足够全天运行的列车停放的停车场。对于 500km 以上的长线，还要在途中合适的位置设大型养路机械维修基地，以保证在较短的天窗时段内能够全面地检查和维修线路。

第三节　城市轨道交通基础设施

城市轨道交通用于城市客运交通,具有行车密度高、站距短、客流量大等特点。城市轨道交通设施在线路总体特征、车站布置等方面与普通铁路有一些不同之处。

一、线路总体特征

1. 设计期限

线路一经建成运营,无论是在地下、地面,还是在地面以上,线路位置的改变都十分困难。隧道与高架线路的改建困难不必多说,地面线路因建成后周围建筑、道路等的建设,其改建会引起很大的拆迁工程,并破坏多年来逐渐形成的环境协调。因此,城市轨道交通的设计年限较长,近期为交付运营后第 10 年,远期应符合城市总体规划规定的年限且不少于交付运营后第 25 年。

2. 正线数目

为了实现高密度行车,轨道交通线路往往在初期一次建成双线。

3. 平面最小曲线半径

城市轨道交通中的平面最小曲线半径较小。小半径曲线具有限制车速、养护比较困难和钢轨侧面磨耗等缺点,但由于轨道交通运行速度较低,地形、地质、地物的限制条件较为苛刻,因而经常采用较小的平面曲线半径。我国地铁规范规定的线路最小曲线半径标准为 250 ~ 350m(与车型有关)。

4. 纵断面及最大坡度

正线允许的最大坡度值主要受行车安全(与制动设备性能有关)、旅客舒适度、运营速度三方面影响,一般不大于 30‰,在困难地段可不大于 35‰,辅助线的最大坡度不大于 40‰。随着各种城市轨道交通车辆的改进,允许的最大坡度值在增大。例如,新型的线性电机车允许的正线设计最大坡度可达 60‰。在纵断面设计时,线路坡度在满足排水及高程控制要求的前提下应尽可能平缓,一般在 20‰以下。地下隧道有充足的水源,区间线路一般设计成不小于 3‰的坡度以便于排水。正线上的竖曲线一般采用圆曲线,其半径一般取 5 000m,困难情况下取 3 000m。车站两端因行车速度较低,其线路的竖曲线半径可取 3 000m,困难情况下可取 2 000m。对辅助线和车场线,竖曲线半径可取 2 000m。

5. 横断面与限界

轨道交通线路有地下、地面及高架线路三种形式,其横断面与车辆限界与线路结构形式有关。

地下隧道的单线区间横断面的常用形式有圆形、矩形和马蹄形,其建筑限界应在车辆限界之外 100mm 以上。

车辆限界是车辆正常运行状态下形成的最大动态包络线,与车辆宽度、车辆外形有关。目前我国主要的车辆宽度有 3.0m、2.8m、2.6m 等类型。车辆限界的具体尺寸应根据所采用的车辆及设备的尺寸所决定的各种限界来设计。北京地铁 1 号线区间直线地段圆形隧道内的各类限界(车辆宽度 2.8m)如图 3-7 所示。

二、站场

城市轨道交通中的车站布置与普通铁路客运站类似,但需要适应其客流量大、集散速度快、无行李的特点。此外,每条线路均需考虑本线列车停放和维修的场所。下面简单介绍轨道交通站场的特点。

1. 中间站

中间站是轨道交通线路中最常见的一种车站,仅供乘客上、下车之用。

中间站按站台形式可分为岛式车站及侧式车站两种基本类型。站台位于上下行线路之间的车站称为岛式车站。站台位于线路两侧的车站称为侧站台式车站,简称侧式车站,见图3-8。

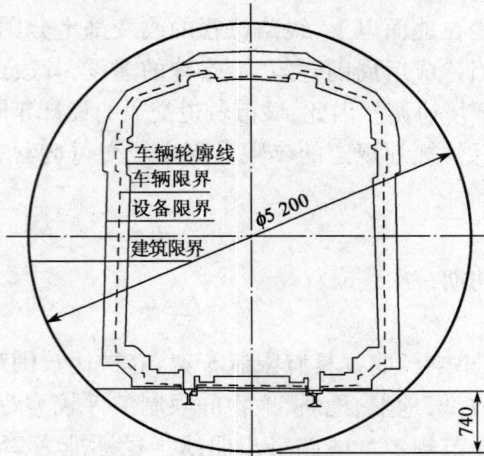

图3-7 区间直线地段圆形隧道限界图(尺寸单位:mm)

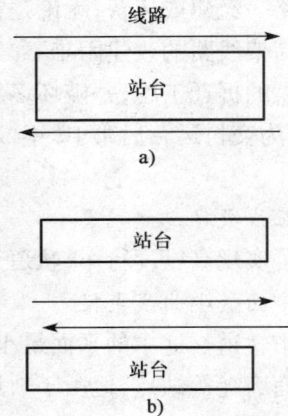

图3-8 不同站台形式的中间站布置图
a)岛式车站;b)侧式车站

岛式站台与侧式站台相比,具有站台面积及楼梯利用效率高、乘客集散方便等优点,因此,国内外现有的地下中间站大多数都采用这种形式。

2. 换乘站

换乘站位于两条或多条轨道交通线路车站交汇处,是提供乘客转线换乘的场所。它除了配备供乘客上下车的站台、楼梯或电梯之外,还要配备实现两线或多线车站站台之间的人流沟通的设施。

换乘站的形式与换乘方式关系密切。换乘方式分为同站台换乘、节点换乘、站厅换乘、通道换乘、站外换乘五种基本类型。

(1)同站台换乘。在这种换乘方式下,乘客只要走到车站站台的另一边,就可以换乘另一条线路的列车。这是乘客最理想换乘方案,但这种车站往往要花费较大的工程投资,由于这种换乘方式要求两条线具有足够长的重合段,近期需要把车站预留线及区间交叉预留处理好,工程量大,线路交叉复杂,施工难度大,因此,尽量选用在建设期相近或同步建设的两条线的换乘站上。

同站台换乘的基本布局是双岛式站台的结构形式,可以在同一平面上布置,也可以双层布置。

(2)节点换乘。在两线交叉处,将两线隧道重叠部分的结构做成整体的节点,并采用楼梯将两座车站站台连通,乘客通过该楼梯进行换乘,换乘高差一般为5~6m,因此,换乘也比较方

84

便。节点换乘方式依两线车站交叉位置,有"十"形、"T"形、"L"形三种布置形式。

(3)站厅换乘。设置两线或多线的共用站厅,或相互连通形成统一的换乘大厅。乘客下车后,无论是出站,还是换乘,都必须经过站厅,再根据导向标志出站或进入另一站台继续乘车。由于下车客流只朝一个方向流动,减少了站台上人流交织,乘客行进速度快,在站台上的滞留时间减少,可避免站台拥挤,同时又可减少楼梯等升降设备的总数量,增加站台有效使用面积,有利于控制站台宽度规模。

(4)通道换乘。在两线交叉处,车站结构完全分开,用通道和楼梯将两车站连接起来,供乘客换乘。连接通道一般设于两站站厅之间,也可以从站台上直接设置。

3. 车辆段和停车场

轨道交通车辆段分为检修车辆段(简称车辆段)和停放车辆段(简称停车场)。在车辆段配备了必要的停车线及检修设备,列车可以在这里进行试运转、段内编组、调车、停放、日常检查、一般故障处理和清扫洗刷,还可以进行车辆的技术检查、月修、定修、架修和临修等作业。停车场是一种简易的车辆段,它与车辆段的差别是:线路数目较少,检修设备也较少,因而不能进行定修、架修和月修等技术作业。

车辆段规划设计总体上主要分为三个部分:咽喉部分、线路部分及车库部分。

咽喉部分是车辆段的停车库、检修库与正线的连接地段,有出入段线和很多道岔,它直接影响整个轨道交通的正常运行。咽喉部分规划设计中既要注意保证行车安全、满足输送能力的需要,又要保证必要的平行作业,还要努力缩短咽喉区长度,尽量节省用地。

线路部分有各种不同用途的停车线、洗车线、牵出线、试运行线以及材料线等。

车库部分有停车库、定修库、架修库。停车库除了停放车辆外,还是日常检修保养的场所,所以设有检查坑。架修、定修库作定期修车用。各库之间应有便捷的联系。

停车场及车辆段的平面布置应力求作业顺畅、工序紧凑合理。东京某车辆段平面布置如图3-9所示。

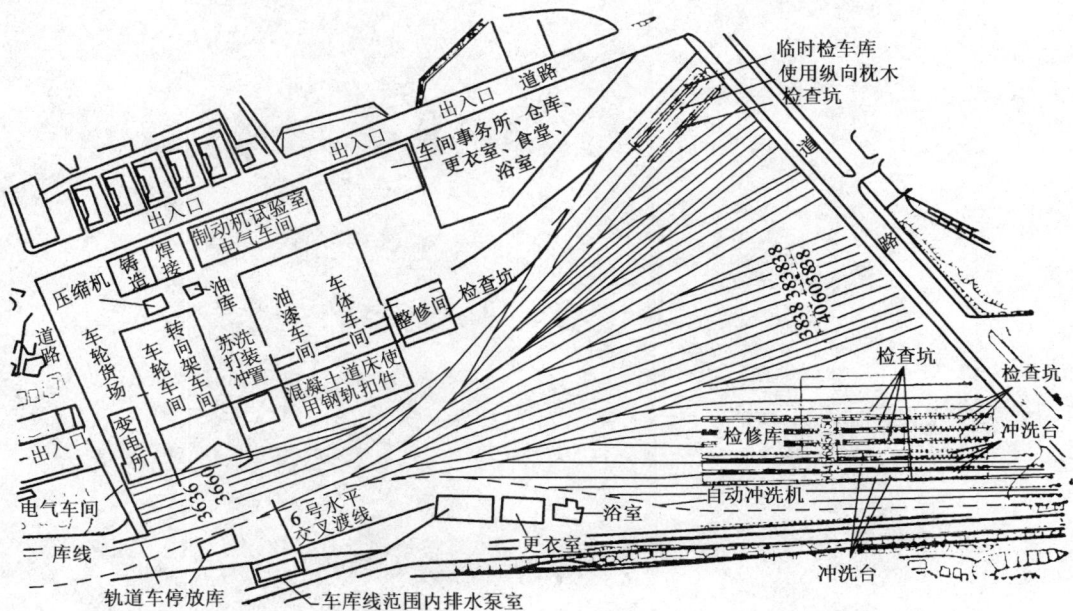

图3-9　东京某车辆段平面布置示意图

第四节 小 结

　　轨道交通是指在地面轨道上行驶的交通方式,包括普通铁路、高速铁路(或称高速客运专线)、城市轨道交通等类型。不管哪种类型的轨道交通,其基础设施均包括线路、站场和附属工程三部分。由于各类轨道交通的服务对象(货物、旅客)、服务水平(频率、速度、舒适度)、服务范围(出行距离)等不同,采用的运载工具有较大差别,因此对轨道交通设施的要求有很大不同,主要体现在主要技术标准、限界、站场布置及运营控制设备等方面。

复习思考题

1. 铁路设计近、远期各是多少年? 城市轨道交通设计近、远期各是多少年?
2. 铁路等级是如何划分的?
3. 影响铁路线路平面、纵断面、横断面的主要技术标准各有哪些?
4. 铁路线路在直线与圆曲线之间要配置什么曲线,为什么?
5. 普通铁路的轨道类型分哪几类?
6. 与普通铁路相比,高速铁路轨道结构的性能有哪些?
7. 试画出单开道岔和菱形交叉。
8. 轨道交通换乘站有哪几种基本类型?

第四章　航空运输基础设施

随着科学技术的发展,航空运输作为一种新型运输方式,因其具有快捷便利等优点,变得越来越重要,时时刻刻都在影响着我们的工作与生活。航空运输具有快速、机动的特点,是现代旅客运输、尤其是远程旅客运输的重要方式,为国际贸易中的贵重物品、鲜活货物和精密仪器运输所青睐。

作为航空运输网络中的交通枢纽,机场的作用不可忽视。本章主要介绍机场的功能与特点、管制空域与机场净空以及导航设施。

第一节　机场功能与组成

机场主要是供飞机起飞、着陆和地面活动使用,以及旅客邮货周转的划定区域,包括航站楼、铺面等各类基础设施。机场是航空运输系统中地面交通与空中交通相互转换的交接面,是航空运输网络的节点。机场的主要功能包括:

(1)确保飞机安全、及时地起飞和降落;

(2)确保旅客和货物舒适、方便地上下飞机;

(3)能够快捷地连接机场与中心城区。

我国民用机场按照航线性质分为国际机场和国内机场,按照航线的布局分为枢纽机场、干线机场和支线机场。

美国将机场划分为商业服务机场和非商业服务机场,其中商业服务机场是年旅客登机人数在 2 500 人以上的经营定期航班的机场,其他为非商业服务机场。美国的商业服务机场中年旅客登机人数在 10 000 人以上的称为主要机场,2 500～10 000 人的称为非主要机场。主要机场又可分为枢纽机场(包括大型枢纽、中型枢纽和小型枢纽)和非枢纽机场。美国的非商业服务机场分为疏缓机场、通用航空机场和非 NPIAS(国家综合机场系统计划)通用航空机场三类。

机场是一个复杂的交通枢纽,可分为两个主要组成部分,即空侧和陆侧(图 4-1)。空侧是服务于飞机的区域,主要包括供飞机起降的跑道、供飞机在跑道和航站楼之间滑行的滑行道、供旅客上下飞机和飞机停靠的停机坪和门位以及飞机进近航迹和离场航迹的空域(一般称为航站区空域)。陆侧是机场服务于旅客和邮货的区域,主要包括航站楼、货运区和用于进出机场的地面交通系统。

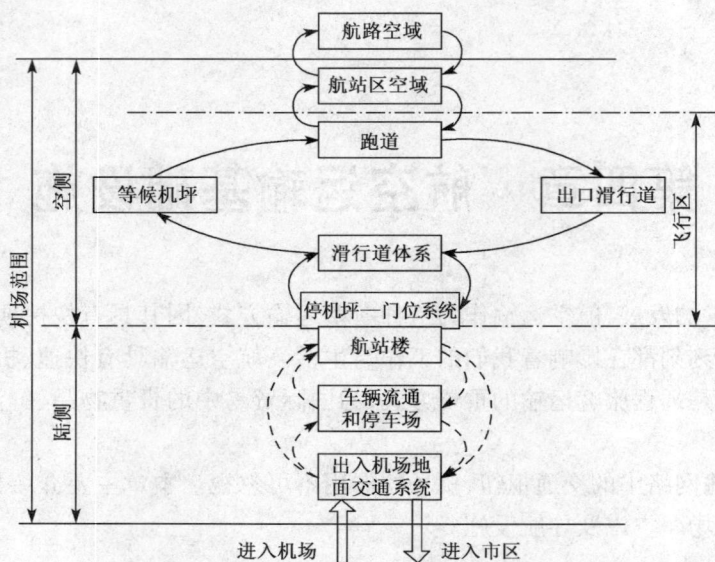

图 4-1 机场系统的组成

第二节 机场的主要特点

世界航空运输业近些年一直保持长期性增长,机场行业作为一个庞大的、具有创新性的产业,具有广阔的发展前景。机场发展至今,主要呈现出以下两个主要特点:机场规模庞大、发展迅速;机场对于社会发展与环境的影响日益显著。

一、规模庞大、发展迅速的机场产业

2000 年,全球范围内选择航空运输方式的旅客达到了 17 亿人次,航空运输业的年收入达到了 1 万亿美元,世界各大航空公司用于商业运输的飞机约 10 000 架,每年机场基础设施的投资达 100 亿美元。机场产业的总规模非常庞大,而且这一产业在今后很长的一段时间内仍将保持持续、快速的增长。图 4-2 是美国和世界其他主要民航大国航空运输年旅客周转量增长情况的统计。

可见,近 30 年来全球航空运输的旅客周转量一直处于比较稳定的高速增长状态。表 4-1是中国、美国、英国在过去 50 年期间年旅客周转量增长率的统计数据。可见,美国和欧洲等主要发达国家的年旅客周转量进入 21 世纪后虽然仍保持增长势态,但是已经逐渐进入低速稳定发展的阶段,而我国民航交通运输量目前处于高速增长状态,相当于发达国家 20 世纪六七十年代民航事业高速发展的黄金期。据估计,除美国外,其他主要发达国家航空交通运输量在未来很长一段时间内仍将保持 4% ~5% 的增长速度,意味着在未来 15 ~20 年的时间内,这些国家的航空交通运输量将增加一倍。我国如果按照 10% 的增长率估计,则在未来 8 ~9 年内航空交通运输量将翻一番。

在航空运输快速增长的需求下,世界各国对于以机场为主的民航基础设施投资规模是巨大的。据统计,2001 年世界各地共有 17 个机场新建(或扩建)项目,总投资金额超过了 10 亿美元;2010 年我国首都、上海、广州三大机场也已经完成或正在实施机场的新建或扩建工程项目。

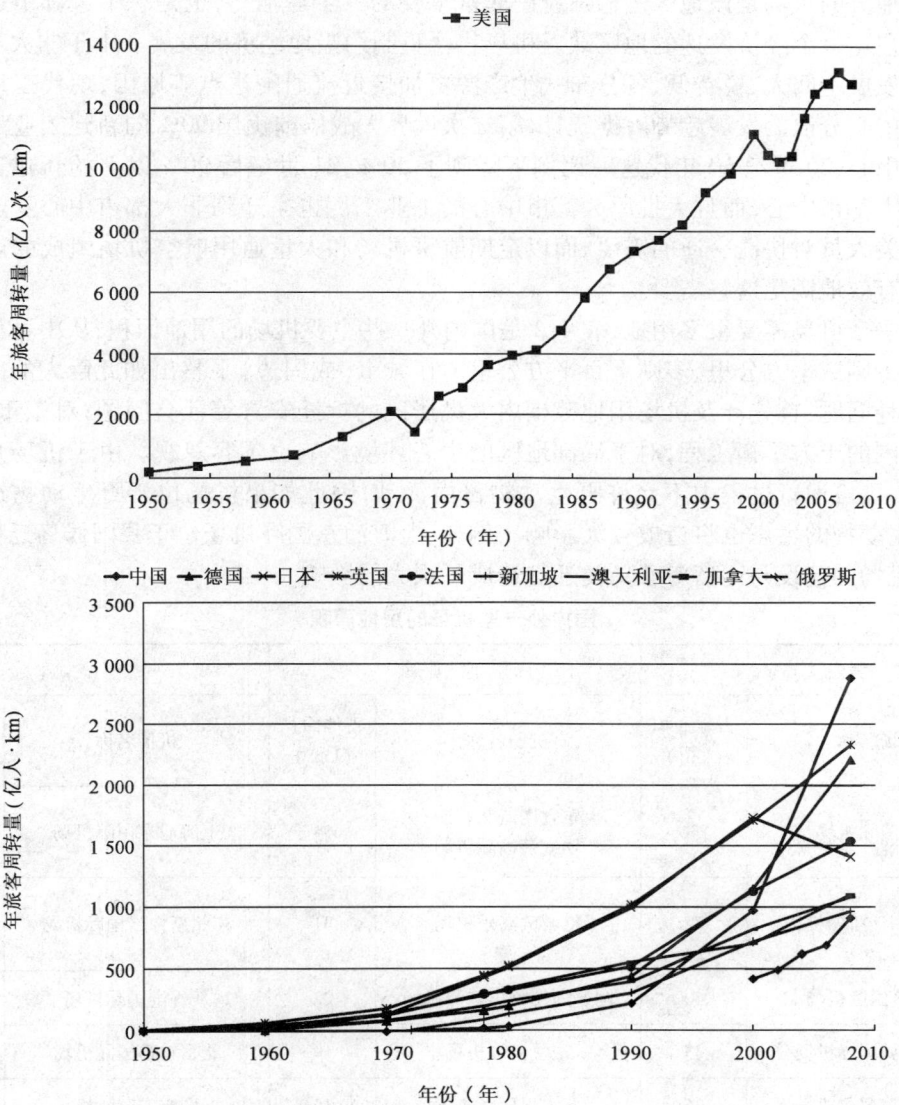

图 4-2　世界其他各主要民航大国年旅客周转量增长情况

年旅客周转量增长比例统计(按 10 年统计)　　　　　　　　表 4-1

国　　家	1950～1960 年	1960～1970 年	1970～1980 年	1980～1990 年	1990～2000 年	2000～2008 年
中国(%)	155.52	1.07	210.68	48.27	32.11	24.63
美国(%)	28.04	24.08	8.44	8.61	5.19	1.85
英国(%)	47.19	16.30	17.53	9.19	6.78	4.53

二、机场对社会与环境的巨大影响

　　交通运输对一个地区经济的发展至关重要。航空运输作为目前最快捷的运输方式,在"地球村"趋势日益显著的今天,与互联网一样深刻地影响着世界经济的发展。

89

一个地方的机场是该地区运输系统中非常重要的一个运输链,也是一个大都市运输系统的主要门户。一个经济发达的地区缺乏机场将严重制约当地经济的发展。由于非大都市中心地区地域发展空间大、税费低、各分布式生产源更加接近流通配送点等原因,现代工厂出现向非大都市中心分散的发展趋势。据统计,第二次世界大战以前美国90%的新建工业工厂选择在大都市中心,20世纪60年代这一比例下降到了50%;21世纪后90%以上的新建工业工厂选择在非大都市中心,而且大批原大都市中心的工业工厂也搬迁到非大都市中心。这一趋势增加了相关人员对快捷交通的需要,而以定期航班机场和大量通用航空机场组成的航空运输网络可以有效地满足这一需要。

建设一个机场需要很多用地,表4-2是国内外一些主要机场的用地面积,从中可见大型机场的用地少则数平方公里,多则上百平方公里。在城市(或周边)平整出如此巨大的一块用地会导致各种问题:首先涉及机场用地范围内大批居民的拆迁安置等社会问题;对于重丘地区,由于大范围的土方平衡工程,对于局部地区的生态环境影响也不容忽视。由于机场是一个封闭的区域,飞机运行过程中不允许野生动物自由活动,因此如果机场位于野生动物迁徙路线上,对野生动物的生态也将造成较大影响。例如,上海浦东国际机场位于我国候鸟迁徙的主要线路上,机场的建设与运营对于鸟类迁徙造成了很大的影响。

国内外一些机场的用地面积

表4-2

美 国		其 他 国 家		中 国	
机场名称	占地面积 (km^2)	机场名称	占地面积 (km^2)	机场名称	占地面积 (km^2)
丹佛国际机场	136	布宜诺斯艾利斯 埃塞萨国际机场	34	上海浦东国际机场	32
达拉斯—沃斯堡机场	72	巴黎戴高乐机场	31	广州新白云国际机场	14.4
奥兰多国际机场	40	阿姆斯特丹史基浦机场	22	新香港国际机场	12.48
堪萨斯城国际机场	33	法兰克福机场	19	北京首都国际机场	12.24
芝加哥奥黑尔机场	26	慕尼黑国际机场	15	深圳宝安国际机场	11
纽约肯尼迪机场	20	新加坡机场	13	成都双流国际机场	4.8

注:资料来源于ACI,1998;各机场网站。

机场运行过程中,将吸引大量飞机、地面车辆和人员聚集,会对周围环境带来各种问题。其中公众反应最为强烈的是飞机运行中发动机带来的噪声污染,这已成为对机场周边环境影响最为显著的因素之一。人们对噪声的反应受到诸多因素的影响,如声音强度、频率、音调的变化以及人自身年龄、教育水平等差异,对于噪声的反应均具有很大差异。目前,人们对噪声引起的短期、直接影响的(如干扰交谈、引起耳朵疼痛等)已有较确定的解释,但对长期噪声环境对人体的影响(如对人的身体和精神健康的影响)的了解仍然有限。噪声对于机场周边人员的影响见表4-3。一般认为,L_{db}大于65dB的地区受到噪声的影响最大。这一区域内的居民住宅、学校等基础设施需要采取专门的隔噪措施,或者需要迁建。

L_{dn}值[②](dB)	听力损失	高烦恼度人群比例(%)	公众反应	公众评价
75 或以上	可能开始发生	37	非常强烈	噪声是环境影响中最严重的问题
70	可能不会发生	22	强烈	噪声是环境影响中最严重的问题之一
65	不会发生	12	明显	噪声是环境问题之一
60	不会发生	7	轻微到一般	噪声对环境有影响
55	不会发生	3	轻微到一般	不是一个环境问题

注:①资料来自 20 世纪 90 年代的一项研究成果。

　　②L_{dn}是昼夜平均等效噪声级,是指一个昼夜(24h)各个单位时段内的平均分贝,单位时间通常取 1s。其中,夜间时段(22:00～07:00)的噪声在计算时需增加 10dB 的惩罚。该指标是美国 FAA 用于评价噪声等级的主要指标。

第三节　空侧主要设施

机场空侧最主要的基础设施是飞行区(Airfield Area)。飞行区是供飞机起飞、着陆、滑行、停放使用的场地,包括升降带、跑道端安全区、滑行道、停机坪以及机场净空。我国民用机场飞行区采用国际民航组织(ICAO)的分类标准(按照两个指标划分,指标 I 是基准场地长度,指标 II 是飞机的尺寸)。机场飞行区等级指标见表 4-4。

机场飞行区等级指标(ICAO)　　　　　　　　　　　表 4-4

指标 I		指标 II[①]		
数码	基准场地长度[②]L(m)	字母	翼展 W(m)	主起落架外轮外缘间距 S(m)
1	$L < 800$	A	$W < 15$	$S < 4.5$
2	$800 \leqslant L < 1\ 200$	B	$15 \leqslant W < 24$	$4.5 \leqslant S < 6$
3	$1\ 200 \leqslant L < 1\ 800$	C	$24 \leqslant W < 36$	$6 \leqslant S < 9$
4	$1\ 800 \leqslant L$	D	$36 \leqslant W < 52$	$9 \leqslant S < 14$
		E	$52 \leqslant W < 65$	$9 \leqslant S < 14$
		F	$65 \leqslant W < 80$	$14 \leqslant S < 16$

注:①确定指标 II 时,以翼展分类与主起落架外轮外缘间距分类两者中较大者为依据。

　　②基准场地长度是指按照海平面、无风、有效纵坡为零、表面干燥、飞机以最大起飞重和最大着陆重运行条件下确定的跑道长度。

一、跑道

跑道是供飞机起飞和着陆的平台,根据进近的方式分为目视跑道、非精密仪表跑道和精密仪表跑道。目视跑道仅供使用目视进近程序的飞机运行。非精密仪表跑道和精密仪表跑道均是供飞机采用仪表进近程序的跑道。非精密仪表跑道装备有能提供水平方向引导的助航设施;精密仪表跑道则可以提供三维方向的引导,一般装备仪表着陆系统(ILS)或微波着陆系统以及目视助航设备。

跑道由结构道面、道肩、防吹坪和跑道安全地带(升降带)组成(图 4-3),其中需要铺装的设施包括结构道面、道肩和防吹坪。结构道面用于支撑飞机的起降,分为水泥混凝土、沥青混凝土、复合道面三种结构形式;道肩与结构道面相邻,用于抵御发动机尾气吹蚀,并满足维修与救援设备停放的结构承载要求;防吹坪设置在跑道末端,用于抵御发动机尾气吹蚀。跑道安全带是一块经过清理、压实和平整的地区,它包括结构道面、道肩、防吹坪和停止道(如设置)。这个地带能够支承应急设备和维护设备,也能支承由于各种原因而转向滑出的飞机。

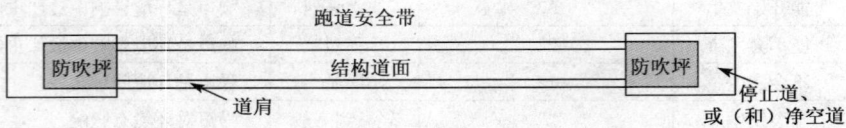

图4-3　跑道各组成部分

跑道的长度主要取决于飞机起飞与着陆的性能。一般情况下,2 000m 长的跑道可以满足短程航班(航程2 000km,多为 B 类及部分 C 类飞机)的要求;2 700m 长的跑道可以满足中程航班(航程4 500km,多为 D 类喷气飞机)的要求;3 500m 以上长度的跑道中可以满足目前所有飞机的起降要求;跑道长度超过4 000m,则意义不大(特殊情况,如高海拔机场除外)。世界各地机场跑道长度的分布比例如图4-4 所示。一些 4E 机场的跑道长度如表4-5 所示。

世界和我国主要大型机场的跑道长度(单位:m)　　　　表4-5

机 场 名 称	跑 道 长 度	机 场 名 称	跑 道 长 度
芝加哥奥黑尔国际机场	3 963、3 091、3 049	悉尼金斯福德·史密斯国际机场	3 962、2 529、2 438
伦敦希思罗机场	3 902、3 658、1 966	北京首都国际机场	3 800、3 200
法兰克福机场	4 000、4 000、4 000	上海浦东国际机场	4 000、3 800、3 400
东京成田国际机场	4 000	上海虹桥国际机场	3 400、3 300
墨西哥城国际机场	3 900、3 846	广州新白云国际机场	3 800、3 600

跑道宽度由飞机主起落架外轮外侧之间的距离、飞机起飞和着陆时对跑道中心线的横向偏离度以及必要的附加安全宽度三部分组成。跑道宽度中设置附加安全宽度是出于飞机横向偏移量过大以及避免喷气发动机吸入松散材料的考虑,一般取值为 15m。国际民航组织在其《国际民航公约》附件十四和我国的《民用机场飞行区技术标准》(MH 5001—2006)中规定了各不同飞行区等级的跑道最小宽度,见表4-6。世界各地机场跑道宽度的分布比例如图4-5 所示。

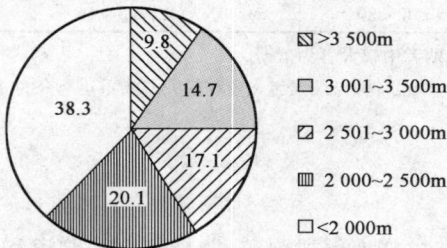

图4-4　世界各地机场跑道长度分布比例
（ICAO 统计结果）

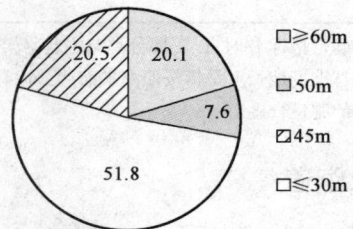

图4-5　世界各地机场跑道宽度分布比例
（ICAO 统计结果）

跑道宽度的技术标准(单位:m)　　　　表4-6

飞行区指标 I	飞行区指标 II					
	A	B	C	D	E	F
1	18	18	23	—	—	—
2	23	23	30	—	—	—
3	30	30	30	45	—	—
4	—	—	45	45	45	60

注:飞行区指标 I 为 1 和 2 的精密进近跑道的宽度应不小于 30m。

92

跑道须公布的基本参数包括跑道编号、跑道距离和道面强度等级(道面等级号 PCN)。

(1)跑道编号

跑道编号按照跑道中心线的磁方向以 10°为单位,四舍五入用两位数表示。如跑道磁方向为 267°的跑道号为 27,跑道号以大号字标识在跑道的两个进近端。因此,一条跑道的两个方向有两个编号,两者相差 180°。

(2)跑道距离

机场每个方向须公布可用起飞滑跑距离(TORA)、可用起飞距离(TODA)、可用加速—减速距离(ASDA)、可用着陆距离(LDA)4 个距离。跑道各部分公布距离的典型组合情况如图 4-6 所示。

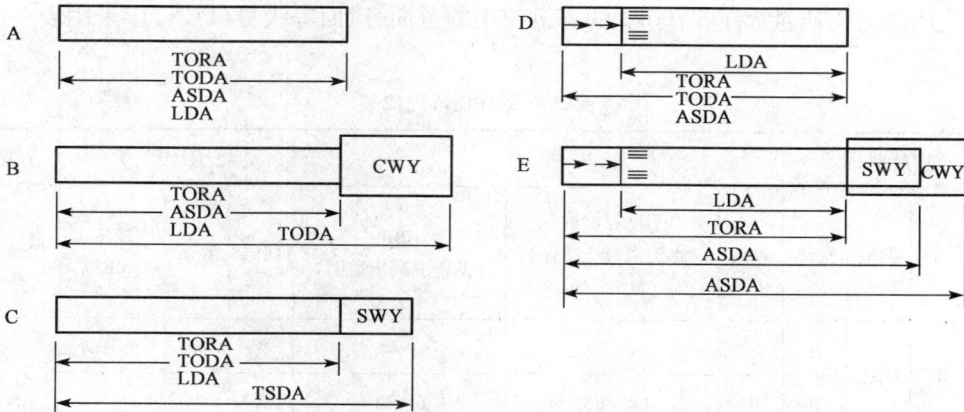

图 4-6 跑道各部分可用距离的典型组合情况(从左至右运行情况)
CWY-净空道;SWY-停止道

图 4-7 所示为某机场两条跑道各部分的实际距离,其应按照表 4-7 公布上述 4 项距离。

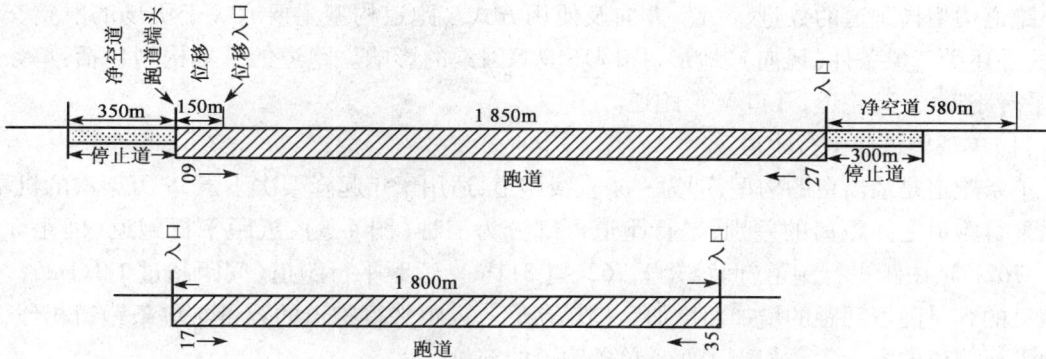

图 4-7 跑道可用距离公布示例

跑道公布距离示例(单位:m) 表 4-7

跑道编号	TORA	ASDA	TODA	LDA
09	2 000	2 300	2 580	1 850
27	2 000	2 350	2 350	2 000
17	NU	NU	NU	1 800
35	1 800	1 800	1 800	NU

注:NU 表示没有距离上的规定。

（3）跑道强度

道面的承载强度有多种报告方法，我国目前采用国际民航组织（ICAO）推荐的 ACN—PCN 评价方法。ACN（Aircraft Classification Number）是飞机等级号，表示飞机对具有一定强度地基上道面作用的一个数值。计算 ACN 时采用静止荷载，其数值规定为该飞机作用于道面的当量单轮荷载（以 t 计）的 2 倍。PCN（Pavement Classification Number）是道面等级号，表示道面承载强度的一个数值。这个数值是道面可以安全承受的当量单轮荷载（以 t 计）的 2 倍。这里所指的安全承受的含义是道面在运行次数不受限制的基础上所能承受的飞机荷载。如果飞机的 ACN 小于或等于道面的 PCN，则表示该飞机可以不受限制地使用该道面；如果飞机的 ACN 大于道面的 PCN，则表示道面承载强度不足以承受飞机荷载作用，这时要视超载多少予以限制或禁止使用。对于质量大于 5 700kg 的飞机使用的道面，道面等级号（PCN）应采用表 4-8 的格式。

道面等级号（PCN）代码表　　　　　　　　　　　　　　　　表 4-8

PCN	道面类型				地 基 强 度		轮 胎 压 力			评定方法	
	代码	类型	代码	等级	地基反应模量 k_0（水泥混凝土道面）（MN/m³）	CBR（沥青混凝土道面）	代码	等级	胎压（MPa）	代码	方法
数值	R	刚性	A	高	≥120	≥13	W	高	无限制	T	技术
			B	中	60～120	8～13	X	中	1.0～1.5		
	F	柔性	C	低	25～60	4～8	Y	低	0.5～1.0	U	经验
			D	极低	<25	<4	Z	极低	<0.5		

跑道构型指跑道的数量、位置、方向及使用方式。跑道构型主要取决于机场的航空交通量，此外还受气象条件（风向）、地形、周围环境等因素的影响。跑道的基本构型包括：单条跑道、平行跑道、交叉跑道、开口 V 形跑道。

（1）单条跑道与平行跑道

单条跑道是最简单的构型，即为一条直线跑道，适用于年起降架次小于 19 万架次的机场。根据平行跑道之间距离的差别，平行跑道可细分为三种（图 4-8）：近距平行跑道（间距介于 213～762m）、中距平行跑道（间距介于 762～1 311m）、远距平行跑道（间距超过 1 311m）。平行跑道的容量随着间距的增加而增加，一般情况下，近距平行跑道的容量与单条跑道相似，而远距平行跑道的容量大致相当于两条单条跑道的容量。

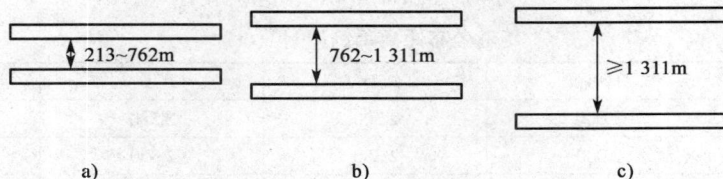

图 4-8　平行跑道
a）近距平行跑道；b）中距平行跑道；c）远距平行跑道

（2）交叉跑道和开口 V 形跑道

当单方向的跑道布置不能满足95%以上的机场使用率时,需设置另一个方向的跑道（图4-9）,供侧风强时使用。当风力低于标准时,则两条跑道可以同时使用。两条交叉跑道的容量在很大程度上取决于相交的位置和使用跑道的方式。当相交点离跑道的起飞端和着陆端越近,跑道的容量就越高。当两条不同方向的跑道不相交,则称为开口 V 形跑道。当飞机的起飞和着陆是从跑道相交点（V 形顶端）向外散开时,跑道容量相对较大。

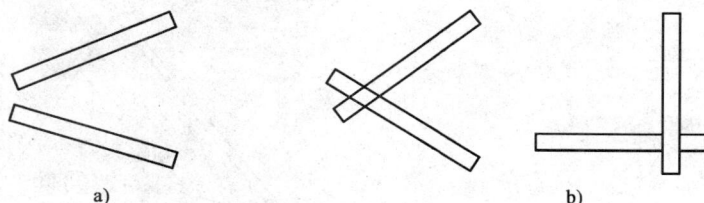

图4-9　开口 V 形跑道与交叉跑道
a）开口 V 形跑道；b）交叉跑道

为了减少飞机滑行距离,航站区多布置在距离跑道起飞端最短的位置,并使着陆飞机的滑行距离尽可能的短。图4-10为几种典型的布置示意图。

对于单条跑道,如果在每个方向的起飞和着陆架次大致相等,航站区应设在跑道中部的位置[图4-10a）],使得不论哪一端用于起飞或者着陆,其滑行距离大致相等。在设置了两条平行跑道的情况下,如果飞机起飞和着陆可在两个方向进行,航站区应设在两条跑道之间的部位[图4-10b）];如果一条跑道只用于着陆,而另一条只用于起飞,则平行跑道的端部宜错位布置,航站区应设在图4-10c）所示位置,使得飞起和着陆的滑行距离都减小。如果跑道要求多个方向起降时,宜把航站区设在 V 形或交叉跑道的中间[图4-10d）],而不宜将航站区设置在两条跑道的外侧,因为那样一方面将增加滑行的距离,另一方面飞机在滑行到另一条跑道时需要穿越正在使用的邻近跑道。某些机场,由于整年风向基本是一个方向（仅有少数时间例外）,为了增加机场的使用率,可以在平行跑道的基础上设置一条侧风跑道[图4-10e）]。采用4 条平行跑道时,为了增加跑道的容量,宜规定邻近航站区的两条跑道用于起飞,离开航站区较远的跑道用于着陆[图4-10f）]。

二、滑行道和等待区

滑行道把分散在机场各处的功能单元,如跑道、旅客航站楼、货物航站楼、飞机停放和服务（维修和供应）区等连成一体。滑行道的布置首先应该保证飞机之间的运行不受干扰,而且应使滑行路径最短。按照滑行道的作用和位置,可以分为入口滑行道、出口滑行道、平行滑行道、高速出口滑行道、联络滑行道、机坪滑行道等。等待区位于跑道端位置,是飞机起飞前等待发行指令的位置,一般等待区面积较大,可以容纳2～3架飞机,并可满足一架飞机绕过另一架飞机的间距要求。滑行道与等待区示意图如图4-11所示。

为了保证飞机运行安全,滑行道中心线与跑道、滑行道以及物体之间必须保持足够的间隔距离。这一距离随飞机翼展、飞机对滑行道中心线的最大允许偏离（主起落架外轮外侧到滑行道边缘的净距）和安全间距而变化。滑行道最小间距的标准见表4-9。

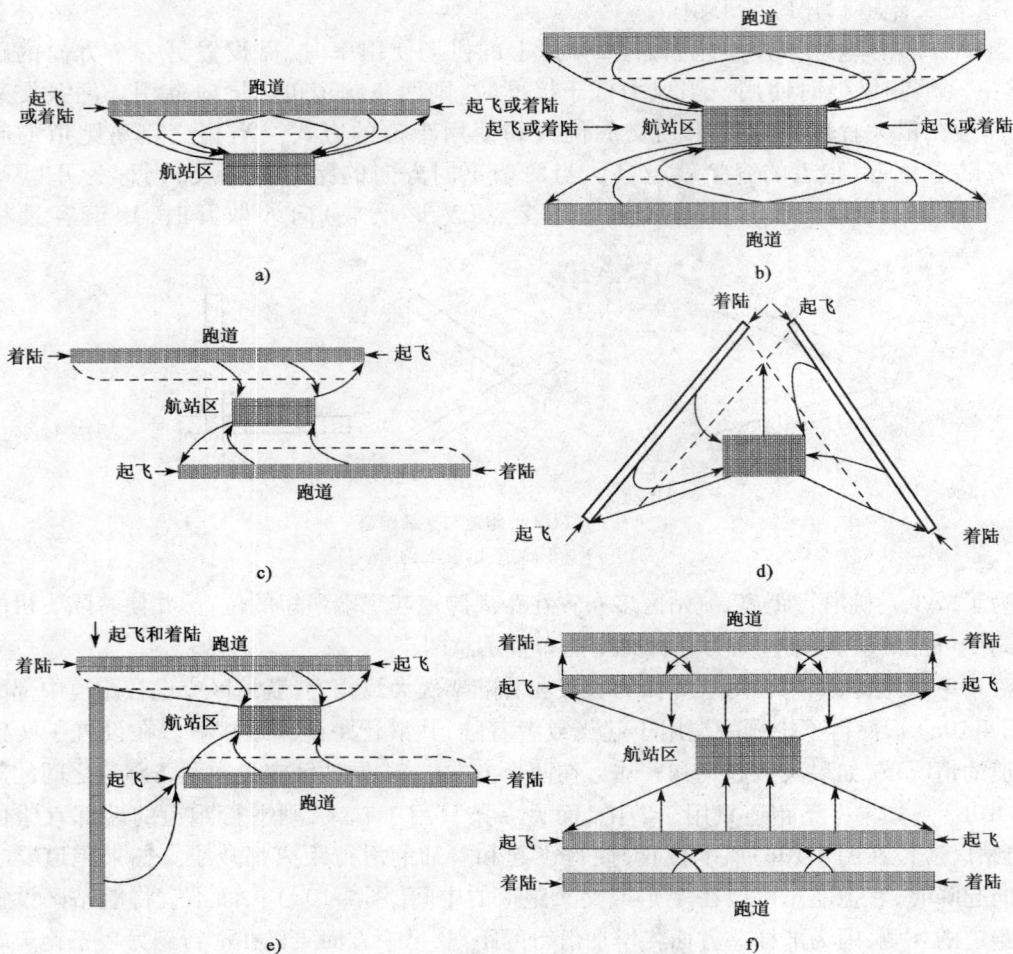

图 4-10　航站区和跑道关系布置示意图

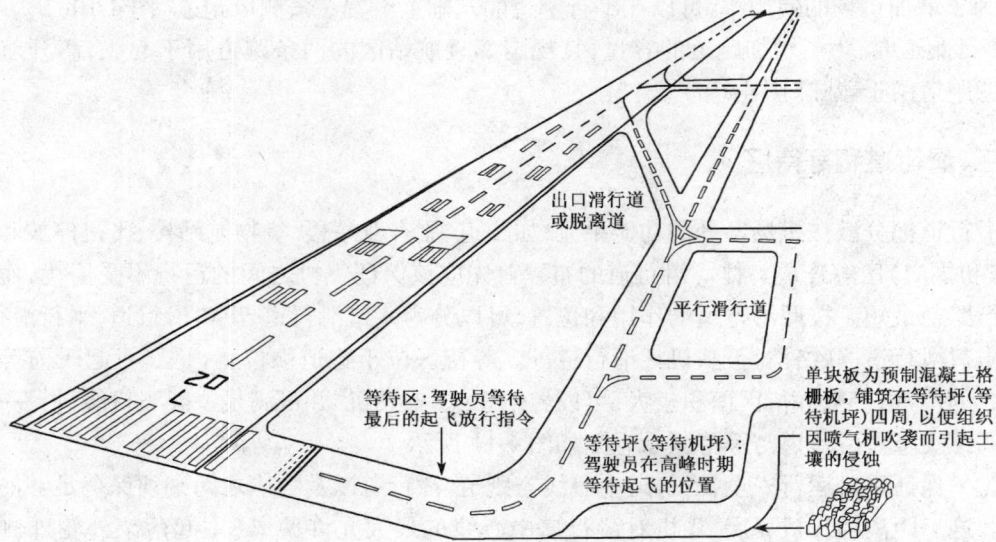

图 4-11　滑行道与等待区示意图

飞行区指标 II	滑行道中心线距跑道中心线距离								滑行道中心线距滑行道中心线距离	滑行道中心线(不含机位滑行通道)距物体距离	机位滑行道中心线距物体距离
	仪表跑道				非仪表跑道						
	飞行区指标 I				飞行区指标 I						
	1	2	3	4	1	2	3	4			
A	82.5	82.5	—	—	37.5	47.5	—	—	23.75	16.25	12
B	87	87	—	—	42	52	—	—	33.5	21.5	16.5
C	—	—	168	—	—	—	93	—	44	26	24.5
D	—	—	176	176	—	—	101	101	66.5	40.5	36
E	—	—	—	182.5	—	—	—	107.5	80	47.5	42.5
F	—	—	—	190	—	—	—	115	97.5	57.5	50.5

　　直线段滑行道的道面宽度依据主起落架外轮外侧的间距和外轮外侧到滑行道边缘的净距(最大允许的横向偏离)确定。为防止松散材料被吸入喷气发动机和防止滑行道两侧地面被吹蚀,滑行道两侧应设置对称的道肩。为了减少飞机偶然滑出滑行道时受到的损坏,除机位滑行道外,滑行道必须设置滑行带。滑行带要求平整,不得有影响飞机滑行的障碍物。滑行道的总宽度为主起落架外轮外侧的间距、最大允许横向偏差(净距)、道肩宽度、滑行带宽度的总和。根据飞行区等级的不同,上述各项参数采用不同的标准。例如,飞行区指标 II 为 E 和 F 的滑行道直线段的道面最小宽度分别为23m 和25m,如果包括道肩宽度,则分别为44m 和60m。

　　滑行道转向时平曲线的半径应与飞机的滑行速度相适应,不同滑行速度下的转弯半径见表4-10。由于飞机鼻轮与主起落架之间的距离较长,转弯时主起落架的转弯半径小于鼻轮,为保证转弯时飞机主起落架的外侧主轮与滑行道道面边缘之间的距离间隔要求,需要对连接或交叉处的滑行道道面予以加宽。加宽部分称为增补面(图4-12)。如果在滑行道中设置滑行道桥,滑行道桥应设置在直线段上,而且桥两端的直线段长度不得少于100m,滑行道桥可不设置道肩,宽度不小于滑行道道面宽度。

飞机滑行速度与曲线半径　　　　表4-10

滑行速度(km/h)	16	32	48	64	80	96
曲线半径(m)	15	60	135	240	375	540

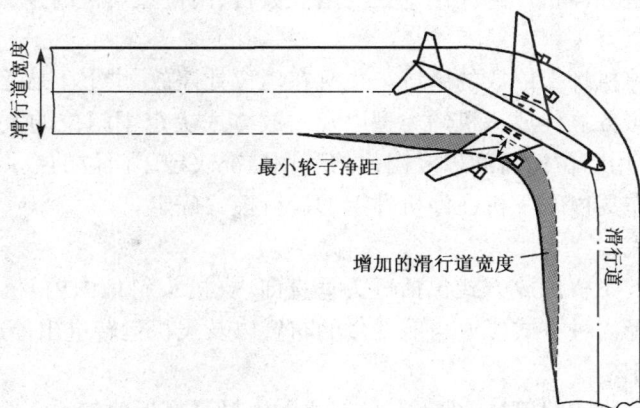

图4-12　滑行道弯道位置的增补面

由于滑行道上飞机滑行的重力大于跑道运行重力,所以滑行道的道面承载能力不得低于跑道。对于交通繁忙的机场(一般高峰小时起降架次大于 25 架次),连接跑道的滑行道常设置快速出口滑行道,即同跑道以锐角相交的滑行道,快速出口滑行道与跑道的交角介于 25°~45°,一般为 30°。由于快速出口滑行道的出弯半径大,飞机在较高的滑跑速度时即可脱离跑道,从而减少飞机占用跑道的时间,增加跑道的容量。

快速出口滑行道的典型设计如图 4-13 所示。快速出口滑行道应在弯道内侧设置增补面。转出弯道后有一直线段,其长度应使飞机滑行到与其相交的滑行道之前就能完全停住。快速出口滑行道的设计标准见表 4-11。

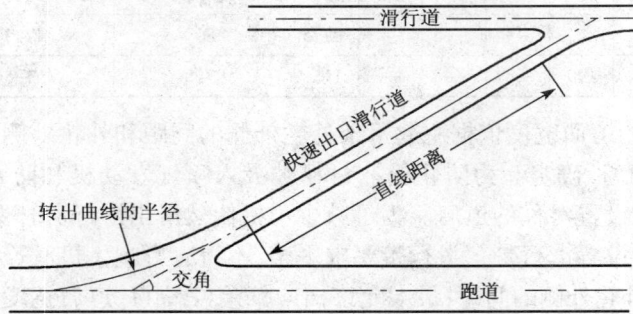

图 4-13　快速出口滑行道的典型设计

快速出口滑行道设计标准　　　　　　　　　　　　　　表 4-11

飞行区等级指标 I	1、2	3、4
出口设计速度(km/h)	65	90
最小曲线半径(m)	275	550
滑行道中线标志起点距曲线起点(m)	30	60
直线段最小长度(m)	35	75

三、停机坪及其他空侧设施

航站楼空侧一边是停机坪,用于停放飞机。停机坪包括停放飞机的门位和连接门位与滑行道的机位滑行通道。停机坪的大小主要与门位数目、门位上飞机的停放方式、门位尺寸和航站楼平面布局等因素有关。

门位是飞机在停机坪上停放的区域。飞机在门位处停放,供上下旅客、装卸货物以及为飞机的飞行进行地面服务。停放飞机的类型以及停放方式决定了门位的大小;而机场需要停放飞机的数量、飞机占用门位的时间以及门位的利用情况决定了门位的数量;门位的位置安排则根据航站楼的平面布局以及飞机在停机坪上的运行模式确定。

1. 飞机停放方式

民用机场常用的飞机停放方式包括机头垂直向内、机头斜角向内、机头斜角向外、机身平行航站楼 4 种。选择何种方式停放与航站楼的布置以及飞机运转进出停放的方法有关。

(1)机头垂直向内

飞机垂直于建筑物边线停放,机头在允许范围内尽量靠近建筑物(图 4-14)。飞机以其自身的动力进入门位。离开门位时由牵引车牵引出一定距离,再通过自身动力滑行。这种停放方式所需门位面积最小,对建筑物没有喷气吹袭,由于不需要转弯,噪声也较低。

（2）机头斜角向内

与机头垂直向内的停放方式相似,但是机身与航站楼呈一定的斜角,使得飞机可以依靠自身的动力滑进滑出门位(图4-15)。该方式占用门位的面积较大,同时噪声较高。

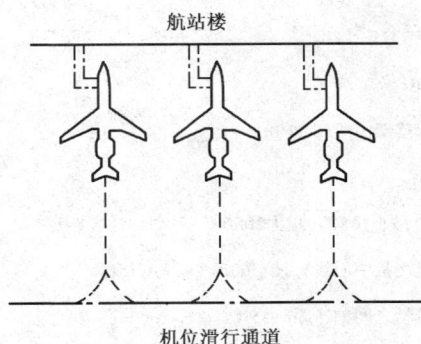

图4-14　机头垂直向内

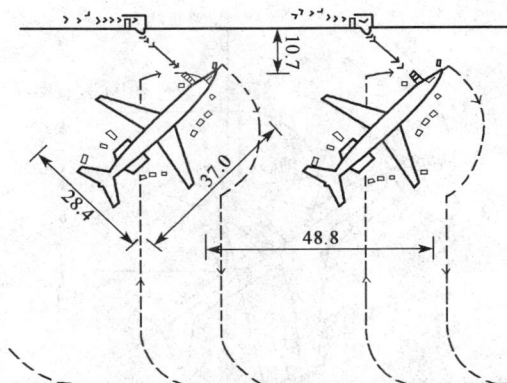

图4-15　机头斜角向内(尺寸单位:m)

（3）机头斜角向外

飞机以机头背向航站楼呈一定斜角停放。飞机可以依靠自身动力离开门位,所需门位面积较机头斜角向内小;但是在飞机起步时,存在尾气吹袭航站楼的问题。

（4）机身平行航站楼

飞机与航站楼边线平行停放(图4-16),飞机以自身的动力滑进滑出,噪声和喷气吹袭最小。从飞机运转的立场来看,这种方式最为方便,而且飞机的前后门可同时上下旅客。但是由于飞机展翼尺寸很大,这种停放方式占用门位的面积最大,特别是所占用的航站楼边最长,登机桥长度较长。

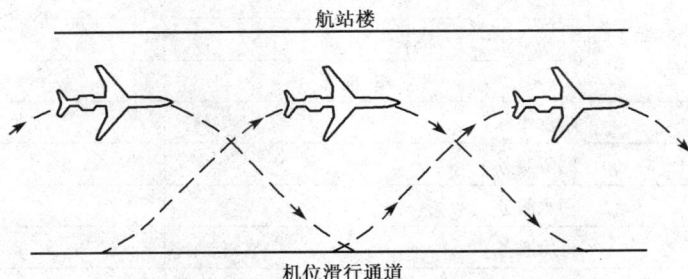

图4-16　飞机与航站楼边线平行停放

4种停放方式各有其优、缺点,实际使用中多取决于航空公司对各种系统的不同偏好。总体上,机头向内的两种停放方式由于门位面积小、低噪、无尾气吹袭等特点,使用更多一些。

2.门位大小

门位大小除与飞机停放方式有关外,与使用该门位飞机的外形尺寸以及飞机运转尺寸密切相关。影响门位大小的飞机尺寸主要包括飞机的翼展、机身长度、前轮转动角、前后轮距等参数,运转尺寸主要包括转弯半径。波音747—200使用的门位设计需用的飞机尺寸与转弯要求见图4-17。

3.门位占用时间与数量

飞机占用门位是为了办理旅客和行李的进程手续以及为飞机服务和准备飞行。门位占用时间取决于飞机的大小和飞行的类别(经停飞机或回程飞机),大飞机一般比小飞机占用门位的时间要多,回程飞机的门位占用时间一般是经停飞机的 2 倍。飞机在门位处服务活动的典型时间占用情况见表 4-12。门位处飞机的典型地面服务布局如图 4-18 所示。

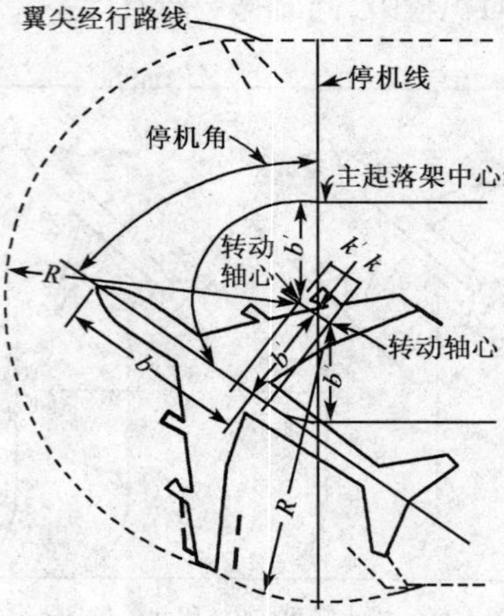

图 4-17 波音 747—200 使用的门位设计需用的飞机尺寸与转弯要求

机身长度 $L=232$ft;

翼展 $S=196$ft;

机头至主起落架中线 $b'=110$ft;

前滚 $k=10$ft;

转弯半径 R:最小 168ft,最大 205ft;

转动轴心至飞机中心线 b:最小 60ft,最大 100ft;

飞机与建筑物之间的净距 $c=35$ft

门位处飞机服务活动典型占用时间(单位:min)   表 4-12

服 务 项 目		工 作 时 间
发动机关闭		1.0
旅客登机桥就位		0.5
旅客下机		4.4
检查飞行日志		1.5
卸下货物	散装件	13.0
	集装箱,中部	4.4
	集装箱,前部	3.4
膳食服务		7.9
厕所服务		8.5
用水服务		12.7
机舱服务		16.0
飞机加油		23.0
凉水喷射服务		14.7
装上货物	集装箱,前部	3.1
	集装箱,中部	3.8
	散装件	13.0
检查飞行日志		1.5
旅客登机		5.6
监视发动机起动		3.0
移开旅客登机桥		0.5
准予放行		1.0

100

停机坪门位的数量取决于高峰小时需停放飞机的数量,由高峰小时飞机运行次数、飞机占用门位时间以及门位利用效率(一般为0.5~0.8)三个因素确定。大部分机场的门位数量为每百万年旅客量3~5个。对于不同类型的航班(国际和国内航班)和所停放飞机的类型,准确的门位数量需要具体的计算。

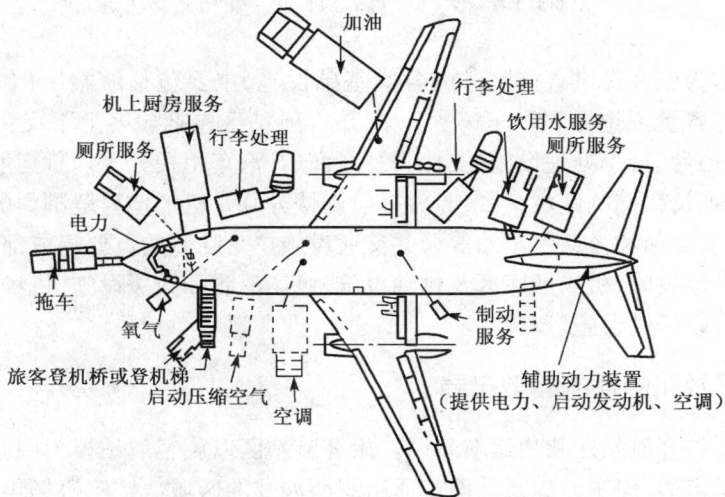

图4-18 门位处飞机的典型地面服务布局

4.其他空侧设施

停机坪上的其他空侧设施主要包括门位处飞机接受各项地面服务所需要的各类服务设施,如飞机加油设施、电力服务设施以及飞机的接地装置等。

(1)飞机加油设施

飞机在机坪上加油可以采用加油车、加油井和加油栓系统。加油车具备一定的灵活性,可以在机坪上的任何地方加油,可以按需要增减加油车的台数。但是,由于大型喷气运输机需要上百吨的燃油,往往需要多台加油车供油,而加油车在机坪上运行会对飞机的运行造成干扰,而且还存在潜在的火灾隐患,同时加油车的供油效率相对较低。因此,其一般仅作为一种辅助加油设施。另一种加油方法是从位于飞机起降区附近的中心储油区到位于机坪上门位处之间敷设管线,在门位处设置加油井系统。每个加油井包含有油量表、空气分离器、软管、卷盘和滤油器,利用设置在储油罐中的油泵将燃油输送至加油井。加油井必须设置在相当接近飞机机翼加油口的地方,当飞机在门位就位后,打开加油井盖,将软管拉出接上即可加油。加油井的优点是不需要在机坪上使用加油车;缺点是不够灵活,而且加油井体积庞大,金属油井盖笨重。加油栓系统在装置上比较简单,其各个组成部分同加油井一样,只是采用安装在道面内的坑中(与道面齐平)的一个专用阀来代替油井。软管卷盘、油量表、滤油器和空气分离器都装在一辆活动的自行式或牵引式的加油小车上。软管的一端有一个专门设计的阀与安装在道面里的阀相连接,软管的另一端接到油量表、滤油器和空气分离器上,再通过一条软管引到飞机上的进油口处。加油栓系统综合了加油车与加油井两者的优点,是大型机场最主要的飞机加油设施。

(2)电力服务设施

飞机启动发动机需要外部的电力,而且在飞机发动机发动之前,飞机的各项地面服务也需要电力供应。因此,在门位处的机坪下往往埋设电缆管道,为飞机的地面服务提供电力。

（3）飞机的接地装置

由于停放飞机和加油设备需要进行静电放电，所以在门位处要安装接地装置，接地装置的位置由油栓阀的位置确定。

第四节　陆侧主要设施

陆侧设施指为旅客提供直接服务的各类基础设施，主要包括航站区（包括旅客航站区和货运航站区）、车辆流通道路和停车场。其中，旅客航站区包括旅客上下飞机的区域和等候飞机的区域、办票柜台、行李处理设施、安检、餐厅、商店、汽车租赁处等。货运航站区指航空货物和邮件装卸、处理及存储的区域，一般与旅客航站楼分开。机场地界范围内的机动车环状车道和停车设施、轨道交通和公共汽车站等公共交通设施也是陆侧的重要组成部分。此外，陆侧设施还包括机务维修设施、机场油库区及供油设施、机场消防和救援设施、机场安全保卫设施、生产辅助设施和行政后勤设施等。

一、航站区及航站楼的典型布局

航站区包括旅客航站区和货运航站区。旅客航站区以旅客航站楼为中心，包括站坪、旅客航站楼建筑和车道边、停车设施及地面交通组织所涉及的区域。按照机场年旅客吞吐量，旅客航站区分成 6 个等级（表 4-13）。货运航站区以货运航站楼为中心，包括货机坪、货运库及办公建筑、空运货邮集散地以及地面交通组织所涉及的区域。

旅客航站区指标   表 4-13

代　　码	年旅客吞吐量（万人次）	代　　码	年旅客吞吐量（万人次）
1	<10	4	200 ~ <1 000
2	10 ~ <50	5	1 000 ~ <2 000
3	50 ~ <200	6	≥2 000

旅客航站楼的一侧供旅客和行李离开或进入地面交通系统，另一侧供旅客和行李离开或进入飞机；航站楼的平面布局与旅客量、飞机运行次数、交通类型（国际和国内）、使用该机场的航空公司数量、场地的物理特性、出入机场的地面交通模式等因素有关。航站楼布局模式可分为集中式、分散式以及复合式。集中式航站楼中旅客办票、安检、行李处理等设施针对所有门位，设施利用率充分，但是旅客步行平均距离较远，而且设施调整的灵活性相对较差；分散式航站楼中以单元为单位设置旅客办票、安检、行李处理设施（视情况），每个单元仅针对指定的若干门位，步行距离近，设施调整灵活，但设施利用率相对较低；复合式航站楼则是集中式与分散式的综合体。

1. 航站楼的平面布局

航站楼典型的平面布局包括前列式、指廊式、卫星式和转运式 4 种，大型机场多采用这 4 种形式的组合。平面布局方式选择时，一般以不少于 2/3 的门位可以布置在近机位为原则。

（1）前列式平面布局

前列式布局如图 4-19 所示。飞机停放在航站楼空侧边缘处，一般情况下共用办票与行李处理系统，候机室多沿航站楼空侧按顺序布置。门位较少时，多属于集中式布局模式，由于形式简单，能够很好地满足使用需要。但是门位较多时，如果办票与行李处理系统集中设置，则旅客步行距离过长；如果办票与行李处理系统分散式设置，则降低了这些设施的利用效率，而且需要设置大量的方向引导指示系统。

（2）指廊式平面布局

从航站楼的空侧边向外伸出指形廊道，廊道两侧各有一排门位供旅客上下飞机，指廊式布局非常灵活，可细分为5种形式，如图4-20所示。旅客办理上、下飞机的手续都集中在航站楼主楼内，廊道提供候机室和连接各室的走廊，廊道的根部同主楼相接。这种布局是目前机场使用较多的一种，其主要优点是可以更加充分地利用停机坪面积设置更多的门位，而且可以通过分期扩建指廊的方式灵活、有效地增加机场的门位数量；主要缺点是该布局将导致旅客从办票大厅到门位之间的步行距离较长，所以在走廊上一般需铺设活动人行道（机械传送装置），以减少旅客的步行距离，另外，机位滑行线运行管理也更加复杂。

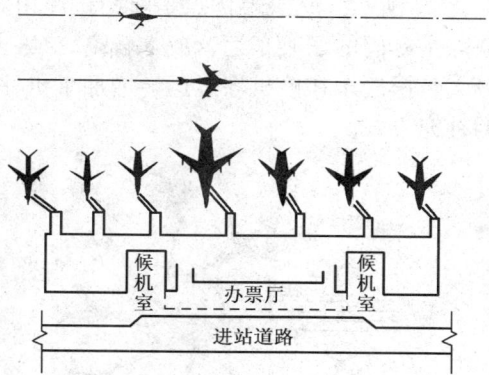

图4-19　航站楼前列式平面布局

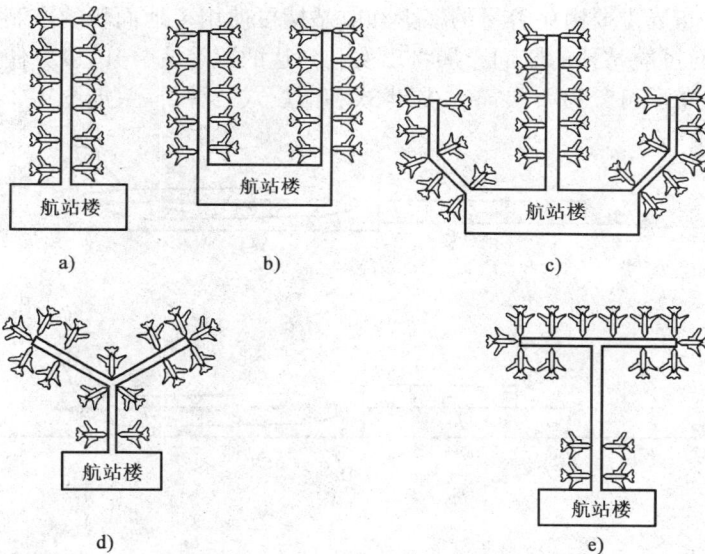

图4-20　航站楼指廊式平面布局
a)单廊道；b)双廊道；c)多廊道；d)Y形廊道；e)T形廊道

（3）卫星式平面布局

卫星式布局由主航站楼与若干卫星厅组成，主航站楼与卫星厅之间通常用地面、地下或者架空通道连接，如图4-21所示。与指廊式布局的主要区别在于卫星式布局中门位不设置在主航站楼与卫星厅连接的通道两侧，而仅围绕卫星厅。该布局方式的主要优点是可以灵活地利用停机坪场地。例如，可以集中设置旅客办票大厅，出发大厅既可以集中设置，也可以分散设置，卫星厅周边门位上的飞机运行调度比较方便（通道设置在地下时，优势更加明显）。其主要缺点是主航站楼与卫星厅之间的距离较远，一般需要设置由小型轨道车辆或自动步行通道构成的"捷运系统"。

（4）转运式平面布局

门位设置在远离航站楼的停机坪上,通过专门的摆渡车作为旅客上下飞机的载运工具,如图 4-22 所示。其主要优点是航站楼使用效率高,门位、机型调整灵活,旅客步行距离短;主要缺点是专门的摆渡车运营成本较高,旅客上下飞机的时间较长且容易在转运环节造成延误,而且大量摆渡车在停机坪上运转增加了机坪调度管理的复杂性,因此这种布局多作为其他布局的补充方式。

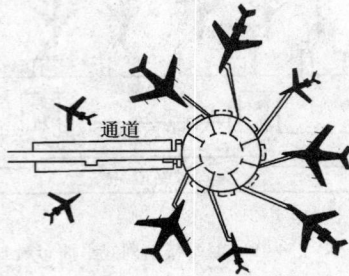

图 4-21　航站楼卫星式平面布局

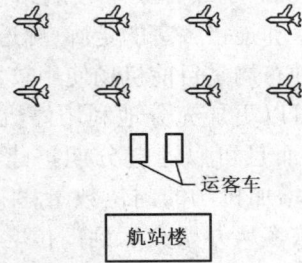

图 4-22　航站楼转运式平面布局

2.航站楼的竖向布局

航站楼的竖向布局主要由旅客量的多少和航站楼可使用土地面积的限制等因素确定。旅客周转量大时,可通过航站楼的竖向布局将出发和到达的旅客流分开,以方便旅客和提高运行效率。航站楼竖向布局可分为一层式、一层半式和两层式三种类型,如图 4-23 所示。

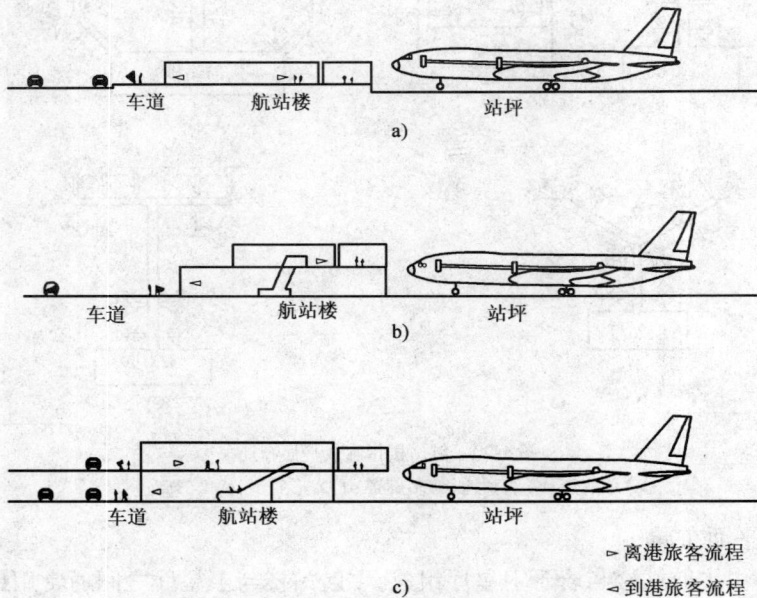

图 4-23　航站楼竖向布局

a)一层式;b)一层半式;c)两层式

（1）一层式竖向布局

一层式布局适用于客运量较小的情况。所有旅客和行李的流动都在机坪层进行,到达和出发的旅客在平面上进行分隔。旅客一般使用舷梯上下飞机。旅客服务设施和经营管理办公室可放在二层楼上。

（2）一层半式竖向布局

一层半式布局适用于客运量中等的情况。旅客由机坪层出入航站楼,而上下飞机则在二层楼进行,到达和出发的旅客在平面上进行分隔。旅客一般利用登机桥出入飞机,航空公司的行李处理和航务活动都在机坪层进行。

（3）两层式竖向布局

两层式布局适用于客运量较大的情况。出发和到达旅客在竖向上分隔开,一般二层供出发旅客使用,到达旅客、行李领取、航空公司的行李处理以及航务活动在机坪层进行。航站楼前的地面车道和路边也分设两层,上层供出发旅客使用,下层供到达旅客使用。

二、旅客航站楼的基本作业流程与主要设施

1. 基本作业流程

旅客和行李是旅客航站楼的主要服务对象。国内和国际旅客和行李的流程分为 4 类:始发、终程、中转和过境。基本作业流程如图 4-24 所示。

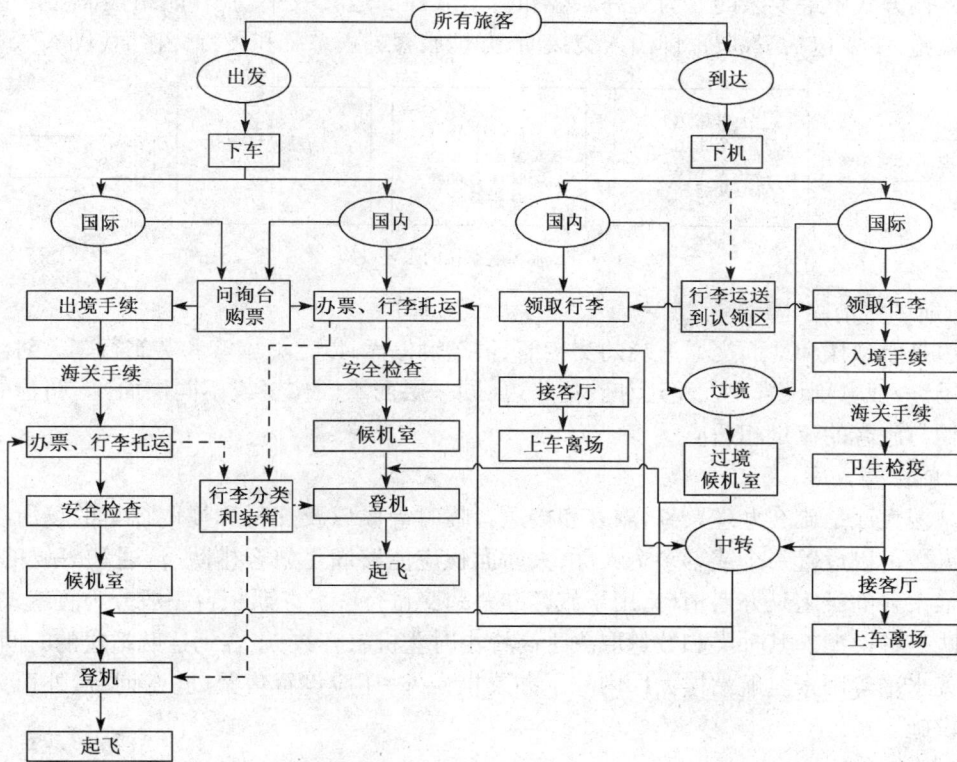

图 4-24　旅客航站楼旅客和行李的基本作业流程

（1）始发

出发或登机的旅客和行李,由地面交通到达航站楼,办理票务和交运行李,国际旅客办理出境和海关手续,安全检查,候机楼候机,登机;行李则送到出港行李房,分拣后送到飞机上。

（2）终程

到达的旅客和行李,由下机到达航站楼,领取交运行李,国际旅客办理入境和海关手续,离开航站楼并由地面交通进入市区。

（3）中转

由一个航班（到达）转向另一个航班（出发）的旅客和行李。如为国内旅客，下机后办理票务和通过安全检查，进入候机楼和登机，其行李通常由航空公司办理转运手续；如为国际旅客，在下机后先领取行李，办理入境和海关手续后，再办理票务和交运行李，通过安全检查等手续，进入候机楼和登机。

（4）过境

在同一飞机上继续其旅程的旅客，在下机后到与其他旅客隔离的过境候机室休息，然后再登机。

2. 主要设施

旅客航站楼在流程设置时，旅客与行李需分开考虑，安全检查环节耗时较多，同时由于航空运输的客流性质以及使用航站楼的目的区别较大，导致国内出发、国际出发、国内到达、国内出发、国内中转、国际中转、国内过境、国际过境等不同性质的客流在流程上存在较大差别，并且一般需要分开、独立设置。因此，与其他交通运输方式相比，航站楼的旅客和行李流程是各种交通运输方式中最复杂的。为提高旅客和行李流程的运转效率，旅客航站楼需要配置大量的专门设施，主要包括三部分，即出入交接面、办理旅客进程系统和飞行交接面（图4-25）。

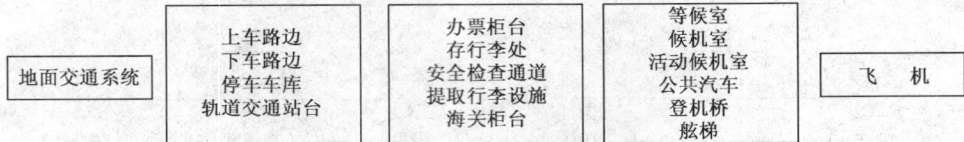

| 地面交通系统 | 上车路边
下车路边
停车车库
轨道交通站台 | 办票柜台
存行李处
安全检查通道
提取行李设施
海关柜台 | 等候室
候机室
活动候机室
公共汽车
登机桥
舷梯 | 飞 机 |

图 4-25　旅客航站楼的主要设施

（1）航站楼前路边

路边是航站楼和地面交通系统的交接面，供车辆停靠，以上下旅客和装卸行李。对于旅客多的机场，一般分别设置出发路边和到达路边（同一层面不同位置或不同层面）。路边的长度应与车辆与旅客的流量相适应。

（2）航站楼大厅

航站楼大厅是旅客办理票务、旅客和接送者临时等候以及交付和提取行李的场所。机场视旅客人数可以设置一个或者多个大厅，大厅面积应能够满足旅客排队、流通和等候的需要。大厅内最主要的设施是办票柜台，用于旅客办票和交付行李。办票柜台一般分为直线式、穿越式和岛式三种类型。其种类和数量取决于高峰小时登机旅客数、旅客到达航站楼的时间分布、柜台服务水平等因素。航站楼大厅内除了办票柜台外，还应设置售票处、咨询台、外币兑换处等服务设施。

（3）安全检查点

出发旅客在登机前必须通过安全检查点的检查。安全检查点设置在办票区和出发候机楼之间，可以分散设点（每个登机门位设点）或者集中设点。安检措施包括身份证件验证、旅客通过磁强计的安全门和手提行李通过 X 光仪。

（4）政府管制

政府管制包括海关、边防和检疫等内容，是国际航班旅客必须通过的关卡。各国的管制要求和办理次序是不同的。我国现行的次序是：出发旅客先经过海关，再办理票务，然后经过边防（出境）；到达旅客则先经过边防（入境）和检疫，再通过海关。

（5）候机室

候机室是用来作为出发旅客等候登上特定航班飞机的集合和休息场所，一般分散地设置在每个飞机门位处，候机室的面积一般以按容纳预期在航班起飞时间前15min到达该厅的登机旅客人数估算。候机室内包括旅客休息的座位、航空公司办理手续的地方以及旅客排队的通道。

（6）过厅或走廊

过厅或走廊是连接航站楼各功能单元的通道，供登机和下机旅客的流通。其布置与航站楼各功能单元的总体布局相适应，其宽度要求能够保证旅客的正常行进而不发生拥堵。

（7）行李设施系统

旅客交运行李后，行李开始独立的流程。一般是由皮带输运机传送到出港行李房，按航线和目的地进行分拣，再以散装或集装箱的形式由专用车辆运送到飞机前，装入飞机机舱。

下机旅客交运的行李则从飞机上卸下到专用车辆上，经停机坪和工作道路运到行李提取处的卸货区域，卸到机械传送和陈列的设备上，在行李提取区供旅客领取。在一般情况下，旅客从飞机到达行李提取区的时间快于行李的运送时间，所以行李提取区应该有一定的面积，以容纳等候提取行李的旅客。

（8）登机和下机

航站楼同飞机之间的连接主要采用两种方式：一种是飞机停靠在远处的停机坪上，由登机舷梯上下飞机，用大客车在航站楼门位和停机坪上机位之间转运旅客。另一种是采用登机桥直接将航站楼门位同飞机舱门连接，旅客可步行进出飞机。

（9）经营管理办公室

包括机场管理办公室和有关设施，如医务、通信、维护、消防、电气设备等；航空公司经营办公室，如票务、行李、飞行、飞机维护等；政府管制部门办公室，如安全检查、边防、海关、检疫等。

（10）服务设施和特许经营

包括为旅客和接送者提供各项服务的设施，如邮政、电话、行李寄存和厕所等；为满足各种需要的特许经营商店，如饮食、书刊、百货、纪念商品等。

第五节　管制空域与机场净空

空域指飞机飞行所占用的空间。民航运输的空域可划分为情报区、控制区、咨询区和特殊用途区4大类。其中，为飞机飞行提供空中交通管制服务的空域为控制区，它由多个管制区组成，每个管制区配备有一定数量的无线电导航设施与空中管制人员。

一、航路与管制空域

航路是由地面导航设施建立的走廊式保护空域，飞机从一个地点到另一地点时须遵循指定的航路飞行。航路划定时以连接各个地面导航设施的直线为中心线，在航路范围内规定有上限高度、下限高度和航路宽度。飞机在航路内飞行必须实施空中交通管制，各个航路标有明确的名称代号。国际民用航空组织规定航路的基本代号由一个拉丁字母和1~999的数字组成。A、B、G、R表示国际民航组织划分的地区航路网的航路。H、J、V、W表示不属于地区航路网的航路。对于规定高度范围的航路或供特定的飞机飞行的航路，则可在基本代号之前增加一个拉丁字母，如K用于表示直升机低空的航路，U表示高空航路，S表示超音速飞机用于加速、减速和超音速飞行的航路等。

为保证飞行安全,飞机沿航路飞行时,必须在垂直、纵向、横向上保持足够的安全间隔标准。飞行间隔取决于飞机的绝对速度、前后飞机间的速度差、前飞机尾流对后飞机的影响程度、管制仪表的识别精度等因素。各国的飞行间隔有所不同,我国的飞行安全间隔标准如下:

(1)垂直间隔。8 400m 以下的空域,垂直间隔为每 300m 一个高度层;8 400~12 500m 以上空域,垂直间隔为每 600m 一个高度层。

(2)横向间隔。一般取决于导航设施配置的间距和性能,等于相关航路的宽度,一般情况下为 10km。

(3)纵向间隔。除了需要保证飞机不发生碰撞外,还需要保证飞机的尾气涡流不会对后随飞机产生危害。纵向间隔在雷达覆盖范围内一般采用距离间隔,在雷达覆盖范围外时则采用时间间隔。具体间隔标准根据飞机所处的管制区域、管制类型、飞行规则、飞机的大小等因素有不同的规定。

飞机在管制空域内飞行可以采用两种飞行规则,即目视飞行规则(VFR)和仪表飞行规则(IFR)。

(1)目视飞行规则(VFR)。目视飞行规则的基本条件是飞机与其他飞机、地面相互能够看见和被看见,因此目视飞行规则的采用与天气情况、特别是能见度密切相关。能够使用目视飞行规则所要求的飞行能见度是最低云外 1 500m,以保证驾驶员看到其他飞机或障碍物后能够及时避让。目视飞行规则对驾驶员的限制较少,驾驶员具有一定的灵活性,所要求的水平间隔距离较小,一般适用于低速、低空飞行。目视飞行规则的交通控制权主要在飞机驾驶员,只有当飞机之间发生明显冲突时,才需要地面管制机构的干预,是一种被动管制,在空中交通管制中只占工作量的一小部分。

(2)仪表飞行规则(IFR)。当飞行气象条件无法满足目视飞行的要求时,必须采用仪表飞行规则,即在仪表飞行气象条件下所执行的飞行。在这种条件下,通常驾驶员看不到其他飞机,地面的交通管制员负责把这架飞机与其他飞机或障碍物间隔开。为此,飞机上必须装备规定的飞行仪表和无线电设备(如姿态指示仪、高度指示仪、位置指示仪以及高频、甚高频通信设备等)。仪表飞行的整个过程必须遵照管制员所指定的航路、速度、高度飞行。

管制空域应当根据航路结构和通信、导航、气象、监视能力划分,各国管制空域的划分依据与标准有所不同。我国管制空域从高到低分为 A、B、C、D 四类。

①A 类为高空管制空域,指我国境内 6 600m(含)以上的空间,必须按照仪表飞行规则飞行,并接受空中交通管制服务。

②B 类为中低空管制空域,指我国境内 6 600m(不含)以下最低高度层以上的空间。

③C 类为进近管制空域,通常位于一个或几个机场附近的航路汇合处,是中低空管制空域(B 类)与塔台管制空域(D 类)之间的连接部分,垂直范围通常在 6 000m(含)以下最低高度层以上,水平范围通常为半径 50km 或走廊进出口以内的除机场塔台管制范围以外的空间。

④D 类为塔台管制空域,通常包括起落航线、第一等待高度层(含)及其以下地球表面以上的空间和机场机动区。

美国管制空域划分为 A(绝对管制区)、B(终端管制区)、C(机场雷达服务区)、D(管制地带)、E(过渡区)五类。国际民航组织的管制空域根据飞行规则、是否提供对向间隔、空中交通管制类型、能见度与距云距离、速度限制、是否提供双向通信等划分为 A、B、C、D、E、F、G 七类。

二、机场净空

为保证飞机起飞和降落的安全以及机场的正常使用,机场周围一定范围内的空域内必须没有障碍物,因此规定了几种称为净空障碍物限制面的平面、斜面,用以限制机场周围及其附近的山、高地、铁塔、架空线、建筑物等的高度,所指定的区域,称为机场净空区。用于机场净空控制的障碍物限制面有以下几种(图4-26)。

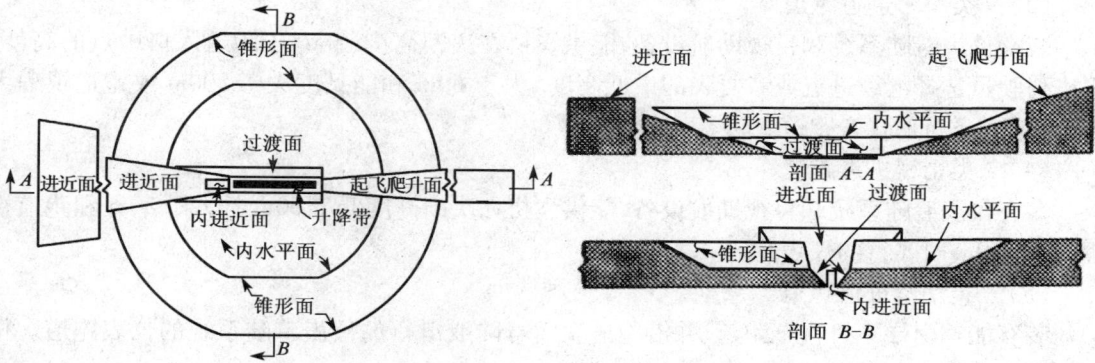

图4-26 机场障碍物限制面示意图

(1)内水平面

高出机场基准点高程(跑道两端入口中点的平均高程)45m 的一个水平面。其周边范围是以跑道入口中点为圆心,按一定半径画出的圆弧,两个圆弧以公切线相连。

(2)锥形面

以内水平面周边起向外向上倾斜的面称为锥形面。倾斜坡度为1/20,高度从内水平面的高程起算。

(3)进近面

从升降带末端起向外向上延伸的一段或多段变宽度倾斜面称为进近面。

(4)内进近面

进近面中紧靠升降带末端的一段长方形部分称为内进近面,用于精密进近跑道。

(5)过渡面

从升降带两侧边缘和部分进近面边缘向上和向外倾斜,到与内水平面相交的一个复合面称为过渡面。

(6)内过渡面

与过渡面相似而更接近于跑道的面称为内过渡面,用于精密进近跑道,控制必须设在接近跑道处的助航设备。飞机和车辆等任何物体不得高出此面。

(7)复飞面

用于精密进近跑道,为梯形斜面,其起端位于跑道入口向内一定距离处,按一定的起端宽度和斜率在两侧内过渡面之间向外散开,并以规定的坡度向前向上延伸,直至与内水平面相交。

(8)起飞爬升面

其起端位于跑道端外规定距离处,按一定的起端宽度和斜率向外向上扩展到末端宽度,然后在规定的起飞爬升面总长度内维持这一宽度。

机场周边各个障碍物限制面的尺寸要求,由飞机进近程序(飞机从脱离航路到着陆的飞

行程序)确定,跑道根据飞机进近程序的不同可分为以下类型:

(1)非仪表跑道

供飞机用目视进近程序运行的跑道。

(2)非精密进近跑道

装有目视助航设备和一种至少能为直接进近提供方向性引导的非目视助航设备的仪表跑道。

(3)一类精密进近跑道

装有仪表着陆系统和目视助航设备,能供飞机在决断高度(相对于跑道入口中点的高度,飞机驾驶员选择继续进近或者复飞的最低高度)大于60m和能见度大于800m或跑道视程大于550m时飞行的仪表跑道。

(4)二类精密进近跑道

装有仪表着陆系统和目视助航设备,能供飞机在决断高度低于60m且大于30m和跑道视程大于350m时飞行的仪表跑道。

(5)三类精密进近跑道

装有能够引导飞机直至跑道、并沿跑道表面着陆或滑行的仪表着陆系统的仪表跑道。根据对目视助航设备的需要程度,细分为以下三种:

三类甲——能在决断高度小于30m或不规定决断高度以及跑道视程大于200m时着陆,仅用目视助航设备完成着陆的最终阶段和在跑道上滑行。

三类乙——能在决断高度低于15m或不规定决断高度以及跑道视程大于50m但小于200m时着陆,仅在跑道上滑行中使用目视助航设备。

三类丙——无需依靠目视助航设备完成着陆和在跑道上滑行。

在各类跑道中,二类精密进近跑道和三类精密进近跑道必须设置内水平面、锥形面、进近面和内进近面、过渡面和内过渡面、复飞面。除着陆和进近类跑道外,对于起飞跑道必须设立起飞爬升面。起飞爬升面的尺寸和坡度应不低于表4-14中的要求。进近跑道的各个障碍物限制面限制尺寸要求见表4-15。当跑道双向起飞(着陆)时,障碍物限制面的尺寸应按较严格的要求进行控制。当机场有几条跑道时,应按表列规定分别确定每条跑道的障碍物限制面,而对其重叠部分,按较严格的要求进行控制。

供起飞用跑道的障碍物限制面的尺寸和坡度 表4-14

起飞爬升面	飞行区等级指标 I		
	1	2	3、4
起端宽度(m)	60	80	180
距跑道端距离①(m)	30	60	60
两侧散开率(%)	10.0	10.0	12.5
末端宽度(m)	380	580	1 200、1 800②
总长度(m)	1 600	2 500	15 000
坡度	1/20	1/25	1/50

注:①设置净空道时,如净空道长度超出规定距离,起飞爬升面距离从净空道开始计算。
　　②在仪表气象条件和夜间目视气象条件下飞行,当拟用航道含有大于15°的航向变动时,采用1 800m。

진近跑道的障碍物限制面的尺寸与坡度 表4-15

障碍物限制面及尺寸		非仪表跑道				非精密进近跑道			精密进近跑道 I类		II类 III类
		飞行区等级指标I									
		1	2	3	4	1、2	3	4	1、2	3、4	3、4
锥形面	坡度(%)	5	5	5	5	5	5	5	5	5	5
	高度(m)	35	55	75	100	60	75	100	60	100	100
内水平面	高度(m)	45	45	45	45	45	45	45	45	45	45
	半径(m)	2 000	2 500	4 000	4 000	3 500	4 000	4 000	3 500	4 000	4 000
内进近面	宽度(m)	—	—	—	—	—	—	—	90	120①	120①
	起端距跑道入口距离(m)	—	—	—	—	—	—	—	60	60	60
	长度(m)	—	—	—	—	—	—	—	900	900	900
	坡度(%)	—	—	—	—	—	—	—	3	2	2
进近面	起端宽度(m)	60	80	150	150	150	300	300	150	300	300
	起端距跑道入口距离(m)	30	60	60	60	60	60	60	60	60	60
	侧边散开率(%)	10	10	10	10	15	15	15	15	15	15
	第一段长度(m)	1 600	2 500	3 000	3 000	2 500	3 000	3 000	3 000	3 000	3 000
	第一段坡度(%)	5.00	4.00	3.33	3.33	3.33	2.50	2.00	2.50	2.00	2.00
	第二段长度(m)	—	—	—	—	—	3 600	3 600	12 000	3 600	3 600
	第二段坡度(%)	—	—	—	—	—	2.50	2.50	3.00	2.50	2.50
	水平段长度(m)	—	—	—	—	—	8 400	8 400	—	8 400	8 400
	总长度(m)	—	—	—	—	—	15 000	15 000	15 000	15 000	15 000
过渡面	坡度(%)	20.0	20.0	14.3	14.3	20.0	14.3	14.3	14.3	14.3	14.3
内过渡面	坡度(%)	—	—	—	—	—	—	—	40.0	33.3	33.3
复飞面	起端宽度(m)	—	—	—	—	—	—	—	90	120①	120①
	起端距跑道入口距离(m)	—	—	—	—	—	—	—	—	1 800②	1 800②
	侧边散开率(%)	—	—	—	—	—	—	—	10	10	10
	坡度(%)	—	—	—	—	—	—	—	4.00	3.33	3.33

注:①飞行区指标II为F时,该宽度增加到155m。
②距升降带端的距离,或距跑道端的距离,两者取小值。

第六节 导航设施

民航飞机在航路上飞行和在航站区域实施进近时,需要各类导航、监视与通信设施辅助飞机安全运行。导航设施可分为仪表飞行导航设施与目视飞行导航设施。其中,仪表飞行导航设施分为仪表飞行航路导航和仪表飞行航站导航设施。目视飞行导航设施分为进近灯光系统、目视进近坡度指示系统以及机场上的各类助航灯光、标志线、标志牌等。监视设施主要包括一次雷达和二次雷达。通信设施则分为固定通信和移动通信两类。

一、仪表飞行航路导航设施

飞机在仪表飞行状态下沿航路飞行时用于导航的设施可以分为近距导航、洲际导航、大洋导航以及正逐步进入民用领域的卫星导航。

1. 近距导航

驾驶员通过无线电仪表确定地面无线电发射台的方位和距离,才能够沿着航路点的信标方向飞行。近距导航以甚高频全向无线电信标导航系统(VORTAC)为主,VORTAC是VOR(甚高频全向无线电信标)、VOR/DME(甚高频全向无线电信标与测距仪组合)和TACAN(塔康组合)的统称。其中,VOR/DME和TACAN的工作原理和技术规范有所差异,但作用完全一样。

(1)甚高频全向无线电信标(VOR)

第二次世界大战后出现了被广泛应用的甚高频全向无线电信标,1949年被ICAO选为国际导航标准设备,是目前世界上大部分地区使用的主要航线导航设备。甚高频全向信标台发出的信号有射频部分和载波部分,每一个VOR使用不同的射频频率(工作频率在108.0~117.95MHz),发射时天线不断旋转,旋转频率和调频载波的频率变化严格吻合。飞机的接受机从收到信号的射频频率可以确定它是来自哪一个VOR台,从收到的调频调幅信号可以确定飞机相对于该VOR台的方位。VOR台沿航线建立,驾驶员根据VOR台的方位就可以准确地沿着航线飞行。由于VOR台使用甚高频,不受天气影响,准确度很高。但是,VOR的无线电信号是直线传播,会被山峰等障碍物阻隔,所以离地高度不足时难以接收到VOR信号。通常离地600~900m处能够收到信号,离地越高,接收的距离就越远(图4-27)。在5 500m以下,VOR最大接收距离在74~241km,视障碍物等因素而定;5 500m以上时,最大接收距离约为241km。

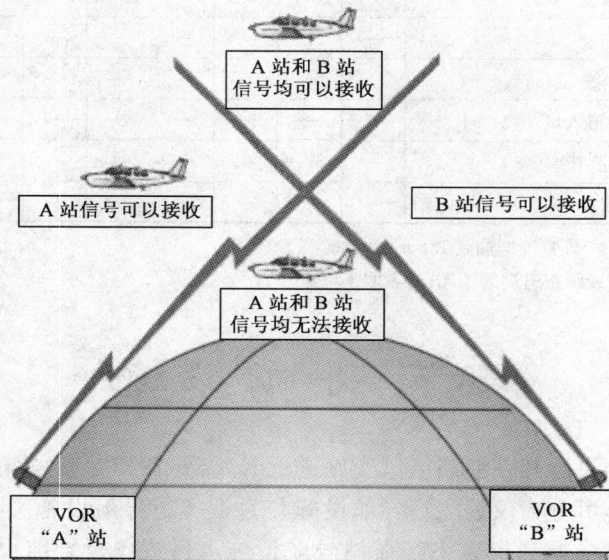

图4-27　VOR信号覆盖范围示意图

（2）测距仪（DME）

通过测量飞机和测距台之间脉冲电波的时间测出飞机和测距台之间的距离。DME 系统由机载询问器和地面台站上的应答机组成。使用的是超高频（UHF，频率在 1 000 MHz 附近），作用距离为 0.2 ~ 593 km，误差范围为 0.2 ~ 0.6 km。DME 地面台站一般和 VOR 台建在一起，形成一个 VOR—DME 导航系统，由 VOR 确定方向，由 DME 确定距离信标台的距离，从而使得飞行员随时掌握相对于 VOR 台的航向和距离。

（3）无向信标（NDB）

NDB 是当前仍在使用的最古老的电子导航设备，在一些没有仪表着陆系统的小机场附近，常建有廉价的 NDB 台站，用作导航、着陆指引。NDB 可以发射单一的中长波，飞机上的自动定向仪据此可以测出飞机相对于这个信标的方位，从而决定航向。如果同时接收到两个 NDB 的信号，则可以确定飞机的位置。用于航路导航的无向信标台，设置在航路的转弯点、检查点处。无向信标台的场地要求平坦、开阔、地势较高，周围不得有影响无线电信号发射的设施（如架空高压输电线、电气化铁路等）。

2. 洲际导航

目前的洲际导航称为奥米加导航系统（OMEGA，甚低频导航系统），是一种超远程双曲线无线电导航系统，其作用距离可达 1 万多公里。只要设置 8 个地面台，其工作区域就可覆盖全球。奥米加导航系统（OMEGA）的 8 个地面台分布在美国的夏威夷和北达科他州以及挪威、利比里亚、留尼汪岛、阿根廷、澳大利亚和日本。

奥米加导航系统（OMEGA）是覆盖全球范围的导航系统，定位精度为 1.6 ~ 3.2 km，它由机上接收装置、显示器和地面发射台组成。飞行器一般可接收到 5 个地面台发射的连续电磁波信号。电波的行程差和相位差有确定的关系，测定两个台发射的信号的相位差，就得到飞行器到两个地面台的距离差，进而确定飞机的位置。奥米加导航系统（OMEGA）使用了 10 ~ 15 kHz 的甚低频无线电波，由于甚低频电波会受到太阳黑子和地磁的干扰，所以在民用航空中已基本被惯性导航和卫星导航所取代。

3. 大洋导航

适用于广阔海面的罗兰系统（LORAN）最初是出于军事需要，由美国在第二次世界大战期间开发的，名为 LORAN—A，它的作用距离约 1 300 km，工作区定位准确度为 926 ~ 14 852 m，夜间利用天波，作用距离可达 2 600 km。20 世纪八九十年代逐渐被 LORAN—C 所取代，它广泛地使用在海事应用上，定位误差通常小于 0.25 n mile。LORAN—C 单元必须能够接收至少一个主台和两个副台才能提供导航信息，其信息是基于对射频（RF）能量脉冲的到达时间差的测量，脉冲频率范围为 90 ~ 110 kHz。

LORAN—D 系统是美国军用战术机动中程导航定位系统，是在 LORAN—C 原理基础上研制成功的最新一代导航系统，463 km 范围内的定位准确度达到 180 m，926 km 范围内的定位准确度达到 463 m，重复性误差为 18 m。目前，这个系统主要是为海上石油开发所需的高精度导航定位提供服务，基站分别设在北欧的北海海域、西北欧、英国西南部、马来西亚和中国黄海海区。

4. 卫星导航

目前实用化的卫星导航系统包括美国开发的全球定位系统 GPS、欧盟开发的伽利略全球定位系统和俄罗斯格洛纳斯全球卫星定位系统，中国的北斗卫星定位系统正在研发与装备之中。其中，美国的全球定位系统（GPS）应用最为普遍，该系统由以下三个主要的组成部分组成。

（1）太空部分

由 26 个绕距离地球约 20 187km 轨道运行的卫星组成,运行卫星称为 GPS 星群。卫星运行不同步,而是以绕地球轨道大约 12h 的周期运行。每一个卫星装配了高稳定度的原子钟,发送一个唯一的代码和导航信息。以超高频(UHF)传播,不受天气影响。

（2）控制部分

由在科罗拉多州 Springs 的 Falcon 空军基地的 1 个主控站、5 个监控站、3 个地面天线组成。监控站和地面天线分布在地面上,允许连续的监控和与卫星通信。每个卫星的导航信息广播的更新和修正通过地面天线上传到卫星上。

（3）用户部分

由所有和 GPS 接收机有关的部件组成,包括轻便的手持接收机和永久安装在飞机上的接收机等各种型号。接收机通过匹配相关卫星的编码信号,间接确定距该卫星的距离。因此,通过接收三颗卫星的信号可以确定平面位置,通过接收四颗卫星的信号可以确定空间位置。

卫星导航系统是 20 世纪 80 年代后期迅速推广的导航方法,具有定位准确、快速,费用低廉等技术优势。它的出现使整个导航系统出现了革命性的变化,是未来航行系统的重要组成部分与发展趋势,但是由于该系统的核心技术与设备目前仅掌握在少数国家手中,全世界普遍推广尚存在一些体制方面的限制。

二、仪表飞行航站导航设施

飞机在仪表状态下实施跑道进近的导航设施包括仪表着陆系统和微波着陆系统。

1. 仪表着陆系统(ILS)

仪表着陆系统是目前应用最为广泛的飞机进近和着陆引导系统,可以为精密仪表进近飞机着陆提供帮助,由航向台、下滑台和指点信标台组成(图 4-28)。航向台由天线和发射机房组成,分别设在距离跑道端外 300m 处中心线延长线和一侧 90m 处,航向台发射垂直波束,向驾驶员指示进近跑道的正确定位;下滑台的天线和发射机房,设在由跑道入口内伸 225 ~ 375m 处中心线一侧 120 ~ 195m 位置,下滑台发射水平波束,向驾驶员指示相对于跑道的下滑角(一般为 2°~3°)。为了向飞行员提供沿跑道进近的距离,分别设置外指点信标台(距跑道端 6.4 ~ 8.0km)、中指点信标台(约 900m)和内指点信标台(约 300m)。当飞机通过指点信标台上空时,驾驶舱内有信号灯发亮,并伴随警示声响,如果驾驶员在内指点信标台处没有发现目视地标,则必须复飞。

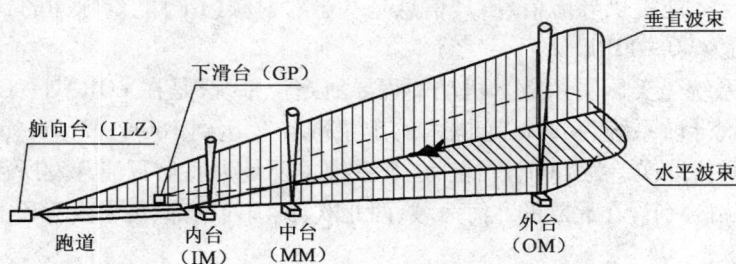

图 4-28　仪表着陆系统(ILS)示意图

2. 微波着陆系统(MLS)

仪表着陆系统只提供了一条进近航道,所有使用该系统的飞机都必须遵循这条航道。为了克服这一限制,可以使用更为先进的微波着陆系统(MLS,图4-29)。在水平面内可在跑道中心线每侧20°~60°范围内提供任何所要求的航道,可选择在垂直覆盖范围内(约20°倾角)的任何下滑坡度角进近跑道,距离跑道端的信息则可以连续地提供给飞行员,而且该系统对来自周围物体干扰的敏感性远远小于仪表着陆系统。尽管与仪表着陆系统相比,微波着陆系统具有诸多优势,但是由于仪表着陆系统已经普遍被各地机场使用并基本满足实际需要,同时更为先进的卫星着陆系统较微波着陆系统的优势更加明显,因此,目前微波着陆系统仅在少数一些机场使用。

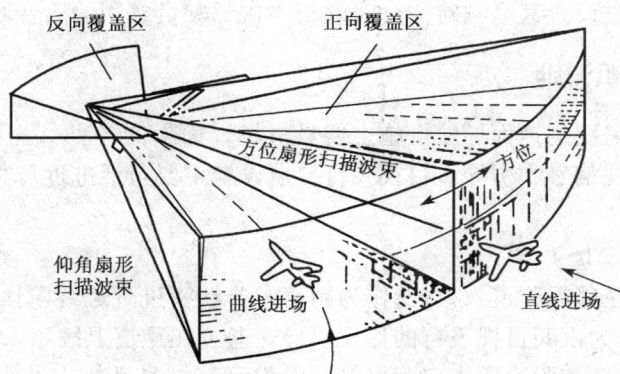

图4-29　微波着陆系统(MLS)示意图

三、监控、通信助航设施

飞机飞行过程中,管制员通过雷达监视飞机的位置以及是否满足空中交通间隔的要求,并通过航空通信设施以语音的形式与驾驶员交流,从而确保飞机运行的安全。

1.航管雷达监控设施

雷达系统由发射机、接收机、天线和显示器4部分构成,航管雷达分为两类,即一次雷达和二次雷达。一次雷达通过接收从机身发射的回波确定飞机的位置。二次雷达由雷达和收发报机(询问器)组成,飞机上则装载应答机。二次雷达向飞机发射强电码信号,应答机接收后向其返回电码应答,据此可以返回包括飞机标识、高度、速度等航管信息。二次雷达的出现使雷达由监视工具转变为一种空中管制手段。航管雷达按照用途,可以分为以下4类。

(1)远程航路监视雷达

远程航路监视雷达是一种大功率雷达,设置在航管控制中心或相应的航路点上,覆盖范围在463km以上,高度可达13 000m,用于跟踪航路途中的飞机位置及飞机之间的间隔距离。

(2)精密进近雷达

向着陆方向交替发射水平和垂直波束,接收飞机的反射回波,管制员据此可以确定飞机的位置,通过语音通信可以引导飞机进场着陆。在民用机场一般作为飞机着陆过程的监视设备。精密进近雷达通常设置在跑道中部的一侧,距跑道边缘120~250m的位置。

(3)近程机场监视雷达

是飞机在航站周围空域中运行的监视设施,为塔台管制员或进近管制员提供飞机位置、移动方向、速度等航管信息,作用距离为185km。

(4)机场场面监视雷达

机场场面监视雷达是一种小功率的监视设施,主要用于繁忙机场的地面监控,可监视在机场地面上的飞机和各种车辆的运行情况,为塔台管制员实施机场地面交通的管制提供信息。

2. 航空通信设施

(1)固定通信设施

航空固定通信可以采用有线通信、无线通信或卫星通信三种形式。有线通信通过专用电信线路或光缆,接入地区电信网络;无线通信需要设置无线电短波收信台和天线;卫星通信则需要建设卫星通信站。

(2)移动通信设施

航空移动通信通过设置其高频对空台实现与飞机驾驶员之间的语音联系。

四、目视飞行导航设施

目视飞行规则所需要的地面导航设施主要是机场地面上的各种灯光标志,给驾驶员在飞机进近过程中提供目视信号和引导。目视飞行导航设施主要包括进近灯光系统和目视进近坡度指示系统。

1. 进近灯光系统(ALS)

进近灯光系统设在邻近跑道入口处,作为精密和非精密进近最终阶段(飞机穿出云层后)的助航设备,并且也作为夜间目视飞行的目视引导。通过在跑道上按照一定规则布置的灯光,向驾驶员提供方位、高度和距跑道入口距离等视觉提示。灯光系统中的纵列灯表示跑道的方向,横排灯反映距跑道入口处的标准距离。对于非仪表跑道,可以采用简易进近灯光系统,对于一类和二类精密进近跑道,则应选择一类和二类进近灯光系统。

2. 目视进近坡度指示系统(VASIS)

目视进近坡度指示系统是飞机进近到跑道入口时用于通过灯光向驾驶员指示进近坡度的一种目视导航设施,有多种类型。该设施利用一组(若干个灯具)颜色的组合,告知驾驶员当前的进近坡度是否准确,一般以横排的形式布置在跑道入口附近的一侧。

3. 机场灯光、地面标志线和标志牌

机场灯光和标志的主要功能除了向着陆飞机提供地对空的目视信号外(目视飞行导航),还包括对起飞飞机和滑行飞机提供目视引导。

(1)跑道和滑行道灯光

跑道入口是驾驶员在进近过程中的一个重要的参考位置,因此,在入口附近设置了跑道入口灯光。该灯光是一组布置在距跑道入口处不大于3m的一排横贯跑道全宽的灯具或一排对称于跑道中线分成两组的灯具,能够发出绿红两种颜色,用于指示跑道的入口或者末端。

为了在能见度差的条件下减少跑道中部很暗的不利影响,在跑道入口至900m处每隔30m距离设置一排接地带灯,用以引导飞机着陆,每排由2组各3个灯具对称分布于跑道中线两侧,采用平地式单向发白光的灯具。

为识别跑道的方向和边界,设置跑道中线灯和边灯。中线灯为平地式灯具,间隔30m布置在跑道中线(许可偏离中线0.6m);边灯均匀布置在距离跑道边线外不大于3m处,间距不大于60m,采用轻型易折灯具。

滑行道也应设置中线灯和边灯。中线灯为平地式灯具,均匀布置在中线上(直线段间隔30m,许可偏离中线0.3m);边灯均匀布置在距离滑行道边缘外3m以内,采用轻型易折灯具。

116

（2）地面标志线

在跑道、滑行道和机坪的道面上用不同颜色的线条和数字设置地面标志，以显示某些特定部位的功能和引导飞机的着陆和运转。跑道标志采用白色，共有跑道号码、入口、中线、中心圆、定距、接地地带和边线7种标志。滑行道和机坪道面上的标志采用黄色，滑行道上设置中线标志、等待位置标志和滑行道交叉处标志。机坪上设置停放位置识别字符、引进线、转弯横道、转弯线、对准直道、停止线和引出线等。

（3）地面标记牌

飞行区内设立了各种标记牌，以标识位置、引导飞机的滑行和停放。标记牌可分为强制性指示标记牌、位置标记牌和目的地标记牌。强制性指示标记牌采用红底白字，设立在要求飞机停止处（停止标记牌）、禁止进入地区的入口处（禁止进入标记牌）、滑行等待处（等待位置标记牌）、滑行道—跑道交叉处（交叉处标记牌）等。位置标记牌采用黄底黑字，标识跑道末端、滑行道、机坪等飞行区各功能单元的编号。目的地标记牌采用黄底黑字，设立在需要指明滑行到某特定地点去向的位置。牌上的文字符号与位置标记牌相同，但还加上标识去向的箭头。

（4）机坪的灯光和标志

机坪上一般采用泛光照明，所以可在停机坪周边布置高架灯光系统提供停机坪的照明。在需要更强照明度的地方（如门位处），可装置与地面齐平的嵌入灯具。

机坪上的标志主要是油漆刷涂的引导线（常用黄色），用以引导飞机鼻轮运行的轨迹。

复习思考题

1. 机场由哪几部分组成？空侧与陆侧各包含哪些内容？空域与空侧有什么区别？机场对环境有哪些负面影响？

2. 航站楼的主要作用是什么？航站楼的平面布局与竖向布局设计分别要考虑哪些因素？停机坪的大小和布局主要考虑哪些因素？

3. 为什么机场对净空有要求？机场净空控制参考面有哪些？

4. 飞机在航路上飞行时的导航设施与进近跑道时的导航设施有什么区别？

5. 仪表飞行规则和目视飞行规则的区别是什么？满足两种飞行规则的导航设施各有哪些？

第五章　载运工具

人类社会发展的过程中，人类生存最基本的四大需要是"衣"、"食"、"住"、"行"。这四大需求中，"行"中所用载运工具的变化对人类社会发展的影响最大。历史上正是有了陆路交通，才促进了东西方文化、贸易、科技的交流；有了水上交通，才发现了"新大陆"，促使美洲的迅速发展与繁荣；有了空中交通、铁路交通，才使得国际贸易与科技、文化交流更为迅速、方便。

第一节　汽　车

如果把环境条件纳入道路影响因素范围内，可认为道路交通安全主要与"驾驶员—汽车—道路"系统有关，而汽车是该系统中潜在危机性最大的环节。

汽车安全性一般分为主动安全性、被动安全性、事故后安全性和生态安全性。

汽车主动安全性是指汽车本身防止或减少道路交通事故发生的性能，主要取决于汽车的总体尺寸、制动性、行驶稳定性、操纵性以及驾驶员工作条件（操作元件人机特性、座椅舒适性、噪声、温度和通风、操纵轻便性等）。此外，汽车动力性（特别是超车的时间和距离）也是很重要的影响因素。

汽车被动安全性是指交通事故发生后，汽车本身减轻人员伤害和货物损失的能力。汽车被动安全性又可分为汽车内部被动安全性（减轻车内乘员受伤和货物受损）以及汽车外部被动安全性（减轻对事故所涉及的其他人员和车辆的损害）。

汽车事故后安全性，是指汽车能减轻事故后果的性能，是指能否迅速消除事故后果，并避免新的事故发生。

汽车生态安全性是指发动机排气污染、汽车行驶噪声和电磁波对环境的影响。

一、国内外汽车工业的发展

汽车问世百余年来，尤其是汽车产品的批量化生产，使得人们的生活逐渐汽车化——汽车数量最多、最普及，活动范围最广，运输量最大。汽车工业从无到有，以惊人的速度发展，写下了人类近代文明史的重要篇章。

美国汽车及设备制造商协会（MEMA）的《2007～2008 年全球汽车市场报告》显示，2005年全球汽车保有量已经达到了 7.898 亿辆。这一数字比 2004 年的 7.372 亿辆上涨了 5 260 万辆，即上涨了 7.1%。2005 年，全球的人口大约在 64 亿，也就是说在全球范围内平均每 8 个人就拥有一辆汽车。

汽车虽然诞生在欧洲，但从 20 世纪初至 20 世纪 70 年代数十年间，美国汽车工业一直遥遥领先。日本汽车工业在 20 世纪六七十年代迅猛发展，逐个超过意、英、法、德等老牌汽车工业国，并于 1980～1993 年期间超过美国而跃居世界第一位。目前，全世界汽车年产量超过5 000万辆。1997 年，汽车产量最多的国家依次是：美国、日本、德国、法国、韩国、加拿大、西班牙、巴西、英国、意大利、中国、墨西哥、俄罗斯等。汽车工业发展的初期，曾有过百家争妍的纷乱局面，经过激烈的竞争、优胜劣汰和兼并改组，逐渐趋于集中垄断。

近代汽车工业的发展模式大致可归纳为两种：

(1)美国、日本、欧洲一些发达国家发展汽车工业的特点是：资本集中垄断，利用高科技优势进行自主开发，采取大批量和规模经济的生产方式。例如，美国的通用、福特、克莱斯勒三家汽车公司垄断了美国90%以上的汽车生产；世界上20家主要的汽车公司垄断了全球80%以上的汽车生产。

(2)我国汽车工业的发展：从新中国成立初期的计划经济指导下的发展，到改革开放后的15年，我国汽车工业进入了一个大发展阶段。在新中国成立初期，我国主要的汽车企业有第一汽车制造厂、第二汽车制造厂、南京汽车制造厂、四川汽车制造厂、陕西汽车制造厂、北京汽车制造厂、上海汽车制造厂。当时最常见的轿车有红旗 CA770 高级轿车(7 人)、北京 BJ212 轻型越野汽车(5 人)、上海 SH760 中级轿车(5 人)。

改革开放后15年，我国汽车工业有重点、有选择地引进国外先进的技术进行合资协作。例如，一汽—上海大众汽车有限公司的桑塔纳中级轿车、大众汽车有限公司引进的整车项目奥迪100 中级轿车、捷达普及型轿车、神龙汽车有限公司的富康普及型轿车、南京汽车公司的依维柯轻型客车及货车。

目前，我国汽车工业已进入了一个新的发展时期，从与国外联合开发逐步走向了成熟的自主开发。2004 年，汽车产量呈抛物线形发展，竞争日益激烈，越来越多的企业与跨国公司结盟，通过合资并购来增加企业的实力，而一些民营企业却独辟蹊径，进行民族品牌的自主研发，使我们看到了另一种来自本土企业的令人振奋的力量。

随着人民生活水平的不断提高，我国对轿车需求量已跃居世界第三，而我国轿车的生产能力为世界第四。

二、汽车的总体构造

典型轿车的总体构造如图 5-1 所示。汽车通常是由发动机、底盘、车身、内饰、电气设备五大部分组成。

1. 发动机

发动机是将输送进来的燃料燃烧而发出动力的部件，是整个汽车的心脏。现代汽车厂广泛应用的是内燃机。它一般由机体、曲柄连杆机构、配气机构、燃料供给系、冷却系、润滑系、点火系(用于汽油发动机)、起动系组成。

2. 底盘

底盘是接受发动机的动力，使汽车运动并按驾驶员的操纵而正常行驶的部件。底盘由传动系、行驶系、转向系和制动系组成。

(1)传动系

传动系的作用是将发动机的动力传给驱动车轮。传动系包括离合器、变速器、传动轴、主减速器及差速器、半轴等。

(2)行驶系

使汽车各总成及各部件连接成一个整体，对全车起支撑作用，确保汽车正常行驶。它包括支撑全车的承载式车身、副车架、前悬架、前轮、后悬架、后轮等部分。

（3）转向系

转向系的作用是使汽车按驾驶员选定的方向行驶。它由带转向盘的转向器及转向传动装置组成。有的汽车还带有动力转向装置。

（4）制动系

制动系的作用是使汽车按驾驶员的意图减速或停车，并保证驾驶员离去后汽车可靠地停驻。它包括前轮制动器、后轮制动器以及控制装置、供能装置和传动装置。

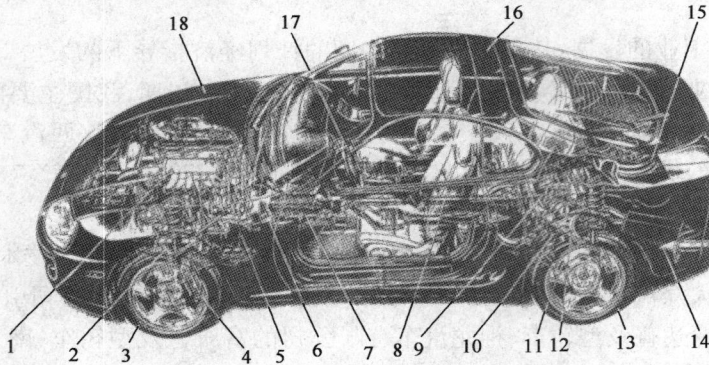

图 5-1　典型轿车的总体结构

1-发动机；2-前悬架；3-前轮；4-前轮制动器；5-副车架；6-离合器；7-变速器；8-传动轴；9-主减速器及差速器；10-后悬架；11-后轮制动器；12-半轴；13-后轮；14-消声器；15-油箱；16-车身；17-转向盘；18-车前板制作

3. 车身

车身是驾驶员工作及容纳乘客和货物的场所。客车和轿车车身还包括前板制件（车头）及副车架；货车车身是指驾驶室和货箱；专用汽车车身包括一些专用设备。

4. 内饰

内饰使驾驶员操作方便、安全，使乘客在乘坐的过程中感到舒适。它包括座椅、仪表板总成、后视镜、安全带、安全气囊等。

5. 电气设备

电气设备由电源、汽油发动机点火系、启动系、汽车照明和信号装置等组成。而现代汽车上还装备了各种电子设备，如电控单元（ECU）、中央计算机及各种人工智能装置等，可显著提高汽车的性能。

三、汽车的分类

汽车是用来载送人员和货物的运输工具，其分类如下。

1. 按用途分类

（1）运输汽车

运输汽车可分为轿车、客车、货车、越野车。根据发动机排量不同，将轿车分为五级（表5-1）；客车根据车辆总长不同加以区分（表5-2）；货车按汽车最大总质量不同加以区分（表5-3）；越野汽车按越野运行时厂定最大总质量加以区分（表5-4）。

轿车（载送 2～9 人）分类　　表 5-1

级　　别	微　型	普通级	中　级	中、高级	高　级
发动机排量 $V(L)$	$V \leq 1.0$	$1.0 < V \leq 1.6$	$1.6 < V \leq 2.5$	$2.5 < V \leq 4.0$	$V > 4.0$

客车(载送 9 人以上乘员)**分类**　　　　　表 5-2

级　别	微　型	轻　型	中　型	大　型	特 大 型
车辆总长 L(m)	$L \leqslant 3.5$	$3.5 < L \leqslant 7$	$7 < L \leqslant 10$	$10 < L \leqslant 12$	双层客车

货车(载送货物的运输汽车)**分类**　　　　　表 5-3

级　别	微　型	轻　型	中　型	重　型
汽车总质量 m(t)	$m \leqslant 1.8$	$1.8 < m \leqslant 6$	$6 < m \leqslant 14$	$m > 14$

越野汽车(载送货物的运输汽车)**分类**　　　　　表 5-4

分　级	轻　型	中　型	重　型
汽车总质量 m(t)	$m \leqslant 5$	$5 < m \leqslant 13$	$m > 13$

(2)专用汽车

专用汽车是指装有专业设备、完成专门运输任务或作业任务的汽车。根据国内的基本情况,把在基本车型的底盘上进行改装的各类汽车也称为专用汽车。

专用汽车按用途分类可分为公路运输型专用汽车和作业型专用汽车。按其基本结构分类,可分为自卸汽车、厢式车、罐式车、集装箱车、挂车半挂车、作业车六大类。按其服务对象分类,可分为商业服务类、环卫环保类、建设作业类、农牧副渔类、石油地质类、机场作业类、医药卫生类、公安消防类、林业运输类和普通专用类十大类。

2.按动力装置类型分类

(1)活塞式内燃机汽车

这类汽车占绝大多数,主要使用汽油和柴油。由于石油燃料资源的短缺,各种代用燃料正在开发,如天然气、液化石油气、醇类等燃料。

(2)电动汽车

电动汽车是以电动机为驱动机械并以蓄电池为能源的车辆。

2004 年 6 月,同济大学汽车学院对国家 863 燃料电池轿车专项团队联合研制的我国第二代燃料电池轿车"超越二号"成功地进行了公开试车,使人们看到了我国科学家自主研发的燃料电池车。

针对电动汽车行驶里程短、车速低的缺点,国外正在大力研制装有发动机和储能器两套动力源的"复合车"。福特公司开发研制的福特"新能级 2010"概念车是一种先进的复合车。

(3)燃气轮机汽车

燃气轮机功率大、质量小、转矩特性好,但耗油量、噪声和制造成本均较高,该车未进行大批量商品化生产。1964 年,唐纳·坎贝尔曾驾驶"青鸟号"燃气轮机以 648.7km/h 的速度创造了依靠车轮驱动、陆上车辆速度达到最高的纪录。

3.按行驶道路条件分类

(1)公路用车

公路用车适于公路和城市道路上行驶的汽车。该汽车的外廓尺寸(总长、总宽、总高)和单轴负荷均受交通法规限制。

(2)非公路用车

由于外廓尺寸和单轴负荷等参数超过公路用车法规的限制,因此只能在矿山、机场、工地、专用道路等非公路地区使用。

4. 按行驶机构的特征分类

（1）轮式汽车

按驱动情况分为非全轮驱动和全轮驱动两种类型。汽车驱动情况常用代号"$n \times m$"表示，n 是车轮总数，m 是驱动轮数。例如，4×2 表示 4 轮汽车 2 轮驱动，为非全轮驱动；6×6 表示 6 轮汽车 6 轮驱动，为全轮驱动。

（2）其他类型行驶机构的车辆

其他类型行驶机构的车辆，如履带式、雪橇式车辆等无车轮的车辆。

四、国产汽车产品型号编制规则

按照《汽车产品编号规则》（GB 9417—88），国产汽车型号应能表明其厂牌、类型和主要特征参数等。该型号由拼音字母和阿拉伯数字组成，包括首部、中部和尾部三部分。

首部——由 2 个或 3 个拼音字母组成，是企业代号，如 CA 代表一汽，EQ 代表二汽，SH 代表上海等。

中部——由 4 位数字组成，分为首位、中间两位和末位数字三部分，其含义如表 5-5 所示。

尾部——由拼音字母或加上数字组成，可以表示专用汽车的分类或变型车与基本型的区别。

例如：型号 CA1092 表示第一汽车厂生产的货车，总质量 9t，末位数字 2 表示在原车型 CA1091 的基础上改进的新型。型号 CA7226L 表示第一汽车厂生产的轿车，发动机工作容积 2.2L，序号 6 表示安装 5 缸发动机的车型，尾部字母 L 表示加长型（小红旗加长型中级轿车）。

汽车型号中部 4 位数字的含义　　　　　　　　　　　　　　表 5-5

首位数字（1~9）表示车辆类别		中间两位数字表示各类汽车的主要特征参数	末 位 数 字
1	载货汽车		
2	越野汽车		
3	自卸汽车	数字表示汽车的总质量[2]	
4	牵引汽车		
5	专用汽车[1]		企业自定序号
6	客车	（数字乘以 0.1）m 表示车辆的总长度[3]	
7	轿车	（数字乘以 0.1）L 表示汽车发动机工作容积	
8	（暂缺）		
9	半挂车或专用半挂车	数字表示汽车的总质量	

注：①专用汽车是指专用货车和特种作业汽车。

　　②汽车总质量大于 100t 时，允许用 3 位数字。

　　③汽车长度大于 10m 时，数字乘以 0.1。

五、汽车的性能

1. 汽车的行驶力学基础

（1）驱动力和行驶阻力

根据力的平衡关系，建立汽车行驶方程，估算汽车最高车速、加速度和最大爬坡度。

汽车的行驶方程式为：

$$F_t = \sum F \qquad\qquad (5\text{-}1)$$

式中:F_t——驱动力;

$\sum F$——行驶阻力之和。

其中,驱动力是由发动机的转矩经传动系传至驱动轮上得到的;汽车发动机产生的转矩经传动系传至驱动轮上。此时,作用于驱动轮上的转矩 T_t 产生一对地面的圆周力 F_0,地面对驱动轮的反作用力 F_t(方向与 F_0 相反)即为驱动汽车的外力。这一外力称为汽车的驱动力,单位为 N,其数值为:

$$F_t = T_t/r \qquad (5-2)$$

式中:T_t——作用于驱动轮上的转矩,$N \cdot m$;

r——车轮半径,m。

汽车的行驶阻力是指汽车在路面上行驶时须克服来自地面的滚动阻力、来自空气的空气阻力、在坡道上上坡时的坡度阻力以及加速行驶时需要克服的加速阻力,则汽车行驶时总的阻力为:

$$\sum F = F_f + F_w + F_i + F_j \qquad (5-3)$$

式中:F_f——滚动阻力;

F_w——空气阻力;

F_i——坡度阻力;

F_j——加速阻力。

表 5-6 为汽车的行驶阻力分类表。

汽车的行驶阻力分类表 表 5-6

分　类		项　目	内　容	备　注
空气阻力 F_w	压差阻力		$F_w = \dfrac{C_w A v^2}{21.15}$	C_w——无因次的空气阻力系数;
	诱导阻力			A——汽车的正投影面积,m^2;
	表面阻力			v——车速,km/h;
	内部阻力			G——作用于汽车上的重力,N;
道路阻力 F_ψ	滚动阻力 F_f	Gf_R	$F_\psi = G\psi$	i——道路坡度;
	坡度阻力 F_i	$F_i = Gi$	$f_R + i = \psi$	f_R——滚动阻力系数;
加速阻力 F_j			$F_j = \delta m \dfrac{du}{dt}$	ψ——道路阻力系数;

其中备注栏继续:

δ——汽车旋转质量换算系数,$\delta > 1$;

m——汽车质量,kg;

$\dfrac{du}{dt}$——行驶加速度,m/s^2

(2)汽车行驶的驱动—附着条件

驱动力必须大于滚动阻力、坡度阻力和空气阻力后才能加速行驶。若驱动力小于这三个阻力之和,则汽车无法开动,正在行驶中的汽车将减速行驶直至停车。所以,汽车行驶的第一个条件为:

$$F_t \geqslant F_f + F_w + F_i \qquad (5-4)$$

式(5-4)称为汽车的驱动条件,但不是汽车行驶的充分条件。

地面对轮胎切向反作用力的极限值称为附着力 F_φ。在硬路面上,它与驱动轮法向反作用力 F_z 成正比,常写成:

$$F_{xmax} = F_\varphi = F_z \varphi \qquad (5-5)$$

式中：φ——附着系数，由路面与轮胎决定。

一般地，

$$F_t \leqslant F_{Z\varphi}\varphi \tag{5-6}$$

式中：$F_{Z\varphi}$——作用于所有驱动轮上的地面法向反作用力。

这即为汽车行驶的第二个条件——附着条件。

将式(5-4)与式(5-6)连起来写，则有：

$$F_f + F_w + F_i \leqslant F_t \leqslant F_{Z\varphi}\varphi \tag{5-7}$$

称为汽车行驶的驱动—附着条件。

2. 汽车主动安全性

汽车主动安全性能见表5-7。

汽车主动安全性能　　　　　　　　　　　　　　　　　　　　　表5-7

汽车性能	定　义	表征性能参数	产生的影响
动力性能	在良好、平直的路面上行驶时，汽车由所受到的纵向外力决定的、所能达到的平均行驶速度	汽车的最高车速、汽车的加速时间、汽车的最大爬坡度	汽车动力性越好，汽车以最快的运输速度完成运输工作的能力越高，超车加速能力强，并行行驶时间短，行驶就安全
制动性能	汽车在行驶过程中，能在短距离内停车且维持行驶方向稳定性和在下长坡时能维持一定车速的能力，称为汽车的制动性。制动性还包括在一定坡道上能长时间停车不动的驻车制动器性能	制动效能，即制动距离与制动减速度；制动效能的恒定性，即抗衰退性能；制动时汽车的方向稳定性，即制动时汽车不发生跑偏、侧滑以及失去转向能力的性能	汽车制动性能直接关系到汽车交通安全，许多交通事故都与汽车制动性能不良或制动失效等情况有关，因此，汽车制动性能是汽车安全行驶的重要保证
操纵稳定性	在驾驶员不感觉过分紧张、疲劳的条件下，汽车能按照驾驶员通过转向系及转向轮给定的方向行驶，且当受到外界干扰时，汽车能抵抗干扰而保持稳定行驶的能力	在汽车操纵稳定性的研究中，常把汽车作为一个控制系统，求出汽车曲线行驶的时域响应和频域响应，并以它们来表征汽车的操纵稳定性能	汽车操纵稳定性不仅影响汽车驾驶操作的方便程度，而且也是决定汽车高速行驶安全的一个重要性能
平顺性	汽车在一般行驶速度范围内行驶时，能保证乘客不会因车身振动而引起不舒服和疲劳的感觉以及保持所运货物完整无损的性能。由于行驶平顺性主要是根据乘客的舒适程度来评价的，因此平顺性又称为乘坐舒适性	汽车行驶平顺性的评价方法，通常是根据人体对振动的生理反应及对保持货物完整性的影响来制订的，并用振动的物理量，如频率、振幅、加速度、加速度变化率等作为行驶平顺性的评价指标	减振器可提高汽车行驶平顺性，还可增加悬架的角刚度，改善车轮与道路的接触条件，防止车轮离开路面，因而可改善汽车的稳定性，提高汽车的行驶安全性

3. 我国规范和标准对汽车相关性能的要求

《营运车辆技术等级划分和评定要求》(JT/T 198—2004)，将动力性作为一项主要性能进行评定。不同国家试验标准有差异，见表5-8和表5-9。

最高车速试验比较

表 5-8

	中华人民共和国国家标准	日本工业标准	德 国 标 准
标准号	GB/T 12544—90	JIS D 1016—82	DIN 70020.3
装载质量	满载	满载	允许总质量和空质量之差的1/2
最高车速测试段长(m)	200	200	1 000
纵向坡度	≤0.1%	平直铺装路	≤1%

加 速 试 验 比 较

表 5-9

	中华人民共和国国家标准	日本工业标准	德 国 标 准	美国汽车工程师学会标准
标准号	GB/T 12544—90	JIS D 1014—82	DIN 70020.3	SAE J 1491—85
装载质量	满载	满载	允许总质量和空质量之差的1/2	整备质量+136kg(300.1b)
纵向坡度	≤0.1%	平直铺装路	≤1%	≤0.5%
起步连续换挡加速试验	0→最高挡最高车速的80%以上	0→200m 0→400m	0→50km/h 0→100km/h	0→96.6 km/h(60mph) 0→402.5km/h(1/4mile) 0→5s
超越加速试验	从高于最低稳定车速的5的整数倍车速加速到最高车速的80%以上	从高于最低稳定车速的10的整数倍车速加速	—	64.4→96.6km/h (40→60mph)

《机动车运行安全技术条件》(GB/T 7258—2004)规定了制动性能的要求,见表 5-10 和表 5-11。

GB 7258—2004 规定的制动距离和制动稳定性性能要求

表 5-10

机动车类型	制动初速度(km/h)	满载检验制动距离要求(m)	空载检验制动距离要求(m)	试验通道宽度(m)
三轮汽车	20	≤5.0		2.5
乘用车	50	≤20.0	≤19.0	2.5
总质量不大于3 500kg的低速货车	30	≤9.0	≤8.0	2.5
其他总质量不大于3 500kg的汽车	50	≤22.0	≤21.0	2.5
其他汽车、汽车列车	30	≤10.0	≤9.0	3.0
两轮摩托车	30	≤7.0		—
边三轮摩托车	30	≤8.0		2.5
正三轮摩托车	30	≤7.5		2.3
轻便摩托车	20	≤4.0		—
轮式拖拉机运输机组	20	≤6.5	≤6.0	3.0
手扶变型运输机	20	≤6.5		2.3

QC/T 480—1999 给出了汽车操纵稳定性指标限值及评价方法。QC/T 474—1999 给出了客车平顺性评价指标及限值,见表 5-12。

机动车类型	制动初速度（km/h）	满载检验充分发出的平均减速度（m/s²）	空载检验充分发出的平均减速度（m/s²）	试验通道宽度（m）
三轮汽车	20	≥3.8		2.5
乘用车	50	≥5.9	≥6.2	2.5
总质量不大于3 500kg的低速货车	30	≥5.2	≥5.6	2.5
其他总质量不大于3 500kg的汽车	50	≥5.4	≥5.8	2.5
其他汽车、汽车列车	30	≥5.0	≥5.4	3.0

客车平顺性评价指标及其限值 　　　表 5-12

评 价 指 标	大、中型客车				轻 型 客 车	
	旅游车		团体长途	城市	高级	普通
	空气悬浮	非空气悬浮				
加速度加权均方根 σ_w（m/s²）	≤0.459 5	≤0.707 9	≤1.027 4	≤1.122 0	≤0.683 3	≤0.812 3
等效均值 L_{eq}	≤113.0	≤117.0	≤120.0	≤121.0	≤116.5	≤118.0
降低舒适界限 T_{CD}（h）	≥2.5	≥1.0	≥0.5	≥0.4	≥1.2	≥0.8

第二节　轨道运输工具

一、铁路客、货运输车

铁路客、货运输车是指由机车牵引若干辆挂车组成的旅客或货物列车。

1. 机车

机车是铁路运输的基本动力。由于铁路车辆大都不具备动力装置，列车的运行和车辆在车站内有目的的移动均需机车牵引或推送。

将机车分别按照原动力和运用加以分类如下。

（1）按原动力分类

根据原动力将机车分为蒸汽机车、内燃机车以及电力机车。

①蒸汽机车。蒸汽机车是通过蒸汽机把燃料的热能转换为机械能来牵引列车。蒸汽机主要由锅炉、蒸汽机、走行部、车架、煤水车、车钩缓冲装置以及制动装置等组成。早期的列车都是由蒸汽机作为驱动机车的动力，但在使用过程中发现由于蒸汽机车的热效率太低，其总效率只有5%～9%，煤水消耗量太大，因此在现代运输中已逐渐被其他新型牵引形式取代。我国已于1998年停止生产蒸汽机车。

②内燃机车。内燃机车是以内燃机作为原动力的一种机车。它是由动力装置、传动装置、车体与车架、走行部、辅助设备、制动装置和车钩缓冲装置等主要部分组成。与蒸汽机车相比，内燃机车的热效率可达30%，整备时间短，启动、加速快，通过能力大，可实现多机联挂牵引。

内燃机根据其传动装置的不同可分为电力传动和液力传动。电力传动是柴油机驱动主发电机,然后向牵引电动机供电,通过牵引齿轮驱动机车轮对转动。液力传动是由柴油机驱动液力传动装置的变矩器泵轮,将机械功转变成液体的动能,在经变矩器的涡轮转换成机械功,然后经万向轴、车轴齿轮箱等部件传至车轮。

③电动机车。电力机车靠其顶部升起的受电弓从接触网上取得电流,并转换成机械能牵引列车运行。电力机车由电气设备、车体与车架、走行部、车钩缓冲装置和制动装置等主要部分组成。电力机车功率大,获得能量不受限制,因而能高速行驶,牵引较重列车,启动、加速快,爬坡性能强,容易实现多机牵引,更适用于坡度大、隧道多的山区铁路和繁忙干线。

（2）按运用分类

机车按运用分类,可分为客运机车、货运机车和调车机车。客运机车要求速度快,货运机车需要功率大,调车机车要有机动灵活的特点。

2.铁路车辆

铁路车辆是运送旅客和货物的工具。它不具备动力装置,需要连挂成车列后由机车牵引运行。根据用途,铁路车辆可分为客车和货车。

按照旅客旅行生活的需要和旅客的不同要求,可将客车进行如下分类:硬座车(YZ)、软座车(RZ)、硬卧车(YW)、软卧车(RW)、餐车(CA)、行李车(XL)、邮政车(UZ)等。

按照其运送货物种类的不同,可将货车分为:棚车(P)、敞车(C)、平车(N)、罐车(G)、保温车(B)。

二、高速列车

高速列车是指由高功率机车牵引若干挂车,或者同若干带动力的车辆一起组成的列车,最高时速可达 300km/h,平均运行车速为 160～200km/h。高速列车是旅客运输的载体,对它的基本要求是启动快、速度高、运行平稳、安全。

三、快速轨道交通车

该车在专用车道上行驶,在市郊时常设在地面,进入市区时转入地下或高架形式。它是由 4 轴车辆、编组数为 3～8 节或 10 节以上电动机车组成,每辆车长度为 16～23m,宽度为 2.5～3.2m,平均运行速度为 30～50km/h,通行能力为 20～40 对/h,单向输送能力可达 3 万～8 万人次/h。此工具旅客输送能力大,适合于客流量大而集中的城市。

四、轻轨交通列车

轻轨交通列车也称为轻轨车。其行驶车道为有平交的专用道。轻轨车可分为 4 辆车、6 轴单铰接车、8 轴双铰接车,可单节运行,也可编组运行。一般车辆长度为 14～20m,铰接式为 20～32m,车辆宽度为 2.5～3.2m,最大速度一般为 70～80km/h,有时可达 100～125km/h,运行速度一般为 20～35km/h,单向输送能力为 1 万～3 万人次/h。

五、磁浮列车

磁浮列车式用电磁吸力或电动斥力来克服车辆重力和产生过曲线时的导向力,没有机械接触,驱动力是由线性电动机产生的。

磁浮列车是在专用的磁悬浮铁路上运行。法国的"高速列车"(TGV)、德国的"城际快车"

（ICE）和穿越英吉利海峡的"欧洲之星"列车以及日本的新干线，其运行速度达到（或接近）300km/h。1990年，在巴黎西部地区运行的法国第二代高速列车JGU-A"大西洋"号创下试验时速515.3km的世界纪录。

磁浮列车是由无接触的电磁悬浮、导向和驱动系统组成的新型交通工具，可分为超导型和常导型两大类。

第三节　民用航空飞机

一、飞机的基本组成

飞机有四个基本组成部分，即机体、动力装置、飞机系统和机载设备。

1. 机体

飞机机体由机翼、机身、尾翼（组）、起落架等组成（图5-2）。现代民用飞机机体除起落架外一般都是骨架加蒙皮的薄壁结构，其特点是强度高、刚度大、质量轻。机体使用的材料主要有两大类：一类是金属材料，大多采用比强度和比刚度高的铝合金；另一类是复合材料，多为纤维增强树脂基层状结构材料。

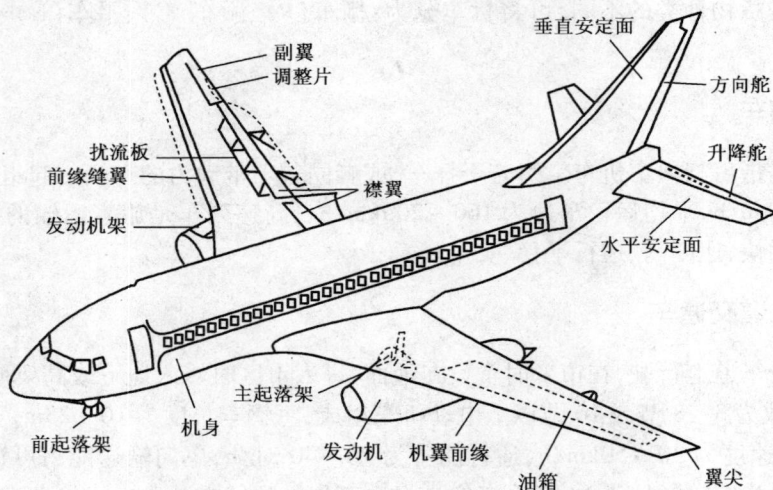

图5-2　飞机组成

亚音速飞机机翼的翼型（机翼剖面形状）几乎都是下表面平直面上表面凸起的，以产生升力。大部分大型飞机的机翼在翼根处与机身的下部连接（即下单翼形式）。高速飞机常采用后掠翼设计，即机翼从翼根到翼尖向后倾斜。机翼上还装有很多用于改善飞机气动特性的装置，包括副翼、襟翼、前缘缝翼、扰流板等。副翼是飞机的主操纵面之一，位于机翼后缘外侧，一对副翼总是以相反的方向偏转，使一侧机翼的升力增加而另一侧机翼的升力减小，从而使飞机滚转。襟翼和前缘缝翼都是增加飞机起飞降落时的升力的装置，以缩短飞机的起降滑跑距离。襟翼位于机翼后缘内侧，放下时可以改变翼型形状和增加机翼面积；前缘缝翼位于机翼前缘，打开时可使下翼面的气流流向上翼面，以增加上翼面的空气流量。扰流板是铰接于机翼上表面的金属薄板，打开时分离上翼面的气流，造成机翼上的升力下降、阻力增加。在空中扰流板可以协助副翼使飞机滚转，在地面扰流板可起减速板的作用。

机身是飞机的主体,用于装载人员、货物、安装设备,并将飞机的各部件连接为整体。机身基本上是左右对称的流线体。大型客机机身一般由机头、前段、中段、后段和尾锥组成。机头主要是雷达天线和整流罩;前段和中段为气密增压舱,空间被地板分成上、下两部分,上部为驾驶舱和客舱,下部为货舱、设备舱和起落架舱;后段主要安装尾翼及部分设备;尾锥主要是辅助动力装置的排气管。

尾翼组由垂直尾翼和水平尾翼组成。垂直尾翼包括垂直安定面和方向舵,用以提供方向(航向)稳定性和操纵性。水平尾翼包括水平安定面和升降舵,用以提供俯仰稳定性和操纵性。

起落架主要由支柱、机轮、减振装置、制动装置和收放机构组成。其功用主要是飞机起降时能在地面滑跑和滑行,并使飞机能在地面移动和停放。现代飞机的起落架都是可收放的,可以大大减小飞机阻力,有利于飞行姿态的控制。

2. 动力装置

飞机飞行的动力来自发动机。航空发动机有活塞式发动机和燃气涡轮发动机两种类型。目前,时速为 300km 轻型飞机的活塞式发动机仍是最经济的动力。

航空燃气涡轮发动机工作时,进入发动机的空气经压气机压缩提高压力,流入燃烧室与喷入的燃油混合后燃烧,形成高温、高压燃气,进入燃气涡轮中膨胀做功,使涡轮高速旋转并输出驱动压气机及发动机附件所需的功率。由燃气涡轮出来的燃气,仍具有一定的压力和温度。利用这股燃气能量有多种方式,相应地形成了不同类型的燃气涡轮发动机:涡轮喷气、涡轮螺旋桨、涡轮油和涡轮风扇发动机。

如果燃气涡轮后紧跟一个尾喷管,由燃气涡轮出来的燃气在尾喷管中膨胀加速,并由喷管排出,产生推力,这种发动机称为涡轮喷气发动机,简称涡喷发动机(图 5-3)。

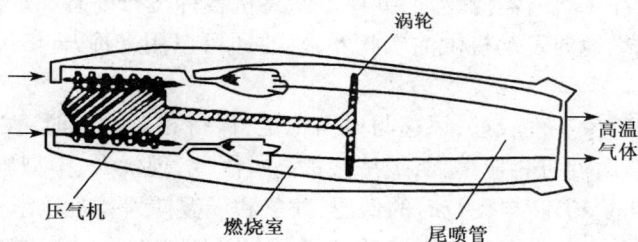

图 5-3 涡轮发动机示意图

由于涡喷发动机的推力是由高速排出的高温燃气获得的,所以在得到推力的同时有不少由燃料燃烧所产生的能量以燃气的动能和热能形式排出发动机,能量损失较大,耗油率较高。如果从燃气涡轮出来的燃气大部分在其后的动力涡轮中膨胀做功,使动力涡轮高速旋转,然后通过减速装置降低转速后再驱动螺旋桨,提供拉力,燃气中剩下的少部分能量在尾喷管中膨胀,产生一小部分推力,这种发动机称为涡轮螺旋桨发动机,简称涡桨发动机(图 5-4)。涡桨发动机由于有直径较大的螺旋桨,飞行速度受到限制,一般用于时速为 300～400km 的飞机上。由于其排气能量损失少,推进效率高,所以耗油率低。目前,其仍是支线飞机的主要动力。

涡轮轴发动机简称涡轴发动机,是直升机的动力。其工作原理和结构基本与涡桨发动机相同。不同的是燃气涡轮输出的能量主要是驱动直升机旋翼,而不是螺旋桨。此外,燃气涡轮排出的燃气基本上在动力涡轮中完全膨胀,燃气由喷管排出时,气流速度很低。

涡轮风扇发动机简称涡扇发动机(图 5-5),是目前应用最广泛的发动机。涡扇发动机的动力涡轮的传动轴通过燃气涡轮轴的中心，驱动压气机前的风扇叶轮。流入发动机的空气经风扇增压后，一部分流过压气机，称为内涵气流；另一部分由围绕内涵道的环形涵道中流过，称为外涵气流。发动机由内、外涵气流分别产生推力。外涵与内涵空气流量之比称为涵道比或流量比。涡扇发动机具有耗油率低、起飞推力大、推重比高、噪声低的优点。因此，目前高涵道比、大推力的涡扇发动机广泛应用于大型运输机上。

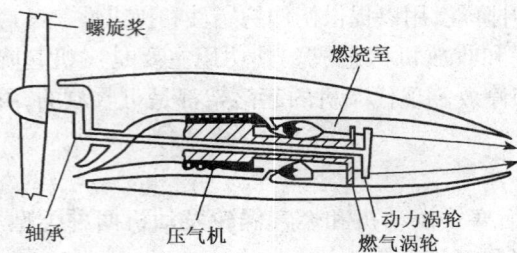

图 5-4 涡桨发动机示意图

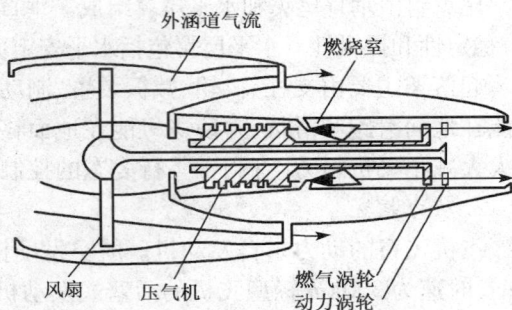

图 5-5 涡扇发动机示意图

3.飞机系统

飞机系统主要有飞机操纵系统、液压传动系统、燃油系统、空调系统、防冰系统等。

飞机操纵系统用于传递驾驶员的操纵动作，驱动舵面或其他有关装置，改变和控制飞行姿态。

飞机采用液压系统传动，包括控制操纵系统和起落架系统等。

燃油系统用于储存飞机所需的燃油，并保证在飞机各种飞行姿态和工作条件下，按照要求的压力和流量连续可靠地向发动机供油。此外，燃油还可以用来冷却飞机上的有关设备和平衡飞机等。

飞机在高空飞行气象条件较好，风速与风向稳定，保持相对空速时，发动机消耗的燃料比低空时少，航程与续航时间可相应增大，经济性提高。因此，现代大、中型旅客运输机的巡航高度都在 7 000～10 000m。但高空飞行时的低压、缺氧和低温使人体难以承受，因此现代飞机都采用了气密座舱和座舱空气调节系统。座舱空气调节系统能在飞行高度范围内，向座舱供给一定压力、温度的空气，并按需要调节，保证机上人员的舒适与安全。

飞机在高空飞行时，大气温度都在 0℃ 以下，飞机的迎风部位，如机翼前缘、尾翼前缘、驾驶舱扫风玻璃、发动机进气道等易结冰。因此，现代飞机都有防冰系统，以防止结冰飞机飞行带来危害。

4.机载设备

现代大型运输机驾驶舱内的机载设备包括飞行和发动机仪表、导航、通信以及有关辅助设备等。机载设备为驾驶员提供有关飞机及其系统的工作情况，使驾驶员能随时得到飞行所必需的信息，并可在飞行后向维修人员提供有关信息。

飞机的飞行仪表包括指示飞行速度、飞行高度、升降速度的全静压系统仪表，指示飞行姿态和方向的仪表，指示时间和加速度的仪表等。现代飞机上还有自动驾驶仪等。

发动机仪表测量并指示发动机的工作状态，其测量的参数包括不同部位的温度、压力、转速等。

导航、通信以及有关辅助设备是为了保证飞机的安全飞行而提供定位和通信联络信息等。

130

二、飞机的分类

民用飞机主要是指民用的客机、货机和客货两用飞机。

按运输类型的不同,民用飞机可分为两类:一类是航空公司定期或不定期航班使用的各种运输机;另一类是为工农业飞行、抢险救灾、教学训练等服务的通用航空飞机。

按最大起飞质量,民用飞机可分为大型飞机、中型飞机、小型飞机。

按飞机的航程不同,民用飞机可分为短程飞机、中程飞机和远程飞机。

三、民用飞机的主要性能

不同用途的飞机,对飞机性能的要求有所不同。对现代民用飞机而言,主要考虑以下性能指标。

1. 速度性能

飞机优于其他运输工具的主要特点之一是速度快。标志飞机速度性能的指标是飞机的最大平飞速度。

飞机的飞行速度增大时,飞机的阻力就增大,克服阻力需要的发动机推力也应增大。当飞机做水平直线飞行,飞机的阻力与发动机的最大可用推力相等时,飞机能达到的最大飞行速度就是飞机的最大平飞速度。由于飞机的阻力和发动机的推力都与高度有关,所以飞机的最大平飞速度在不同的高度上是不同的。通常在 11km 左右的高度上,飞机能获得最大的最大平飞速度。

飞机不能长时间地以最大平飞速度飞行,这一方面会损坏发动机,另一方面消耗的燃油也太多。所以,对需做长途飞行的运输机而言,更注重的是巡航速度。所谓巡航速度,是指发动机每公里消耗燃油最少情况下的飞行速度。也就是说,飞机以巡航速度飞行时最为经济,航程最远或航时最长。

2. 爬升性能

民用飞机的主要爬升性能是指飞机的最大爬升速率和升限。飞机的爬升受到高度的限制,因为高度越高,发动机的推力就越小。当飞机达到某一高度,发动机的推力只能克服平飞阻力时,飞机就不能再继续爬升了,这一高度称为飞机的理论升限。通常使用的是实用升限,所谓实用升限是指飞机还能以每秒 0.5m 的垂直速度爬升时的飞行高度,也称飞机的静升限。

3. 续航性能

民用飞机的续航性能主要指航程和续航时间(航时)。航程是指飞机起飞后,爬升到平飞高度平飞,再由平飞高度下降落地,且中途不加燃油和滑油,所获得的水平距离的总和。飞机的航程不仅取决于飞机的载油量和飞机单位飞行距离耗油量,而且与业务载质量有关。飞机在最大载油量和飞机单位飞行距离耗油量最小的情况下飞行所获得的航程就是飞机的最大航程。由于飞机的满燃油质量与最大业务载质量的总和通常大于飞机的最大起飞质量,所以,为了要达到这一飞行距离就不得不牺牲部分业务载质量。同样,飞机欲以最大业务载质量飞行,则通常要牺牲部分航程。

4. 起降性能

飞机的起降性能包括飞机起飞离地速度和起飞滑跑距离、飞机着陆速度和着陆滑跑距离。

在地面滑跑的飞机,当其前进速度所产生的升力略大于飞机的起飞质量时,飞机就能够离陆了。但在正常起飞时,为了保证安全,离陆速度要稍大于最小平飞速度(飞机能够保持平飞的最小速度)。

离陆距离也称起飞距离,它由起飞滑跑距离和起飞爬升距离组成。飞机从松开刹车沿跑道向前滑跑至机轮离开地面所经过的距离称为起飞爬升距离。飞机的离陆距离希望尽可能地短,这样可以在较短的跑道上起飞。飞机发动机的推力越大,最小平飞速度越小,其离陆距离也就越短。

飞机的着陆过程的速度希望尽可能得小。着陆过程的速度分着陆进场速度和着陆接地速度。着陆进场速度是指飞机下滑至安全高度进入着陆区时的速度。着陆接地速度有时也简称为着陆速度。

着陆距离可分为着陆下滑距离和着陆滑跑距离。着陆滑跑距离取决于飞机的着陆接地速度和落地后的减速性能。现代民用飞机除了在机轮上安装制动外,通常还采用减速板、反推力装置等来缩短着陆滑跑距离。

为了改善飞机的起降性能,使飞机在起降阶段在较小的速度下获得较大的升力,现代民用飞机均采用了不同的增升装置,如襟翼、前缘缝(襟)翼等,从而减低飞机的离地和接地速度。图 5-6 为飞机的起飞与着陆过程。

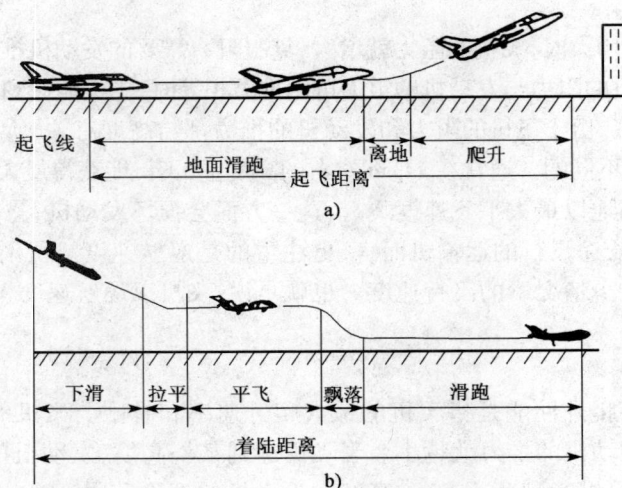

图 5-6 飞机的起飞与着陆过程

复习思考题

1. 试分析汽车行驶时的受力,并建立行驶方程。
2. 试述汽车动力性的评价指标。
3. 试述汽车制动性的评价指标,并对汽车的制动过程加以分析。
4. 分析不同路面对汽车产生的阻力。
5. 试述汽车操作稳定性的评价指标。汽车的稳态响应分为哪三类? 从安全的角度考虑,汽车应该具有哪种转向特征?
6. 试述影响道路安全的主要汽车性能。
7. 详述轨道运输工具的分类。
8. 详述民用飞机的主要性能。

第六章 公路养护维修管理

公路养护与管理的任务就是运用先进的技术和科学的管理方法,合理地分配和使用养护资金,通过养护维修使公路在设计使用年限内经常保持完好状态,并有计划地改善公路的技术指标,以提高公路的服务质量,最大限度地发挥公路的运输经济效益。

第一节 公路养护管理

公路养护管理是公路管理的重要内容,它是对已经建成后的公路采取一系列的管理措施,使得公路能够维持在一定的路况水平上保证畅通,从而获得社会和经济效益的最大化。要想实现这个目标,在公路的养护管理中需要从组织上、技术上以及安全控制等方面做出具体的努力,建立健全公路养护管理体系。图 6-1 所示为公路养护管理体系所包含的主要内容。

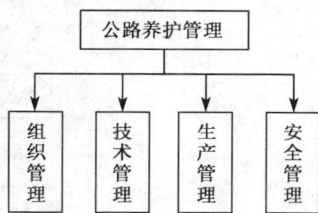

图 6-1 公路养护管理体系

一、公路养护组织管理

为了加强对公路养护工作的管理,确保完成公路养护工作,需要建立完善的公路养护管理的组织体系。我国目前的道路组织机构主要采用如图 6-2 所示的形式。由图 6-2 可以看出,我国的道路组织管理机构分为省、市、县三级。各级公路主管部门和其公路管理机构的管理职责是:

(1)贯彻执行国家关于公路建设、养护、管理工作的方针、政策、法规。

(2)编制公路建设、养护计划,并组织实施;协调解决计划执行中发生的问题;负责公路建设、养护工作的检查和奖惩,采取措施提高路况,保证畅通。

(3)负责路政管理,处理违章,保护路产,维护公路养护施工的正常持续。

(4)组织公路现代化养护、现代化管理技术的开发,负责交通情况调查和路况登记,培训公路专业人员,改善技术装备,交流先进经验,提高公路管理水平。

(5)调查研究和统计上报公路情况。

(6)负责公路养护费、通行费、过渡费等费用的征收和使用管理等。

这三级采用垂直管理的模式,其中省级公路管理局除负责养路费的"统收统支,收支两条线"的管理工作外,对其下面的各类养护工程重在主要物资的供应、资金的调控和计划执行情况的检查。市(地)级公路管理分局(总段)也可视需要在机关下设直属的工程队(或具有法人资格的公路桥梁工程公司)、渡口所、机修厂、设计所等单位。县级公路管理段是独立核算的公路养护与管理的基层组织,其下视公路养护里程设若干个养路道班或机械养护工区(大道班),并根据实际需要设桥工班、工程队、汽车队及机关股室等。公路养护道班,一般按每 10 ~ 15km 设立一个,也可根据养路机械化程度、路面结构类型和养护技术难易程度的变化,设置大道班(或机械养护工区)延长其管养里程。人烟稀少或边远地区的公路,也可实行机械化养护队定期巡回养护。省、市(地)、县(市)三级养护专业机构分别设总工程师和主任工程师,组成技术支持保障体系。他们属同级行政领导成员,负有工程方面的技术责任,其主要职责为:

(1)贯彻执行国家有关公路技术法规和公路养护维修的技术政策和规章制度;

(2)根据道路养护的周期性要求,定期安排人员进行道路各项设施和路况进行调查,获得路况现状资料;

(3)对现有路况进行分析,根据预算资金的约束,提出合理的养护技术措施和具体的实施方案;

(4)选择符合要求的施工队伍进行养护施工,并组织验收,把好质量关;

(5)领导建立本地区路网的数据库管理系统,并组织技术力量对数据库管理系统进行维护和完善;

(6)研究养护工程的最新发展动态,组织技术人员参加国内外技术交流,力求使养护水平保持在较高的水平上。

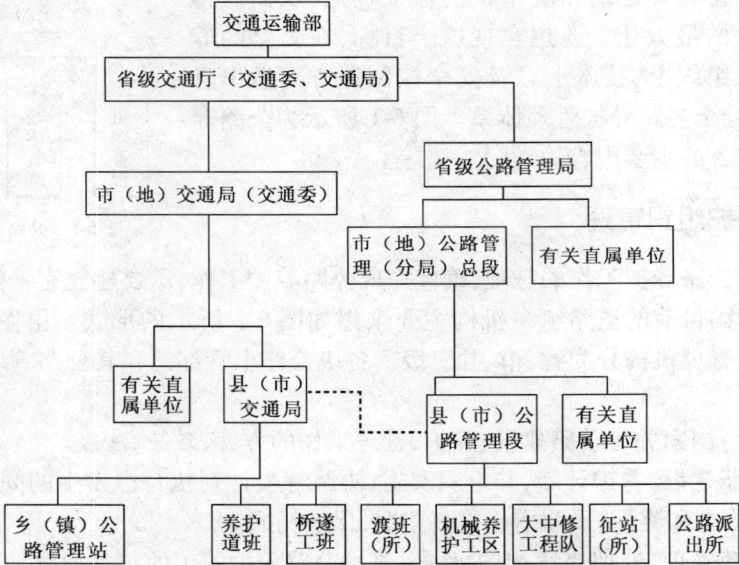

图6-2　各级公路主管部门和公路管理机构设置图

对于各级公路管理机构,必须配备合理数量的工程技术人员。公路管理分局(总段)以下的专职工程技术人员,每100km公路至少应配4人;分局(总段)、段(站)机关工程技术人员在机关编制中应不少于30%。

二、公路养护技术管理

技术管理是公路养护管理的核心和主要内容,是指由技术负责人组织进行路况调查、数据分析、建立管理评价系统、研究养护方案和计划、组织工程实施等一系列技术工作,并对技术工作进行有效的管理和评估,使养护工作满足国家有关公路建设、养护的技术政策和标准规范,并通过工程实践和技术交流研究等提高养护工程的技术水平。

公路养护按其工程规模大小、技术难易程度和病害处治特征划分为小修保养、中修、大修和改善四个工程类别。此外,对于当年发生的较大水毁等自然灾害而急需抢险修复的工程以及因临时发生超限运输等情况而需应急安排的桥涵加固等工程,可另列为专项工程。

公路养护工程分类、含义及相应管理办法如表6-1所示。各类养护工程计划、设计预算、工程质量、施工安全、经济核算、物资供应、检查验收、工程决算、技术档案等管理工作,应按照交通运输部《公路养护工程管理办法》办理,不得偏废。

养护工程分类、含义及相应管理办法 表6-1

养护工程分类	含 义	管 理 办 法
小修保养工程	对公路及其附属设施进行预防保养,修补其轻微损坏部分,使之经常保持原设计所要求的完好状态	由道班在全年定额经费内,逐月(旬)安排计划,每日进行养护作业
中修工程	对公路设施的一般性磨损和局部损坏进行定期修理和加固,以恢复原设计状态	由基层养路机构按年(季)安排计划,并组织实施
大修工程	对公路设施的较大损坏进行周期性综合修理,全面恢复到原设计状态,或进行局部改善和增建的工程	由基层或在上级机构帮助下,根据核算的年计划和工程预算组织实施
改善工程	对公路及其设施分期分段提高技术标准,或通过改善显著提高通行能力的较大工程项目	由市(地)或省级机构根据批准的年计划和预算组织实施或招标完成
专项工程	当年意外发生的较大水毁、震毁抢修和修复工程,或其他临时发生的应急加固工程	由相应机构在预列、机动或上级专项补助经费内专项办理。当年实在不能修复的,转入下年中修、大修或改善工程计划内完成

三、公路养护生产管理

生产管理是对日常生产活动的计划、组织和控制以及与工程项目生产密切相关的各项管理工作的总称。生产管理的任务就是运用组织、计划、控制的职能,将投入生产过程的各种生产要素(人力、资金、材料机具、信息)有效地结合起来,形成有机体系,按照最经济的方式,保质、保量、安全地完成生产任务。

对于道路养护而言,生产管理就是对路网中各路段的日常管理、维护以及大中修养护乃至重建的各项工作进行规划并组织实施。其生产管理的主要内容如图6-3所示。

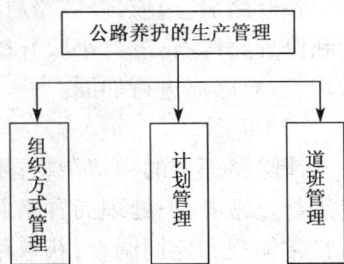

图6-3 公路养护生产管理

四、公路养护安全管理

为了保证道路养护工作的正常开展,需要发展一套有效的安全管理措施,以保证养护作业中工作人员以及道路使用者的安全。尤其是高速公路因其具有交通量大、车速高的特点,进行养护作业时不能中断交通,为了保证养护作业的安全和车辆能顺利通过作业区,就必须采取一系列安全管理措施,兼顾作业和行车的需要。

安全措施主要是指在作业区内进行交通控制,设置交通控制区,并在控制区内设置交通标志。交通控制区一般分为6个部分,如图6-4所示。

安全管理是安全生产的保证,在施工现场必须实施有关安全管理的规定,具体如下:

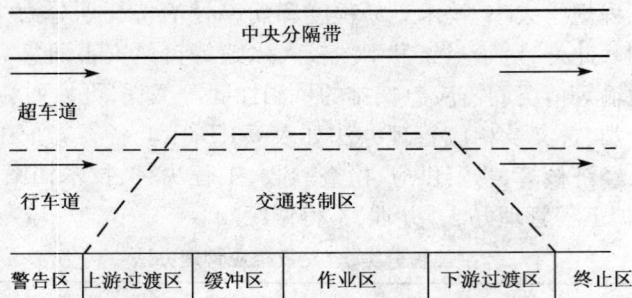

图 6-4　养护作业交通控制区

（1）施工现场必须施行交通管制；

（2）施工现场必须具有良好的施工环境和作业条件；

（3）施工现场的所有施工人员必须接受岗前安全教育；

（4）施工现场的所有施工人员应穿戴、使用有关防护用品、用具；

（5）施工现场必须设置必要的提示、警示、警告等各种安全防范标志；

（6）施工现场必须做好防火、防电、防爆等防护工作；

（7）施工现场应建立完善的机具设备例保、检修制度，保证机械设备的安全运行。

第二节　公路养护工程内容

一、维修保养工程

维修保养是为了保持公路及其附属设施的正常使用功能而安排的经常性保养和修补其轻微损坏部分的作业。

（1）路基

整修路肩、边坡，修剪路肩杂草；清除挡墙、护坡、护栏、集水井和泄水槽内的杂物；疏通边沟和修理路缘石；进行小段开挖，铺砌边沟；清除路基塌方，填补缺口；局部整修挡墙、护坡泄水槽圬工；对路肩进行加固。

（2）路面

清除路面上的一切杂物；排除积水、积雪、积冰，铺防滑、防冻材料；对水泥混凝土路面的接缝进行正常养护；处理沥青路面和水泥混凝土路面的局部轻微病害；处理桥头跳车；对路面进行日常巡视和定期调查，获取路面状况指数。

（3）桥涵隧道及交叉工程

清除污泥、积雪、杂物，保持结构物的整洁；清除立交桥下河隧道、涵洞中的污泥杂物；伸缩缝清理、修整，泄水槽疏通，部分栏杆油漆；局部更换栏杆、扶手等小构件；局部修理泄水槽、伸缩缝、支座和桥面；对涵洞进行整修，疏通排水系统；进行日常巡视和定期调查。

（4）绿化和沿线设施

对树木、花草的日常管理和补植，对路面标志、标线和集水井、通信井等设施进行正常养护和定期检查，对护栏、隔离栅、标志局部油漆和更换，对路面标线进行局部补画。

二、专项工程

专项工程是对公路及其附属设施的一般性磨损和局部损坏进行定期修理、加固、更新和完

136

善的作业。

1. 路基

全面修理挡墙、护坡、泄水槽，铺砌边沟和路缘石；清除大塌方以及大面积翻浆；整段增设边沟、截水沟；对局部软土地基进行处理。

2. 路面

对路面的严重病害进行处理，并对沥青路面进行整段罩面。

3. 桥涵隧道及交叉工程

更换伸缩缝及支座，对桥墩、桥台及隧道衬砌局部修理；对桥梁河床铺底及调治构造物的修复；对排水设施进行整段修理或更新；对构造物的承载能力进行检测；对构件进行全面除锈和油漆。

4. 绿化和沿线设施

开辟苗圃，更新树种、花木、草皮，增设公路绿色小品和公路雕塑；全面修理护栏、隔离栅和各种标志；整段重画路面标线、整段钢质沿线设施定期油漆；对通信和监控设施进行修理。

三、大修工程

大修工程是指当公路及其附属设施已达到其服务周期时，进行的应急性、周期性的综合修理，使之恢复到原设计状态；或由于水毁、地震、交通事故、风暴、冰雪等造成的公路及其附属设施的重大损坏，为保证其正常使用而及时进行的修复作业。

1. 路基

拆除、重建或增建较大的挡土墙、护坡等防护工程；对重大水毁路基的恢复以及整段软土地基处理。

2. 路面

周期性的整段路面改善工程；对沥青路面整段铺面，对水泥混凝土路面更换面板；对重大自然灾害造成的路面损坏的修复。

3. 桥涵隧道及交叉工程

增建小型立体交叉或通道；整段改善大、中桥梁；对隧道衬砌进行全面改善。

4. 绿化和沿线工程

整段更换沿线设施；对各种钢质沿线设施进行定期油漆。

四、沥青路面养护维修技术的发展趋势

随着我国高速公路的迅猛发展，如何保持沥青路面的良好使用性能以及延长其使用寿命越发显得重要，养护维修技术正日益成为人们关注的一个热点。

我国现行的《公路沥青路面养护技术规范》(JTJ 073.2—2001)根据工程量的规模大小、技术难易程度将沥青路面的养护维修作业分为小修保养、中修、大修、改善（改建）四类。此分类方法反映了一种"重修理、轻预防"的观念。更为合理的分类方法是根据病害的类型、路面损坏程度以及所需采用养护维修措施的性质和功能进行分类，可分为预防性养护、修复性养护、路面翻修和路面重建四类。这种分类方法的核心是作业的功能和目的，因而有着很强的目的性和针对性。

1. 预防性养护技术的发展

预防性养护是指那些带有保护路面防治病害进一步扩展和以减缓路面使用性能的恶化速

率以及延长路面使用寿命为目的的养护作业,通常用于没有发生损害或只有轻微缺陷与病害迹象的路面。预防性养护没有路面补强的功能,但可以减少路面寿命周期的成本,节约养护维修资金,是一种效益良好的养护措施。

目前广泛应用的预防性养护技术有:表面封层、裂缝填封、薄层罩面。预防性养护技术的发展趋势应沿着材料、工艺和设备三个方面向前发展。

(1)新材料

预防性养护是敷设在沥青路面上的一薄层养护层,它不像沥青混凝土那样对抵抗疲劳荷载的破坏和抗车辙的能力方面有着很高的要求。对养护层更为重要的要求如下:第一是抵抗车轮磨耗;第二是养护材料抵抗外部塑性变形的能力,即要求养护材料有足够的黏弹性和延展性,以便吸收由于温度变化或原路面传来的变形和应力;第三是它的密水性,即防止水分透过养护层渗入路面的能力,这直接影响到养护层抗水损坏的性能;第四是在环境因素的影响下耐老化的能力。

针对上述要求,新的养护材料应具有较强的黏弹性、坚韧性以及与集料之间的黏附性。高黏度橡胶沥青就具有这样的特性。

目前,橡胶沥青已广泛应用于石屑封层、薄层罩面、应力吸收层、开级配的磨耗层等各种需要黏结剂、具有高黏结力的场合,同时橡胶沥青也是制作各种裂缝填封、接缝填封材料和密封胶的主要原料。

(2)新工艺

预防性养护工艺将进一步向冷态施工方向发展。如果对橡胶沥青进一步乳化,橡胶沥青就可以移植到稀浆封层这样的冷态施工技术中。为了解决黏结剂与集料更好裹覆的问题,提出了将细砂在乳化沥青喷洒前先行混合的新概念。目前,该种工艺已经在裂缝压力喷补中得到了很好的应用。另一个为解决石屑与沥青裹覆问题的新技术是在石屑封层中采用同步喷洒的工艺。

为了解决石屑封层存在的缺陷,有的国家采用覆盖封层或三明治封层技术。覆盖层封层技术是一种复合封层技术,它首先在原路面上敷设一层石屑封层,待石屑封层完全凝固后(需一周左右),再在其上敷设一层稀浆封层。

三明治封层是一种将贯入式工艺与石屑封层工艺结合在一起的封层技术。它的工艺是先将一层粗集料(15~20cm)撒布在所需养护的沥青路面上,然后再喷洒一层改性乳化沥青,并紧跟着撒布一层较细的集料(5~13cm),最后碾压成型。该封层技术改性乳化沥青的用量要比单层的石屑封层用量高,以便有足够的沥青贯入到粗集料的缝隙中,但其喷洒量又比双层石屑封层低。这种复合式工艺的好处是可以将小的集料颗粒嵌入到大的颗粒中间,以提高抵抗车轮带出石屑的能力,而大颗粒集料的存在有助于解决表面泛油的问题,在生产效率和材料消耗方面要比多层石屑封层好。

2.修复性养护技术新发展

修复性养护主要包括路面局部修补,中、大裂缝的填补处理两大类。在路面的局部修补中又包括坑槽修补和路面翻修。

坑槽修补是养护部门最日常的养护工作。坑槽修补式处理路面常用于由于局部承载力不足而导致的路面小面积的裂缝(龟裂)、路面老化和路面崩解而导致的坑槽。从修补的寿命长短分,坑槽修补可分为应急修补、半永久性修补和永久性修补。从修补的施工方式可分为冷态修补和热态修补。属于修复性养护的裂缝填封主要是针对那些由于低温、推移、反射等引起,其损坏主要存在于面层内部的裂缝。影响裂缝封填寿命的工艺因素是:施工气温;裂缝是否做了清洁、干燥处理;裂缝封填的方式。裂缝封填方式对填封寿命有着重要影响。美国 SHRP 计划研究表明寿命最长的填封方式是:方槽贴封式和浅宽槽无贴封式。

裂缝封填的先进工艺,应包括以下工序:开槽扩缝;加热压缩空气清洁干燥缝壁;压力填充补缝材料;撒沙封边。目前,先进的封缝设备都是根据上述工序设计的。

在坑槽修补中,修补材料的压实质量、表面的平整度、修补的快速性仍然是目前坑槽修补技术中没有完全解决的问题。沥青修复性养护技术总的发展趋势将围绕上述问题从材料、工艺和设备三方面取得进展。

(1)新材料

在坑槽修补材料的发展中,高性能的专用冷补材料的开发有明显的发展趋势。目前的冷补材料可使修补寿命提高 1～2 年左右。应急性冷补材料主要是由慢凝的轻质沥青制作的,而专用的冷补材料是按专门的配方和拌和工艺生产的。这些材料大多是一些专利产品,如美国的 UPM、Perma-Patch、QPR2000 等品牌的冷补材料。随着新的高性能冷补材料的发展,结合冷补工艺的改善,使坑槽修补寿命接近于永久是可能的。

(2)新工艺

在坑槽修补工艺方面,冷补工艺较热补工艺发展得更快。在保持应急冷补快速的基础上,美国的研究提出了"半永久性冷补"工艺,该工艺是由以下五道工序组成的:

①清除坑中的水分和杂物;

②切除周边半损坏的材料;

③喷洒黏层油;

④填入冷补材料;

⑤用小型机具压实冷补材料。

半永久性修补工艺较常规应急修补工艺增加了切边、喷洒黏层油和碾压三道工序,虽然会增加数分钟的修补时间,但却大大提高了修补的牢固性。

在坑槽的压力喷补工艺方面需要关注的问题是进一步改善坑槽表面的平整度。在热补工艺方面提高坑槽修补深度是加热修补工艺进一步发展需要解决的问题。在这方面,微波加热将是一个值得关注的发展方向。

第三节 路 面 检 测

路面评价与管理中所需要的路面数据的分类见表 6-2。可以看出,路面检测内容丰富、检测数据多样,需要采用多种检测设备和技术进行。下面结合路面数据检测的要求介绍相关的检测技术。

路面检测内容与数据分类 表 6-2

检 测 内 容	检 测 数 据
结构强度	弯沉
抗滑能力	摩阻系数、构造深度
车辙	车辙深度
结构参数	结构层厚度与材料模量

检 测 内 容	检 测 数 据
平整度	国际平整度指数(IRI)
损坏状况	表面破损(裂缝、坑槽、修补等)以及路面内部缺陷
基本数据	路面厚度、宽度、路面和路肩类型

一、路面结构强度检测

测定路面结构强度的目的有两点:一是鉴别路网内路面结构承载能力状况,确定需采取改建措施的路段;二是为加铺层设计提供设计参数。弯沉作为沥青路面设计规范采用的设计指标,是反映路面结构强度的重要参数。因此,路面结构强度检测主要针对路面弯沉进行。

目前常用的弯沉测试方法有静态弯沉和动态弯沉测试,分别采用贝克曼梁以及落锤式弯沉仪或者激光弯沉仪。

1. 静态弯沉检测

静态弯沉检测通常采用贝克曼梁进行,测点间距为 20 ~ 50m,视测定路段长度和所要求的测定精度而定。

由于影响路面弯沉的因素众多,因此弯沉值的变异性也较大,通常采用统计方法对每一路段的弯沉值进行处理,以路段的代表弯沉值表征该路段的结构承载能力。

路段代表弯沉值 l_d 可按式(6-1)确定:

$$l_d = (l_{av} + Zs)k_t k_s \qquad (6\text{-}1)$$

式中: l_{av}——路段各测点弯沉的平均值;

s——该路段弯沉测定值的标准偏差;

Z——保证率系数,当要求保证率为 95% 时,系数为 1.645;

k_t、k_s——分别为温度修正系数和季节修正系数。

2. 动态弯沉检测

动态弯沉检测的常用仪器为落锤式弯沉仪(FWD)。重锤以 500 ~ 3 000N 的重力从 4 ~ 40cm 高度落下,作用于弹簧和橡胶垫,通过 30cm 直径承载板传给路面。利用沿荷载轴线布置的传感器可以量测路表动弯沉曲线(称为弯沉盆曲线),如图 6-5 所示。

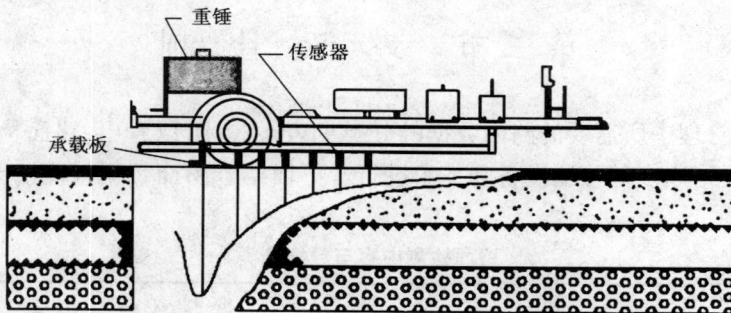

图 6-5 FWD 弯沉盆曲线

FWD 在路面结构整体评价方法已得到广泛应用,通过得到的弯沉盆曲线,可以进行以下研究:

(1)建立适用于路面设计和性能预测的路面响应和性能预估模型;

（2）材料特性评定，目前应用最多的是采用 FWD 检测数据反算路面材料力学参数，对比分析室内材料试验与实际路面反应的差异；

（3）评价环境因素对路面设计和性能的影响等；

（4）反算不同损坏模式下的路面结构的力学响应。

国内外对路面结构材料参数反算方法进行了大量研究，建立了实用的反算程序，如美国联邦公路管理局（FHWA）建立的 MODCOMP 等。

激光弯沉测定仪是另外一种动态弯沉测试方法。依靠光线作为臂长，由于激光发射角窄，光点小而红亮，10m 远处仍清晰可见，读数稳定、精度高且操作简便。由于公路强度的提高，常规的贝克曼梁的支点已经落在荷载影响区内，影响了测试结果的精度，而激光弯沉仪则可以有效克服该缺点。其主要结构见图 6-6。

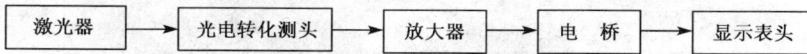

| 激光器 | → | 光电转化测头 | → | 放大器 | → | 电 桥 | → | 显示表头 |

图 6-6　激光弯沉仪结构框图

二、抗滑能力检测

1. 制动距离法

以一定速度在潮湿路面上行驶的四轮小客车或轻货车，当四个车轮被制动时，车辆减速滑移到停止的距离，可用以表征非稳态抗滑能力，以制动距离数 SDN 表示：

$$SDN = \frac{v^2}{225L_t} \tag{6-2}$$

式中：v——制动开始作用时车辆的速度，km/h；

L_t——滑移到停车的距离，m。

轮胎需采用标准试验轮胎，车辆总质量不应少于 1 450kg，前端载重（包括驾驶员、乘客和仪器等）不应超过总重力的 60%。

测试路段应选择材料组成均匀、磨耗均匀和龄期相同的平直路段；路表面无明显污染。测试前路段至少洒水湿润两次，每次的水量至少为 0.5L/mm，直到路表面完全被水饱和。而在每次测定之前，应重新洒水润湿路面，以保持相同的潮湿状况。

路面潮湿后，车辆以略高于测试速度驶入试验路段，挂上空挡，待车速达到测试速度时立即制动，并保持锁轮状态，直到车辆完全停住。记录下制动时的速度和滑移距离，带入式（6-2）即可得到制动距离数 SDN。标准测试速度为 64.4km/h，也可采用其他速度，但不宜低于 32km/h。每个测试路段至少选择两个试验段，而在每个试验段上每种规定速度至少测 3 次，以算术平均值代表试验段和测试路段的 SDN。

SDN 可用以表征路面的抗滑能力。当与其他试验结果结合在一起时，它可用以确定路面材料或表面修整技术是否合适，并用以改善养护工作和养护计划。

2. 锁轮拖车法

装有试验标准轮胎的单轮拖车由汽车拖拉，以要求的测定速度在洒水湿润的路面上行驶，通过测定牵引力量测在载重和速度不变的状态下拖拉测试轮时，作用在轮胎和路面间的摩擦力。将摩擦力除以作用在轮胎上的垂直力，可得到以滑移指数 SN 表征的路面稳态抗滑能力。

$$SN = 100 \frac{F}{W} \tag{6-3}$$

式中：F——作用在试验轮胎上的摩擦力，N；

　　W——作用在轮上的垂直荷载，N。

轮上的载重为 4 726N，标准测试速度为 64.4km/h。轮胎制动时的牵引力由力传感器测量。在测试轮前方，安装有洒水装置。洒水袋的宽度比胎面至少宽出 25mm，洒水量为0.6L/mm。

测试路段应选择材料均匀、磨耗均匀和龄期相同的平直路段。每个测试段至少测定 5 次，以算术平均值代表该测试路段的抗滑能力。

3. 偏转轮拖车法

拖车上安装有两只可自由转动的标准试验轮胎，它们相对车辆行驶方向偏转一定的角度。在汽车拖拉下以一定速度在潮湿路面上行驶时，试验轮胎和路面间受到侧向摩擦力的作用，如图6-7 所示。

图 6-7　偏转轮拖车法

记录下的侧向摩擦力除以作用在试验轮上的载重，可得到以侧向力系数 SFC 表征的路面抗滑能力，见式(6-4)。

$$\text{SFC} = \frac{F_s}{W} \tag{6-4}$$

式中：F_s——作用在试验轮胎上的侧向摩擦力，N；

　　W——作用在轮上的垂直荷载，N。

三、平整度和车辙检测

平整度和车辙是影响路面行驶质量的关键因素，路面不平整、车辙深度较大，易导致行车颠簸、油耗增加、路面损坏和行车安全性降低。平整度和车辙的测试方法一般根据测试目的分为三类，即反应类、断面类和目视测量。

1. 反应类

反应类平整度测试系统，是在车上安装由一个传杆器和一个显示器组成的仪器，可以传感和积累车辆以一定的速度经不平整路面时悬挂系统的竖向位移量。仪器得到的测定值，通常是一个记数数值，每一个数相应于一定的悬挂系位移量。这类仪器有 TRRL 的颠簸累积仪和澳大利亚的 NAASRA 平整度仪等。

反应类平整度仪的优点有：

（1）与 IRI 有直接关系；

（2）测试费用低。

但其缺点也很明显，包括：

（1）测试结果取决于观测车的机械性能；

（2）要保持均匀的速度，以避免过多的数据修正；

（3）对于不同的测试速度和平整度情况需要经常性的标定；

（4）测试结果不能给出真实的路面断面，因而无法利用测试结果考察和分析路况的路表特性。

由于测定速度快、测试费用低和操作简便，反应类平整度测定系统是迄今应用最为广泛的平整度测定方法。但由于上述几个缺点，测定结果同测试车辆的动力性质有关，车辆性质的变化会使测定结果产生相应的变化。因而，在测定过程中车辆的力学性质必须通过良好的保养和严格的操作方法而保持稳定。同时，由于不同仪器对平整度的反应不一样，必须建立标定曲线，把不同仪器的测定结果转换到用同一个（标准）平整度指标（国际平整度指数 IRI）表示。此外，为了保证逐日测定的结果具有相同的含义，还必须规定一套控制试验方法，以检查和控制测试系统的性能变化。

2. 断面类平整度仪

（1）梁式断面仪

梁式断面仪是由英国运输和道路研究所（TRRL）研制的一种半自动化断面量测仪（图6-8）。仪器为一根 3m 长的铝制梁，两端支于可以调整水平的三角架上，一个直径为 250mm 的跟随轮装在可以在梁上滑移的支架上，跟随轮沿梁长在路表面上滚过，装在支架内的仪器测出跟随轮相对于梁的竖向位移，分辨率达 1mm，取值间距为 100mm。滑移支架由人工操作，以步行速度从梁的一端推移到另一端。每隔 3m 安设一次梁，通过连续测量可以得到路段的纵断面。这种方法可以得到精确的断面数据，测定速度较水准测量快，所费的劳力也较省。

（2）纵断面分析仪

纵断面分析仪为法国桥路中心实验室（LCPC）生产的一种惯性断面仪（APL），由一个自行车式的轮子、装

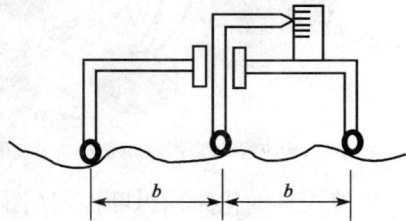

图6-8 TRRL 梁式断面仪

有压载的框架、车轮支撑臂和一个低频惯性摆组成测试拖车。拖车设计成对牵引车的运转不敏感，而传感频率为 0.5～20Hz 的轮迹带纵断面。惯性摆提供拟水平参考系，通过量测车轮支撑臂相对于水平惯性摆的角位移可计算得到轮子沿路表的竖向位移，由此得到路表纵断面。APL 仪可用于测定各种平整度的路面，测定速度在 15～140km/h 范围内。

（3）响应式断面仪

响应式自动化路面平整度分析仪采用车体对路面平整度的动态响应作为检测目标（响应式检测类），并通过数学模型将得到的车体响应转化为平整度指标，可在正常车速的条件下，对路面进行长距离平整度自动检测，流动性强，测试速度快，操作简单，运行可靠。由于采用宽频带加速度传感器，该仪器可测出高频及低频的平整度信息，其频带宽大于其他同类产品的频带宽度。该仪器检测探头及配置见图6-9。

该仪器配置的便携式计算机对加速度信号进行自动数据采集和数据处理，并能进行实时平整度评价和打印评价结果。检测电源取自检测车辆内点烟插座 12V 直流电源，十分方便。该仪器适用于对现有路面的维护、翻修及周期性平整度的检测与评价以及对新施工的路面进

行平整度验收。

断面类平整度测定方法的主要优点是直接得到轮迹带路表面的实际断面,依据它可以对路面平整度的特性进行分析。而其主要缺点是对于水准测量和 TRRL 梁断面仪来说,测定速度太慢,不宜用于大范围的数据采集;而对于惯性断面仪和纵断面分析仪来说,仪器的精度较高,操作运用和维修技术要求高,购置和使用费用也高,因而其广泛应用受到了限制。

(4)激光断面仪

断面类平整度仪通过对纵断面进行统计分析确定平整度(四分之一车模型),这就需要密集的观测点,为了提高测试精度和速度,需要高速的测量技术,现代测试仪器一般采用激光传感器。三种常用的方法如下:

①多传感器测定坡度变化;

②有参照平面的单一传感器;

③配有加速度仪的单一传感器。

非接触式的断面仪目前以激光断面仪为主,而且多数为综合的断面仪,即可同时测定纹理深度、车辙和纵断面。例如,Dynatest 的 5051MARK II 道路断面仪(图 6-10)使用一个加速度仪确定车辆的竖向运动,使用激光传感器测定车身与路面表面的距离,两者叠加运算即可得到道路纵断面,然后运用世行的模型计算 IRI,以满足 ASTM E-950 定义的精度。

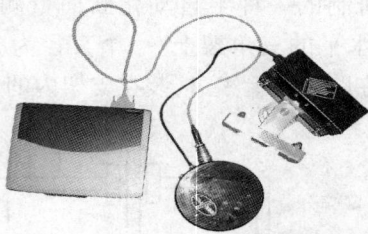

图 6-9　响应式纵断面仪(瑞普勒斯平整度仪)　　　图 6-10　Dynatest 的 5051MARK II 道路断面仪

便携式自动化路面纵断面仪(图 6-11)采用距离传感器和角度传感器同步获得采样距离及路面纵断面倾斜角度,从而直接测出路面纵断面的各点相对于起始点的水平垂直高度,因此不但能测出含有短波长路面纵断面剖面曲线,而且能测出含有长波长路面纵断面剖面曲线,并得到各种平整度指标(包括国际平整度指标 IRI 和平整度标准差 RSD)。

便携式自动化路面纵断面仪主要特点是体积较小和便携,操作直观和简便。检测仪数据采集可与数据处理由便携式计算机完成。平整度指标及路面纵断面剖面高程数据和曲线可在现场直接打印出,无需任何后处理。便携式自动化路面纵断面仪电源取自计算机内部电源,无需任何外部电源。

便携式自动化路面纵断面仪主要用于新路面施工的平整度验收及现有路面的平整度评价,还可作为标准平整度仪,供其他平整度仪作校准或比对之用。其测得的平整度指标符合国家路面验收与养护标准规范的要求。

3. 车辙的测量

车辙是车辆长时间在路面上行驶时留下的车轮压痕。车辙的深度是衡量路面状况的重要指标,车辙严重时会对行车安全造成隐患。传统的测量方法为直尺法。路面车辙自动测定仪是在检测车辆的前保险杆横梁上横向布置一排激光传感器(或超声或红外传感器)来快速、连续测定路面车辙的深度,以此来评定路面的使用状况以及计算维修路面所需的工作量。

144

（1）车辙测量的超声波仪

超声波车辙测量仪比较早地在路面车辙测量中得到应用，其优点是价格低，若使用多个传感器可以测定横向断面。其缺点是只能沿垂直向测量，测试范围小、精度低、打印点粗，测试结果受湿度的影响。

（2）激光车辙仪

激光车辙仪有两种方式：一种是使用单一传感器，测量时车辆停止，传感器在车前的横杆上横向移动，测量出横断面，一般也能同时测出纹理深度；另一种是不停车测量的方法，其原理见图6-12。在车前的横杆上安装三个以上传感器，分别测定三个纵断面线，计算车辙。

图6-11　便携式激光断面仪（达普勒斯
　　　　平整度仪）

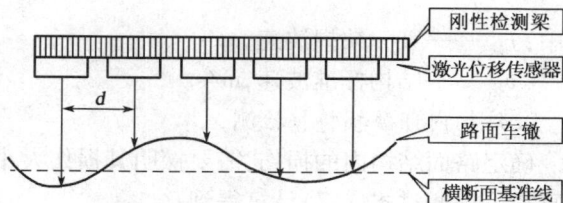

图6-12　激光车辙检测原理图

图6-13为自动车辙检测与分析仪（也称亚普勒斯车辙仪）。该仪器的主要特点是：操作直观和简便，运行可靠，数据准确，检测速度快。由于检测仪数据采集与数据处理由便携式计算机（笔记本电脑）完成，检测结果可在现场直接打印出，无需任何后处理，软件功能齐全。本检测仪电源取自检测车点烟插座12V电源，无需任何其他外部电源。

激光车辙仪价格高，是超声波传感器的50倍以上。其主要优点是测量范围大，可以从纹理深度到车辙深度、精度高；可以有测试角度（如较短的测试杆），可以同时测量宏观纹理。

四、路面损伤检测

路面内部的损伤，如空洞或者薄弱部位等可以采用超声波方法进行检测，路面表面垂直于路表面的裂缝深度也可以利用超声波进行检测。

目前一般采用反射波法进行路面损伤检测，但由于路面中存在较多的变数会影响波的发射时间，因而造成超声波探伤时存在误判现象。目前，超声波技术应用于沥青路面和半刚性基层探伤技术还处在探索之中。

1. 超声波探伤原理

超声波反射法测量原理如图6-14所示。发射探头用 α 角向路面中发射超声波，该波穿透

图6-13　亚普勒斯车辙仪

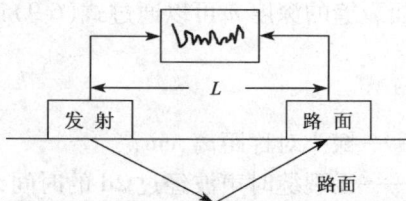

图6-14　超声波探伤原理

路面结构材料到达路面底部。如波从发射到接收所经过的路程为 S，时间为 t，则波的平均速度 v 可以用式（6-5）求得：

$$v = \frac{S}{t} = \frac{L/\cos\alpha}{t} \tag{6-5}$$

若超声波在路面中行进的正常波速为 $v_标$，当路面结构存在缺损时（如空洞等），声波产生小的反射和绕射，使得反射时间拉长，由于两探头距离 L 一定，从而使得波速变小。可以通过试验测得结构层良好时的标准波速和存在内部缺损的波速，得到两者的比值，如式（6-6）所示。利用比值 α_i 的大小，可以初步判断缺损的性质，进而求得缺损的特征值。

$$\alpha_i = \frac{v_缺}{v_标} \leqslant 1 \tag{6-6}$$

式中：$v_缺$——某一缺损波速，m/s；

$v_标$——结构标准波速，m/s。

2. 结构内部缺损特征检测

确定路面结构内的损伤，需要探明其损伤大小和所处的位置。水泥混凝土结构内部的空洞直径可以通过式（6-7）计算得到：

$$R = \frac{S}{2}\sqrt{\left(\frac{t_d}{t_c}\right)^2 - 1} \tag{6-7}$$

式中：R——空洞的直径，cm；

S——声波经过的长度，m；

t_d——有空洞处超声波传播的时间，s；

t_c——无空洞处超声波传播的时间，s。

水泥混凝土结构中不密实层的深度，可以通过式（6-8）计算得到：

$$h = \frac{v_d(tv_c - b)}{v_c - v_d} \tag{6-8}$$

式中：h——结构内部缺损的深度，m；

v_c——密实结构的声速，m/s；

v_d——缺损处的声速，m/s；

b——声路长度，m；

t——通过缺损处的声波传播时间，s。

3. 表面裂缝深度检测

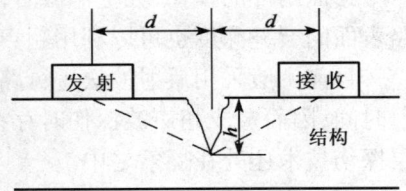

图 6-15　表面裂缝深度检测原理

表面裂缝深度检测原理如图 6-15 所示。

表面裂缝的深度 h 可以通过式（6-9）计算得到：

$$h = d\sqrt{\frac{t_1^2}{t_0^2} - 1} \tag{6-9}$$

式中：d——探头对称距离，cm；

t_0——无裂缝时声波经过 2d 的时间，s；

t_1——有裂缝时声波经过 2d 的时间，s。

在利用式（6-9）计算裂缝深度时，裂缝必须与路表面垂直，并且选择的标准表面应与该结构的基本状况一致,以保证精度。

五、路面结构参数检测

1. 结构层厚度检测

结构层厚度是路面竣工验收的必要检测内容,通常所采用的现场取芯的破损检测方法,耗时长,对路面结构有损伤。因此,雷达路面快速测厚技术在路面验收中得到越来越多的应用。

雷达测厚技术的发射波是由雷达晶体共振腔产生的,它通过自带的发射天线向路基路面发射脉冲电磁波 λ_0,如图6-16所示。该脉冲电磁波到达路面以后,由于 $\varepsilon_1 < \varepsilon_2$,一部分能量发生界面反射,$\alpha_0$ 应等于 α_1,反射量为 I_1。同时,另一部分能量继续往下传播。由于各结构层的材料的介电常数 ε_i 有明显不同,从而脉冲电磁波在其中行进的速度也不同,见式(6-10)。

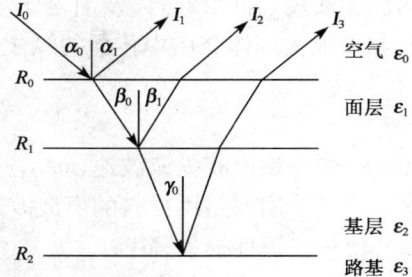

图 6-16 雷达测厚原理

$$v_i = c/\sqrt{\varepsilon_i} \tag{6-10}$$

式中:c——脉冲电磁波在真空中的速度,一般为光速(0.299 79m/ns);

ε_i——介电常数(空气 $\varepsilon_0 = 1$),无量纲;

v_i——电磁波在同一介质中传播的速度,m/ns。

脉冲电磁波从界面 R_0 射入,并到界面 R_1 反射,在空气中得到反射能 I_1,该反射波由雷达接收天线接收,所经历的时间 t_i 可通过时间脉冲记录器测到,在介质中所经过的距离为:

$$S_i = \frac{2h_i}{\cos\beta_0} \tag{6-11}$$

式中:S_i——折射波在介质中所行经的距离,m;

h_i——R_0 与 R_1 两界面之间的垂直距离,m;

β_0——脉冲电磁波在介质中与法线的折射角,当雷达发射频率一定、材料介质一定时,折射角也一定,该角可通过式(6-12)的折射定律确定。

$$\frac{\sin\alpha_0}{\sin\beta_0} = \frac{v_0}{v_1} \tag{6-12}$$

式中:α_0、β_0——分别为入射角和折射角;

v_0、v_1——分别为电磁波在 ε_0 和 ε_1 中的速度。

由式(6-10)和式(6-12)可以得到:

$$\frac{\sin\alpha_0}{\sin\beta_0} = \frac{\sqrt{\varepsilon_1}}{\sqrt{\varepsilon_0}} \tag{6-13}$$

从而有:

$$\beta_0 = \sin^{-1}\left[\frac{\sqrt{\varepsilon_0}}{\sqrt{\varepsilon_1}\sin\alpha_0}\right] \tag{6-14}$$

在式(6-14)中,ε_1 由试验得到,α_0 为入射角,是预先设定的,从而可以求得 β_0。于是,路面结构材料层厚度可以通过式(6-15)计算得到:

$$h_i = \frac{c}{2\sqrt{\varepsilon_i}}\cos\beta_0 t_i \qquad (6-15)$$

2. 弹性模量测试

弹性模量的无损测试可以采用波速法检测。所谓波速法,即用波在路基路面材料中行进的速度来检测其力学性能的一种方法。波的行进速度与该种材料的强度有密切关,而强度与材料的密实度、弹性模量以及泊松比等有关,因此可以利用波速法对材料参数进行检测。

在无限大固体介质中传播的纵波波速为:

$$v_L = \sqrt{\frac{E}{\rho} \cdot \frac{(1-\mu)}{(1+\mu)(1-2\mu)}} \qquad (6-16)$$

式中:v_L——超声波纵波波速,m/s,所谓纵波指质点振动方向与波传播方向一致,表6-3是常用的路用材料的声波波速数据;

E——弹性模量,MPa;

ρ——介质材料密度,g/cm^3;

μ——泊松比,无量纲。

由此可以计算得到材料的弹性模量值。

常用路用相关材料波速(单位:m/s)　　　　　　　　　　　表6-3

材料名称	纵波波速	材料名称	纵波波速
黏土	1 128 ~ 2 500	空气	341
砂	1 400	混凝土	3 560
水	1 462		

六、水泥路面板底脱空检测

水泥路面一旦出现板底脱空,则在荷载作用下极易出现板的断裂。因此,在对水泥路面的检测中,板底脱空的判别是路面检测的主要内容。板底脱空状况的评定是很复杂的,目前国内外还没有一个公认的方法。根据《公路水泥混凝土路面设计规范》(JTG D40—2002),板底脱空可以根据面层板角隅处的多级荷载弯沉测试结果,并综合考虑唧泥、错台发展程度以及接缝传荷能力进行判别。

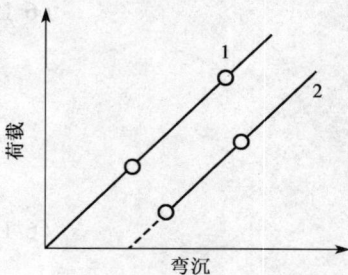

图6-17　两级加载法判定混凝土板的脱空

1. 多级荷载弯沉测试

该方法是在板角隅处应用 FWD 进行多级荷载作用下的弯沉测试。利用测定结果,可以点绘出荷载—弯沉关系曲线。当关系曲线的后延线与坐标线的相截点偏离坐标原点时,板底便可能存在脱空。

图6-17 为两级荷载弯沉测试判断脱空的示意图。如果混凝土板底没有发生脱空现象,如图中线 1 所示,则两点的连线应该通过原点;如果两点连线不通过原点,如图中线 2 所示,则说明可能存在脱空。当与横坐标的交点值大于 50μm 时,一般认为已经发生脱空。

2. 错台检测

错台的调查和检测可以利用错台仪或其他方法测量接缝两侧板边的高程差,量测点的位

148

置在错台严重的车道右侧边缘内 300mm 处,以调查路段内各条接缝高程差的平均值表示该路段的平均错台量。错台量一般分为 4 个等级,其分级标准见表 6-4。

错台量分级标准　　　　　　　　　　　　　　　　　　表 6-4

等　级	优　良	中	次	差
错台量(mm)	≤5	6 ~ 10	11 ~ 15	>15

3.接缝传荷能力检测

接缝传荷能力采用弯沉测试法调查评定,弯沉测试可以采用 FWD 或者梁式弯沉仪,其支点不得落在弯沉盆内。测定接缝传荷能力的试验荷载应接近于标准轴载的一侧轮胎(50kN)。将荷载施加在邻近接缝的路面表面,实测接缝两侧边缘的弯沉值,然后按照式(6-17)计算接缝的传荷系数。

$$k_j = \frac{w_u}{w_l} \times 100(\%) \tag{6-17}$$

式中:k_j——接缝传荷系数;

w_u——未受荷板接缝处的弯沉值;

w_l——受荷板接缝边缘处的弯沉值。

接缝传荷能力分为 4 个等级,分级标准见表 6-5。

接缝传荷能力分级标准　　　　　　　　　　　　　　表 6-5

等　级	优　良	中	次	差
$k_j(\%)$	>80	56 ~ 80	31 ~ 55	<31

第四节　路面性能评价

路面的损坏形式是多种多样的,并且很少出现单一的损坏形式,往往是同时出现两种及以上的损坏。在制订路面养护维修计划时,有必要根据路面的损坏调查和分析对路面状况作出综合评价。为此,国内外都对路面综合评价指标与各类损坏形式及其严重程度之间的关系,综合评价指标与路面类型、环境条件和交通量等关系进行了长期大量的研究,以建立沥青路面使用性能模型。20 世纪 60 年代初期,美国 AASHO 道路试验最重要的成果之一就是提出了路面使用性能的评价方法,建立了路面评价模型。20 世纪 80 年代初期,特别是随着路面管理系统的深入研究和广泛应用,许多国家和国际机构,如加拿大、英国、日本和世界银行等都先后建立了相应的路面评价模型。

对路面使用性能的评价模型可以采用单一的使用性能属性进行评价,如损坏状况评价、行驶质量评价、结构承载力评价或抗滑能力评价等。同时,也可以将多种路面使用属性综合起来,采用一个综合评价指标。

一、路面性能影响因素

在对路面性能进行评价之前,首先需要考虑影响路面性能的主要因素,然后才能根据主要影响因素的区别分别建立合适的评价模型,对路面性能进行评价。

影响路面性能变化规律的主要因素有路面结构形式、气候条件、养护历史、交通量及其组成以及当地的经济发展水平和养护水平等。

1.路面结构形式

路面的主要类型有三类:一是水泥混凝土路面;二是沥青混凝土路面;三是复合式路面,即沥青混凝土与水泥混凝土联合组成的路面结构。对于任一种路面类型,又有公路等级、结构组合、层次厚度和材料等的区别。这些结构形式的不同,会使得路面的性能衰变规律有较大的差异,需要分别对各种主要路面结构形式建立合适的路面评价模型。

在路面管理系统中,常将路面按面层类型、厚度、基层类型及其厚度进行分组,分别建立各自的评价模型。例如,HDM-III 采用了与路面厚度和性能有关的修正结构数 SNC 来代表路面结构强度。

2.气候条件

在不同的气候条件下,路面的主要损坏形式不同,其发展规律也不相同。在环境因素的各个要素中,温度和湿度对路面性能的影响最为严重。温度和湿度条件对路基路面材料物理状态的改变,使得路面结构即便没有受到行车荷载的作用也会逐渐损坏,在车辆荷载的叠加作用下,路面损坏更为迅速。

温度主要影响面层材料的性能,对于沥青混凝土路面,温度的高低对沥青混合料在高温下的稳定和低温下的脆裂有直接的影响,是造成路面车辙和缩裂的重要环境因素;对于水泥混凝土路面,温度对水泥混凝土材料的强度形成、干缩、热胀冷缩等有重要的影响,是造成刚性路面开裂的关键因素,并且温度对于填缝料的适应性有很大影响,进而会造成刚性路面板之间的错台以及路面唧泥等损害。在路面设计和评价中,一般根据气温在全年中的变化范围,将一个大的地区分为多个温度分区,如我国沥青路面气候分区为寒区、温区和热区。对于不同的气候分区,分别建立路面性能评价模型。

湿度主要影响路基的承载力,并进而影响路面结构整体强度,还会影响路面的抗滑性和材料的水稳定性等。湿度主要通过年降雨量来表示。例如,我国将年降雨量大于 1 000mm 的地区属于多雨潮湿地区;年降雨量小于 500mm 的地区属于少雨干燥地区;对年降雨量 500 ~ 1 000mm 的地区,视年下雨日数的多少确定。

温度和湿度的联合作用会使路基土产生冻胀和翻浆,给路面造成极为严重的破坏。在温度和湿度的循环变化中,也会造成路面材料的劣化,影响路面使用寿命。

3.养护历史

路面在其使用寿命期内会经历一次乃至多次的大、中修,当路面处于不同的养护阶段时,其路面性能的变化规律是不同的。一般说来,经过大、中修的路面其性能的衰变速度要快于新建道路。美国 AASHTO 的路面现时服务性指数(PSI)模型具有如图 6-18 所示的变化规律。可以看出,在三个阶段路面的 PSI 指数值的变化规律很不相同,需要对不同的阶段分别建立合适的 PSI 衰变模型。

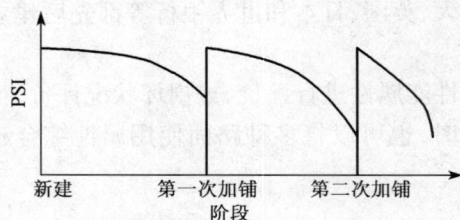

图 6-18 PSI 变化规律示意图

4.交通量及其组成

交通是造成路面功能衰减和结构损坏的直接原因。交通有两个基本要素:一是交通量,二是交通轴载的大小。其中,交通量对路面的功能性能有最直接的影响,而轴载的大小对路面的结构性疲劳破坏有直接影响。因此,路面上的交通两要素的不同构成对路面出现何种形式的损坏有重要的影响。需要根据不同的交通构成来建立相应的模型,用于路面评价和性能预测。

5.地方经济发展水平和养护水平

路面在使用过程中需要不同程度的养护以保持良好的路用性能,养护的资金需求一般比较大,这就与当地的经济发展水平有比较直接的关系。经济越发达地区,越有能力投入较多的资金用于路面养护,路面的性能衰变也就越缓慢;而经济欠发达地区,其养护资金投入必然很少,这就会影响路面的长期性能。

另外,不同的养护技术水平对性能也有重要影响。养护水平高,时期选择恰当,往往能起到事半功倍的效果,较好地维护路面的性能。

二、路面性能评价模型的建立方法

建立一个合适的性能评价模型需要一系列合理的步骤。下面以潘玉利所著《路面管理系统原理》中的 CPMS 模型中 PCI 建立过程为例进行叙述。

建模过程基本上分为以下 4 大部分工作:

(1)分析影响因素,确定路面性能评价指标、评价原则和方法;

(2)确定调查项目和专家组成,进行调查;

(3)数据分析与建模;

(4)模型标定与应用。

1.影响因素及评分指标、原则与方法

在建模过程中,路面使用性能评价一般是由道路养护工程师和道路使用者组成的专家组对典型路段进行。但是,专家评价只能限于少量路段。为便于对路面状况进行大规模评价,必须寻找路面状况的测定数据与专家评分值之间的联系,即建立主观专家评分与客观实测数据之间的关系(沥青路面使用性能—路面状况指数 PCI 关系)。PCI 是表示路面状况和行驶舒适性的指标。

(1)模型影响因素

评价路面使用性能时可分为两种情况:一种情况是考虑路面使用状况对路面性能的影响,对外界(车辆、行人)的影响忽略不计;另一种是考虑路面状况对使用者(车辆、行人)的影响。CPMS 在建立路面状况评价模型时,采用以下两种情况:

①用路面表面破损数据对路面使用性能进行评价;

②用平整度对车辆行驶舒适性进行间接评价。

分析发现,影响路面使用性能的主要因素有车辙、裂缝和平整度等。由于有些影响因素难以定量分析,在专家组进行实际评分时,忽略了这些影响因素(如路面宽度、坡度、线型和景观等)。在建立 PCI 模型时,只考虑与路面状况有直接关系的因素作为评价指标。通过对河北省路网病害调查和数据分析,采用了以下模型形式。

$$PCI = f(IRI, D, RD) \tag{6-18}$$

式中:PCI——路面状况指数;

   IRI——国际路面平整度指数,m/km;

   D——各种路面裂缝等破损;

   RD——车辙深度,mm。

(2)评分方法

CPMS 在建立河北评价模型时,采用了 10 分制评分法,其评分标准和原则见表6-6。专家评分从舒适性和路面损坏程度两个方面并行进行。

PCI	路　况	行驶状况及路面特征	
10～8	优	舒适性	行车很平稳,无颠簸感
		路况	见不到病害或有少量难以察觉的极轻微损坏
8～6	良	舒适性	行车平稳,无明显颠簸感
		路况	有轻微病害,以中、轻度裂缝为主
6～4	中	舒适性	明显颠簸,但不影响行车
		路况	常见病害多,主要为龟裂伴有其他严重损坏
4～2	次	舒适性	颠簸严重,行驶不舒适
		路况	大量龟裂、严重坑槽、变形病害
2～0	差		颠簸和病害都十分严重,行驶非常不舒适

2. 数据调查和专家组成

(1)数据调查

路面病害按表 6-7 分类调查。表 6-7 中系数为各类病害对行车及修复费用的影响权值,利用这些系数可把各类病害换算成路面综合损坏。表中的纵、横向裂缝面积以实测长度乘以 0.2m 的宽度计算。

沥青路面病害分类　　表 6-7

类　型	龟裂(m^2)			块裂(m^2)		纵裂(m)		横裂(m)		坑槽(m^2)		松散(m^2)	
程度	L	M	H	L	H	L	H	L	H	L	H	L	H
权 ω_i	0.6	0.8	1.0	0.2	0.4	0.4	0.6	0.2	0.4	0.8	1.0	0.2	0.4

类　型	车辙(m^2)		波浪(m^2)		拥包(m^2)		泛油(m^2)		修补(m^2)		沉陷(m^2)	
程度	L	H	L	H	L	H	L	H		0.1	L	H
权 ω_i	0.4	1.0	0.4	0.8	0.4	0.8	0.1	0.1		0.1	0.4	1.0

(2)评价者组成

专家组成员由 9 人组成(表 6-8),其中道路使用者 1 人、道路管理人员 4 人、道路建设人员 1 人和道路研究人员 3 人。

专　家　组　成　　表 6-8

年龄分布(岁)	20～30	30～40	40～55	年龄分布(岁)	20～30	30～40	40～55
道路使用者	1			道路建设者		1	
道路管理者			4	道路研究者	1		2

在专家组进行路况评价以前,对专家进行培训。其目的是明确调查目的,了解评价基本过程,认识路面损坏类型,掌握评价原则和标准,统一评价尺度。评价时不考虑路面结构和环境因素,各专家独立评分。

(3)试验路段的选择和专家评价

①试验路段的选择。试验路段的选择主要考虑以下因素:路线等级、交通量大小、修建年限、损坏程度和平整度情况等。选择路段时,考虑不同等级和不同破坏程度的路面,力图收集比较完善和系统的路况资料。试验路段共选取了 24 个,分布在石家庄和保定两地区的不同等级、不同交通量的路线上。评价路段长度从 100m 到 1 000m 不等。

②专家评分。CPMS 对选择的 24 个试验路段分别进行主客观专家评分。专家评价分两次进行:第一次为舒适性评分,专家组成员乘坐同一辆车以 40~55km/h 的路段平均速度驶过试验路段,评价其舒适性程度;第二次为路况评分,专家组下车沿着试验路段行走观察(路段较长时抽样观察),对路面损坏状况进行评分。在评分的同时,根据每一路段的实际路况,在评价调查表上选定一种修复处治措施。

3. 数据分析与建模

(1)数据整理分析

24 个试验路段的调查评分历时 7d,共获得 48 组数据。其中,专家评分数据 432 个,处治对策建议数据 291 个。这些数据为建立可靠的评价模型提供了依据。实测数据和专家评分数据见表 6-9。

实测数据和专家评分结果

表 6-9

试验路段桩号	评分均值		评分方差		实测 平整度 (mm/km)	实测 破坏率 (%)	模型计算	
	路况 舒适性	综合	路况 舒适性	综合			PCI_2 PCI_1	PCI
K292 + 500 ~ K292 + 600	6.75	6.90	1.15	0.99	5 334	2.2	7.10	6.01
	7.0		0.84				6.15	
K291 + 500 ~ K291 + 600	6.67	7.09	0.94	0.66	4 064	1.9	7.25	7.15
	7.5		0.37				7.07	
K287 + 500 ~ K287 + 600	7.33	7.46	0.90	0.87	3 937	2.3	7.06	7.16
	7.58		0.97				7.16	
K279 + 500 ~ K279 + 600	6	6.83	0.62	0.61	3 302	0.4	8.30	7.62
	7.65		0.59				7.64	
K270 + 000 ~ K270 + 500	3.9	3.9	0.58	0.48	6 121	8.4	5.38	5.41
	3.9		0.37				5.59	
	7.08		0.67				5.34	
K250 + 400 ~ K250 + 500	6.42	6.17	0.53	0.85	6 096	3.1	6.74	5.85
	5.92		1.17				5.63	
K242 + 500 ~ K243 + 000	6.05	6.07	0.62	0.68	4 894	12.3	4.73	5.91
	6.08		0.73				6.47	
K242 + 000 ~ K242 + 500	6.55	6.4	0.64	0.90	5 334	9.6	5.16	5.79
	6.25		1.15				6.15	
K270 + 500 ~ K271 + 000	4.92	4.96	1.15	0.93	5 182	9.3	5.82	6.08
	5.00		0.71				6.26	

(2)评价模型的建立

①模型结构。对调查数据进行分析,剔除了车辙对路面使用性能的影响,影响因素只考虑两个,即平整度和破坏率。模型的函数形式有多种多样,在确定模型函数形式之前,对试验数据进行了分类分析,假设了各种函数形式,分别对其进行单项相关分析,最后选取了相关性较好的 $DR^{0.33}$ 和 $[lg(1 + BI)]^{8.49}$ 作为模型变量。

$$PCI = 10 - a_1 DR^{0.33} - a_2 [lg(1 + BI)]^{8.49} \tag{6-19}$$

$$DR = \frac{\sum_{i=1}^{23} A_i \omega_i}{A} \qquad (6-20)$$

式中:DR——路面破坏率,%;

BI——路面平整度,mm/km;

a_1、a_2——常数;

A_i——第 i 类破损的面积,m^2;

ω_i——破损权重;

A——路面面积,m^2。

②调查数据与专家评分的关系。利用上述模型的单向指标,分别对调查数据进行回归分析,回归结果见式(6-21),平整度与舒适性专家评分之间有良好的相关性,相关系数为 0.91。

$$PCI_1 = 10 - 5.41 \times 10^{-5} [\lg(1 + BI)]^{8.49} \qquad (6-21)$$

破坏率与专家评分之间也具有良好的相关关系。回归结果见式(6-22),相关系数为 0.78。

$$PCI_2 = 10 - 2.21 DR^{0.33} \qquad (6-22)$$

把 24 个试验路段的平整度和破坏率数值用 $DR^{0.33}$ 和 $[\lg(1 + BI)]^{8.49}$ 代换以后,通过多元回归分析,得式(6-23)。

$$PCI = 10 - 0.73 DR^{0.33} - 4.22 \times 10^{-5} [\lg(1 + BI)]^{8.49} \qquad (6-23)$$

式(6-23)的相关系数为 0.92。平整度、破坏率与专家评分综合值之间有很高的相关性。

4. 模型的标定与应用

通过对一定数量试验路段的调查评价,建立的模型尚需进行进一步的标定和验证,之后才能推广应用。

专家组在进行路面状况和舒适性评价的同时,对每一个试验路段分别给出一种处治措施。根据对建议处治措施的汇总分析,该模型建立时也给出了对策建议,见表 6-10 和表 6-11。

处 治 对 策 一 表 6-10

路面状况指数	处 治 措 施	路面状况指数	处 治 措 施
PCI > 4.0	日常养护,修补病害	2.0 < PCI ≤ 3.0	厚罩面 6.0cm,翻修、重建
3.0 < PCI ≤ 4.0	表处 1~2.5cm,罩面 4.0cm	PCI ≤ 2.0	重建

处 治 对 策 二 表 6-11

路面状况指数	处 治 措 施	路面状况指数	处 治 措 施
PCI > 5.0	日常养护	3.0 < PCI ≤ 4.0	中修或大修
4.0 < PCI ≤ 5.0	小修或中修	PCI ≤ 3.0	大修

三、国外常用路面性能评价模型

1. 现时服务指数 PSI

现时服务指数是 20 世纪 50 年代末 60 年代初美国实施的 AASHO 试验路最重要的成果之一(首次将路面使用性能的主观评价值 PSI 与路面状况的测试值建立了定量化的联系)。在建立 PSI 模型时,分两步进行:第一步组建 8~16 人的专家小组,通过路上行走进行打分;第二步道路检测人员对试验路段进行损坏调查。专家下组的成员包括道路建设人员、道路养护人员、道路使用人员等,对路面的损坏调查包括平整度、裂缝率、车辙和路面修补。通过将两者进行回归,分别对沥青路面和水泥路面得到 PSI 模型。

沥青路面 $\quad PSI = 5.03 - 1.91\lg(1 + SV) - 0.01\sqrt{C + P} - 0.21RD^2 \quad$ (6-24)

水泥路面 $\quad PSI = 5.41 - 1.80\lg(1 + SV) - 0.05\sqrt{C + 3.3P} \quad$ (6-25)

式中:SV——轮迹处纵向平整度离散度;

$\quad$ C——裂缝率,$m^2/1\,000m^2$;

$\quad$ P——修补率,$m^2/1\,000m^2$;

$\quad$ RD——车辙深度,cm。

根据 AASHO 试验路,对于新建道路,PSI 初始值对沥青路面为 4.2,对水泥路面为 4.5。而对于需要大修、重铺罩面和重建之前所允许的最低 PSI 值,对主要公路建议取 2.5,对交通量小的道路为 2.0。

通过 AASHO 试验路建立的 PSI 模型,平整度是最重要的影响因素,而路面车辙和裂缝率影响较小。依据同样的方法,日本道路协会于 1978 年建立了日本道路的 PSI 模型。与美国 PSI 模型相反,日本建立的 PSI 模型中平整度的影响较小,而车辙和裂缝率的影响较大。

$$PSI = 4.53 - 0.518\lg\sigma - 0.371\sqrt{C} - 0.174D^2 \quad (6-26)$$

式中:σ——纵向平整度标准偏差,mm;

$\quad$ C——裂缝率,%;

$\quad$ D——车辙深度,cm。

根据 PSI 值,日本道路协会给出了相应的处治方法,见表6-12。

日 本 处 治 方 法 表6-12

PSI	3 ~ 2.1	2 ~ 1.1	1 ~ 0
处治方法	表处	罩面	重建

2. 养护管理指数 MCI

日本在 1981 年开发了养护管理 MCI 模型,模型的建立方法与美国 PSI 一致,但其专家组成仅是道路养护管理人员,因而是一个道路管理者模型。模型考虑了路面平整度、裂缝率和车辙的影响。针对不同的道路状况,考虑了不同的模型影响因素,建立了 4 种 MCI 方程,供使用者选择。

$$MCI = 10 - 1.48C^{0.3} - 0.29D^{0.7} - 0.47\sigma^{0.2} \quad (6-27)$$

$$MCI_0 = 10 - 1.51C^{0.3} - 0.30D^{0.7} \quad (6-28)$$

$$MCI_1 = 10 - 2.23C^{0.3} \quad (6-29)$$

$$MCI_2 = 10 - 0.54D^{0.7} \quad (6-30)$$

由于日本大型、重载以及渠化交通等特殊情况较多,车辙在 MCI 模型中的比重很高,而路面平整度的影响较小。

3. 路面状况指数 PCI

美国军队工程研究实验室首次采用扣分法建立了路面评价模型 PCI,其方程形式为:

$$PCI = 100 - \sum_{i=1}^{p}\sum_{j=1}^{m(i)} a(T_i, S_j, D_{ij})F(t,q) \quad (6-31)$$

式中: $\quad$ PCI——路面状况指数;

$a(T_i, S_j, D_{ij})$——破损类型为 T_i、严重程度、S_j 及损坏密度为 D_{ij} 时的扣分值;

$\quad$ i——破损类型;

$\quad$ j——严重程度;

p——总破损类型；

$m(i)$——第 i 种破坏的损坏数量；

$F(t,q)$——重复损坏修正系数。

在 PCI 模型中,没有反映道路平整度的影响,仅仅是路面表面破损的函数。式中的扣分值和单项重复损坏修正系数都是根据专家评分求得的。这种方法的好处是能够精确地计量和折算由多种损坏所导致的总体损坏程度。由于它是非线性函数,而且采用了单项重复损坏修正系数,在对某种损坏类型较突出的路段进行评价时,可以避免总扣分过高或过低现象。因此,这种模型能克服日本 MCI 模型的缺陷,从理论上说应该是比较完整和严谨的。但是,往往越严谨的模型,其参数越难取得,这种方法的困难之处是扣分值和修正值的准确估计。表 6-13 和图 6-19 分别给出了扣值和重复扣分修正系数的取值示例。

路面损坏单项扣分值   表 6-13

破损类型	程度	损坏密度(%)					
		0.1	1	5	10	50	100
龟裂	轻	8	12	18	30	50	60
	中	10	14	22	35	55	75
	重	12	17	28	45	70	90

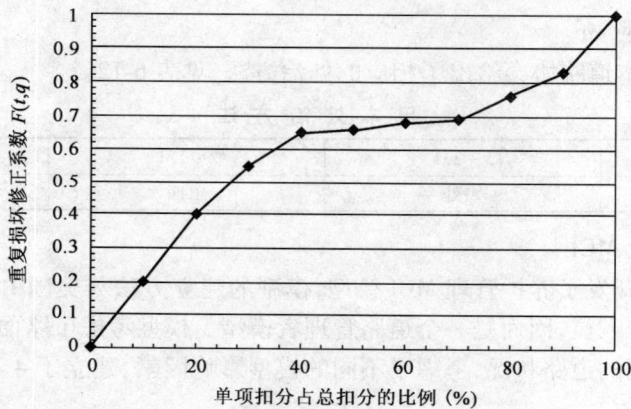

图 6-19 单项重复扣分修正系数

四、我国公路养护技术规范采用的评价模型

1. 路面状况指数 PCI

《公路养护技术规范》(JTG H10—2009)建议用路面状况指数(PCI)进行评价,PCI 由路面破损率 DR 计算得出,分以下几步进行:

(1)按照有关路面的损坏分类分级进行路面损坏状况调查。

(2)确定不同损坏种类与严重程度的路面损坏换算系数,换算系数考虑路面损坏对车辆行驶质量和养护处治工作量的影响,确定路面破损换算系数可参照规范建议值,见表 6-14。

(3)计算路面综合破损率 DR:

$$\mathrm{DR} = D/A \times 100 = \sum\sum D_{ij}K_{ij}/A \times 100 \qquad (6\text{-}32)$$

式中:D——路段内折合破损面积,m^2;

A——路段内路面总面积,m^2;

D_{ij}——第 i 类损坏、第 j 类严重程度的实际破损面积，m^2，如为纵、横向裂缝，其破损面积为裂缝长度（m）×0.2m，车辙破损面积为长度（m）×0.4m；

K_{ij}——第 i 类损坏、第 j 类严重程度的换算系数。

表 6-14

路面破损换算系数 K

破损类型	严重程度	换算系数 K	破损类型	严重程度	换算系数 K
龟裂	轻	0.6	松散	轻	0.2
	中	0.8		重	0.4
	重	1.0			
不规则裂缝	轻	0.2	沉陷	轻	0.4
	重	0.4		重	1.0
纵裂	轻	0.4	车辙	轻	0.4
	重	0.6		重	1.0
横裂	轻	0.2	波浪	轻	0.4
	重	0.4		重	0.8
坑槽	轻	0.8	拥包	轻	0.4
	重	1.0		重	0.8
修补损坏		0.1	泛油		0.1
麻面		0.1	脱皮		0.6
搓板		0.8	磨光		0.6
冻胀		1.0	翻浆		1.0

（4）计算路面状况指数 PCI。路面状况指数 PCI 按 100 分分级，由 DR 按式（6-33）计算：

$$PCI = 100 - 15DR^{0.412} \tag{6-33}$$

式中：DR——路面综合破损率。

路面状况按优、良、中、次、差五级评价，与 PCI 值范围关系见表 6-15。

路面破损状况标准 表 6-15

评价指标 \ 评价等级	优	良	中	次	差
PCI	≥85	70~85	55~70	40~55	<40

2. 行驶质量指数 RQI

路面的行驶质量采用行驶质量指数 RQI 作为评价指标。行驶质量指数的确定为：先测定路面表面的平整度，计算国际平整度指数，然后根据国际平整度指数确定行驶质量指数。

国际平整度指数：

$$IRI = a + b \cdot BI \tag{6-34}$$

式中：BI——用特定的平整度测试设备测得的测试值；

a、b——标定系数。

然后，由 IRI 计算 RQI：

$$RQI = 11.5 - 0.75IRI \tag{6-35}$$

式中：RQI——行驶质量指数，数值范围为 0~10，若计算值小于零，则取 RQI 为 0，若计算值大于 10，则取 RQI 为 10。

平整度测定主要是采用不同的测试设备求得路面的国际平整度指数 IRI,因此各地购置的不同的测试设备必须予以标定,如交通运输部公路所购置的车载式颠簸累积仪的标定结果(水准仪法)为:

$$IRI = 1.97 + 0.001\,36BI$$
$$IRI = 0.017\,9BI^{0.729} \tag{6-36}$$

路面行驶质量按行驶质量指数以优、良、中、次、差五级评价,相应的 RQI 值范围见表 6-16。

路面平整度评价指标   表 6-16

评 价 指 标	优	良	中	次	差
RQI	≥8.5	7.0~8.5	5.5~7.0	4.0~5.5	≤4.0

3. 路面抗滑系数

路面抗滑性能采用抗滑系数作为评价指标,抗滑系数以横向力系数(SFC)或摆式仪的摆值(BPN)表示。不同的测试设备得到的数据是不一样的。横向力系数仪在汽车以一定的速度行驶,测定测试轮的横向力(横向轮与车身呈 20°角,竖向荷载 2kN)。

$$SFC = P/SF \tag{6-37}$$

式中:P——作用在试验轮胎上的侧向摩阻力,N;

SF——作用在轮胎上的垂直荷载,N。

其评价标准如表 6-17 所示。

路面抗滑性能评价标准   表 6-17

评 价 指 标	优	良	中	次	差
横向力系数 SFC	≥0.5	0.4~0.5	0.3~0.4	0.2~0.3	<0.2
摆值 BPN	≥42	37~42	32~37	27~32	<27

4. 路面强度系数

路面强度仍以路面表面弯沉作为评价参量,弯沉可采用自动弯沉仪、贝克曼梁等测定。若用非贝克曼梁测试,应进行换算。规范建议两者测试结果的相关关系如下:

$$l_B = -0.75 + 1.13l_A \tag{6-38}$$

式中:l_B——采用贝克曼梁的测试结果;

l_A——自动弯沉仪的测试结果。

目前,随着 FWD 等设备的应用,也有不少试图建立 FWD 测试的脉冲荷载下的弯沉与贝克曼梁弯沉建立相关关系。两者的关系与路面结构、材料特性及环境条件等有关,因此具有一定的困难。

路面结构整体强度以路面表面弯沉作为测试参量,计算路面强度系数 SSI。路面代表弯沉可依据现行《公路沥青路面设计规范》(JTG D50—2006)的有关规定计算确定。路面强度评价指标见表 6-18。

$$SSI = \frac{路面允许弯沉}{路面代表弯沉} \tag{6-39}$$

路面强度评价指标   表 6-18

评价指标	优		良		中		次		差	
公路等级	高速一级	其他等级	高速一级	其他等级	高速一级	其他等级	高速一级	其他等级	高速一级	其他等级
强度系数	≥1.0	≥0.83	0.83~1.0	0.66~0.83	0.66~0.83	0.5~0.66	0.5~0.66	0.3~0.5	<0.5	<0.3

5.路面综合评价 PQI

路面综合评价采用 PQI(路面质量指数),其值用以上关于强度、平整度、抗滑能力等分项指标加权计算,取值范围为 0~100。

$$PQI = PCI' \cdot P_1 + RQI' \cdot P_2 + SSI' \cdot P_3 + SFC' \cdot P_4 \qquad (6\text{-}40)$$

式中:　　P_1、P_2、P_3、P_4——分别为相应指标的加权系数,按 PCI、RQI、SSI 及 SFC 或 BPN 的重要性确定,建议值见表 6-19,四个加权系数之和应等于 1,应用时可根据各地区的实际情况水平和养护对策,在建议值范围内调整。

　　PCI'、RQI'、SSI'、SFC'——分别为 PCI、RQI、SSI 和 SFC 的赋值,见表 6-20。

P_1、P_2、P_3、P_4 权重建议值 　　　　　　　　　表 6-19

权重＼取值	建议值		
	高速公路、一级公路	二级公路	二级以下公路
P_1	0.25	0.3	0.35
P_2	0.35	0.25	0.2
P_3	0.1	0.25	0.35
P_4	0.3	0.2	0.1

PCI、RQI、SSI、SFC 赋值 　　　　　　　　　表 6-20

评价指标＼等级	优	良	中	次	差
赋值	92	80	65	50	30

路面综合评价的评价标准宜符合表 6-21 的技术要求。

路面综合评价标准 　　　　　　　　　表 6-21

评价指标＼评价等级	优	良	中	次	差
路面综合评价指标 PQI	≥85	70~85	55~70	40~55	<40

复习思考题

1.路面检测数据的分类有哪些?

2.路面平整度的检测方法有哪些? 这些方法各有何特点?

3.超声波检测的基本原理是什么?

4.路面性能考核指标和影响因素分别是什么?

5.路面性能评价模型的建立方法是什么?

第七章 路面管理系统

路面管理系统是近20年来在道路工程界出现的一个新研究领域,它的研究起源于美国和加拿大,最初针对的是路面的养护和改建。随着我国经济建设的不断发展,我国公路建设事业日新月异,尤其是高速公路建设取得了巨大的成就。东部沿海经济发达地区公路网的建设已经基本完成,路面养护和管理的问题已经突显出来。作为公路管理部门,应该尽快建立起自己辖区内的路面管理系统,运用现代管理科学的理论、系统的分析方法和计算机技术手段,为路面的养护、改建提供科学的数据和分析方法,以便有效地使用有限的资源,提供具有良好服务水平的路面,最终达到降低整个社会的交通运输成本、节约社会资源的目的。本章主要对道路设施管理、各级路面管理系统以及路面管理中的对策方案选择等相关内容做一介绍。

第一节 概 述

道路交通设施从其投入使用的第一天起,就进入了养护管理阶段。随着交通荷载的日益重型化,设施的损坏也越加迅速,为了确保和延长实施的使用寿命,养护管理工作也变得越发重要。科学地评价既有设施的技术状态并预估未来的变化,合理地制订养护策略,确定预算、制订计划并合理地配置资源,决定哪些项目、什么时间、采用什么措施进行养护维修,是设施管理人员时刻需要回答的重大问题。显然,这些问题已经超出了传统的工程设计范畴,也不同于传统的养护管理工作。因此,路面管理系统逐渐发展成为道路设施养护的关键技术手段。

事实上,对路面管理系统的概念并没有一个公认的严格定义,但比较一致的看法是为了准确地了解公路网的破损状况,把有限的养护资金分配到最需要养护的路段上,研究人员开发了路面破损数据检测设备,建立了数据库,制订了评价方法、标准和优先养护排序模型。这种以计算机为工具的路面管理技术被称为路面管理系统(Pavement Management System,简称PMS)。参考路面管理系统的定义,可以给出道路设施管理系统的一般定义:应用系统分析的方法,综合考虑技术、经济、社会和政治等多方面的因素,协调设施管理的各项活动,促使设施管理过程系统化;为决策者提供分析的工具和方法,帮助决策者分析比较各项可能的策略和对策方案,定量预估各项对策方案的效果,在预定的标准和决策约束条件下选择费用—效益最佳的方案。

按照上面的定义,一个完整的道路设施管理系统主要具有如下作用:积累数据;论证投资;技术评价;技术预测;提供对策;技术政策分析。数据和信息的积累在管理工作中有着十分重要的作用,数据和信息所体现出来的变化规律,实际上就反映了设施状态的变化规律,这对于人们掌握、判断未来设施状况的变化,建立预测模型是非常有益的。一个功能完整的计算机设施管理系统能够最大限度地帮助管理者进行投资需求分析,优化投资方案。进行客观地技术评价是掌握现状、进行决策的基础,可以说是决策分析的第一步。决策时,还应该考虑设施未来的变化。一般而言,预测过程是一个纯技术过程,预测结果的准确与否,将直接影响到决策的结果,不准确的预测可能对决策者产生误导。根据设施现状和未来状况的分析结果,系统将能够给出设施的养护对策,供决策者参考。随着系统中数据的不断积累和模型的不断改进,人们可以采用设施管理系统对一些深层次的问题,如设施养护维修的技术政策等进行深入系统的分析。

道路设施的管理工作应该包括管理目标与策略、规划、施工、养护、技术监测、评价和研究等内容。制订合理的目标和适当的策略是管理者的主要任务之一,也是其他各项工作的基础。管理目标取决于管理者的价值观、公众的价值观、当地的经济基础和管理者所掌握的资源,而策略则主要指道路设施的养护策略,其指定需要在管理目标的基础上综合考虑技术和经济两方面的因素。所谓规划是指对那些目前及在今后若干年中不能适应交通需求或不能提供特定服务水平的设施制订改建、扩建或维修、维护计划,包括对路网的合理性、路网密度和质量的综合改造,根据技术需求、政策和资金落实情况,制订最优化的分阶段改造方案。这里的设计是指按照所确定的项目,组织进行详细的技术、经济和环境数据采集,委托进行技术方案设计,通过经济比较,确定实施方案。施工是指施工组织工作,采用指定、择优委托或公开招标等多种方式进行工程项目的施工。养护工作是一种例行的、长期的工作,每年都要进行。对设施的技术状况进行科学的监测和评价是管理决策的基础,也是管理工作中最重要的例行工作之一。而研究则依据积累的大量检测数据和实践经验,研究内容包括管理过程,数据采集的方法、手段和标准,评价方法和标准,预测模型,决策方法和标准以及经济参数等。

道路设施管理系统的建立过程与一般应用系统的建立过程类似。根据设施管理的特点,系统建立和维护流程包括:问题的结构化,过程的概念化,指标的定量化与模型化,策略与决策方案的产生,技术—经济分析与优化,系统的开发、集成与应用以及跟踪评价和问题反馈等阶段。

第二节　管理系统的内涵

路面是整个道路系统的重要组成部分,路面的投资在整个道路建设费用中占很大的比例,通常可达 10% ~30% 。路面状况直接关系到车辆的行驶舒适性和营运费用,从而对社会和经济的发展都有很大的影响。因此,必须管理好这笔庞大的资产,同时应进行及时有效的养护,使得它在国民经济的发展中发挥更大的作用,从而产生更好的社会和经济效益。

路面养护是对正在使用的路网中各路段的路面进行日常的养护、维修,并定期进行路面状况改善,以期路面在使用年限内提供足够的行车安全性、乘车舒适性。而路面管理则是利用已经采集到的路面状况数据等信息资料,根据既定目标对各种养护方案进行比选、决策和实施。路面养护管理的目标有两个:一是利用有限的养护资金,将其投入到现有路网的养护维修中去,使之产生最大的效益;二是确定整个路网保持在可接收的服务水平下需要多少养护资金。

作为道路管理系统重要组成部分的路面管理系统,其作用就是最有效地利用现有各种资金,使得路网中的路面处于最佳的服务水平或产生的经济效益最大。路面管理系统不同于路面的设计与施工,也与传统的公路路政和行政管理有所区别。它是通过应用系统分析的方法,综合考虑技术、经济、社会和政治等方面因素,协调各项路面管理活动,促使路面管理过程系统化,并借助计算机技术来处理与路面养护活动有关的问题。

路面管理系统包含两个层次,分别是网级路面养护管理系统和项目级路面养护管理系统,它们各自具有不同的功能和结构,以适应不同管理层次的需要。一个完整的路面管理系统的组成如图7-1所示。

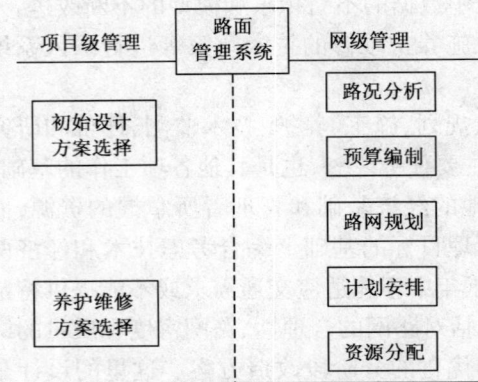

图7-1 路面管理系统功能组成

网级路面管理系统的范围,包括了一个地区的路网或一批工程项目,其主要任务是为管理部门决策提供依据和对策,主要内容有安排路面养护预算资金的分配、路网规划等;项目级路面管理系统则是针对某一个具体的工程项目,在养护资金限制条件下,提出费用——效益最佳的方案。图7-2和图7-3分别是网级路面管理系统和项目级路面管理系统的决策工作过程。由图7-3可以看出,网级路面管理系统分析为项目级管理决策提供了具体的管理目标,包括三个方面:一是性能目标,即在预定期限内应具有的使用性能指标;二是费用目标,即该项目可以分配到的最高投资额;

三是行动目标,即采取哪一类养护、改建或新建措施。而项目级养护管理系统依据网级系统所给定的约束条件,将网级系统的目标进一步细化,并在实际的设计、施工和养护中进行实施。

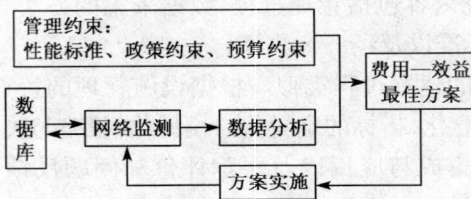

图7-2 网级管理决策过程

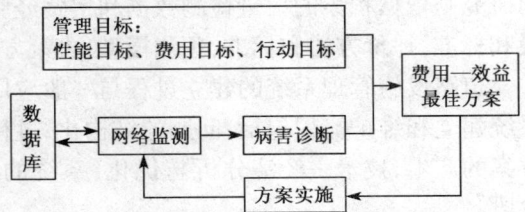

图7-3 项目级管理决策过程

路面管理系统包含了管理、设计、施工与养护诸方面的工作,因而管理部门、设计单位以及养护施工单位都可以从中受益,使得各个层次的决策工作都可以向费用最低、效益最大的方向进行。表7-1是路面管理系统的实施对管理活动、施工养护工作以及设计所带来益处的总结。

实施路面管理系统的益处 表7-1

管 理 活 动	施工养护工作	设 计
1.可以阐述不同资金投入水平下路网的性能状况; 2.可以为有效分配资源提供指导; 3.可以为养护资金分配提供客观的数据支持; 4.可以提高管理活动的可信度和管理效率; 5.可以为政策决策过程提供有效的工程信息; 6.可以改善路面性能检测和预报系统的效率; 7.可以利用数据客观描述现有路网的状况	1.可以为资源的分配提供依据; 2.可以为施工和养护规范的改善和发展提供依据; 3.可以为施工和养护工作的评估提供数据; 4.可以对不同的施工和养护方案进行评价; 5.可以对不同的质量控制措施的有效性进行评价	1.可以评价不同的设计方案; 2.可以为设计方法和设计规范的更新提供数据; 3.可以对新材料和新的施工工艺进行评价; 4.可以有效地验证路面的交通量和荷载状况; 5.可以对环境因素进行评估,使得设计更有针对性; 6.可以方便对不同设计方案的优化

一个完善的路面管理系统应该包含一系列的经济和技术分析过程，以便使得有限的养护资金能够发挥最大的社会效益和经济效益。这些分析过程主要由以下几部分组成：

（1）利用路面使用性能评价模型对路网的使用性能进行评价，从而获得现有路网中各路段路面的现状；

（2）确定路网中各级道路的养护方案，从而估计路网的养护需求，并分析达到要求的路网水平所需要的最小养护资金，据此对各路段的路面养护进行排序；

（3）利用优化决策模型对养护资金进行优化分配，并分析不同投资水平对路网使用性能的影响，确定最佳和合理的投资水平；

（4）对养护决策方案进行敏感性和风险分析，以分析方案实施过程中的变异性对养护费用的影响。

路面管理系统的核心是一个数据库系统，将与路面有关的数据诸如路面几何尺寸、路面施工和养护历史数据、路面等级、路面现有使用性能状况等都通过一定的结构存入数据库系统，然后通过对该数据库的操作以实现一定的功能。地理信息系统（GIS）不但可以对数据进行分析，而且可以将抽象的数据图形化，直观地反映路面系统与其他系统的空间关系以及更复杂的相互作用关系。因此，地理信息系统的原理和技术也将在路面管理系统中得到更加深入的应用。

第三节　路面对策方案选择

一、对策选择影响因素

沥青路面的损坏受到很多因素的影响，从技术方面，主要包括路面结构承载力、路面损坏状况、路面行驶质量、基层材料的影响、交通量以及环境因素等。在考虑维修养护方案时需要分析造成路面损坏的内在原因，从而选取相应的对策。例如，对于路面行驶质量不佳的路面，其原因可能是表面材料施工质量不好，也可能是道路线形或者是路基的不均匀沉降。如果仅仅是表面施工质量造成的不平整，可以采用罩面来解决，但是如果是路基过大的不均匀沉降，则简单罩面就不能解决问题。

对于水泥路面的养护方案选择，除了要考虑与沥青路面的相同因素外，还要考虑水泥板的脱空状况和板体的强度等。脱空状况反映了路面基础的支撑情况和路面承载能力的状况。如果基层很稳定，脱空很少，则在维修时仅需强调功能性的恢复；反之，则要进行板块下的处理。而旧水泥板的强度说明了混凝土板自身的抗力，当在旧混凝土板上仅仅加铺一层较薄的沥青层时，需要考虑到板的强度是否足够。

二、典型对策

通常在网级路面管理系统中，对策的作用一般只是一个建议或参考，只是确定资金或资源分配的一个依据，所以给出的不是具体措施，而仅是典型对策。

在不同的路面管理系统中，由于管理机制、分工的不同，对于典型对策的规定也有一些差异。表7-2是美国明尼苏达州使用的路面典型对策。表7-3是2005年上海市政工程管理处提出的路面典型对策。比较两张表格可以看出，典型对策的内容具有相似性，但在详细程度、具体的做法上区别明显。这与不同地区的习惯做法、路面损坏特征、交通环境特征等都有关系。

美国明尼苏达州使用的路面典型对策　　　　　　　　表 7-2

序　号	对 策 描 述	序　号	对 策 描 述
1	1"罩面（BOB）	18	分离式加铺层（CON）
2	1.5"罩面（BOB）	19	铣平后加封层（CON）
3	1"罩面（BOB）	20	重建（CON）
4	3"罩面（BOB）	21	铣平,接缝重修/恢复（CON）
5	5"罩面（BOB）	22	封层（BOC）
6	6"罩面（BOB）	23	1"罩面（BOC）
7	铣刨 2"后加铺 3"（BOB）	24	1"罩面（BOC）
8	铣刨 3"后加铺 4"（BOB）	25	3"罩面（BOC）
9	封层（BIT）	26	铣刨 4"后加铺 5"（BOC）
10	部分重建（BIT）	27	铣刨 2"后加铺 3"（BOC）
11	重建（BIT）	28	裂缝大修和加铺 1.5"（BOC）
12	重建（BIT）	29	重建（BOC）
13	接缝重新填封（CON）	30	部分重建或封层（BOC）
14	接缝重修/恢复（CON）	31	铣刨 3"后加铺 4"（BOC）
15	3"罩面（BOC）	32	铣刨 5"后加铺 6"（BOC）
16	1.5"罩面（BOC）	33	铣刨 6"后加铺 7"（BOC）
17	5"罩面（BOC）	34	铣刨 7"后加铺 8"（BOC）

注:1. BOB——沥青路面上加铺沥青层;BIT——沥青材料;CON——水泥混凝土;BOC——水泥路面上加铺沥青层。
　　2. 表中序号 1、3 以及 23、24 等对策价格不同。

2005 年上海市政工程管理处典型对策　　　　　　　表 7-3

序　号	对 策 描 述	序　号	对 策 描 述
1	3cm 细粒式沥青混凝土	8	15cm 砂砾 +30cm 三渣 +5cm 粗粒 +3cm 细粒沥青混凝土
2	5cm 粗粒式 +3cm 细粒式沥青混凝土	9	15cm 砂砾 +35cm 三渣 +5cm 粗粒 +3cm 细粒沥青混凝土
3	8cm 粗粒式 +3cm 细粒式沥青混凝土	10	15cm 砂砾 +35cm 三渣 +8cm 粗粒 +3cm 细粒沥青混凝土
4	铣刨后加铺 3cm 细粒式沥青混凝土	11	15cm 砂砾 +40cm 三渣 +8cm 粗粒 +3cm 细粒沥青混凝土
5	铣刨后加铺 5cm 粗粒式 +3cm 细粒式沥青混凝土	12	15cm 砂砾 +45cm 三渣 +8cm 粗粒 +3cm 细粒沥青混凝土
6	铣刨后加铺 8cm 粗粒式 +3cm 细粒式沥青混凝土	13	15cm 砂砾 +45cm 三渣 +6cm 黑碎 +5cm 粗粒 +3cm 细粒沥青混凝土
7	铣刨原路加铺水泥混凝土面层	14	15cm 砂砾 +45cm 三渣 +6cm 黑碎 +8cm 粗粒 +3cm 细粒沥青混凝土

对于水泥混凝土路面的养护维修,围绕着水泥混凝土板的破损、脱空和强度等方面进行有

针对性的处理。对于不同的损坏程度，可以采用不同的处理方式。表7-4是广东水泥混凝土路面维修常用对策。

广东水泥混凝土路面典型对策   表7-4

编 号	典 型 对 策
1	换板
2	接缝维修、错台维修、排水系统维护
3	灌浆稳定处理，达到板边弯沉小于0.2mm，灌浆处理一般可维持两年
4	破裂处理或挖除，破裂处理包括碎石化处理和冲击压实处理等
5	隔离层、整平层等

三、决策表或决策树

决策结果的构建需要考虑到多种影响因素及其评价结果，往往需要拟定上千种路面状况组合下的对策，工作量非常庞大，有时甚至无法完成。而采用决策表或者决策树则是一种简单有效的办法。决策树分类方法采用自顶向下的递归方式，在决策树的内部节点进行属性值的比较，并根据不同的属性值判断从该节点向下的分支，在决策树的叶节点得到结论。从决策树的根到叶节点的一条路径就对应着一条判断规则，整棵决策树对应着一组判定规则。

基于决策树过程的一个最大优点是不需要使用者了解很多背景知识，但同时也具有相当大的局限性，即无法把新的信息融入其中。

表7-5为上海市政工程管理处路面管理系统种采用的决策表，其中的对策编码与表7-3中的序号对应。

路面对策决策表示例   表7-5

基 层 类 型	结 构 强 度	PCI	RQI	交 通 水 平	对 策 编 码
半刚性	不足	中、差、很差	好、中	≤重	8、9、3
				特重	11、12、14
			差	≤重	8、9、6
				特重	11、12、14
	≥临界	中、差、很差	好、中	≤重	1、5、2
				特重	2、5、6
			差	≤重	3、6、5
				特重	1、6、8
碎砾石	不足	中、差、很差	好、中	≤重	8、9、10
				特重	11、12、14
			差	≤重	8、9、3
				特重	11、12、14
	≥临界	中、差、很差	好、中	≤重	2、5、6
				特重	6、5、2
			差	≤重	5、2、6
				特重	6、5、3

第四节 网级路面管理系统

一、概述

网级路面管理系统的目标是为决策者合理分配道路养护资金提供战略上的最优方案。道路管理部门最为关心的问题是路面处于何种路况水平时,道路用户和道路拥有者进行养护活动所产生的总费用达到最小,以此作为确定合理服务水平从而决定资金合理分配的根据。图7-4 表示路况水平与相关的道路用户费用和养路费用以及总费用之间的关系。

由图 7-4 可以看出,总费用最低时对应的路况水平即为道路管理者所追求的长期的最佳路况。那么,如何从现有的路况达到这个最优的状况,即如何分配在短期内的养护资金,以使得在合适的时间获得最佳路况水平,是管理者需要考虑的问题。图 7-5 表示了不同的短期养护资金的投入与何时达到最佳路况的关系。

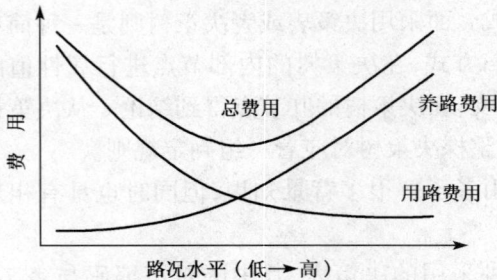

图 7-4 路况水平与费用的关系

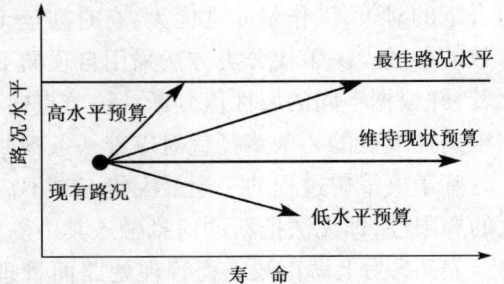

图 7-5 短期优化预算水平与路面寿命的关系

由图 7-5 可以看出,当短期养护预算水平比较高时,在较短的时间内可以使得路网状况达到管理者希望的最佳路况水平;而当养护预算水平一般时,路网状况只能维持现有的水平;当养护预算水平较低时,路网状况仍然会逐步劣化。

通过网级路面管理系统,可以帮助管理者确定长期稳定的最佳路网服务水平,使得总的费用处于最低的水平,并且可以帮助管理者确定在合适的时间达到该最佳服务水平的养护资金预算分配。

二、数据需求

不同的国家在进行网级路面管理分析时,往往采用不同的路面状况指标和分类标准,因此所需要的数据种类也会有所不同。但由于网级路面管理分析的目标是一致的,即寻求养护资金的最佳分配,网级分析所需要的数据在总体上相差不大。根据以英国伯明翰大学为首的研究项目——"路面设施养护评价研究"对欧洲多个国家的调查发现,一般网级管理系统分析所需要的输入数据有以下几种:

(1)子网总长度;

(2)平均日交通量;

(3)路面性能衰减模型;

(4)养护效果模型;

(5)养护费用;

（6）道路用户费用；

（7）初始路况分布；

（8）约束条件。

子网总长度的数据用来计算基于单位长度费用的总费用；平均日交通量用来计算道路用户产生的费用；路面的性能衰减模型一般采用一个概率分布模型表示，即在特定时期，路面处于特定状态的百分率；养护效果模型表示通过采用某种养护措施以后，子网中处于特定状态的路面百分率的变化；养护费用表示不同养护活动所需要的费用，与当地的经济发展状况和劳动力水平有关；道路用户费用是指由于道路养护以及不佳的路面状况所产生的延误费用等；初始路况分布则用于预算资金分配的短期优化分析；约束条件一般包括路网服务水平约束即要求达到的路网服务最低水平和养护资金的约束。

以上输入数据可以从已有的路面养护管理数据库获得，并结合现场调研确定。

三、状态转移矩阵

路面在使用过程中，路面的各项性能会出现不同程度的衰变。由于影响路面使用性能变化的因素，如荷载、环境、材料性能和养护水平等都具有不同程度的变异性，使得路面使用性能的变化也是不确定的。采用确定型的预测模型只能表示出路面性能发展的大致规律，无法满足网级路面管理系统的精度要求，所以需要考虑采用概率型模型方法，以建立能够表达不确定性的性能衰减模型，供网级路面管理系统采用。其中，应用最多且最有效的模型是马尔可夫概率模型。应用该模型的主要步骤包括：

（1）选择使用性能变量，定义路况状态；

（2）进行子网划分；

（3）为每个子网提出状态转移矩阵；

（4）利用状态转移矩阵预估某时期处于某种路况状态的概率。

使用性能变量主要依据整个路网的要求和条件确定，既可采用综合评价指标（如 PCI），也可采用单项指标（如 IRI）。路况状态可以按照要求选取，如 PCI 变化在 0~100，可以划分为 10 个状态，每个状态覆盖 10 分。在某时段，处于不同状态的路段的百分率，称为该时段的状态矢量阵 $\bar{p}(t)$。对于使用 t 年处于状态 i 的路段，经过一段时间后转变成状态 j 的概率，称为第 t 年的转移概率 p_{ij}^{t}，这一路段的转移矩阵 $\boldsymbol{P}^{t}=(p_{ij}^{t})$。

设路段在第 t_0 年的状态矢量为 $\bar{p}(t_0)$，则经过 t 年后，路段的状态矢量阵为 $\bar{p}(t_0+t)$，则有：

$$\bar{p}(t_0+t)=\bar{p}(t_0)\cdot\boldsymbol{P}^{t_0}\cdot\boldsymbol{P}^{t_0+1}\cdot\cdots\cdot\boldsymbol{P}^{t_0+t-1}=\bar{p}(t_0)\cdot\prod_{r=0}^{t-1}\boldsymbol{P}^{t_0+r} \tag{7-1}$$

假设转移过程是稳定的，即转移概率不随时间变化，则式（7-1）可以简化为：

$$\bar{p}(t_0+t)=\bar{p}(t_0)\cdot\boldsymbol{P}^{t} \tag{7-2}$$

由此可以看出，状态转移矩阵是下述马尔可夫优化决策的核心内容和关键所在。在确定子网的状态转移矩阵时，需要一些已知的数据，根据"路面设施养护评价研究"的调查分析，主要需要以下一些数据：路况状态等级；初始状态矢量；阶段划分。

路况状态等级划分，一般可以划分为 5 类或者 3 类。初始的路况状态矢量是指在初期，路面状况处于各个状态的分布。一般初始状态矢量为：

$$\boldsymbol{S}=(1,0,0) \tag{7-3}$$

即处于第一状态的概率为100%,而其余状态的概率为0,这个初始条件适用于新建道路。阶段的划分,一般按照年来进行,即该年的路况是上年的路况与状态转移矩阵的乘积。

以三个状态等级为例描述状态转移矩阵,假定状态1为最佳状态,状态2为中间状态,状态3为最差状态。以一年期作为状态划分阶段时,经过一年,状态1维持现状的概率为$p(1)$,转移到状态2的概率为$p(2)$,并且假定经过一年,状态不可能由1转变到3,从而状态1的状态转移向量为($p(1)$,$p(2)$,0)。状态2维持现状的概率为$q(1)$,转移到状态3的概率为$q(2)$,并且状态不可能由2转变到1,从而状态2的状态转移矢量为(0,$q(1)$,$q(2)$)。状态3仍然会维持现状,不可能转变到状态1或者2,所以其状态转移矢量为(0,0,1),从而可以得到3状态时的状态转移矩阵为:

$$\begin{bmatrix} p(1) & p(2) & 0 \\ 0 & q(1) & q(2) \\ 0 & 0 & 1 \end{bmatrix} \tag{7-4}$$

式(7-4)中每一行的数据之和均为1。取$p(1)$为0.8,$q(1)$为0.5,根据式(7-2)和式(7-3)可以计算得到各年的路况状态分布,见表7-6。

状态转移矩阵应用示例　　　　　　　　　　　　　　　　　　　　表7-6

年数	0	1	2	3	4	5
状态1	1	0.80	0.64	0.51	0.41	0.33
状态2	0	0.20	0.26	0.26	0.23	0.19
状态3	0	0	0.10	0.23	0.36	0.48

确定状态转移矩阵可以采用多种方法进行,一般包括经验法、统计分析法和回归法。通过经验法确定的状态转移矩阵,可靠性较差,但可以通过不断修正使之逐步精确,一般该方法适用于缺少路况观测数据支持时。当具备较为完备的路况检测数据时,可以通过统计分析方法为每个划定的子网确定转移矩阵。这种方法比较简明易懂,但数据采集工作量大、周期长且费用较高。当数据不是很完备时,可以利用有限的路况检测数据,采用回归的方法来确定状态转移矩阵。

四、马尔可夫优化决策

1.马尔可夫决策过程

马尔可夫决策过程的主要依据是假设路面性能只与当前状态有关,与路面如何达到该状态无关。马尔可夫决策过程主要组成部分为:路面状态、养护和改建对策、状态转移矩阵、使用性能标准和处治费用矩阵。

在路面管理系统中采用马尔可夫决策过程,必须满足以下条件:

(1)可以按照路面的等级以及所处地区将路网划分为多个子网,同时在子网中将具有同样养护效果的路段进行进一步的细分;

(2)将每一个类型的路段组合按照一定的路面状态指标分成多个等级,从而可以有效地反映性能的动态变化;

(3)对于每一类型的各个状态,都已经定义了满足一定养护标准的养护对策;

(4)任一路段在任一阶段均仅采用唯一的养护措施;

（5）规划期有限，并被划分为连续的阶段；

（6）状态转移矩阵已知。

路面管理的重要目标就是寻求以尽可能低的费用使路网的使用性能在长时期内保持在要求水平上的最佳养护和改建策略。一般来说，经过一段时间后，路网的使用性能将达到一个稳定状态，即处于每一种状态的路段比例保持不变。此时，所采取的养护和改建政策和所需的预算稳定不变。在初期转移时段内，路网的性能标准低于达到稳定状况后的路网性能标准。路面管理的另一个目标是寻求在该初期时段内的短期最佳改建政策，它以最低的费用使路网性能从初期水平提高到稳定状况的性能水平，并满足此时段的性能标准要求。这两方面优化，可转化为如下的线性规划问题进行求解。

2.路网水平长期优化分析

道路管理者最感兴趣的问题就是如何分配有限的养护资金，保持路面良好的使用状态，使得产生的社会费用包括养护费用和道路用户费用最小，即：

①目标→社会总费用最小；

②约束→养护投资或预算。

该问题就是目标最小的优化问题，可以采用下面的优化过程求解。

（1）目标函数

长期线性规划目标函数如式（7-5）所示：

$$\min \sum_n \sum_s \sum_a \{w(n,s,a) \cdot [c(n,a) + u(n,s,a)]\} \tag{7-5}$$

式中：$w(n,s,a)$——决策变量，指第 n 个子网中，采取养护措施 a 时状态为 s 的路段比例；

   $c(n,a)$——养路费用，指第 n 个子网中，采取养护措施 a 时养路者的费用；

  $u(n,s,a)$——道路用户费用，指第 n 个子网中，采取养护措施 a 时，状态为 s 时的道路用户产生的费用。

（2）约束条件

该目标函数有四个约束条件。

第一个约束条件是每个子网的总的路段数量不变，即所有可能状态和所有可能措施的道路比例总和应为 1，可表示为：

$$\sum_s \sum_a w(n,s,a) = 1 \tag{7-6}$$

第二个约束条件是当路网状态处于稳定状况时，任一时期的路网状态分布比例应该是不变的，可表示为：

$$\sum_s \sum_a [w(n,s,a) \cdot p(n,s,y,a)] = \sum_a w(n,y,a) \tag{7-7}$$

式中：$w(n,s,a)$——表示处于 y 状态的路段比例；

  $p(n,s,y,a)$——表示第 n 个子网中，采取养护措施 a 时，状态从 s 转化为状态 y 的概率。

第三个约束条件是预算约束，即要求产生的养护费用不超过给定的养护资金，可表示为：

$$\sum_s \sum_a [w(n,s,a) \cdot c(n,a)] \leqslant b_{max} \tag{7-8}$$

式中：b_{max}——每一年预算资金的最大分配额。

第四个约束条件是养护的效果必须满足路面性能标准的要求，即任一子网中处于某一状态的道路比例必须在允许的范围之内。可表示为：

$$\min(n,s) \leqslant d(n,s) \leqslant \max(n,s) \tag{7-9}$$

式中： $d(n,s)$ ——表示第 n 个子网中,位于状态 s 的比例;

$\max(n,s)$、$\min(n,s)$ ——分别表示在第 n 个子网中,道路位于状态 s 的最高允许的比例和最低允许的比例。

（3）分析结果

通过对上述优化模型进行分析,可以得到第 n 个子网中,采取养护措施 a 时,状态为 s 的路段比例 $w(n,s,a)$。

3. 预算分配短期优化分析

短期是指路网状况在达到稳定的最优状况之前这段时间。通过预算分配的短期优化分析,可以保证路网达到最优稳定状态之前所需花费的养护费用最小,即:

①目标→在稳定状态之前养护总费用最小;

②约束→养护投资或预算以及路网状态要求。

该问题同样是目标最小的优化问题,可以采用下面的优化过程求解。

（1）目标函数

$$\min \sum_n \sum_t \sum_s \sum_a w(n,t,s,a) \cdot c(n,s,a) \tag{7-10}$$

式中：$w(n,t,s,a)$ ——决策变量,指短期优化分析期($t=1,2,\cdots,T$)中的第 t 年,对于路网 n,采取养护措施 a 时,状态为 s 的路段比例;

$c(n,s,a)$ ——养路者费用,指对于路网 n,采取养护措施 a 时,处于 s 状态时的养护费用。

（2）约束条件

该目标函数包含三类约束条件。

第一类约束条件是决策变量 $w(n,t,s,a)$ 必须满足的条件。该决策变量必须满足三个要求:道路比例不能为负值;第一阶段($t=1$)开始必须知道不同状态道路的比例;第 t 个时段开始时处于 y 状态的道路比例必须等于前一个时段($t-1$)末处于 y 状态的道路比例,可表示为:

$$w(n,l,s,a) \geqslant 0 \tag{7-11}$$

$$\sum_a w(n,1,s,a) = q_i^1 \tag{7-12}$$

$$\sum_a w(n,t,y,a) = \sum_s \sum_a w(n,t-1,s,a) \cdot p(n,t-1,s,y,a) \tag{7-13}$$

第二类约束条件是在短期决策期末 T 时段处于不同状态的道路比例应等于稳定期开始后的处于不同状态的道路比例(由前面长期优化分析结果得到),并且在 T 时段的费用应符合长期优化分析结果的要求,可表示为:

$$\sum_a w(n,T,s,k) \geqslant (1-\alpha) \sum_a w(n,s,a) \tag{7-14}$$

$$\sum_a w(n,T,s,k) \leqslant (1+\alpha) \sum_a w(n,s,a) \tag{7-15}$$

$$\sum_s \sum_a w(n,T,s,k) \cdot c(n,s,a) \leqslant (1+\beta) C^* \tag{7-16}$$

式中：$w(n,s,a)$ ——长期优化分析结果;

α、β ——规定的容许偏差,如 0.01;

C^* ——长期优化分析中稳定期的养护费用。

第三类约束条件是路网从开始到稳定期之间路网性能要满足一定的要求,可表示为:

$$\sum_a w(n,t,s,a) \geqslant \rho_1(t) \cdot \min(n,s) \tag{7-17}$$

$$\sum_a w(n,t,s,a) \leqslant \rho_2(t) \cdot \max(n,s) \tag{7-18}$$

式中：$\rho_1(t)$、$\rho_2(t)$——适当放松稳定期使用性能标准要求的乘子，分别有 $\rho_1(t) \leqslant 1$，$\rho_2(t) \geqslant 1$。

（3）分析结果

通过对上述优化模型进行分析，可以得到第 n 个子网中，在过渡期第 t 年采取养护措施 a 时，状态为 s 的路段比例 $w(n,t,s,a)$。

4.总结

通过求解上述两方面的优化问题，便可得到长期和短期的最佳改建对策，使得在满足使用性能的要求下，长期的社会总费用最小，短期的道路养护费用最小。利用同样的方法可以建立在给定预算约束的情况下，采用何种养护对策可以获得最高的路面使用性能水平。

在网级路面管理系统中，有多种模型可以采用，包括确定型的模型和不确定型模型。在不确定型模型中，包含残存曲线模型、马尔可夫模型和半马尔可夫模型三种，其中马尔可夫模型最为常用。

第五节 项目级路面管理系统

一、概述

通过网级路面管理系统确定了路网的养护策略，即在路网分析期内每个阶段路网中道路状况处于某种状态的最佳比例以后，对于具体的路面项目如何进行养护，确定最佳的养护方案，就需要通过项目级的养护管理系统来确定。

项目级养护管理系统包含两个阶段：一是对该项目需要养护的路段进行排序，以确定出各路段养护的最优次序；二是对各路段的养护方案进行分析，以确定出最佳的养护方案。

二、路段排序

与路网的实际养护需求相比，养护预算往往显得不足，为此，需要采用一定的排序方法确定出路网中需要养护路段的优先次序。选择排序方法的基本原则就是技术上最需要处治和经济上效益最大。常用的排序方法包括三类：一是决策者根据自己或部门的经验进行排序；二是按照设施的使用性能参数进行技术排序；三是按照经济分析结果进行排序。Haas R 等归纳了不同排序方法的特点，见表7-7。

不同排序方法的比较 表7-7

排 序 方 法	优、缺点
基于判断的主观经验法	快速、简单，客观性、一致性差，可能远非最优
基于使用性能参数的方法	简单易用，可能远非最优
基于经济分析参数的方法	比较简单，应该比较接近最优
基于数学规划模型的逐年优化方法	比较复杂，可能接近于不考虑时间的最优效果
基于边际费用—效果分析的方法	比较简单，接近于最优
采用数学规划模型的综合优化方法	最复杂，能给出最优规划

1.经验排序

根据经验或者各个部门的建议和经验进行决策，对项目的优先次序进行排序。通常决策者会组织有关专家前往现场进行实地考察,综合考虑考察结果和所掌握的资源,经过平衡决定项目的优先次序。这种方法主观随意性大,因人、因地、因事而异,决策标准难以客观、一致。

2.技术排序

技术优先排序是将路况数据转化成具有一定数值范围的指数,然后按照该指数对所有的路段进行排序。目前,世界各国普遍采用的技术排序指数主要包括:

(1)道路等级;

(2)交通量;

(3)路面病害;

(4)路面平整度;

(5)结构强度。

在进行优先技术排序时,单一的排序指标较少采用,一般通过一定的权重将各个排序指标综合起来进行考虑,如我国路面管理系统(CPMS)的单纯技术指标排序模型共考虑了5个因素,分别是道路等级、行驶舒适性指数(RQI)、路面状况指数(PCI)、结构强度指数(PSSI)和交通量(AADT)。排序模型参数见表7-8。其中,道路等级越高,分值VFP越高;交通量越大,分值VFP越高;路面指数越差,分值VFP越高,以此来确定项目的优先次序。同时,这5个因素的权重不同,即考虑的重要性不同,其中路面结构强度系数所占权重最大,而道路等级和交通量在考虑中所占的权重相对较小。

排 序 模 型 参 数 表7-8

因素值 VFP_i	道路等级	PSSI	PCI	RQI	AADT(veh)
100	一、二级,100	<40			>10 000
90~100	三级,90	40~60	<30	<30	8000~10 000
80~90	四级,90	60~70	30~50	30~40	6000~8 000
60~80		70~80	50~70	40~60	4 000~6 000
40~60		80~90	70~80	60~80	2 000~4 000
20~40		90~100	80~90	80~90	1 000~2 000
0~20		>100	>90	>90	<1 000
权值 W_i	0.1	0.33	0.27	0.20	0.1

考虑这5个因素的项目排序计算公式为:

$$PN = \sum_{i=1}^{5} W_i \cdot VFP_i \tag{7-19}$$

式中:PN——优先顺序;

 VFP_i——排序变量;

 W_i——排序变量的权重(重要性)。

美国加利福尼亚州路面管理系统选取平整度、路面损坏程度和平均日交通量三项因素作为影响排序的主要因素。按照它们损坏的优先次序以及各因素的分等序列,排列组合成表7-9所示的优先序列。

172

问 题 类 型		平均日交通量（veh）		
		>5 000	1 000 ~5 000	<1 000
平整度差	严重结构性损坏，平整度差 柔性：龟裂为 11% ~29% 和修补面积大于 10% 或龟裂大于 30% 刚性：第三阶段裂缝大于 10%	(1)	(2)	(11)
	中等结构性损坏，平整度差 柔性：龟裂为 11% ~29% 和修补面积小于 10% 或龟裂小于 10% 和修补面积大于 10%	(3)	(4)	(12)
	仅平整度差	(5)	(6)	
平整度好	严重结构性损坏 柔性：龟裂为 11% ~29% 和修补面积大于 10% 或龟裂大于 30% 刚性：第三阶段裂缝大于 10%	(7)	(8)	(13)
	中等结构性损坏 柔性：龟裂为 11% ~29% 和修补面积小于 10% 或龟裂小于 10% 和修补面积大于 10%	(9)	(10)	(14)

英国伯明翰大学主持研究的"路面设施养护评价研究"项目中采用的技术排序方法是将描述路面状况的多种参数（如 PCI、IRI 等）按照指标值域范围分为三个状态：位于警戒值以上的为状态 0，位于警戒值与允许值之间的为状态 1，位于允许值以下的为状态 2。如果多个路面状况参数中有两个位于状态 2，那么优先等级最高；如果有一个状况参数位于状态 2，一个或多个状态参数位于状态 1，那么优先等级为中等；如果只有一个状态参数位于状态 2 或者两个或多个状态参数位于状态 1，那么优先等级为较低；其他情况下不需考虑养护。使用这样的排序准则，就可以确定出路网中需要养护路段的优先次序。

3. 经济排序

管理部门往往需要从经济角度来进行需要养护路段的排序，以使得在满足最低服务水平的前提下，所需要的养护资金最小。采用系统工程语言可以描述为：

①目标→路网养护投资最小；

②约束→路网平均服务水平满足要求。

对该问题可以采用两种方法进行求解：一种是精确的数学优化方法；另一种是近似的优化分析。

根据潘玉利等在天津市公路管理系统的研究，可以采用以下优化模型进行求解。

目标函数：

$$\min \sum_{i=1}^{S} \sum_{j=1}^{A} \sum_{t=1}^{P} \sum_{t'=1}^{P} X_{ijt} \mathrm{MC}_{ijtt'} \tag{7-20}$$

约束条件：

$$\sum_{i=1}^{S} \sum_{j=1}^{A} \sum_{t=1}^{P} \frac{1}{S} X_{ijt} \mathrm{PQI}_{ijtt'} \geq \mathrm{PQI}_{\mathrm{req}} \tag{7-21}$$

$$\sum_{i=1}^{S} \sum_{j=1}^{A} \sum_{t=1}^{P} \frac{1}{S} X_{ijt} \mathrm{RQI}_{ijtt'} \geq \mathrm{RQI}_{\mathrm{req}} \tag{7-22}$$

$$\sum_{i=1}^{S}\sum_{j=1}^{A}\sum_{t=1}^{P}\frac{1}{S}X_{ijt}\text{PCI}_{ijtt'} \geqslant \text{PCI}_{\text{req}} \qquad (7\text{-}23)$$

$$\sum_{i=1}^{S}\sum_{j=1}^{A}\sum_{t=1}^{P}\frac{1}{S}X_{ijt}\text{PSSI}_{ijtt'} \geqslant \text{PSSI}_{\text{req}} \qquad (7\text{-}24)$$

$$\sum_{j=1}^{A}\sum_{t=1}^{P}X_{ijt} \leqslant 1 \qquad (7\text{-}25)$$

$$X_{ijt} \geqslant 0 \qquad (7\text{-}26)$$

式中：X_{ijt}——路段 i 养护可选方案 j 在第 t 年是否处治的优化变量，取值为 0 或 1；

$\text{PQI}_{ijtt'}$——$X_{ijt}=1$ 时，路段 i 在第 t' 年的路面总体性能；

PQI_{req}——要求达到的路网服务水平；

$\text{MC}_{ijtt'}$——$X_{ijt}=1$ 时，路段 i 在第 t' 年的大中修费用；

　　S——路段总数；

　　A——可选养护方案总数；

　　P——分析年限，一般取 10 年。

　　但往往数学模型难以反映具体的分析环境，并且在路网中路段较多的情况下，用于计算分析的时间会很长。因此，在实际的路段经济排序中，可以采用某种近似优化的方法来进行分析，得到近似于最优的近似排序方法。根据潘玉利等的研究，可以采用如图 7-6 所示的方法进行近似优化分析，得到最优的路段排序。

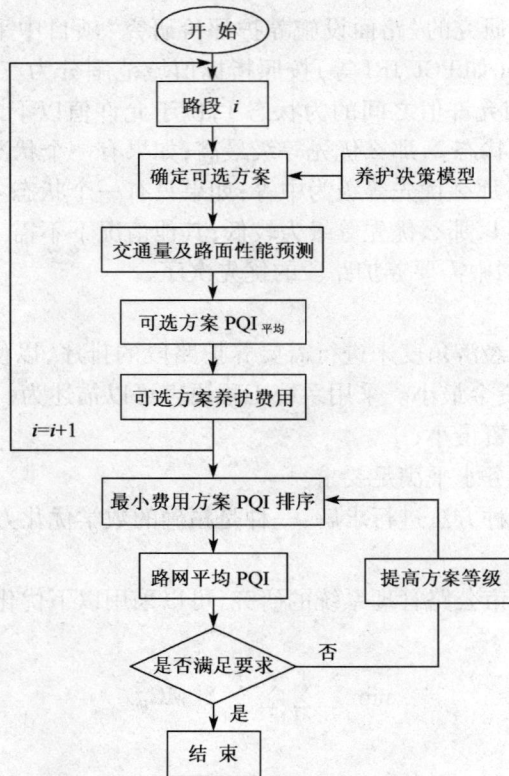

图 7-6　近似优化分析

　　采用图 7-6 的近似优化分析方法可以有效提高计算机分析速度，对于推广应用数据库管理系统具有积极的意义。

三、最佳养护方案的确定

在对路网中项目的养护次序进行分析确定以后,接下来的工作就是对需要养护的路段进行寿命周期范围内的养护分析,确定出养护费用最省的养护方案。这一步的分析可以采用生命周期的分析方法,将路面从施工到使用直至重建的整个过程纳入分析过程中,得出养护费用最小的路面全寿命养护方案。

根据美国国家公路系统(NHS)1995年的定义,寿命周期费用分析(LCCA)是指在某一个路段的整个使用寿命过程中,通过对初始建设费用、用户费用、养护费用、重建费用等进行分析,以评估路段在寿命周期中的整个费用花费。通过LCCA,可以找出花费最优的路面养护和改建方案,即在何时、采用何种养护或改建措施。

寿命周期费用分析方法应用于路面经济分析始于20世纪70年代。目前,美国各州在进行路面的投资决策时,均考虑采用寿命周期分析方法进行不同方案的费用效益分析。寿命周期费用,与各可选方案预期的使用性能或寿命,拟采用的养护和改建措施的类型、寿命和费用,选用的分析期长短和贴现率大小等有着密切的关系。在进行分析时,应首先考虑和选定这些因素,然后分析寿命周期的各项费用,进而确定费用最低的方案。

1. 寿命周期费用分析过程

寿命周期费用分析包括以下步骤:

第一步,确定分析期内可选路面设计方案;

第二步,估计公路部门费用;

第三步,估计道路用户费用;

第四步,得出分析期内的费用流;

第五步,计算净现值(NPV)。

(1)确定分析期内可选路面设计方案

通常,一个路面设计方案包括路面初始设计、周期性养护以及一系列修复活动。通过确定在分析期内各个活动的费用,并折算为初始年度的费用来比较不同方案的优劣。用于长寿命分析的路面分析期一般要求长于路面的设计服务年限,至少包含一次路面修复活动。美国FHWA于1996年建议采用的LCCA的分析期为35年。图7-7表示一个路面设计方案的典型分析期。

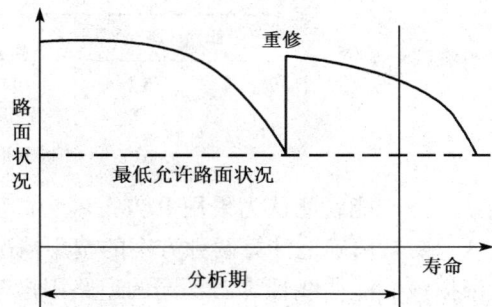

图7-7　路面设计方案的典型分析期

(2)估计公路部门费用

公路部门费用主要包括初始施工费用、日常养护费用、铺面和重修费用以及相关管理费用。一般来说,不同设计方案之间在日常养护费用上相差不大,考虑了足够长的分析期后,这部分费用的差异可以忽略。因此,在估计公路部门费用时,可以省略不同方案之间类似的日常养护费用。

到分析期末,路面的使用性能可能还没有下降到最低允许水平,即路面还有剩余寿命可以在分析期后继续承受车辆作用。各个比较方案可能具有不同的剩余寿命,在进行分析和比较时,应考虑各个方案这部分剩余寿命所具有的价值,一般称为路面残值。路面残值可以按照剩余寿命占预期使用寿命的比例确定,用式(7-27)确定。

$$SV = \left(1 - \frac{L_A}{L_E}\right)C_r \qquad\qquad (7-27)$$

式中:SV——路面残值;

L_A——最后一次改建的施工年份到分析期末的年数;

L_E——该改建措施的预期使用寿命;

C_r——该项改建措施的修建费用。

这样,在考虑公路部门的费用时,依据合同以及国家指导价格可以估算出不同方案的初期建设费、铺面和重修费以及相关管理费用,然后再根据贴现率的水平,计算出不同方案的公路部门费用的净现值。

(3)估计道路用户费用

用路者费用包括车辆运营费(VOC)、用户延误费以及事故费等。用路者费用包括一般用路者费用(与路面状况、主要是与路面平整度相关的费用)以及养护工作时产生的用路者费用(由于养护工作带来的行车时间增加、行车特性的改变等产生的费用)。

不同的路面设计方案,会产生不同的路面性能以及养护活动,从而会带来用路者费用的差异。图7-8表示了不同养护方案的路面性能变化曲线以及养护活动的时间。其中,方案A是传统的长寿命方案,即每过15年进行一次大修;而方案B则每过5年就会进行一次大修以恢复路面性能。可以看出两种方案的路面性能状况大不一样,方案A具有较好的平均路面性能,而方案B的平均路面性能较差,并且方案B会有较多的修复活动,将会带来更多的用路者费用。

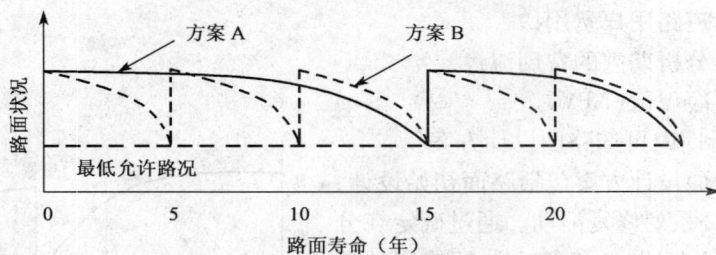

图7-8 不同养护方案的路面性能变化曲线

但并不能就此认为采用B方案就会产生更高的费用,因为方案B的初期建设费用低于方案A。要想精确地计算两种方案的费用情况,需要较为精确地得到图7-8的路面性能曲线,并且依据该性能曲线计算出不同的道路用户产生的费用。

车辆运营费是指车辆在路上行驶时同行驶里程有关的费用,如燃油费、轮胎费、保修费、车辆大修和折旧费等。为了能定量地分析不同养护方案对车辆运营费的影响,20世纪70年代以来,许多国家曾进行过大量的试验研究工作,并建立了多种车辆营运费预估模型。一般的建模方法多采用各类车型在不同路段的野外调查,应用相关分析方法建立回归模型,然后利用该模型对车辆运营费进行估算。而用户延误费的计算主要是考虑到延误所带来的用户机会收益损失。表7-10是美国1996年不同的单位在计算用户延误费时采用的费用标准。

根据表7-11可以计算出在养护期间所造成的车辆延误,以及在运行期间由于路况差异导致的运行时间的差异所产生的费用。

事故费则是指不同路况下由于交通事故的发生所产生的费用,对于不同的事故类型以及不同的道路类型其事故费有所不同。表7-11是美国NCHRP研究项目开发的LCCA分析软件

MicroBENCOST 于 1996 年所采用的单个事故费标准。

交通延误费计算标准   表 7-10

数 据 来 源	数 据 单 位	小 汽 车	货 车	拖 车
美国运输部	美元/(车·h)	10.80	16.50	16.50
MicroBENCOST	美元/(车·h)	11.37	17.44	24.98
NCHRP	美元/(车·h)	11.78	19.64	16.94
FHWA	美元/(车·h)	14.30	25.99	31.30

MicroBENCOST 于 1996 年所采用的单个事故费标准(单位:美元)   表 7-11

路 面 类 型	严 重 事 故		一 般 事 故		仅有财产损失	
	郊区	城市	郊区	城市	郊区	城市
交叉口	1 182	1 040	24.4	16.0	2.21	1.51
桥梁	1 240	1 091	27.8	16.0	2.39	1.42
公路	1 240	1 091	27.8	16.0	2.39	1.42

通过对不同路况时发生的事故率和严重程度进行预估,再利用如表 7-12 所示的事故费,就可以估算出不同方案时发生的事故费用。

(4)得出分析期内的费用流

分析期内的各项费用可以采用如图 7-9 所示的费用流表示,根据不同方案的费用流计算出净现值,从而比较不同方案的优劣。

(5)计算净现值(NPV)

通过将分析期内不同时间支出的费用,按某一预定的贴现率转换为现在的费用,从而在此基础上比较不同的方案。

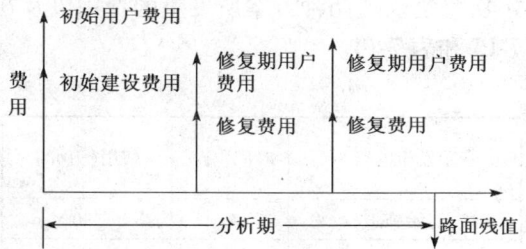

图 7-9　费用流

净现值 NPV 可以用式(7-28)计算:

$$NPV = PV_{ben} - PV_{cost} \tag{7-28}$$

式中:PV_{ben}——公路在正常营运条件下所产生的效益;

PV_{cost}——公路部门和道路用户产生的费用。

公路在正常运营条件下所产生的效益,对于不同的方案是相同的,从而可以简化为仅计算公路部门和用路者所产生费用的净现值。根据该值的大小来比较不同方案,净现值越小,其方案就越优。

$$NPV = C_0 + \sum_{k=1}^{m} C_k \left[\frac{1}{(1+i)^{n_k}} \right] \tag{7-29}$$

式中:C_0——初始费用;

C_k——第 k 个养护阶段的费用;

m——养护阶段数;

i——贴现率;

n_k——第 k 个养护阶段据初始年份的年数;

$\dfrac{1}{(1+i)^{n_k}}$——现值系数。

177

表 7-12 为一个路面设计方案的净现值计算示例,计算采用的贴现率为 4%。

净现值计算示例   表 7-12

费用发生的行为	时间(年)	费用(万元)	现值系数	现值费用(万元)
初始施工	0	440.0	1.000 0	440
初始用户费用	0	120.0	1.000 0	120
第一次养护	15	130.0	0.555 3	72
第一次养护用户费用	15	107.6	0.555 3	60
第二次养护	30	130.0	0.308 3	40
第二次养护用户费用	30	144.4	0.308 3	44
路面残值	35	−86.6	0.253 4	−22
总净现值				754

2. 敏感性分析

由于分析期比较长,期间的贴现率也会出现波动,并非恒定不变的,因此需要考虑不同贴现率水平时净现值的变化情况,以对方案费用对贴现率的敏感性作出判断,从而作出最为可靠的方案选择。

假定有两种方案:一种是每隔 10 年对路面进行一次修复,另一种是每隔 15 年对路面进行一次修复。这两种方案所发生的费用以及在不同贴现率水平下的净现值的计算结果分别见表 7-13 和表 7-14。

方案一敏感性分析   表 7-13

费用发生的行为	时间(年)	费用(万元)	净现值 NPV(万元)				
			2.0%	3.0%	4.0%	5.0%	6.0%
初始施工	0	390	390	390	390	390	390
初始用户费用	0	80	80	80	80	80	80
第一次养护	10	80	66	60	54	49	45
第一次养护用户费用	10	108	88	80	73	66	60
第二次养护	20	80	54	44	36	30	25
第二次养护用户费用	20	144	97	80	66	54	45
第三次养护	30	80	44	33	25	23	14
第三次养护用户费用	30	194	107	80	60	45	34
路面残值	35	−40	−20	−14	−10	−7	−5
总净现值			906	833	774	730	688

方案二敏感性分析   表 7-14

费用发生的行为	时间(年)	费用(1 000 美元)	净现值 NPV(1 000 美元)				
			2.0%	3.0%	4.0%	5.0%	6.0%
初始施工	0	440	440	440	440	440	440
初始用户费用	0	120	120	120	120	120	120
第一次养护	15	130	96	84	72	62	54
第一次养护用户费用	15	108	80	69	60	52	45

费用发生的行为	时间（年）	费用（1 000 美元）	净现值 NPV（1 000 美元）				
			2.0%	3.0%	4.0%	5.0%	6.0%
第二次养护	30	130	72	54	40	30	23
第二次养护用户费用	30	144	80	60	44	34	25
路面残值	35	−87	−43	−31	−22	−16	−11
总净现值			845	795	754	722	696

两种方案的净现值在不同贴现率水平下的数值可以通过图 7-10 表示。从图 7-10 可以看出,方案一对贴现率的敏感性大于方案二。当贴现率水平小于 6% 时,采用方案二的净现值更小,是较优的方案;而当贴现率水平大于等于 6% 时,采用方案一的净现值更小,是较优的方案。因此,不同的贴现率水平会产生不同的方案选择结果。

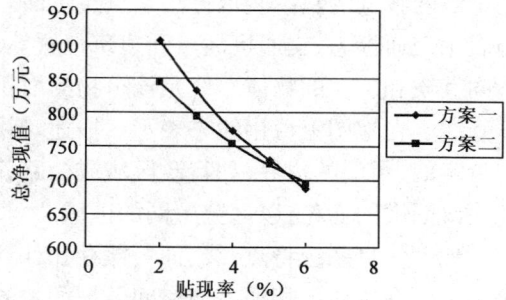

图 7-10　净现值敏感性分析

采用同样的方法还可以分析其他可变因素,如分析期、残值、价格等的波动对净现值的影响,从而为人们决策提供一定可靠度的保证。在进行较为详细的寿命周期费用分析时,必须进行敏感性分析,尤其是当两个比较方案差别不大时,敏感性分析对于正确选择方案更加关键。

第六节　GIS 在路面管理系统中的应用

一、GIS 系统

GIS 是地理信息系统的英文简称。从广义上讲,它是存储和处理与地理空间分布有关信息的集合。GIS 主要由以下 4 个部分组成:

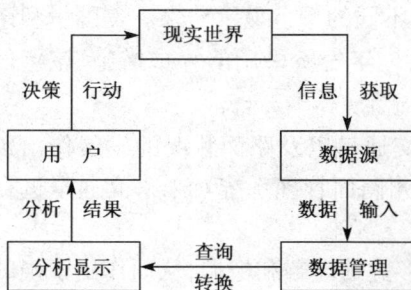

图 7-11　GIS 处理流程

(1)信息获取与输入;

(2)数据存储与管理;

(3)数据转换与分析;

(4)成果生成与显示。

GIS 通过从外部世界获取信息,又采用图形的方式显示信息,并具有数据库操作数据的一系列功能。一个完整的 GIS 系统工作流程可以通过图 7-11 表示。

路面管理系统的核心是一个关于路网各方面情况的数据库,包含了性质各异的数据。对于决策者来讲,总希望在做决策时可以面对一个具体的、可视化的对象,并且希望决策的效果可以通过可视化的方式展示出来。而传统的数据库是一系列数据的抽象组合,很难以一种简单的方式为决策者提供支持。GIS 可以将外部数据以图形化的方式显示,并且与多个决策支持系统相组合,从而为路面管理系统的决策分析提供了一个合理的框架。目前,GIS 在路面管理系统中的应用已经得到了足够的重视,国外某些路面管理部门已经开发了基于 GIS 框架的路面管理系统。我国在这方面的研究也日益深入。

二、GIS 数据

地理信息系统将要处理的信息分为两类:一类是反映事物地理空间位置的信息,称为空间数据,也可称为地图数据或图形数据;另一类是与事物的地理位置有关,反映事物其他特征的信息,称为属性数据,也可称为非图形数据。

空间数据的基本表示方法是点、线、面。点用来描述物体的空间位置,在公路管理中可用点表示交通标志、交通事故点和道班位置等。描述点可以有大小、形状及颜色的变化,以表示不同性质和类型的物体。线是该事物的面积可以忽略,但长度和走向很重要,如道路、河流、地下管线等在地图上可用线来表示。描述时线有宽度、线形及颜色的变化。所谓面是该事物具有特定的、封闭的边界,如行政区域或公路养管单位的养管区域等。描述时,区域可以有颜色及底纹图案的变化,以区分不同的区域。

地理信息系统将点、线、面等储存在计算机中,成为事物的空间数据。储存方式与传统的手工地图在本质上相似。与空间数据相关的属性数据(如道路的交通量、路面状况、路面类型等),地下管线的用途、埋深,行政区的常住人口、人均收入等均可以通过地理信息系统输入到计算机中,建立起有相互联系的数据库。

三、GIS 在路面管理系统中的应用

1. 数据查询和分析

查询、分类是 GIS 最简单也是最常用的分析功能。例如,空间数据可以和手工地图相类似的表达方式显示在计算机上,指定任意的空间位置就可以知道有关事物的属性。当用光标选择地下管线、行政区域,就可知道对应的管径、埋深、用途,行政区域的人口、收入等,并且可以自动获得管线的长度和行政区域的面积等参数值。其可以设定属性数据的范围,对大量的数据进行筛选,挑出符合要求的数据进行显示,如可以查出每小时交通流量大于 1 000 辆的道路有几条,并且可以同时在屏幕上绘出符合条件的道路,并以不同的颜色显示出来。美国伊利诺伊州基于 GIS 的路面管理系统可以显示该路网各路段在某一年份所采用的养护措施、该年份的路面状况、交通量等。图 7-12 为道路历史修复数据地图显示。

同时,基于 GIS 的路面管理系统还可以对未来年份的交通量以及路面状况的发展作出预测,并以图形化的方式显示出来。图 7-13 是美国伊利诺伊州路面管理系统对未来交通量进行预测并以图形显示。

通过这种及时图形化的显示技术,可以方便决策者对形势的理解和把握,从而作出正确的决策。这是传统的关系型数据库以及文件格式的输出结果所无法比拟的。

更复杂一些的应用,如 GIS 可以从空间位置的相互关系上进行综合分析;可以将道路网定义为一组线,某个区域定义为一个面;将线的有关数据和面叠合到一起时,面内的单位面积上的路网长度、总的交通流量等均可以用文字报告的形式输出;通过定义一条道路的中心线和规划红线宽度,并和房屋空间数据叠合,可得到在红线范围内有多少房屋可能拆除,大致有多少居民需要动迁。

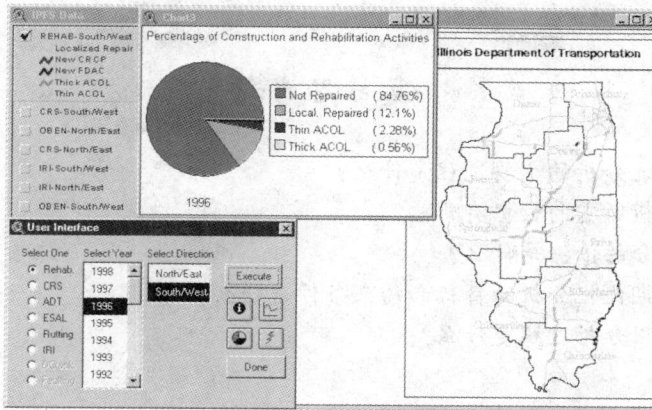

图 7-12　道路历史修复数据地图显示

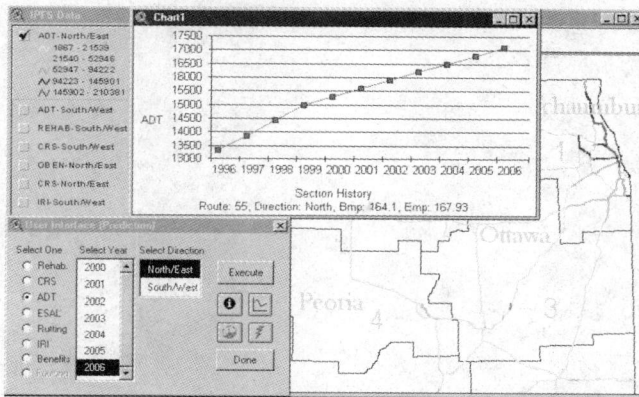

图 7-13　交通量预测地图显示

2. 提供数据共享的平台

道路管理部门所管理的设施(如路面及附属设施等)并非是孤立的,而是与社会各个部门紧密相关的,如道路中的各种管线就涉及各种公用事业部门以及私有企业。在基于 GIS 的路面管理系统中,必然会包含管线、信号和排水等设施。如此,路面管理系统所依托的 GIS 平台,就可以成为其他设施管理系统共享的 GIS 平台。这一方面减少了空间数据的采集工作和空间数据库的开发工作,另一方面通过不同设施管理系统共用同一个 GIS 平台,可以保证系统之间采用的位置参照系统的一致性,从而为各个管理系统在今后的整合上提供技术上的可能性。

3. 在路面管理系统中整合 GPS

全球定位系统(GPS)是一种新兴的基于卫星定位的地球表面位置确定系统。通过 GPS 接受器实时接受卫星传送的位置信号,可以动态、准确地确定 GPS 接收器所在的位置。目前,GPS 民用技术的平面定位精度达到了 2m 以内,最高精度可达 0.5cm,完全满足路面管理中各个环节定位的需要。但是 GPS 在路面管理系统中的应用离不开 GIS 技术的支持。由于 GPS 获得的位置是大地坐标,必须通过 GIS 的位置参照系统将其转化为相对位置后,才能够为路面管理系统所应用。所以,通过 GIS 技术对 GPS 与路面管理系统的整合,能够实现路面管理中快速、动态和准确的定位要求。

复习思考题

1. 路面管理系统分析的主要过程是什么?
2. 网级管理分析所需的数据有哪些?
3. 路面子网划分的依据是什么?
4. 路网水平长期优化分析的目标和约束条件是什么?
5. 寿命周期费用分析过程是什么?

第八章　公路交通运营安全管理

第一节　高速公路运营安全管理概述

由于交通事故造成的严重后果,世界各国尤其是发达国家都对交通事故预防及对策倾注了大量人力、物力和财力,制定了较为完善的道路交通管理法律、法规和相关政策。各国政府通过法制、法规和行政指导来引导公路安全管理活动的走向,使其走上了统一、协调、系统的轨道。

1991 年,美国的 ISTEA-21(Intermodal Surface Transportation Efficiency Act)法案要求在全国强制推行公路安全管理系统(Safety Management Systems,简称 SMS),对公路安全进行系统化管理。1999 年,由 AASHTO、美国联邦公路局、美国交通工程师学会等发起,成立了专门的工作小组指导制订公路安全手册(HSM)。新西兰于 2000 年颁布了《安全管理系统手册》(第2 版),提出了旨在降低交通事故的数量和严重性的一个系统程序,在道路规划、设计、建设、运营、维护等方面考虑了安全因素。

高速公路运营安全管理可以分为动态管理和静态管理两大类。

所谓动态公路运营安全管理指对公路运营阶段出现的交通事故、灾害性天气、重大政治事件、恐怖事件等影响公路运营安全的问题进行实时的监督和管理。属于动态公路运营安全管理范畴的工作主要包括事故后的紧急救援、灾害性天气下的事故预防、各类事件条件下的交通管制等。动态公路运营安全管理工作具有动态性、实时性的特征,即管理决策随着客观运营环境的实时状况进行动态的变化,如在灾害性天气下,根据雾、风、雨、雪的不同等级实行相应的交通管制对策、工程措施以及联动对策。

相对于动态公路运营安全管理的实时性,静态公路运营安全管理是对公路运营阶段一定时期内的安全问题进行监督和管理。属于静态公路运营安全管理范畴的工作主要包括公路运营阶段的安全管理规划、定期的公路运营安全状况分析与评价、公路交通设施的定期维护与改善等。静态公路运营安全管理工作具有周期性、相对稳定性的特征,即在一定的管理周期内,管理决策不是随着运营的实时状况而变化,而是基于对周期内运营状况的综合分析与评价以及未来运营安全状况发展趋势的预测,制订相应的管理决策,如根据一定时期内各路段的运营安全状况评价和预测结果,制订改善项目的优先次序和安全管理资源的优化分配方案。

第二节　基于事件的高速公路动态运营安全管理技术

一、影响高速公路运营安全的事件分析

高速公路发生的灾害性天气事件,交通拥挤事件,交通事故、车辆故障和货物散落等交通事件以及临时施工事件都会对高速公路的运营安全产生影响。

1. 灾害性天气事件

灾害性天气是影响高速公路运营安全的重要因素。据统计资料表明,灾害性天气条件下的高速公路运营安全问题非常严重,不少事故、特别是重大恶性交通事故都与气象因素有关。其原因是不良天气不仅改变了路表状况,破坏了轮胎与路面的正常接触状态,还降低了空气能见度,影响了驾驶员的视距,增加了识别安全设施和信息的困难性,而且还影响了驾驶员的生理反应和心理反应。下面将具体分析雾、雨、雪、冰、风等各种恶劣天气条件对高速公路运营安全的影响。

(1)雾

雾对高速公路行车安全的影响主要表现为三方面:

①降低了行车能见度。低能见度能够引起驾驶员视觉疲劳和判断错误;增加超车危险性,影响标志标线认读和线形与出入口的辨别。

②雾水减小了车轮与路面的附着系数,从而导致制动距离增加,车辆打滑、制动跑偏等现象发生。

③给驾驶员心理造成紧张和恐惧感。这些影响都可能引发交通事故,对路网运营安全造成严重影响。

由雾引起的高速公路交通事故的特点是:

①数量大,后果重,社会影响面广;

②事故类型单一,主要是追尾事故。

(2)雨

雨对高速公路行车安全的影响除了降水在视野中形成干扰和影响驾驶员的心理反应和生理反应外,主要是路表水膜的润滑作用造成了车辆滑溜现象,且车速越高,润滑作用越明显,路面抗滑能力越差。研究表明,降雨是除北方地区以外其他地区对路网运营安全影响最大的气象因素。

(3)雪

雪对高速公路行车安全的威胁很大。降雪阻碍了驾驶员的视线,影响了行车视距,妨碍了车辆行驶;积雪对阳光的强烈反射作用造成了雪盲现象;路面积雪使行车变得困难;被雪花覆盖的道路交通设施的安全作用被弱化了;积雪荷载可能会破坏防护工程。这些都易引发高速公路交通事故。研究表明,无论在事故数量方面,还是事故严重程度方面,冰雪都是北方地区影响运营安全的最重要的气象因素。

(4)冰

路面结冰会导致路面摩擦系数急剧下降,结冰路面比积水路面更滑,车辆制动、转向所受影响更大,操纵性更难保证,因此危险性也更大。车辆在结冰路面上行驶易发生侧滑、甩尾、失控,从而发生事故。

(5)风

风对高速公路行车安全的影响主要表现为:增加了车辆的侧向受力,影响了车辆运行的稳定性;吹落物可能会成为路面行车障碍;使驾驶员产生了担心翻车等紧张情绪。由此可见,风对高速公路运营安全也有重要的影响。

(6)复合气象环境

不同类型气候特征会同时产生,造成更为不利的道路交通运行环境。

①雨雾。当降雨和雾同时形成时,高速公路运行环境受雨、雾不利环境的共同影响。

②暴风雨(雪)。我国南风沿海地区的台风季节,是暴风雨环境形成季节。暴风雪则发生在我国北方地区。这两者均会对运行安全产生极为不利的影响。

③沙尘暴。沙尘暴是沙暴和尘暴两者兼有的总称,是指强风把地面大量沙尘物质吹起卷入空中,使空气特别混浊,水平能见度小于1km的严重风沙天气现象。其中,沙暴是指大风把大量沙粒吹入近地层所形成的挟沙风暴;尘暴则是指大风把大量尘埃及其他细粒物质卷入高空所形成的风暴。

沙尘天气分为浮尘、扬沙、沙尘暴和强沙尘暴4类。

a. 浮尘:尘土、细沙均匀地浮游在空中,使水平能见度小于10km的天气现象。

b. 扬沙:风将地面尘沙吹起,使空气相当混浊,水平能见度在1~10km的天气现象。

c. 沙尘暴:强风将地面大量尘沙吹起,使空气很混浊,水平能见度小于1km的天气现象。

d. 强沙尘暴:大风将地面尘沙吹起,使空气很混浊,水平能见度小于500m的天气现象。

沙尘暴是沙漠高速公路沿线的最主要的气象灾害之一。其沿线经常遭受风沙危害,发生道路被风蚀、堆积和沙埋等现象,直接影响高速公路的正常运营,严重影响行车安全,尤其是在风大沙多的沙尘暴天气条件下,能见度较低,并破坏公路两旁的防沙设施,使流沙掩埋公路,还由于气流下降很快,使人感到胸闷气喘、喉头发呛、咳嗽烦躁,给高速公路车辆高速行驶带来极大的安全隐患。另外,与沙漠高速公路交通安全密切相关的沙尘有以下几个特征:区域性、时段性、不均匀性、顽固性、危害的严重性。因此,很有必要探索沙尘变化规律,分析其灾害性和时空分布特点与规律,准确预测沙尘天气及其影响程度,并提出相应的防御措施。

由于地球环境的恶化,我国北方地区近几年也频繁受到沙尘天气的影响。

(7)其他灾害天气

除上述灾害性天气外,冰雹也会使路面抗滑能力减弱;强烈的太阳辐射造成的路面虚光也会影响驾驶员的心理和生理反应。

从事件特点的角度分析,灾害性天气对高速公路运营安全的影响特征主要有以下几个方面:

①从影响范围来看,灾害性天气现象通常在高速公路的局部区域或整个区域发生,因此它对路网运营安全的影响是大范围的,甚至是全局的、整体的。

②从影响程度上看,由于灾害性天气事件引发的通常是重大交通事故、特大交通事故,如十几辆至上百辆车的连环追尾或相撞事故,由此可见它对路网运营安全的影响是相当严重的。

③从数量上看,据调查,一般整个路网发生的交通事故中,大约1/4是由灾害性天气环境条件引起的,可见其数量之大,危害之重。

④从影响的时间上来看,灾害性天气事件短则几分钟,长达几天之久,可见它对路网运营安全的影响具有短暂性和持久性双重特征。

⑤从影响结果来看,各种灾害性天气事件可能会增加不同类型车辆间的速度差异,降低运行车速,造成交通阻塞,增加交通延迟,降低通行能力,导致人员伤亡和造成经济损失等后果。

2. 交通拥挤事件

交通拥挤是全世界所有大中城市面临的主要交通问题,由其引发的交通安全、运输效率、环境污染和能源消耗等问题已经得到了越来越多的关注。近年来,随着高速公路网络的逐步形成和交通需求量的进一步增加,高速公路交通拥挤现象也开始显现,并趋于恶化。高速公路交通高峰期的持续时间不断延长,高峰期出现交通拥挤的路段也不断增多,严重影响了高速公路的运营安全性。当高速公路上发生交通拥挤时,车辆反复停车、起动,车辆抛锚及一些小的事故会更多地出现。这样就增加了事件的数量,并且延长了清除拥挤和事件到恢复正常交通状况的时间,从而大大增加了行车的危险性。

3.交通事件

高速公路交通事故、车辆故障、货物散落以及隧道内的火灾等交通事件的发生是不可避免的。这些交通事件的发生会大大加剧交通拥挤的程度,一旦发生交通事件,如不及时处理,所造成的拥挤会由点扩展到线,直至引起整条高速公路,甚至引起整个路网的交通瘫痪,进而造成严重的交通延误和道路通行能力下降。另外,交通事件的持续时间越长,发生二次事故的几率就越大,很可能导致更严重的交通事故恶性循环。因此,交通事件对高速公路运营安全的影响是巨大的。

4.高速公路临时施工事件

目前,我国许多高速公路经过若干年的使用后,一些路段已经出现病害,需要进行修复,更有一些高速公路已经不能满足迅速增长的交通量而需要进行改建或者扩建。因此,各地的高速公路上都不同程度地出现了一些临时施工作业区。这些施工作业区成为了高速公路上的交通瓶颈,不仅造成了道路通行能力的下降,而且也会引发交通拥挤,甚至交通阻塞,特别是在需求高峰期。事实表明,临时施工作业区也是事故多发的位置,在这里甚至经常发生严重的交通事故,造成大量的人员伤亡。施工作业区的重大交通事故一般都是由于追尾引起的,后面的车辆撞上了前面减速或停止的车辆。由此可见,临时施工事件对高速公路运营安全的影响也是不容忽视的。由于高速公路施工养护事件是维修人员有计划的行为,所以对交通安全管理人员来说,这类事件的确切发生时间和位置是可以提前预知的,因此可以通过做好预防预报工作来将此类事件的危险性降到最低。

二、各类事件下的高速公路动态运营安全管理对策

通过分析世界各国关于灾害性天气的事故预防、救治策略、经验和教训等资料,各类事件条件下的高速公路动态运营安全管理对策主要包括工程对策、交通管理对策、联动对策三个方面。

(1)工程对策。属于"硬"对策范畴,采用工程技术措施从道路环境、行车环境方面改善道路安全状态,提高行车安全。

(2)交通管理对策。属于"软"对策范畴,采用交通控制管理措施主要对交通流,即道路用户(人及车辆)实施管理控制,调整交通流运营状态,以预防事故的发生或尽可能把发生的损失限制在最低程度。

(3)联动对策。属于"附属"对策范畴,指为实施以上对策需要协调的其他行业部门的联动措施。

1.工程对策

工程对策是指采用工程技术手段,从道路环境、行车环境方面改善道路安全状态,提高行车安全。这类对策通常在建设期内完成或者纳入到重大养护工作内容中,具有以下特性:

(1)硬件性

这类工程对策都是具体的工程技术手段,主要是从硬件角度考虑如何实施,如附属设备的安装、路面的改善等。

(2)长期性

实施这类工程对策的效果是长期的,在相当长的时间周期内一直有效,并且保持性能稳定不变。

（3）单次性

实施效果的长期性决定了在设计使用寿命期采用这类工程对策可能只有一次或者重复实施的周期很长。从实施的分析角度可分为从道路角度考虑和从环境角度考虑两类,从与灾害性天气的实施关系上又可分为主动措施和被动措施两类。

①从道路角度考虑。主要指改善灾害性天气条件下的道路条件状况。主动措施有提高路面摩擦系数以及事故条件下的安全性能等措施。被动措施有设置建设紧急避难车道,设置避险车道,调整服务区、停车区的位置等措施。

②从环境角度考虑。主要从改善灾害性天气条件下的行车环境考虑,包括主动措施和被动措施。主动措施指安装道路附属设施改善行车环境,如安装风障降低强风影响,安装防雾灯防雾等方法。被动措施指直接针对灾害性天气改善行车环境,如除雾、除冰(雪)等技术手段。

一般在出现局部的团雾或持续时间较长的浓雾时,可考虑采用人工消雾措施。人工消雾一般是采用除雾车喷射液态 CO_2,液态 CO_2 使雾凝结成水滴以达到除雾的目的。

如果是冬季水滴结冰,还需要在路面喷洒防冻剂。改善后的能见度保持时间决定于气温和风速,一般为 3~4h。雾按温度分两类:雾中温度在0℃以下时,雾主要由过冷水滴和冰晶组成,为冷雾;雾中温度大于0℃时,雾由小水滴组成,为暖雾。

消冷雾主要是向雾中播撒适当物质使之产生大量冰晶,冰晶与水汽和水滴共存时,由于冰面饱和水汽压小于水面饱和水汽压,雾中水汽凝华到冰晶上,冰晶的增长抑制水滴增长,促使水滴不断蒸发、数量减少,达到减少和消除雾滴的效果。消雾物质有制冷剂(液氮、丙烷和干冰等)、人工冰核(碘化银等)和压缩空气。

消暖雾主要有:向雾中播撒吸湿性核在雾中培植大水滴,拓宽雾滴谱,诱发冲并过程,造成雾的沉降,使雾消散;增加雾区局部区域温度,使雾滴蒸发而消散;用喷气发动机产生热气,靠热动力振动气流,使雾蒸发消散等。

冰雪常常造成汽车制动失灵、转向失控,使交通事故频繁发生,连续追尾撞车事故也屡见不鲜。根据德国的调查表明:尽管有运转良好的除雪机制,大雪之后冰雪常常使道路交通陷于瘫痪,特别是在高速公路的危险路段(主要指上下坡路段);每次这类堵车给国民经济造成的损失达100万欧元。

2. 交通管理对策

（1）高速公路交通管理措施

高速公路交通管理控制就是当交通需求接近通行能力时,对重大基础设施上的交通流进行调节与诱导,使之比较均匀、稳定和安全。常用的控制措施包括交通流量调节、可变速度控制、车道使用控制及驾驶员信息系统等。

①交通流量调节。交通流量调节主要是根据进入高速公路的交通需求和高速公路的通行能力,对经由高速公路入口进入的交通流实行控制,使高速公路能保持期望的服务水平,或对特殊车辆(救援车辆,集装箱车队等)给予优先通行权。

②可变速度控制。可变速度控制是指通过设置可变限速标志等来限制交通流的行车速度,从而使异常交通状态下的交通流更加均匀、稳定,同时提高道路的通行能力和运营安全水平。

③车道使用控制。车道使用控制不仅是一种紧急控制手段,而且也是提高运营安全状态、道路通行能力和向救援车辆提供优先服务的手段。常用的有:

a. 车道关闭控制。当某车道上发生事故或安排施工时,暂时关闭该车道,措施是在车道上方显示"×"标志,并视需要设置路栏等。

b. 可逆车道变向控制。为提高某方向通行能力,可把反方向的某一条车道临时用作该方向车道,并通过交通标志发出车道变向信息,尤其是在事故或施工造成单向车道大部分或完全中断时采用。

c. 专用车道。为集装箱车或特殊车辆,在特定时间里从同一方向或相反方向的车道中辟出一条车道作为专用车道。该时间段后,可恢复为正常使用。

④驾驶员信息系统。驾驶员信息系统是利用交通标志或通信工具向行车者提供有关道路、交通或气象等信息,促使他们采取适当措施,继续按原来路线行驶或转移其他路线等。信息由控制中心发布通过对道路、交通、气象等检测所获得的数据以及对交通最优控制问题的求解结果(如最佳运行速度、最佳行驶路线、某入口匝道关闭等)向道路使用者提供信息,旨在提醒驾驶员,减少二次事故,减少延误。

交通标志是最常用的传递信息的工具,总的来说分为固定标志和可变标志两类。固定标志用于传递内容不变的信息。可变标志用于传递变化着的信息。

驾驶员信息系统所用到的通信手段包括互联网、无线电广播、车载电话、车载自动引导系统等。

监控中心将有关道路通行条件以及交通运营状况定期发送到互联网专用网站。驾驶员通过访问该网站得到路况信息,决定自己的出行选择。

无线电广播有地方电台广播和路旁专用电台广播两种。前者由广播电台定时播发当前大范围交通信息,驾驶员通过调谐车内收音机即可收听到。后者只用于某些特殊路段,如事故多发路段、重要的出口匝道、入口匝道附近。行驶到这些路段的车辆驾驶员,从标志上获悉该处专用电台的广播频率,调谐车内收音机,即可接收到附近专用电台播发的交通信息。此类专用电台具有限定接收区域的特点,不会干扰路外区域。

驾驶员也可利用装于车内的移动式电话从监控中心的询问电话获取最新交通信息。监控中心每隔数分钟更新一次交通信息,用录音形式经此电话发送给询问的驾驶员。

车载引导系统能以实时最佳行驶路线把车辆从其起始点自动地引导到目的地。该系统由车载装置、路旁装置、中心计算机等部分组成。

(2)周边路网控制措施

对周边路网的交通控制主要是采用适当的交通分配模型对周边路网的交通量进行合理分配,在重大基础设施进行部分车道甚至全部封闭时,为用户绕行提供可供选择的合理路线。

交通运输流在由起点到终点的运输过程中,可能存在若干可能选择的路径,交通运输流分布就是依据某些原则或原理把交通流分配到运输网络的具体路线上,从而量化考察交通供给与交通需求之间的相互关系。

常用的方法包括最短路交通分配法、容量限制—增量加载分配法、多路径概率分配法以及容量限制—多路径概率组合分配法等。

①入口管理措施。入口匝道调节是应用较广的一种车辆需求管理方法。其基本目标是调节进入大桥的车辆数,使大桥交通流的流量、密度、速度以及安全状态等参数运行在最佳状态,使某种性能指标达到最佳。入口匝道调节的实质是将入口交通流在时间和空间上重新进行分配,其中一部分车辆被准予进入,另一部分车辆在匝道上等待,伺机进入,还有一部分车辆须选择替代路线行驶。

实行入口管理的条件是:

a. 主桥有瓶颈路段出现；

b. 匝道具有容纳排队车辆的足够的存储能力；

c. 入口处存在可供车辆选用的、有足够通行能力的替代路线；

d. 实行入口调节之后，总的成本—效益应均衡或更优。

具体措施有：

a. 封闭匝道。包括人工设置栅栏，自动弹起式栅栏，采用"不准驶入匝道"标志等。

b. 匝道定时限流控制法。匝道定时限流控制的目的是为了改善高速干道的交通状况或改善车流汇合时的安全。通过匝道上的交通信号，调节控制交通量在正常交通量和某个合理最小交通量之间，定时驶入主线。

c. 匝道感应交汇控制法。这种控制方式主要考虑车流汇合处的安全，包括交通量—通行能力差额控制，占有率控制，路肩车道间隔控制，可插间隔交汇控制以及移动交汇控制等方式。

d. 匝道系统控制。匝道系统控制是将一系列匝道集中起来作为一个整体统一考虑交通控制。其限流率根据整个系统的交通量与通行能力之差确定，根据交通量变化需求使整个系统的车流保持最佳化。

②出口管理措施

出口管理从理论上讲有封闭出口匝道和调节驶离车辆数两种方法，主要针对出口区域交汇的安全问题。但是这种方法增大了驾驶员的行车时间和距离，使追尾事故可能性大为增加。

3. 联动对策

联动对策是指除了交通管制和工程对策外，还应采取路政、交警、抢险、医疗救护部门联动措施。根据不同的影响等级，制订相应的交通组织方案。联动措施主要有：

(1) 路政巡逻车沿线巡视；

(2) 交警、医疗救护部门待命；

(3) 严禁超限车辆驶入；

(4) 在特殊路段前方设置路政移动标志车，开启闪烁警灯和警笛。

三、高速公路动态运营安全管理决策支持技术

在深入研究高速公路运营安全管理对策的基础上，综合运用系统工程的分析和研究方法以及交通控制理论与方法，建立各类事件条件及其组合条件下的高速公路运营安全管理决策模型是实现动态管理的关键。

根据安全管理条件的不同，将决策模型分为 5 大类：

①灾害性天气条件下安全管理决策类；

②不良交通状态条件下安全管理决策类；

③交通事件条件下安全管理决策类；

④公路临时施工条件下安全管理决策类；

⑤事件组合条件下安全管理决策类。

1. 灾害性天气条件下运营安全管理决策支持技术

(1) 灾害性天气事件的行车控制标准

在灾害性天气条件下，控制车辆行驶速度和车辆间距是保障高速公路运营安全的一项行之有效的措施。因此，这类事件条件下的高速公路运营安全管理等级可以依据其对应的车速

189

车距控制标准来制订。这就要求所制订的车速、车距控制标准要合情合理。如果标准太低,则不能很好地控制群车追尾等重大交通事故的发生,车速、车距限制等安全管理措施也就失去了实际意义;如果标准太高,则会降低整个高速公路的通行能力和运输效率,造成不必要的经济损失。

美国一些州都制订了各自车速控制标准,见表8-1、表8-2。

Tennessee(田纳西州)车速管理 表8-1

能 见 度	提 示 信 息
146.3~402.3m(480~1 320ft)	限速80.4km/h(50mph)
73.5~146.3m(241~480ft)	限速56.3km/h(35mph)
<73.5m(<241ft)	道路关闭,车辆改道

Washington(华盛顿州)车速管理 表8-2

天 气 状 况	路 面 状 况	控 制 策 略
小雨或中雨、能见度大于800m	干燥或潮湿	车速小于104.5km/h(65mph)
大雨或雾、能见度小于320m	泥泞或有冰	车速小于88.4km/h(55mph)
大雨或雪、飞雪、能见度小于160m	浅的积水、雪或冰覆盖	车速小于72.4km/h(45mph)
雨夹雪、大雨或大雪、能见度小于160m	深的积水、深的积雪或融雪	车速小于56.3km/h(35mph)

我国制订的一些车速控制标准见表8-3。

我国公安部车速管理 表8-3

能见度(m)	车 速 控 制
≤50	局部或全部封闭高速公路
>50 且≤100	车速小于40km/h
>100 且≤200	车速小于60km/h
>200 且≤500	车速小于80km/h
>500 且≤1 000	采取适当措施,车速小于80km/h

同济大学郭忠印教授课题组在充分分析国内外研究成果以及对上海市、浙江省的部分高速公路进行实地调研的基础上,从单车和交通流安全性两方面着手,结合 VISSIM 交通仿真实验,运用车辆动力学理论、经典交通流理论等,以避免追尾和保证行车稳定性为临界条件,建立了不同能见度、不同水膜厚度(降雨强度)、不同强风风速以及路面积雪或结冰条件下的高速公路安全运行车速模型,并由此得到了不同类型灾害性天气条件下的高速公路车速、车距控制推荐值,见表8-4、表8-5。

(2)灾害性天气事件的决策流程

灾害性天气下高速公路运营安全管理决策支持功能能够根据所采集的实时气象信息、历史气象信息、预报气象信息和路段气象特征等自动判别路网中是否即将发生或已经发生了灾害性天气事件以及灾害性天气的类型和等级,然后由判断结果自动触发相应的紧急警报和系统内部灾害性天气安全管理方案。灾害性天气条件下高速公路网运营安全管理的决策流程如图8-1所示。

雾天行车安全控制推荐值表　　表8-4

道路位置	可视距离（m）						
	<50	50~80	80~100	100~120	120~150	150~200	>200
基本路段	10 控制通行	限速（km/h）					
		20	40	55	65	75	90
		间距					
		>30m 禁止超车	>50m 禁止超车	>60m	>70m	>80m	>100m
加速车道	15 控制通行	限速（km/h）					
		25	35	40	45	50	60
		间距					
		>25m	>40m	>50m	>60m	>70m	>80m
减速车道	10 控制通行	限速（km/h）					
		20	30	40	50	60	70
		间距					
		>30m	>50m	>60m	>70m	>80m	>90m

注：当可视距离较短，尤其是限速低于20km/h时，在行车控制措施中可考虑采用匝道动态限流，将车辆组成一车队，使用专用的车辆进行引导，并在条件十分恶劣时考虑关闭高速公路，以保证灾害性天气行车的安全性。

雾和雨雾天气下的行车安全控制推荐值（km/h）　　表8-5

道路位置	可视距离（m）／水膜厚度（mm）	<50	50~80	80~100	100~120	120~150	150~200	>200
基本路段	<2.5	10 控制通行	20*	40*	55	65	75	85
	2.5~5.0	10 控制通行	20*	40*	50	65	70	85
	5.0~7.5	建议关闭	15*	35*	50	60	70	80
	7.5~10.0	建议关闭	15*	30*	45	60	65	80
	注：* 禁止超车，间距要求参照雾的情况							
加速车道	<2.5	10 控制通行	15	25	30	40	50	60
	2.5~5.0	10 控制通行	15	25	30	40	50	60
	5.0~7.5	控制通行酌情关闭	10	15	20	35	50	55
	7.5~10.0	控制通行酌情关闭	10	10	15	35	45	55
	注：间距要求参照雾的情况							
减速车道	<2.5	10 控制通行	15	30	40	50	60	70
	2.5~5.0	10 控制通行	10 缓慢驶出	20	35	50	60	65
	5.0~7.5	控制通行酌情关闭	10 缓慢驶出	10 缓慢驶出	35	45	55	65
	7.5~10.0	控制通行酌情关闭	10 缓慢驶出	10 缓慢驶出	30	45	50	60
	注：间距要求参照雾的情况							

注：雨包括小雨、中雨、大雨和暴雨四个等级。小雨和中雨一般对应可视距离大于200m、水膜厚度小于2.5mm的情况，但也存在降雨强度不大、但路面水膜较厚的情况。大雨和暴雨情况视不同的可视距离和路面水膜厚度而定。

（3）灾害性天气事件对策的实施体系

根据研究灾害性天气对高速公路行车安全的影响特征和引发高速公路交通事故的主要原因，结合国内外高速公路运营安全管理经验，针对灾害性天气事件高速公路运营安全管理对策的实施体系如图8-2所示。

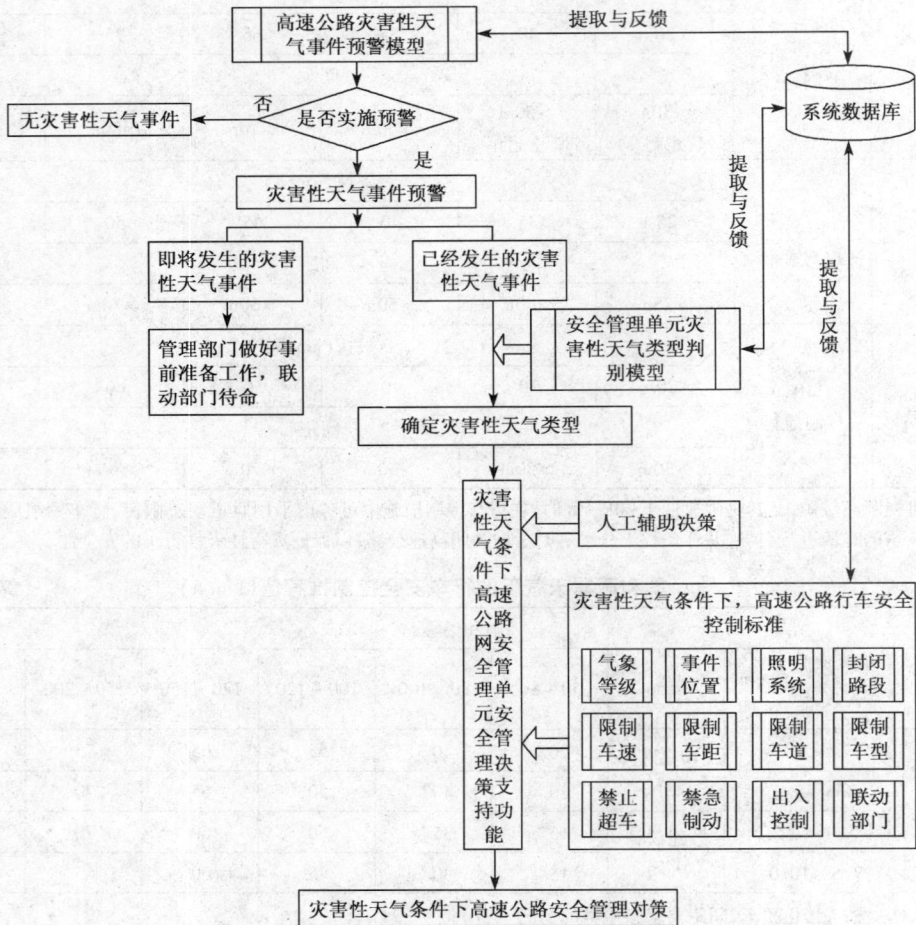

图8-1　灾害性天气条件下高速公路运营安全管理决策流程

2. 交通拥挤事件下运营安全管理决策支持技术

（1）交通拥挤事件下高速公路运营安全管理决策流程

交通拥挤事件下高速公路运营安全管理决策支持主要根据所采集的实时交通信息、历史交通信息、预测交通信息和路段交通特征（如交通高峰期和常发性拥挤路段等），结合成熟的ACI（Automatic Congestion Identification）算法，自动判别路网中是否存在交通拥挤事件以及交通拥挤的状态和类型，然后由判别结果自动触发相应的异常事件警报和安全管理对策。交通拥挤事件下高速公路运营安全管理的决策流程如图8-3所示。

（2）交通拥挤事件下高速公路运营安全管理对策实施体系

根据交通拥挤事件对高速公路行车安全的影响特征和国内外针对交通拥挤进行的交通控制措施研究，结合国内外高速公路拥挤事件管理经验，交通拥挤事件下高速公路运营安全管理对策实施体系如图 8-4 所示。

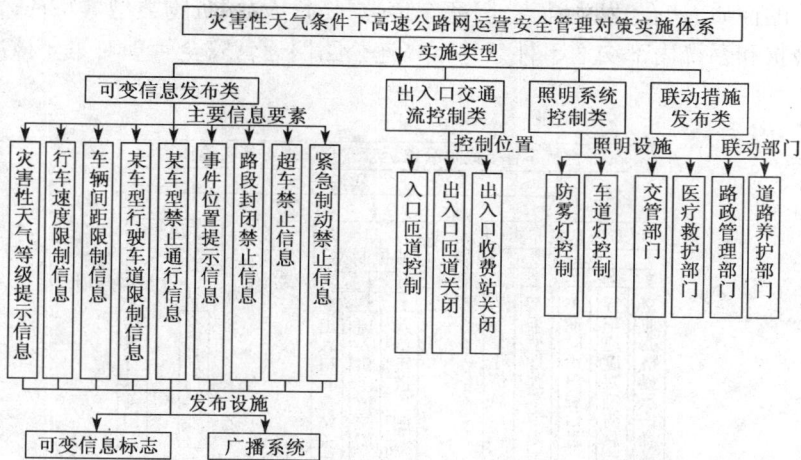

图 8-2 灾害性天气事件高速公路运营安全管理对策实施体系

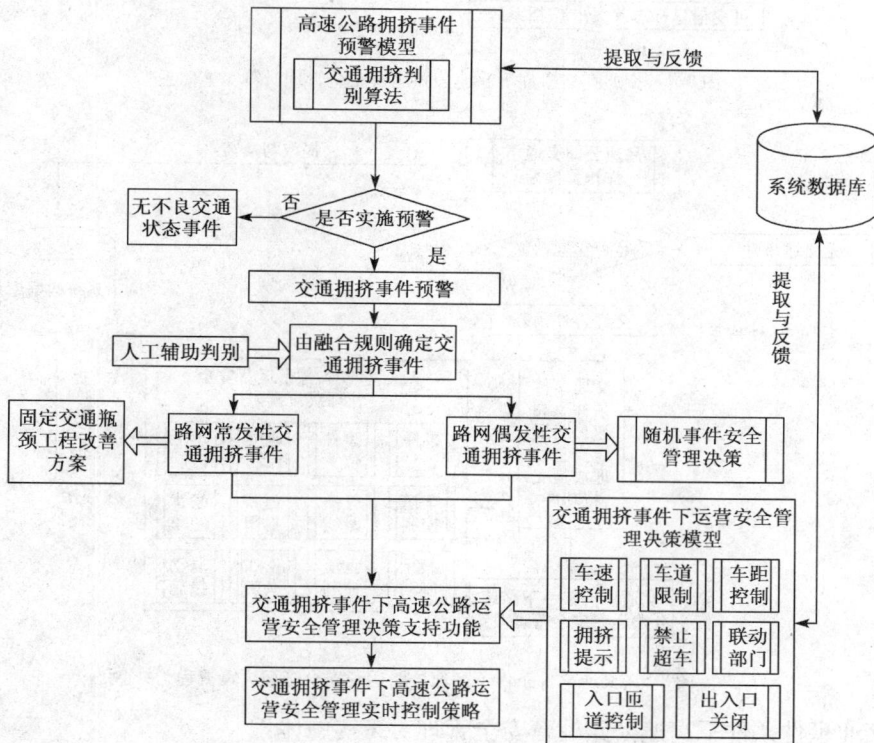

图 8-3 交通拥挤事件下高速公路运营安全管理决策流程

3. 交通事件条件下运营安全管理决策支持技术

（1）交通事件条件下高速公路运营安全管理决策流程

高速公路交通事件主要指交通事故、车辆故障和货物散落事件。交通事件条件下的高速公路运营安全管理主要侧重于事件后的紧急救援、事件处理、设施修复和交通管制等。此项决

193

策支持功能主要根据由多元交通事件采集、检测与鉴别等手段综合确认的路网实时交通事件以及交通事件的性质、状态、发生地点、阻塞车道数、伤亡人数、货物类型等特征,自动触发相应的交通事件警报和系统内部交通事件条件下高速公路网运营安全管理对策。该决策流程如图8-5所示。

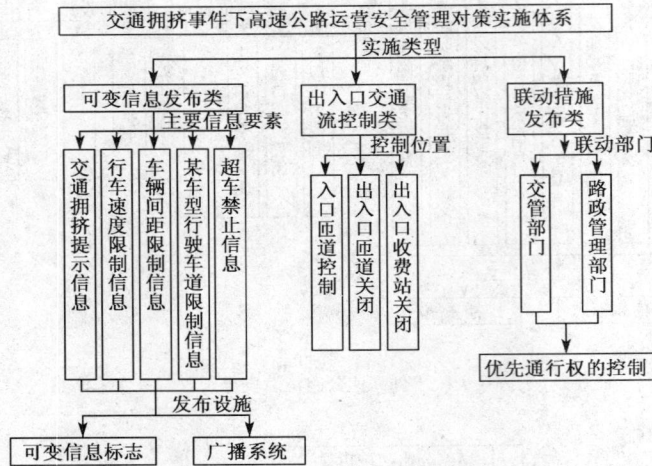

图 8-4　交通拥挤事件下高速公路运营安全管理对策实施体系

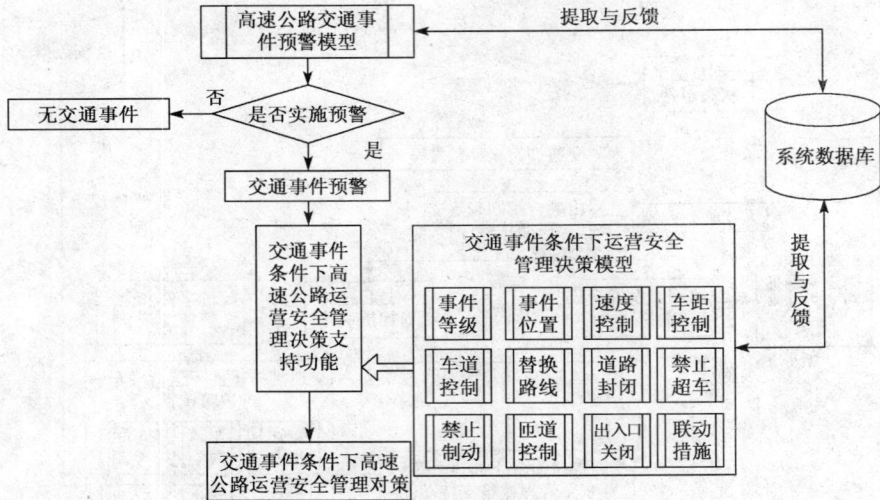

图 8-5　交通事件条件下高速公路运营安全管理决策流程

（2）交通事件条件下高速公路运营安全管理对策实施体系

根据交通事件对高速公路行车安全的影响特征和国内外相关管理对策研究,结合国内外高速公路交通事件管理经验,交通事件条件下高速公路运营安全管理对策实施体系如图8-6所示。

4. 临时施工条件下运营安全管理决策支持技术

临时施工条件下高速公路运营安全管理决策支持功能主要根据系统采集到的临时施工作业区的情况,如作业区位置、占用车道数、持续时间等,自动触发相应的临时施工警报和系统内部临时施工条件下高速公路运营安全管理对策。

194

高速公路临时施工条件下的运营安全管理的主要目标是减少临时施工事件引起的交通延误和拥挤，防止作业区附近发生交通事故，保障施工人员的安全和改善运行环境。由该决策支持功能得到的安全管理对策包括：匝道调节或关闭、交通管理与控制以及临时施工事件信息服务等。

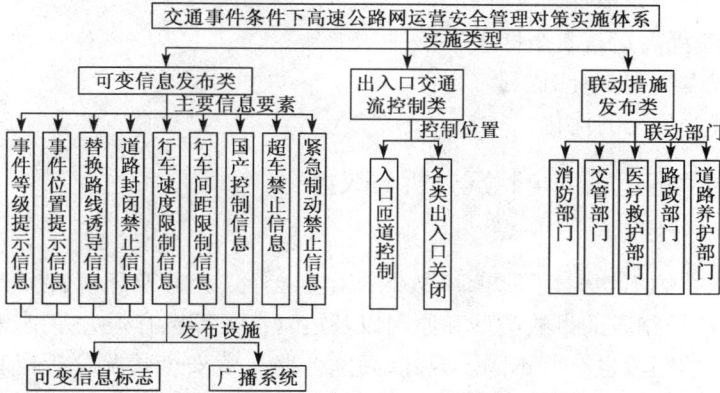

图 8-6　交通事件条件下高速公路运营安全管理对策实施体系

由于高速公路需周期性地养护或维修车道、路侧或支撑结构物的某些病害，不可避免地要在高速公路上出现一些临时施工作业区。显然，作业区会造成道路通行能力的下降，严重时会导致交通拥挤。尽管临时施工活动对养护维修人员来说是有计划的行为，高速公路管理人员可以预先准备管制方案，但对驾驶员来说却是意外事件。所以，临时施工条件下高速公路的运营安全管理决策与随机性交通事件的安全管理决策非常相似，此处不再赘述。临时施工条件下高速公路运营安全管理决策流程如图 8-7 所示。

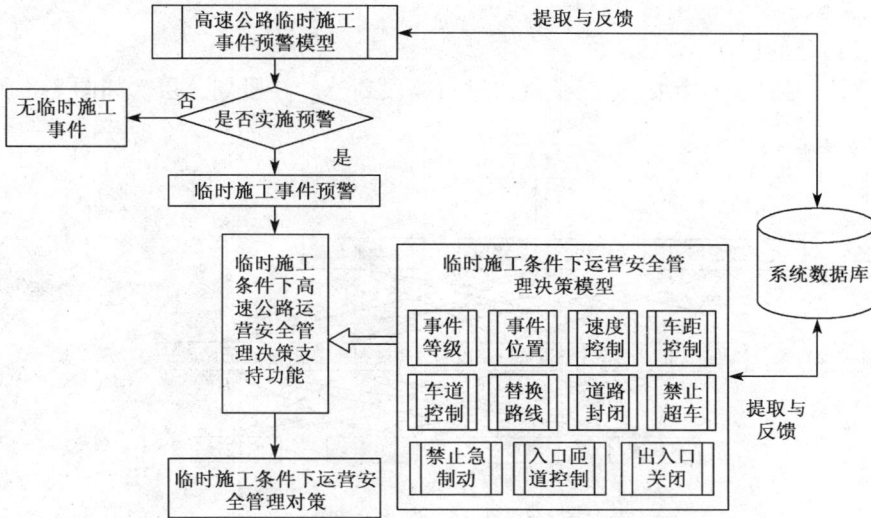

图 8-7　临时施工条件下高速公路运营安全管理决策流程

第三节　高速公路静态运营安全管理技术

高速公路静态运营安全管理要求相关管理部门在日常工作中作出有关安全的各项管理决定。高速公路安全管理部门需要考虑如何分配利用有限的资金，以最大限度地提高高速公路的安全水平。这就需要对高速公路的安全现状作出评价,由此确定哪些项目需要投资,分析所有候选项目,提出费用—效果最佳对策,在预算容许的范围内按优先次序资助尽可能多的急需项目,从而取得最大的安全效益。这些都是静态运营安全管理需要解决的问题。

高速公路静态运营安全管理具有以下三个目的:

①降低事故率,提高运营安全性水平;

②以最低的成本实施改善对策;

③安全管理资源分配的优化。

一、高速公路定期运营安全状况分析与改善

1. 路段划分

由事故沿线分布的不均匀性可知,事故的产生与公路、交通及环境特征具有显著的相关性,而且不同属性特征路段的事故类型和原因以及运营特征等也有很大差别,相应的管理措施针对不同属性特征的路段也有所不同。因此,高速公路运营安全状况分析应基于高速公路属性进行分段,将各分段进行特征归类,并对各分段定期采集道路交通运营特征数据,为定量或定性评价和预测高速公路运营安全状况提供基础数据。

(1)路段划分原则

根据高速公路静态运营安全管理的要求,考虑影响高速公路静态运营安全的基本要素,基于以下三个因素进行路段的划分,使各分段保持高速公路特征的一致性和与其他分段的相对独立性,以便于路段静态运营安全状态评价和预测以及管理对(决)策的制订。

①年平均日交通量(AADT);

②结构物(交叉、桥梁、隧道等);

③平纵线形。

(2)路段划分的层次

根据不同管理层次的需要,分三个层次进行路段划分。路段划分层次如图8-8所示。

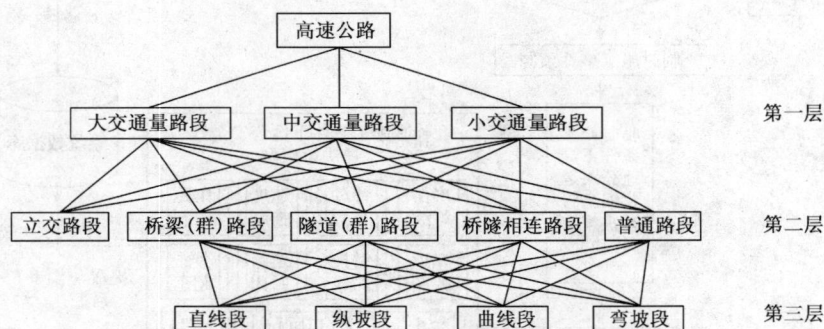

图 8-8 路段划分层次示意图

2. 高速公路运营安全状况评价技术

运营安全评价是运营安全管理和决策科学化的基础。高速公路运营安全状况评价应考虑不同属性路段的行车安全特征,研究适当的评价指标和评价方法。

(1)高速公路运营安全状况评价指标研究

高速公路交通事故发生的特点和影响因素的分析表明,高速公路运营安全问题是一个复

杂的系统问题。因此,要科学客观地评价高速公路的运营安全水平,必须从系统的角度进行考虑。用系统分析的理论与观点提出我国高速公路运营安全评价的指标构成体系,并对构成体系中的各指标进行分析和量化。

根据上述分析,选择的高速公路运营安全评价指标要能全面、定量或者定性地反映高速公路运营安全水平。借鉴国内外道路安全评价相关研究成果,从基于道路和交通流特征的事前评价和基于事故资料的事后评价两方面,提出综合的高速公路运营安全评价指标体系。根据评价指标的本质和揭示的安全问题不同,可以把评价指标划分为以下三类。

①第一类:交通事故指标。交通事故指标是高速公路运营安全水平的直接体现,针对道路具体发生的实际交通事故进行统计分析,应用数值比较分析来进行安全评价,反映高速公路运营安全的一个定量水平。

②第二类:交通流特征指标。根据国内外的研究,用于高速公路安全性评价的交通流特征指标主要有行车风险指数 r。交通流特征指标从事故的发生机理出发进行运营安全性的评价,能有效地反映路段的运营安全水平差异,从交通流特征的角度体现运营安全水平。

③第三类:道路交通设施安全等级指标。交通事故的发生与道路交通设施特征具有内在的、密切的联系,道路交通设施应满足运营安全的要求,通过对道路交通设施的安全等级进行综合评估,从道路交通设施特征的角度体现运营安全水平。

交通事故指标虽然可以直观地反映高速公路运营安全水平,但由于交通事故的随机性很大,一些危险路段在一定时期内未发生大量的交通事故。在这种情况下,事故指标无法准确评价这些路段的安全水平。交通流特征指标和道路交通设施安全等级指标分别从交通流和道路交通设施特征的角度反映高速公路运营安全水平,具有一定的稳定性和可靠性,从而可以弥补基于事故资料的评价的不足。因而,综合运用这三类指标,可以全面、科学地评价高速公路的运营安全水平。

(2)高速公路运营安全状况评价与描述

高速公路安全评价指标体系中的三类指标分别从不同的角度体现高速公路的运营安全状况,为管理者提供多角度的信息,从而为制订合理有效的决策提供比较全面的参考依据。由于三类指标的本质区别,相应的评价方法也各有不同。

①第一类指标的评价方法(基于事故率的评价模型)。交通量、道路特征与安全性三者之间的关系是国内外道路安全领域研究人员一直在研究和探索的核心问题。迄今为止,达成共识的研究成果认为交通量与道路安全性之间是非线性和非正态的关系。这种关系通过不同类型道路的安全性能函数来表示。安全性能函数提供了不同类型道路设施在一定时期内单位交通量的期望事故率预测值。该预测值反映了道路的正常安全水平,通过道路各路段实际的交通事故率或预测的事故率与之进行对比,可以得到该路段的安全水平与正常水平的偏离程度。该偏离程度可以用来评价道路的安全水平。

安全性能函数是一个事故预测模型,体现了道路安全性(以一定时期内每公里事故数表示)与交通量(以年平均日交通量表示)之间的关系。由于安全性能函数预测的事故数代表了运营安全性的正常水平,即高速公路在一定交通量下的期望事故数,因此,某高速公路路段的实际事故数与正常水平的偏离程度表现了路段的事故率水平。根据偏离程度,以 1.5 倍标准差的偏离量为界限,将事故率水平划分为 4 个等级,如图 8-9 所示。

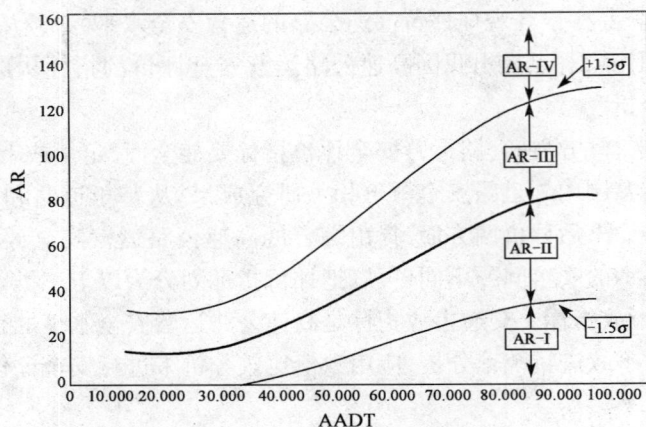

图 8-9 路段事故率等级示意图

路段的事故率等级定性描述见表 8-6。

②第二类指标的评价方法(基于交通流特征指标的评价方法)。行车风险是对交通流安全状况的定量描述,反映了交通流中车辆跟驰行为和变换车道行为的潜在危险性。路段行车风险可以通过图像识别技术对路段交通流的录像资料进行识别,得到车速和车辆间距等参数来计算,也可采用仿真试验来模拟,获取相应参数进行计算。

事故率等级定性描述   表 8-6

事故率等级	定 性 描 述
AR-I	事故率很低,事故率再降低的潜力不大,维持既有水平即可
AR-II	事故率低于期望水平,在维持既有水平的基础上,可适当采取措施进一步降低事故率
AR-III	事故率高于期望水平,事故率再降低的潜力较大,须采取改善措施
AR-IV	事故率很高,事故率再降低的潜力很大,安全问题急需改善

由于事故多发路段行车风险普遍较高,通过行车风险评价可以发现潜在的事故黑点,从而在事故发生之前就可以采取有效的措施予以改善。交通流安全等级共 4 个等级,各等级的定性描述见表 8-7。

交通流安全等级定性描述   表 8-7

安 全 等 级	定 性 描 述
TS-I	交通流中存在很低的风险,可接受
TS-II	交通流中存在较低的风险,有条件的接受
TS-III	交通流中存在较高的风险,不希望出现
TS-IV	交通流中存在很高的风险,不可接受

③第三类指标的评价方法(基于道路交通设施安全等级指标的评价方法)。道路交通设施安全等级指标的取值由有经验的专家进行评分,其分析与量化过程带有主观性和模糊性,因此,采用模糊集合理论建立道路交通设施安全等级指标的模糊综合评价模型。

根据评价结果,道路交通设施安全性分为 4 个等级,各等级的定性描述见表 8-8。

④高速公路运营安全状况描述。为了全面的描述高速公路运营安全状况(图 8-10),选用

事故率 AR、交通流安全等级 TS 和道路交通设施安全等级 FS 这三个指标,采用三维向量形式表述高速公路运营安全状况。每一个分量划分为 4 个等级,见表 8-9。

道路交通设施安全等级定性描述　　　　　　　　　　　　　表 8-8

安 全 等 级	定 性 描 述
FS-I	设施的设置和属性满足运营安全要求,有利于行车安全,并且具有容错性,不需要进行改善
FS-II	设施的设置和属性基本满足安全要求,但具有进一步改善的潜力
FS-III	设施的设置和属性不满足安全要求,有条件时应进行改善
FS-IV	设施的设置和属性不满足安全要求,对行车安全造成负面影响,急需进行改善

高速公路运营安全状况各分量分级表　　　　　　　　　　　　表 8-9

安全等级	事故率 AR	交通流安全等级 TS	道路交通设施安全等级 FS
LOS-1	AR-I	TS-I	FS-I
LOS-2	AR-II	TS-II	FS-II
LOS-3	AR-III	TS-III	FS-III
LOS-4	AR-IV	TS-IV	FS-IV

　　高速公路运营安全状况各分量不同等级的每一种组合,构成一种运营安全状态,则共有 64(4×4×4)种状态。

$$OSC_i = (AR_j, TS_k, FS_m) \qquad (i = 1, 64; j, k, m = 1, 4) \qquad (8-1)$$

　　根据高速公路运营安全状态向量可进行路段运营安全状态的判别、诊断和控制。判别标准见表 8-10。

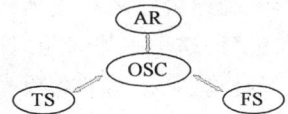

图 8-10　高速公路运营安全状况

高速公路运营安全状态判别标准　　　　　　　　　　　　表 8-10

等　　级	状态向量特征	状 态 描 述
A	三个分量都处于一级安全水平	最佳状态不需要进行安全改善,维持现状即可
B	至少一个分量处于二级安全水平	安全状态有条件时可采取适当的改善措施
C	至少一个分量处于三级安全水平	不安全状态存在潜在的安全问题,应采取相应的改善措施
D	至少一个分量处于四级安全水平	危险状态存在严重的安全问题,急需采取改善措施

3. 高速公路运营安全状况预测技术

　　管理的关键在于决策,而决策的关键又在于正确的预测。高速公路运营安全管理不仅包括本年度所要达到的目标,而且对未来年份的安全水平发展状况和工作目标有一个清醒的认识,这就需要采取一些方法对未来高速公路运营安全状态进行预测。为了提出高速公路运营安全管理方案,对各方案进行寿命周期费用分析以及选择最佳改善对策等,需要知道应该何时对哪些路段采取改善对策以及采取什么对策合适。这就要预先估计路段在实施某项改善对策后,其运营安全状态随时间的变化规律,因此建立运营安全状态预测模型,是高速公路运营安全管理的重要内容。

　　(1)高速公路运营安全状态指标的动态变化分析

　　高速公路运营安全状态是由相应的评价指标表征的,因而运营安全状态的预测就是对未来运营安全评价指标的预测。为建立科学合理的预测模型,首先需对运营安全状态指标的动态变化规律进行深入地分析。

①第一类指标:事故率。交通事故是一种不断变化的动态过程,是在一定条件下发生的,具有很大的随机性和偶然性,但交通事故的潜伏、发展和爆发具有连贯性、类推性和相关性的特点。因此,事故的发生与它的过去和现状紧密相关,有可能通过对事故的现状和历史进行综合分析推测它的未来,为采取切实可行的预防措施提供可靠信息。

②第二类指标:交通流特征指标。交通流特征指标也是随时间不断变化的动态过程,并具有很大的随机性和波动性,但这些指标在一定时期内的统计变化规律具有一定的连贯性和相关性。交通流特征指标的未来状况与它的过去和现状紧密相关,因此可以通过对交通流特征指标的现状和历史进行综合分析,预测它的未来发展趋势,为采取切实可行的管理对策提供依据。

③第三类指标:道路交通设施安全等级指标。道路交通设施安全等级指标相对于事故指标和交通流特征指标,具有一定的稳定性。道路硬件设施(如路面、交通工程设施)的使用性能受行车作用、自然环境以及人为因素的影响,将逐渐下降,从而导致道路设施安全等级的下降。交通安全水平在管理经验的积累和政府、公众对交通安全的逐渐重视等因素推动下将逐渐提高,从而导致道路设施安全等级的提高。

(2)高速公路运营安全状态时间序列预测模型

高速公路运营安全状态变量在一定社会环境,一定的人、车、路行车环境下有一个总的发展趋势,这个趋势只与时间有着密切关系,因此可以利用时间序列建立预测模型。常用的时间序列模型有移动平均模型、指数平滑法模型、自回归模型、自适应滤波模型及时间序列分解模型。

具有代表性的是考虑随时间的趋势变动特征、循环变动特征、季节变动特征和随机变动特征,建立时间序列预测模型:

$$OSC(t) = T \cdot C \cdot S \cdot R \qquad t = 1, 2, \cdots, M \qquad (8\text{-}2)$$

式中:$OSC(t)$——运营安全状态评价指标;

T——趋势变动模式;

C——循环变动模式;

S——季节变动模式;

R——随机变动模式。

利用时间序列的特点,结合较为详细的多年各季度道路交通安全状态指标的数据资料可确定趋势变动模式、循环变动模式、季节变动模式和随机变动模式,进而构建出时间序列模型 $A(t)$。当 $t = M + 1$ 时,$A(M + 1)$ 即为所需要的预测值。

(3)马尔柯夫概率预测模型

由于影响高速公路运营安全状态变化的因素,如环境、道路交通设施安全性能和道路交通管理水平等都具有不同程度的变异性,高速公路运营安全状态的变化具有不确定性,因而确定型模型不能保证得到可靠预测,有必要研究建立概率型模型,表达高速公路运营安全状态的不确定变化,供高速公路运营安全管理使用。概率型模型应用最多且最为完善的是马尔柯夫模型。

应用马尔可夫过程建模的步骤主要包括:

①选择高速公路运营安全状态变量,定义高速公路运营安全状态;

②基于数据资料提出转移概率矩阵;

③利用转移概率矩阵预测高速公路某时段处于某种安全状态的概率。

4.高速公路运营安全改善对策

对高速公路进行安全评价后,可以了解各路段的运营安全状况,发现系统中存在的薄弱环节或潜在危险,据此提出安全改善措施,以尽量避免事故的发生或事故发生后能够将其影响作最大限度的控制。对于需要采取措施的路段,则要进一步为之选择合适的对策,以便估算所需费用,并进而依据效益和投资可能性筛选改善路段和编制改善计划。

(1)高速公路静态运营安全管理对策集

高速公路静态运营安全管理对策同样包括工程对策和交通管理对策两方面。工程对策主要从道路条件上予以改进,如线形的改善、路面使用性能的改善、交通工程设施的改善等;管理对策主要从交通管理的角度对高速公路交通流进行管理,如限速等。

经过多年的道路安全实践,国内外在道路安全改善对策方面都已经积累了较为丰富的经验。可以收集和调查这些对策,邀集道路安全领域的专家和有经验的工程师,征询他们对这些对策的使用效果的评论意见。在此基础上,通过归类、舍弃和增添等分析,制订出一套更为简明而合理的典型备选对策,供管理部门分析和抉择。

根据安全进行时效及工程投入的高低及效果,在改善时效上将安全改进措施分为短、中、长三类。一般,短期项目在1年内完成,中期项目1~2年,长期项目2年以上。在投入水平上将改善措施分为低、中、高三类。

根据国内外相关研究成果提出的高速公路静态运营安全管理对策集见表8-11。

高速公路静态运营安全管理对策集 表8-11

实施水平	短　期	中　期	长　期
低	日常养护管理		
	前置警告标志		
	减速标线		
	限速标志		
	曲线诱导标		
	轮廓标		
	振动带		
中	视距保证	曲线路段超高调整	
	动态可变诱导标志	路面抗滑表层处理	
	路段照明	排水不良路段处理	
		安全护栏改造	
高	交通监控系统	避险车道	高速公路改线
	气象信息系统	爬坡车道	车道数目扩充
		增设停车休息站场	
		货车制动设备检测场	

(2)对策选择原则

对策选择是一个决策的过程,在决策过程中需要根据可能的决策环境,遵循最优化原则、系统原则、可行性原则、信息准全原则。

①最优化原则。决策总是在一定的环境条件下,寻求优化目标和优化地达到目标的手段。经济型决策要求以最小的物质消耗取得最大的经济效益。对于高速公路运营安全,不仅要取

得经济效益,同时还要取得社会效益,因此决策时需要将社会效益转换成相应的经济效益。高速公路交通运输系统又是一个动态系统,系统中的人、车、路、环境都在随时变化,许多问题带有不确定性,因此最优解可能或根本无法准确求得。优化时需要采用变通的方法,以达到能被人们所接受的"满意"原则。

②系统原则。决策环境本身是一个大系统,系统中的很多因素相互连续又相互制约,如道路条件的改善,必然影响到交通行为,进而影响到道路的运营安全性。因此,决策时需要应用系统工程的理论与方法,以系统的总体目标为核心,以满足系统优化为准绳,强调系统配套、完整和平衡。

③可行性原则。决策前的可行性研究非常必要,决策必须可行,不可行就无法实现系统决策目标。

④信息准全原则。决策的成功与否,不仅同决策的科学性有关,而且同信息是否准确、完整的关系更为紧密,信息是决策成功的物质基础。因此,在决策前需要对拟改进地点的事故形态、道路、交通、环境等条件进行深入的调查、分析、评价和预测,以作出正确决策。

(3)对策实施效果跟踪与评价

常用的评价安全对策实施效果的方法是前后分析法(Hauer1997;ITE1999a)。该方法的实质是比较路段实施改善对策后的事故数 D 与不实施改善对策的情况下路段的期望事故数 C。其中,C 根据路段实施改善对策前一定时期内的事故数预测得到。该方法的检验统计量 T 用式(8-3)表示。

$$T = \frac{D - C}{\sqrt{D + C}} \tag{8-3}$$

T 相对于 0.01、0.05 和 0.10 的置信度水平的临界值分别为 2.58、1.96 和 1.64。如果 T 大于临界值,则说明改善效果是显著的。

二、安全教育与立法

人是交通运输的参与者,也是交通肇事的主要因素。交通参与者法制观念和安全意识淡薄,是导致交通事故发生的一个重要原因。事故原因的 90% 以上都与人有着直接或间接的联系,因此,制定道路安全法规,普及安全教育,抓住交通活动主体的主观能动作用,是高速公路静态运营安全管理的重要内容之一。

1. 安全教育

提高广大群众和交通参与者的法制观念和交通安全意识,是搞好交通管理的基础工作,也是预防交通事故的有效措施。因此,安全教育是十分必要和迫切的任务,也是一个长期性基础工作。

交通安全教育包括学校教育与社会教育两种。世界上最先采用交通安全教育的是美国。1920~1925 年,美国在中小学试行了交通安全教育(试验证明,通过安全教育的中小学生的事故率明显下降),继之对驾驶员和成年人进行交通安全教育。日本自 1961 年开始,开展全国性的交通安全运动,每年春秋两季各举行一次。我国常采用交通安全宣传、交通安全月、举行驾驶员学习班、交通民警到小学讲课等方式进行交通安全教育。当前交通安全宣传教育主要是通过交管部门来完成,未充分发动全社会共同参与。

(1)对公众的教育

交通安全是一个社会问题,必须通过深入、持久的舆论宣传,增加全社会的交通安全意识,从而使预防事故的工作形成广泛的群众基础。在这方面,不少国家都把交通安全纳入社会经济发展战略规划,并形成一整套交通安全教育体系,使交通安全管理工作有了重大的进展,交通事故得到遏制。

据介绍,在我国最近的一次百万人道路交通安全意识调查中,有15.7%的人不知道高速公路有专门的管理部门,34%的人不知道有《高速公路交通管理办法》,55%的人不知道高速公路与普通公路在使用和管理上的区别。可见,普及高速公路交通安全知识,加强对国民的高速公路安全教育是值得重视的。

交通安全教育的对象是全民(从幼儿到不适应新交通环境的老人),教育的内容除《中华人民共和国道路交通管理条例》和公安及交通部门有关法规外,应增设高速公路基本知识和高速公路运输安全知识及《高速公路交通管理办法》有关安全的相关内容。

交通安全教育应从幼儿抓起。除在家庭内应进行幼儿的交通安全教育以外,对幼儿园老师也要进行安全教育。关于这种教育,英国进行得较好。在英国,很多俱乐部主办幼儿的集体安全训练,并发行儿童用交通安全画报。

对中小学生的安全教育,应纳入教学计划,由有关部门编制含有高速公路交通安全知识的交通安全课本,统一学时,定期集中培训教师。教育方式要灵活多样,要适应中小学生的特点,如通过幻灯、影视、模拟演习等教学方式,举办交通安全夏令营等活动,使之形成自幼重视安全、遵守交通法规的良好习惯。令人欣喜的是,目前国内很多地方的小学开始了交通法规方面的学习,但还要适当增设高速公路行车方面的知识。

对成人的安全教育,除了通过广播、电视、报纸等各种宣传工具宣传有关交通安全知识外,有关部门还应编印一些通俗易懂、图文并茂的交通安全小册子,使交通安全知识家喻户晓,并使人们牢固树立"遵守交规,加强自我保护"的意识。

(2)对驾驶员的教育

根据高速公路交通事故统计,交通事故原因中机动车驾驶员原因占了绝大多数。由于许多驾驶员不懂得高速公路的行车特点和驾驶技巧,相对普通公路而言,驾驶员责任事故所占比例更高。因此,在交通安全教育中,对驾驶员的培训教育是核心。

驾驶员的教育分为初始教育和再教育。初始教育主要是交通法规和基本驾驶技术等方面的教育。再教育是交通安全知识、职业道德、驾驶习惯、驾驶心理应激能力训练等方面的教育。初始教育是基础,是对驾驶员的源头管理;再教育是更为深入、连续的教育,是驾驶员逐渐走向成熟的必要条件。二者同等重要,不可偏废。

现在的问题是对初学教育、尤其是对基本驾驶技能的训练比较重视,一旦拿到驾驶证,取得合法驾驶资格,对驾驶员的再教育就被忽视了。其实,这是一个很大的疏漏。全国范围内实习驾驶员和驾龄在3年以内的驾驶员肇事率居高不下,充分说明驾驶员的再教育不但不能放松,反而更应该加强。不同时期的驾驶员有不同的特点,针对这些特点应该制订相应的教育内容。此外,在安全教育中应先分析清楚当地事故特点,有针对性地开展教育,这样才会产生良好的效果。

2. 安全法规

法律约束涉及立法司法部门和执法管理部门,立法司法部门负责制定有效的公路安全法并审定公路安全规范;执法管理部门负责安全法规的监督与执行。

为了维护道路交通秩序,预防和减少交通事故,保护人身安全,保护公民、法人和其他组织的财产安全及其他合法权益,提高通行效率,《中华人民共和国道路交通安全法》由中华人民共和国第十届全国人民代表大会常务委员会第五次会议于 2003 年 10 月 28 日通过,自 2004 年 5 月 1 日起施行。中华人民共和国境内的车辆驾驶员、行人、乘车人以及与道路交通活动有关的单位和个人,都应当遵守本法。此法为道路安全管理提供了强有力的法律依据和保障,体现了以人为本、科学管理、法制治安、协调发展的主题思想,进一步规范和加强了交通管理,明确规定了规范执法的监督保障体系。当然,与此同时,也应注意提高交通执法人员的素质,共同维护良好的交通秩序。

安全法规应具有以下特点:一是注重以人为本,保护交通参与者的人身安全,特别是保护行人和非机动车驾驶员的合法权益;二是坚持统一管理,明确了政府以及公安机关交通管理部门的职责,也明确了社会团体、教育部门、新闻媒体等社会各界的责任和义务;三是强调协调发展,明确提出了政府应当保障道路交通安全管理工作与经济建设和社会发展相适应;四是倡导科学管理,鼓励运用科学技术,不断提高交通管理工作的科学化、现代化水平;五是完善法律制度,通过设立机动车登记制度、报废制度、保险制度、交通事故社会救助制度、机动车驾驶证许可制度、累积记分制度等一系列制度来进一步规范和加强交通管理;六是强化职能转变,退出一些事务性、收费性、审批性的工作事项,明确规定了规范执法的监督保障体系,以解决社会和群众普遍关心的乱扣、乱罚问题;七是严肃追究责任,按照过罚相当的法律原则,对酒后驾车、超载、超速等严重影响交通安全的交通违法行为,规定了严厉的处罚措施;八是倡导遵章守法,在注重以人为本、保护弱者的同时,强调行人和非机动车驾驶员要提高交通安全意识,自觉遵守交通规则,共同维护良好的交通秩序。

第四节　高速公路运营安全管理系统框架

通过分析高速公路运营安全管理系统的用户需求和功能需求,对系统的层次结构和功能结构进行分析与设计,构建系统框架。

一、系统需求分析

在系统需求分析阶段,要对高速公路运营安全管理系统将来的具体应用情况进行全面、细致的调查与分析。

1. 系统用户需求分析

所谓"用户需求"是指从用户的角度提出对系统的要求和需要系统完成的事情。它通常包括功能要求、性能要求、可靠性要求、安全保密要求以及开发费用、周期和所使用的资源方面的限制等。

高速公路运营安全管理系统的用户可根据其与系统的接触类型分为直接用户和间接用户两大类。直接用户可以实时地直接操纵系统,并由系统直接获取信息,且系统的所有功能全部对其开放;间接用户只能使用系统的部分功能,如查询、报表等,不能直接操作系统的决策功能,且部分间接用户是通过各种媒体终端间接获取系统信息的。

系统的直接用户是高速公路监控中心管理人员,他们的主要职能是:监视高速公路网实时的交通运营状况;当路网中发生事件时,接受系统或上级发布的交统管理指令,并根据指令内容,控制外场设备和指挥、调度巡逻车辆及相关处置单位;及时向上级管理部门报告信息;接收各方面的信息反馈等。因此,该系统应该满足监控中心管理人员对于高速公路网运营安全管理方面的信息采集、处理、决策、发布等各个环节的管理需求。

系统的间接用户包括道路用户、运营高速公路的其他部门、实施安全管理对策的协作单位、管理高速公路的上级部门、各级道路交通安全委员会以及各类道路安全研究机构等。

道路用户要求高速公路为车辆运行提供快速、安全、舒适、畅通的使用功能,而本系统的设计服务目标就定位在确保高速公路网的安全运营,因此,该管理系统的主要功能应该是在保障高速公路行车安全性的前提下,尽量使路网交通保持畅通,进而达到行驶快速、舒适的目的。

除了交通监控中心之外,运营高速公路的还有路政、收费、服务区、养护和现场交通管制等管理部门,这些部门对于维护高速公路交通安全的现代化管理起着至关重要的作用。例如,保证各种设施和附属结构物处于良好的使用状态;及时排除路障和实施紧急救援;在突发事件条件下控制指挥交通,处理交通事故;执行路况巡查、交通巡逻和路政巡视,并及时报告有关信息等。由此可见,该管理系统也应该为这些管理部门参与高速公路网运营安全管理活动提供决策和信息等服务。

实施高速公路安全管理对策的协作单位有公安交管、消防、医疗救护、媒体(包括广播、电视、Internet)等部门,只有在这些单位的紧密配合下,才能够建立起完善的高速公路网运营安全保障体系,进而才可能真正实现路网的实时性安全管理。因此,要求所设计的管理系统能够为此类用户的联动提供及时的信息与决策服务。

管理高速公路的上级部门需要及时了解和详细掌握其所辖范围内路网的运营状况和安全水平,尤其是突发事件状况及其处理情况,以便科学合理地作出计划、组织、指挥、控制等决策。这就要求该系统具备提供完整且详细的与高速公路(网)运营安全管理有关的各方面信息(包括道路交通设施、环境、不良事件、实时管制等)的报告。

各级道路交通安全委员会的主要职责是:定期分析所辖区域内的道路交通安全形势,研究解决道路交通安全问题,制订交通事故防范对策,健全交通事故预防工作机制,督促各有关部门履行交通安全职责,组织开展交通安全宣传教育活动,落实交通安全工作部署等。鉴于上述工作职责,本管理系统应该能够为此类用户提供所需的高速公路(网)方面的交通安全信息。

进行道路交通安全研究的机构有高校、研究院所、研究中心和实验室等。这些单位所做的理论研究或工程实践研究应该以全面、真实、可靠、系统的数据作为基础。因此,这类用户要求本系统能够提供全面的高速公路(网)行车安全影响因素信息,及其他各类历史或反馈信息。

2. 系统功能需求分析

在上述系统用户需求分析的基础上,可以大致确定高速公路运营安全管理系统的功能开发范围或发展目标。

(1)各类事件条件下,启动紧急预案,保证高速公路日常运营安全。事故发生后,伤员得到及时救助,事故得到快速解决,设施得以快速修复。

(2)建立长期的、系统的高速公路运营安全管理战略,根据实际情况确定各阶段目标。

(3)"防患于未然",及时鉴别潜在的安全隐患,减少事故的发生。

(4)使高速公路运营安全管理部门全面了解高速公路运营安全状况,掌握事故多发段点的分布,逐步消除事故黑点,提高高速公路运营安全水平。

3. 系统需求总图(图8-11)

根据上述系统需求分析,可初步确定高速公路运营安全管理系统需求总图,如图8-10所示。该系统需求总图由系统的功能过程和大量终端构成,这些终端可以提供所有用户需求的系统接口,每个终端代表了向系统功能过程传送数据或者从系统功能过程接收数据的一个外部实体。

系统终端分为用户类终端、系统类终端、环境类终端和其他子系统类终端4种类型。用户类终端指接收系统所提供的服务的人员;系统类终端指为系统或系统决策服务的各部门和群体;环境类终端指系统中对环境进行监测和控制的设施;其他系统类终端指用来表达多个可能系统之间的联系的方法。

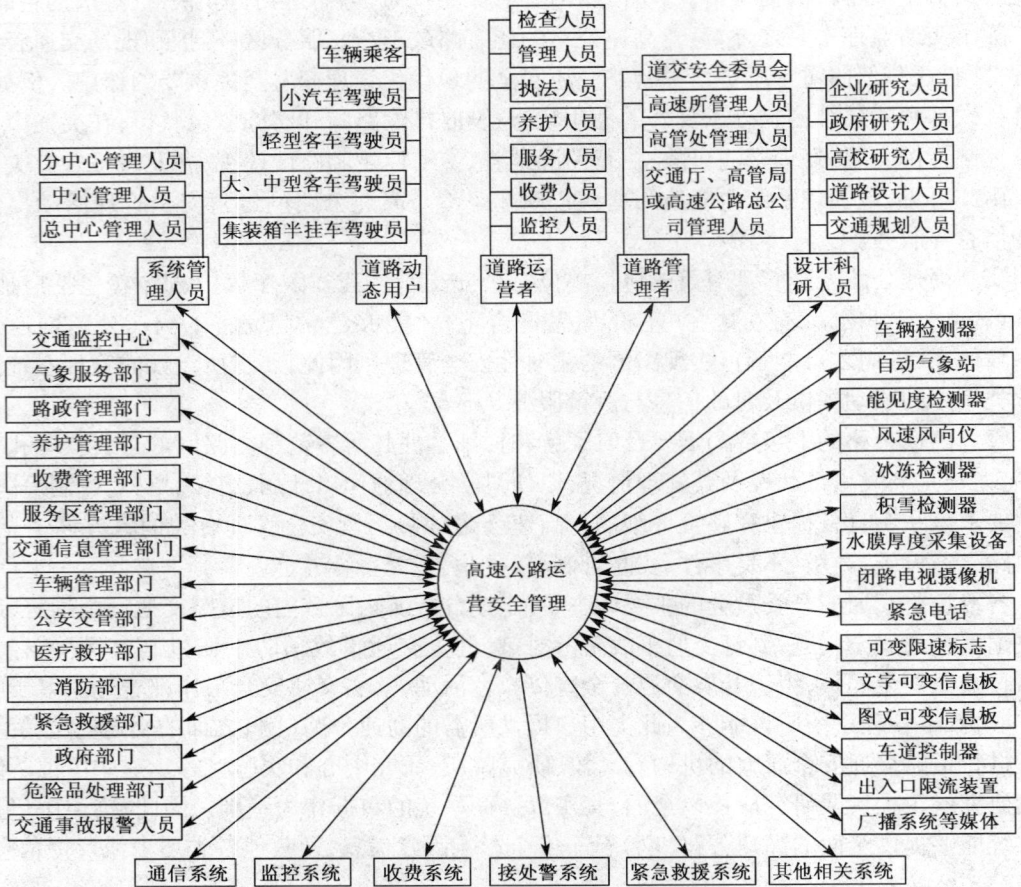

图 8-11　高速公路运营安全管理系统需求总图

二、系统结构设计

在深入的系统需求分析和借鉴相关系统研究成果的基础上,对本管理系统的总体结构进行设计。设计系统总体结构的主要任务是划分系统组成部分、阐明联系并描述、定义功能,并根据系统的应用目标,配置适当的应用模型和构建合理的业务处理流程。

1. 系统层次结构设计

根据系统的用户需求和功能需求分析结果,将高速公路运营安全管理系统的总体结构分为5层:数据采集层、数据管理层、数据应用处理层、信息发布层和通信层。该系统的层次结构设计如图8-12 所示。

(1)数据采集层

系统的数据采集层主要用于及时准确地采集实时的道路、交通、环境和事件等信息。这些

206

动态信息一部分可以通过现场检测设备采集后,经通信层传输到监控管理中心,由数据预处理子系统进行处理后,保存到系统数据库中,或者是先存储到监控系统中,再经通信层传输到该管理系统数据库中;另一部分动态信息,如某些事件信息等,是通过人工方式采集到以后,以人工录入的形式存储到系统数据库中的,或者同样是经监控系统转存的。

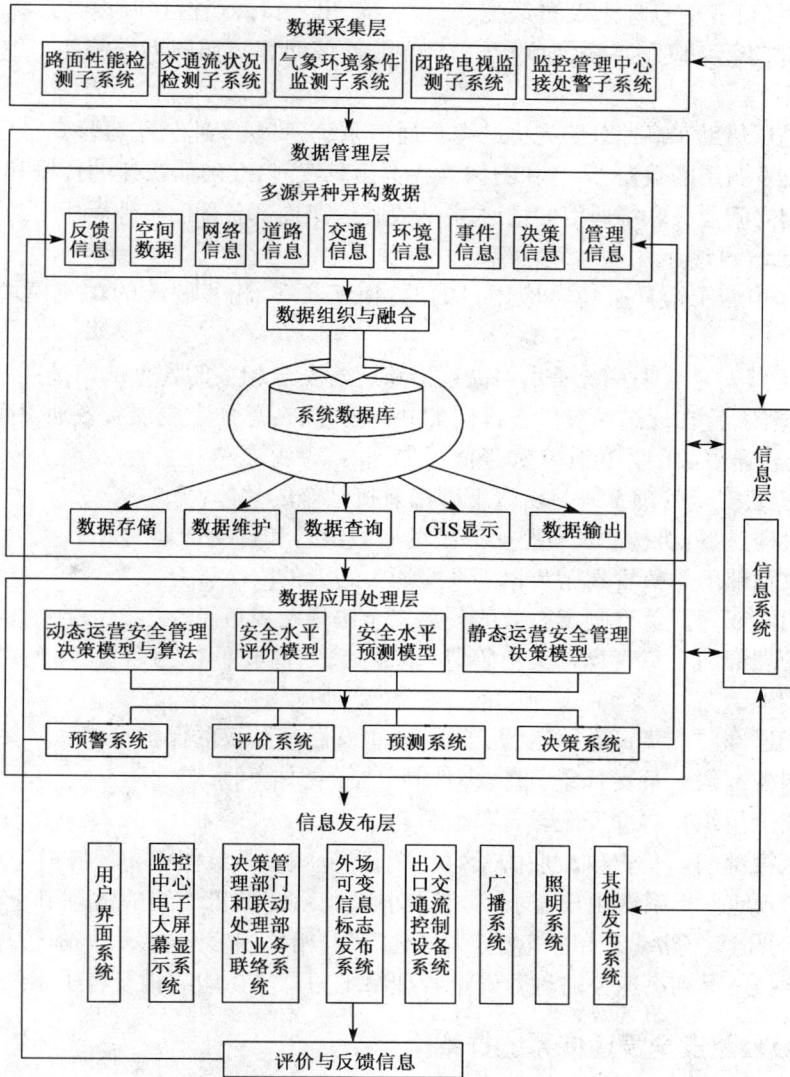

图 8-12　高速公路运营安全管理系统层次结构设计

根据系统的功能需求,数据采集层主要由路面性能检测子系统、交通流状况检测子系统、气象环境条件监测子系统、闭路电视监测子系统、监控管理中心接处警子系统等几个部分组成。

(2)数据管理层

数据管理层主要通过数据库管理系统(DBMS)来对系统中的多源异种异构数据进行合理地融合、组织、存储和管理,并供用户方便地查询。

(3)数据应用处理层

数据应用处理层是管理系统的核心部分。该层主要借助于系统的运营安全预警、分析、决策等专业应用模型与算法,从而得出合理的高速公路运营安全预警、分析与管理决策等结果。

（4）信息发布层

信息发布层主要用于向系统各类用户及时准确地发布预警、分析和决策等各种信息。根据信息发布介质或命令执行介质的不同,将信息发布层分为用户界面系统、监控中心电子大屏幕显示系统、外场可变信息标志发布系统、广播系统、出入口交通流控制设备系统、决策管理部门和联动处理部门业务联络系统(如电话、局域网、广域网等)、照明系统等几个组成部分。

（5）通信层

系统的通信层借助于高速公路先进的综合通信系统,实现高速公路运营安全管理系统中数据采集层和信息发布层的数据、语音和图像等各类信息实时、准确而快速的传输和交换,保持高速公路管理部门之间业务联络通信的畅通,并为高速公路内部各部门与外界建立必要的联系。

2. 系统功能结构设计

一个系统是由若干个具有特定应用目的的、相互联系、相互制约的功能模块组成的有机整体。

高速公路运营安全管理系统是由与高速公路运营安全相关的各个部门按照一定的管理体制形成的有机整体,旨在通过系统中各部门的共同协作,在总体上更加有效地保障高速公路的运营安全,减少交通事故的人员伤亡和经济损失。

高速公路运营安全管理系统是由以下部门有机结合的整体:

（1）领导机构、执行机构。负责整个系统的有效运转和行动计划的落实。

（2）安全教育部门。负责驾驶员培训及交通参与者的安全教育。

（3）立法司法部门。负责制定有效的公路安全法规及规范。

（4）执法管理部门。负责日常交通管制、事故处理、驾驶员行为监督、车辆的安全检查监督等。

（5）道路交通部门。负责道路运营、维护、改善及路产路权的保护。

（6）信息服务部门。负责气象、重大事件等信息的预报和发布。

（7）民间安全组织。协助安全教育与监督。

（8）紧急救援部门。负责事故后的紧急救援,尽量减少人员伤亡和经济损失。

在全面、深入地分析系统用户需求、功能需求以及系统的机构组成的基础上,根据第二章和第三章阐述的高速公路动态和静态运营安全管理的相关内容与技术,将本管理系统的体系结构进行功能划分,得到高速公路运营安全管理系统的总体功能结构及各子系统的框架。

三、高等级公路安全管理体系的框架

按照系统的功能要求,高等级公路安全保障体系可划分为以下三个子系统。

1. 日常安全保障系统

日常安全保障系统主要侧重高等级公路日常运营的事故前的预防工作。

2. 灾害性天气事故预防系统

灾害性天气事故预防系统侧重灾害性天气条件下高等级公路运营的事故前的预防工作。统计资料表明,灾害性天气条件下的道路安全问题非常严重,因此对其进行单独研究意义重大。

3. 事故处理与紧急救援系统

事故处理与紧急救援系统侧重高等级公路运营的事故后的处理与紧急救援工作。

此外,高等级公路安全保障体系的评价系统是衡量系统运营效果的不可缺少的重要组成部分。服务于高等级公路安全保障体系的数据库也是系统运营的重要保障。

在此基础上,可以画出高等级公路安全保障体系的总体框架图,如图 8-13 所示。

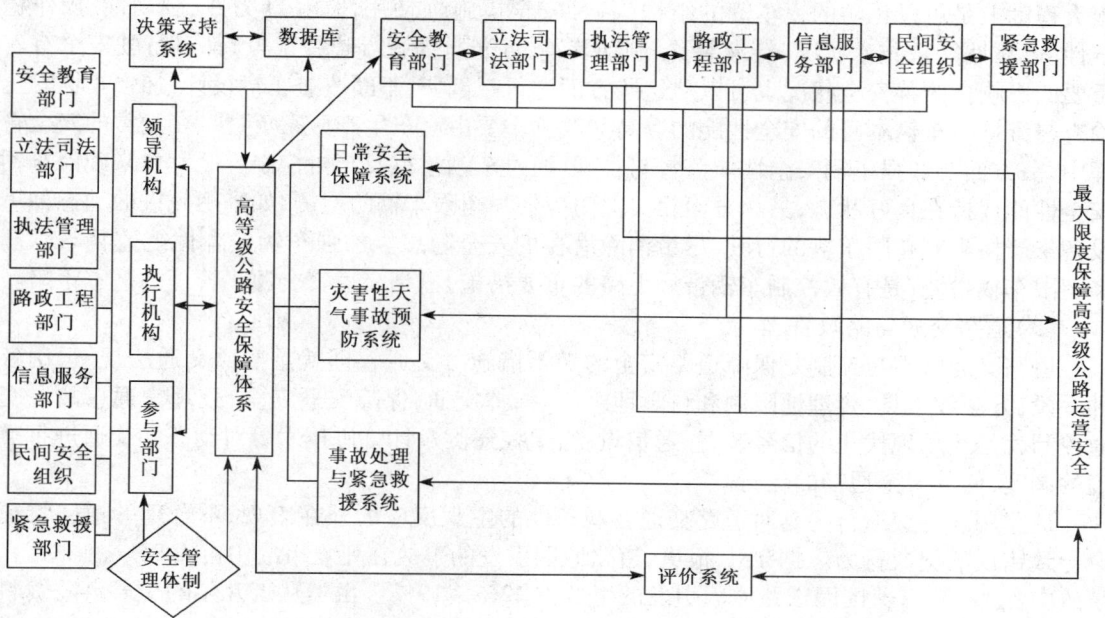

图 8-13　高等级公路安全保障体系的总体框架图

道路交通系统作为一个动态系统,绝对的安全是没有的。如果将交通事故看作是系统的"故障",日常安全保障系统的任务是对"人、车、路"系统做好日常"维护",尽可能减少"故障"和降低"故障"的严重性。日常安全保障系统从交通参与者管理、车辆安全性能监督与控制以及道路交通与路政管理三方面来保障高等级公路日常运营安全。

(1)交通参与者管理

交通系统中的人包括:机动车驾驶员、非机动车驾驶员、行人、乘车人,作为交通参与者,他们的行为会对交通安全产生明显的影响。在交通三要素中,驾驶员是环境的理解者和指令的发出和操作者,因此它是系统的核心。路和车的因素必须通过人才能起作用,人、车、路组成的系统时刻在变化,是不稳定的,三者靠人的干预达到平衡,无疑人是其中的关键因素。很多研究表明,人的因素是构成道路交通事故最为重要的原因。

人作为一个自然个体,有其固有的自然特性,这是很难改变的。人在交通活动中的行为与多方面因素有关,规范人的行为通常是教育和强制相结合的。一般来说,可以通过制订道路交通安全法进行强制约束,规范交通行为;通过安全教育(包括学校教育和社会宣传),使每一个交通参与者强化安全意识;通过对驾驶员培训的质量监督,保证驾驶员的驾驶技能。

(2)车辆安全性能监督与控制

车辆方面的措施也是交通事故防治的一个重要内容。虽然在交通事故统计资料中,直接由车辆问题引起的交通事故不超过 10%,但这并不意味着车辆因素对交通安全影响不大。因为这一统计数据一般仅指车辆机械故障所引起的事故。高等级公路上行驶的车辆,还会出现一些普通公路上极少出现的故障,这是造成很多事故的直接原因。实际上,车辆的结构和性能如果能进一步完善和提高,能按规定进行安全检验,使车辆具有良好的技术状况,在某些情况下是可以防止驾驶员失误的。即使发生事故，也有可能减轻事故的损失。从这个意义上说，车辆因素对交通安全有非常重要的影响。

据调查，机动车原因事故占事故总数的8%。其中，主要原因是制动失效、制动不良，而这很大程度上是可以预防的。车辆的结构（各种安全措施）、使用性能（动力性、制动性、操作稳定性、可靠性等）、技术状况（转向装置、制动装置、灯光、轮胎、行驶装置等）都对行驶安全有着重要的影响。改善安全状况也可以从这些方面进行。例如，不断改进车辆设计，加强车辆安全检查与维护。车辆本身的安全性能的提高和改善主要由汽车生产厂家负责。在日常的安全管理中，一方面要加强车辆安全性能监督与管理，通过车辆年审及严格控制牌照发放来确保车辆安全性能保持在良好状态；另一方面相关部门应加强超限车辆的检测，如采用先进的动态称重设备来严格限制超限车辆的行驶，尽量消除潜在的安全隐患。加强车辆安全性能监督与管理和超限车辆检测，是有效控制车辆带病上路的重要措施，也是交通安全源头管理的基本策略。

（3）道路交通与路政管理

道路交通管理与控制是保障道路安全的必要措施。交通管理就是按照交通法规，运用各种手段、方法和工具，合理地限制和科学地组织、指挥交通，保障交通安全，处理交通事故。交通控制就是运用现代化的信号装置、通信设备、遥控遥测及计算机技术等对动态的交通进行准确的调度，使其安全通畅的运行。

道路用户的交通行为是对道路交通客观条件的主观反应的外在表现，不合理的道路特征会导致错误的交通行为。据 TRL 报道，道路原因引发的事故在死亡事故中占4.9%，在非死亡事故中占19.3%；美国因道路原因引发的事故占12%～19%。虽然从近几年的交通事故资料来看，与道路因素有关的事故为0，但从事故的空间分布来看，存在一定的事故多发位置，这说明道路条件与事故存在一定的关系。但在日常工作中，一般把事故原因都归结到人的身上，道路原因难以显现。日常安全保障系统框架如图8-14所示。

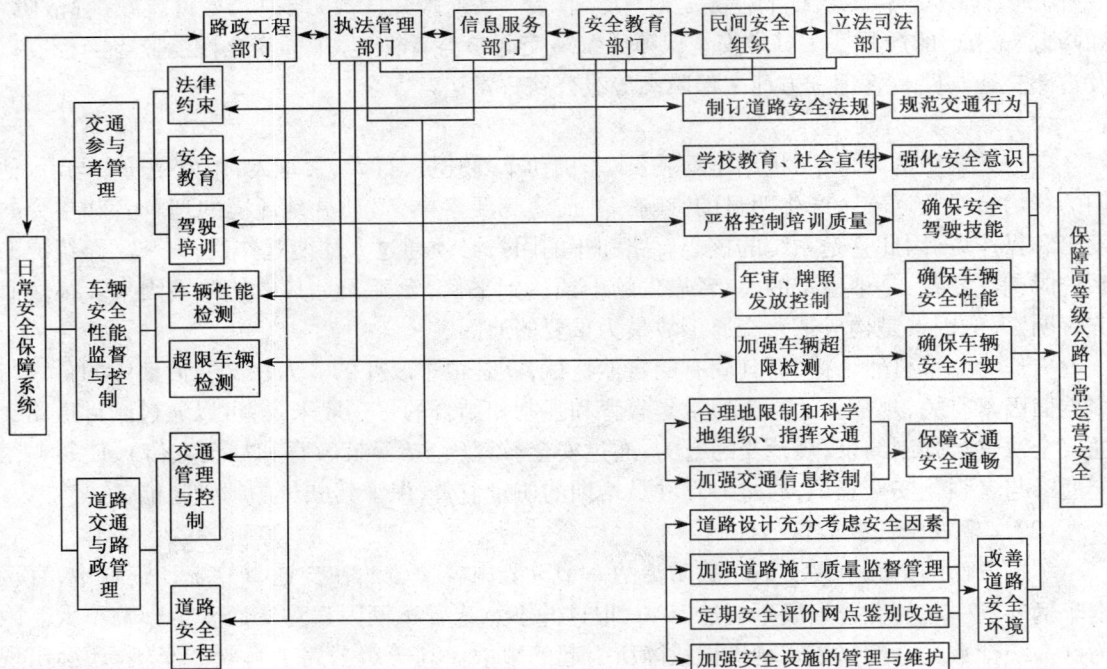

图8-14　日常安全保障系统框架

四、灾害性天气事故预防系统

影响汽车交通事故的主要因素除了驾驶员的综合素质、车辆的安全技术性能、道路条件、交通安全设施以外,还包括气候条件这个重要因素。气候条件对路面的影响改变了路面状态,破坏了轮胎与路面的正常接触状态,从而诱发了交通事故。

不少事故、特别是一些重大恶性交通事故均与自然因素有关。在自然因素中,天气状况不仅影响道路交通环境,而且还影响到道路用户的心理。因此,确保灾害性天气下的道路交通安全是高等级公路运营安全保障体系的重要内容。其中主要涉及天气预报、重大自然灾害的紧急处治及信息显示等方面内容。相应地,灾害性天气事故预防系统由信息采集、分析决策和信息发布三部分组成。

1. 信息采集子系统

其功能是及时准确地采集气象、交通和路况信息。气象信息的采集通过国家和地方的气象中心以及公路沿线的气象监测站来获得,交通信息的采集通过埋设在地下的感应线圈和收费站的统计获得,路况信息主要通过路政巡逻车来采集。

2. 分析决策子系统

其功能是将采集的气象、交通和路况信息,通过计算机处理系统和人工分析决策来及时作出合理的紧急预案。预案主要从两方面着手:一是异常气象的道路交通管制,包括设立警告标志、限速和交通引导等措施;二是道路工程措施,如安装防雾灯,人工消雾等。异常气象的道路交通管制一般分以下三种情况。

(1)冰雪天气的管制

冰雪天气高等级公路行车的主要问题是路滑及制动失效。经实地测试,冰雪天气车速一般限制在 60km/h 为宜,安全行车间距可控制在 50m 以上。有关限速及保持车距等提示标志可设置在进出口。

(2)雾霜天气的管制

在雾天行车的主要障碍是能见度低及视距错觉。冬季的雾天也常伴有路面小冰凌的出现。当能见度低于 100m 时,行车困难较大。由于高等级公路各路段的位置、地理环境及周围空气湿度不同,常会出现有雾和无雾或相邻路段雾况不同的现象。该系统的任务就是积累经验,画出全线不同的雾况曲线,找出规律并根据雾况及时采取相应措施。

由于雾况不同所造成的光线反射、视力折减等均不同,因此在不同雾况下对行车的交通管制也不相同,见表 8-12。

雾 天 交 通 管 制   表 8-12

能 见 度	车速限制(km/h)	安全行车间距(m)	超 车
200m 以上薄雾	不特殊限制	>100	准
100～200m 中雾	≤60	>50	准
100～50m 大雾	≤50	>50	不准
50m 以下大雾	≤30	>50 控制放行	不准

(3)风雨天气的管制

雨天及大风天气,特别是遇到大暴风雨和与行车方向垂直的横风时,高等级公路行车均较危险。但由于这些气候条件给予驾驶员的主观感受较为明显,一般除典型地段外可设提示性语言标志,不再具体限制车速,行车中驾驶员依据情况自行把握,实践效果较好。

3. 信息发布子系统

其功能是及时准确地发布决策信息,确保预案及时实施。信息发布的途径主要有无线电通信、可变信息板和咨询电视等。

以上三个子系统通过通信系统进行协调配合,确保灾害性天气下高等级公路的事故预防工作及时到位。图 8-15 为灾害性天气事故预防系统框架图。

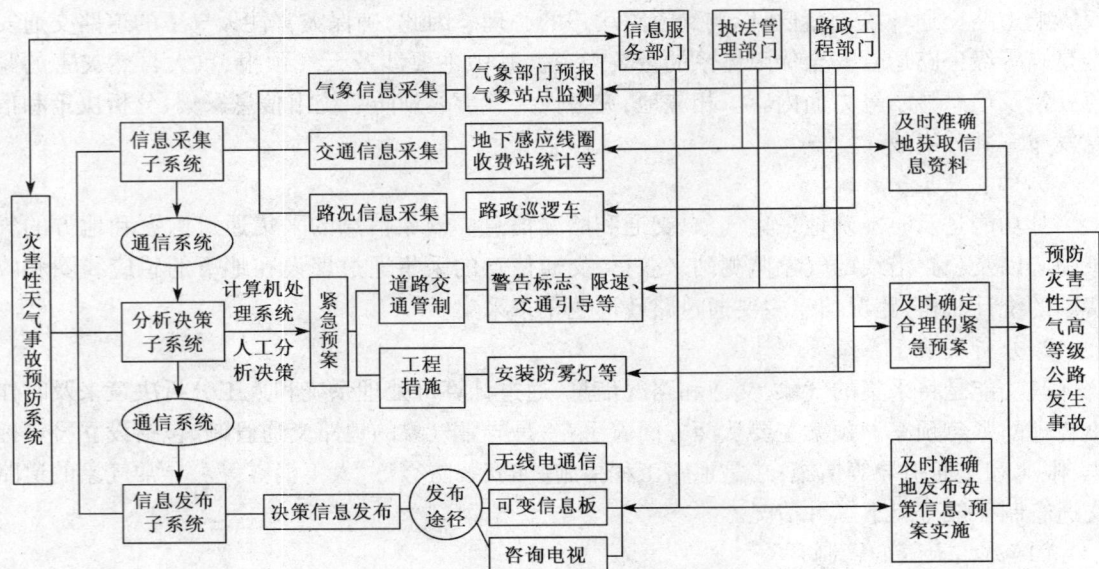

图 8-15 灾害性天气事故预防系统框架图

五、事故处理与紧急救援系统

事故发生后,涉及几方面的工作——紧急救援、事故的处理、设施的尽快修复,以使交通尽快恢复到正常状态。其中,关键是紧急救援系统的建立。高速公路上由于汽车行驶速度快,汽车运行时动量大,因而冲击力强,一旦发生事故,则危害性较大,后果严重。如果处理不及时,还容易导致二次交通事故的发生,所造成的人身伤亡和经济损失更加严重。因此,事故发生后采取及时而有效的紧急救援措施,对于降低事故所造成的伤亡和经济损失、预防二次事故甚为重要。

高速公路的事故分为交通事故(双方事故)和车辆自身事故(单方事故)。除遇有交通事故须交管部门裁定责任归属外,事故的其他处理一般由路政管理部门全权负责,包括救援、清障和路产赔偿等。事故处理内容有:紧急救援、现场勘查、讯问笔录、交通管制、设施修复等。

通过事故处理与紧急救援系统的高效运作,尽量减少事故后的人员伤亡和经济损失,是高等级公路安全保障体系的重要环节。该系统框架如图 8-16 所示。

六、评价系统

对高等级公路安全水平的综合评价,一方面可以了解道路安全水平状况,另一方面也可以了解安全保障体系的运作状况,为道路安全管理提供决策依据,从而提出改善措施,更好地治理交通安全。其中较为关键的是评价指标的选择及评价模型的确定。

212

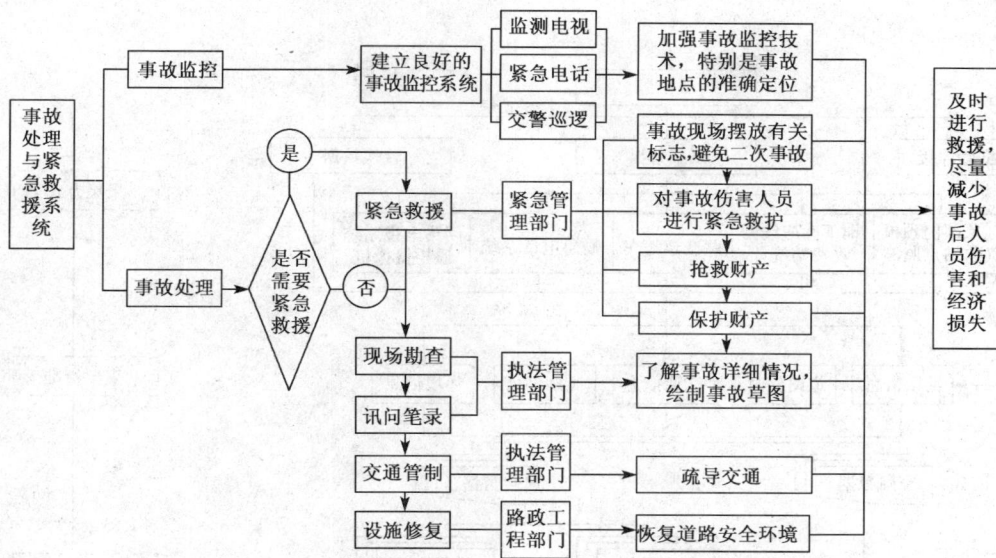

图 8-16　事故处理与紧急救援系统框架

七、服务于高等级公路安全管理体系的数据库

道路交通安全的管理、评价等是个较庞大的系统,涉及大量的安全信息,建立一个包含道路信息、交通信息、事故信息、交通环境的道路安全信息数据库有助于道路安全保障工作的开展。如图 8-17 及图 8-18 所示,数据库的正常运行可以不断地充实各种数据,及时进行道路安全影响因素分析,进而防止交通事故的产生或降低事故的严重性,提高道路的安全度。

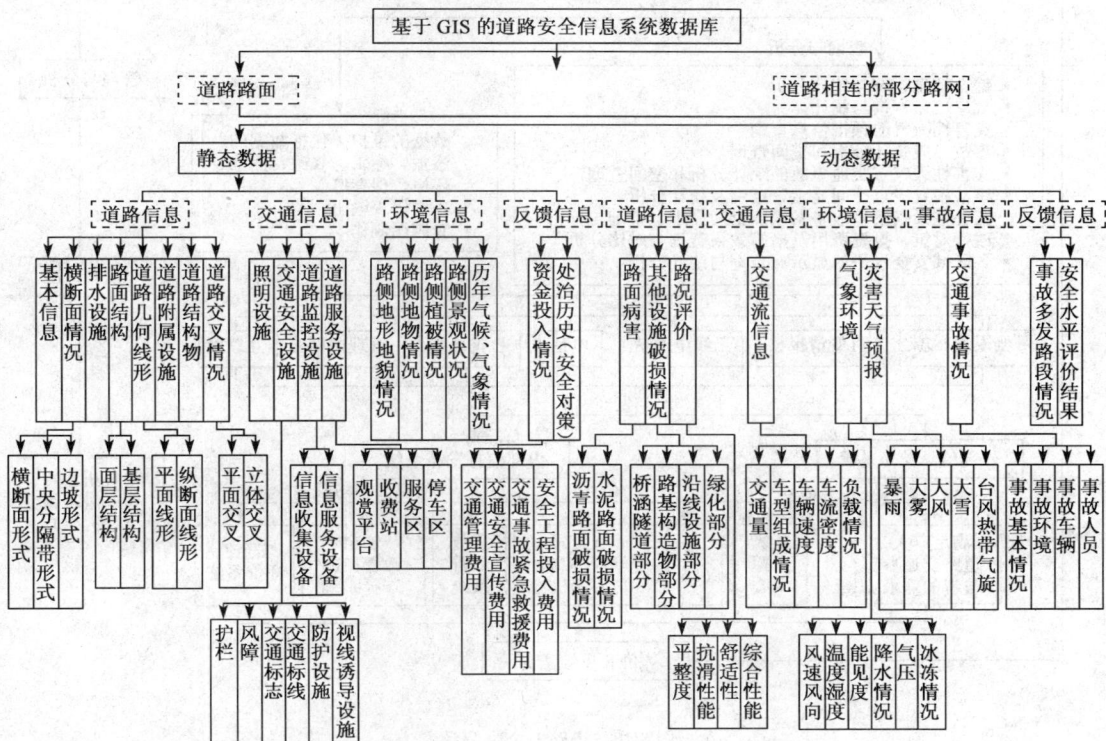

图 8-17　道路安全信息系统数据库

213

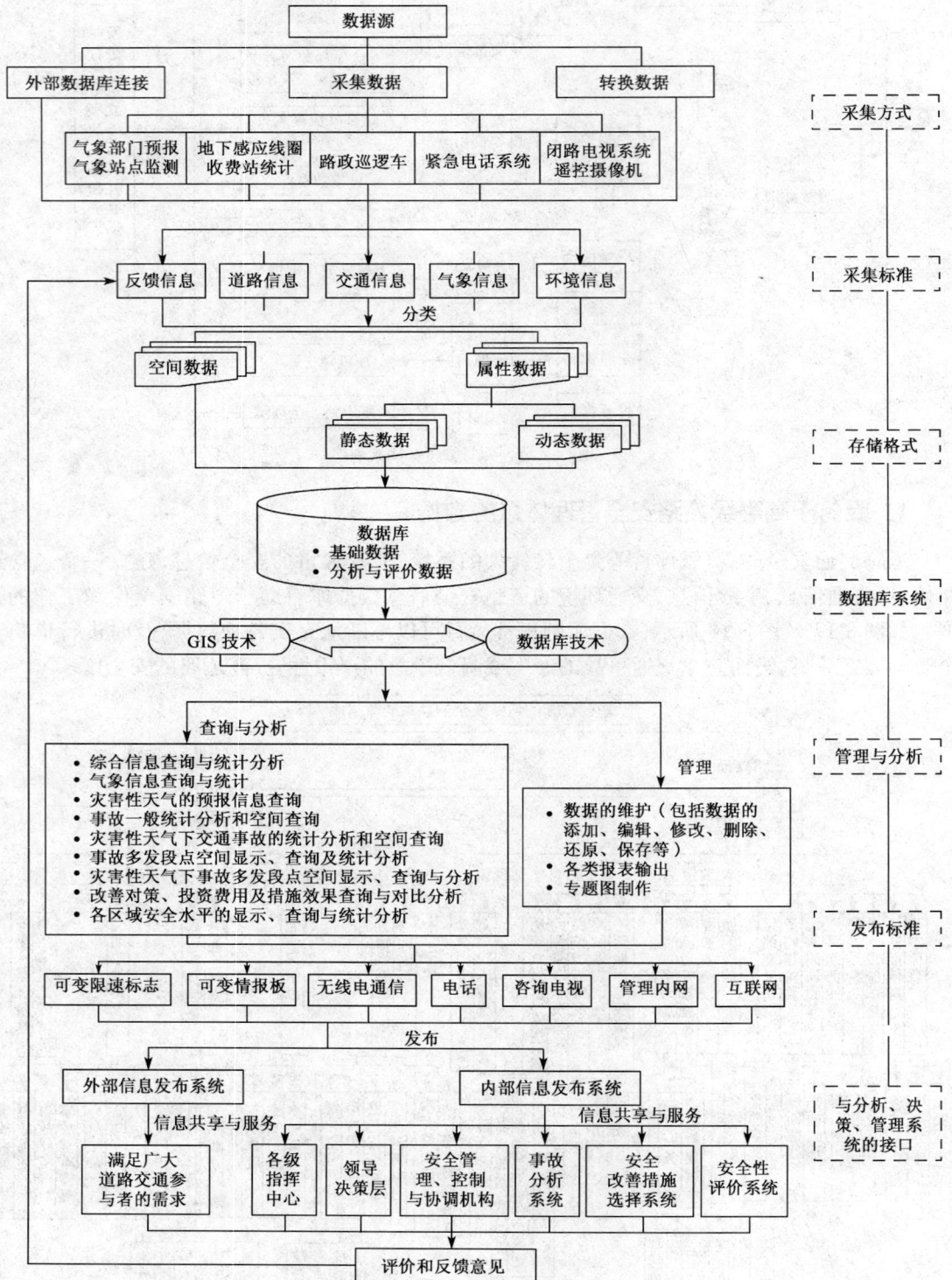

图 8-18　道路安全决策系统

第五节 基于 GIS 的高速公路安全管理系统

一、地理信息系统（GIS）的基本概念及基本功能

地理信息是指与所研究对象的空间地理分布有关的信息，它表示地表物体及环境固有的数量、质量、分布特征、联系和规律。地理信息具有多维结构的特征，即在同一位置上具有多个专题和属性，同时又具有明显的时序特征。

所谓信息系统，是指能够对数据和信息进行采集、存储、加工和再现并能够回答用户一系列问题的系统。简言之，信息系统是基于数据库的问答系统。地理信息系统（Geographic Information System，简称 GIS）则是以地理空间数据库为基础，在计算机软硬件技术的支持下，用于对地理空间数据的获取、存储、管理、传输、检索、分析和显示，以提供对空间对象进行决策和研究的人、机系统。它是计算机技术和信息系统技术在地理科学中运用发展的产物，是空间数据和属性数据的综合体。

1963 年，加拿大测量学家 Roger Tomlinson 首先提出"地理信息系统"这一术语，并督导建立了世界上第一个实用的地理信息系统——加拿大地理信息系统。1998 年，时任美国副总统的戈尔提出了"数字地球"概念，更掀起了应用研究的新高潮。

GIS 的应用包括地图制图、空间数据管理、空间统计分析、空间分析评价与模拟预测建模、辅助宏观决策等。

GIS 的发展是从地图制图开始的，因而 GIS 的主要功能之一就是地图制图。与周期长、更新慢的手工制图方式相比，利用 GIS 建立地图数据库可以达到一次投入、多次产出的效果。它可以根据用户需要输出全要素图或是各种专题图。例如，图 8-19、图 8-20 是由同一数据库派生的不同主题的地图。图 8-19 展示的是美国的高速公路网；图 8-20 则展示了各州的首府，并加以标注。

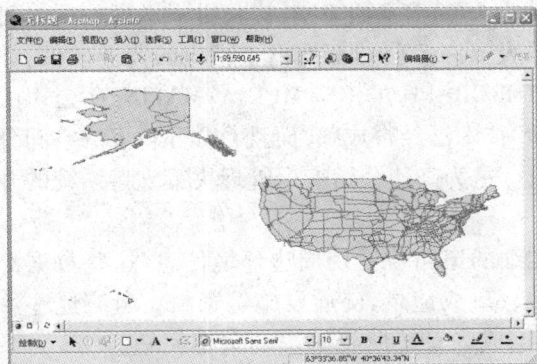

图 8-19 美国的高速公路网

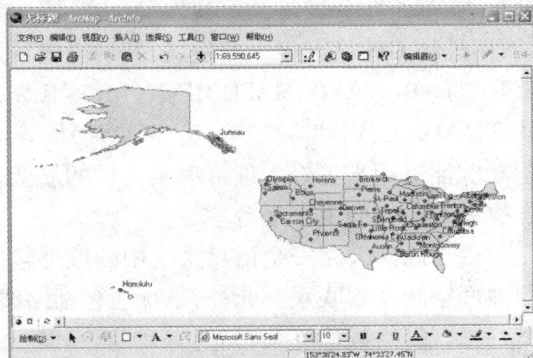

图 8-20 美国各州的首府标注

空间数据管理是 GIS 最基本的功能。空间数据管理的目的是对地理数据进行组织和管理，并提供有效的更新、维护和快速查询检索的方法和手段，以最佳方式输出地理信息，供管理决策使用。

GIS 软件提供的分析功能包括几何量测（直线距离、弧段距离、面积、频率）、叠置分析、拓扑空间查询、缓冲区分析（点缓冲、线缓冲、多边形缓冲、加权缓冲）、空间几何分析、地形分析、网络分析等。叠置分析实现的是诸如一个市的公路里程、一个地区的河流密度等结果，它至少

涉及两个图层,其中至少有一个图层是多边形图层,称为基本图层,另一图层可能是点、线或多边形。缓冲区分析是对一组或一类地物按缓冲的距离条件,建立缓冲区多边形图,然后将这一个图层与需要进行缓冲区分析的图层进行叠置分析,得到所需要的结果。在数学领域内,网络分析的基础是图论和运筹学,它通过研究网络的状态以及模拟和分析资源在网络上的流动和分配情况,对网络结构及其资源等的优化问题进行研究。一般来说,它包括最佳路径、资源分配、结点或弧断的游历等问题。在 GIS 中,网络分析则是依据网络拓扑关系(线性实体之间、线性实体与节点之间、节点与节点之间的连接、连通关系),通过考察网络元素的空间及属性数据,以数学理论模型为基础,对网络的性能特征进行多方面分析的一种计算。

GIS 可以用来模拟现实世界。一方面,它可以对现实世界进行分析评价。首先,归纳总结出分析评价的因子和方法;其次,将这些方法和因子定量化;最后,建立空间分析评价模型并进行验证。另一方面,它可以对现实世界的发展趋势进行模拟预测。其原理是将自然过程、决策转化成命令、函数和分析模拟程序等形式,结合相关数据,模拟这些过程的发生发展,得到未来的结果,从而预知自然过程的结果,达到辅助决策的目的。

GIS 利用拥有的数据库,通过一系列决策模型的构建和比较分析,可以为国家宏观决策提供科学依据。例如,GIS 支持下的土地承载力研究可以解决土地资源与人口容量的规划。

在道路安全管理中,需要考虑的因素众多,数据纷繁复杂,仅依靠手工处理难以满足对决策速度、精度等方面的要求。因此,利用快速发展的计算机等技术作为工具以进行决策支持,就成为我们提高反应速度、保证决策质量的重要手段。具有空间分析以及良好图文互视性能的地理信息系统(GIS),则可以作为道路安全管理决策支持系统的优秀平台。

地理信息系统(Geographic Information System,简称 GIS)是在计算机软硬件的支持下,对地球表面及空间和地理分布有关的数据进行采集、存储、管理、操作、分析和显示的信息系统。它采用地理模型分析法,适时提供多种空间和动态的地理信息,为地理研究、综合评价、管理、定量分析和决策服务提供了理想的工具。地理信息系统与一般的信息系统相比具有空间查询分析、空间定位和较好的可视性等优点,因此自从它 1963 年诞生以来就获得了迅猛发展。目前,国外的 GIS 已有很大的发展,其功能也日益强大。许多公司都推出了相应的商业软件,如 ESRI 的 ARC/INFO、MAPOBJECT、ARCVIEW;INTERGRAPH 的 GEOMEDIA;MAPINFO 公司的 MAPINFO。国内的 GIS 软件有 GEOSTAR 等。GIS 技术已经很成熟,而且 GIS 环境下的空间分析功能能被用来更好地理解现实世界的复杂现象。这为高速公路安全管理决策支持系统的开发提供了很好的工作平台。

由于高速公路安全信息系统中的数据包括详细的道路位置及周边环境信息,这些数据都与地理空间密切联系。此外,系统还包括路线参数、事故记录、交通设施等资料。所有这些数据,类型各异,数量巨大,如何有效地管理这些数据成为系统所要解决的关键问题。GIS 为系统提供了良好的工作平台,是解决这一问题的最好手段。GIS 能够融合各种数据(包括图表、照片),能通过各种途径获得所需的数据,并对各种数据进行可靠的管理,且具备空间查询与分析功能,可以将操作结果进行可视化输出,这些都是其他系统无法比拟的。采用 GIS 使得道路信息不再拘泥于平、纵、横的简单描述,而能把现有道路或设计道路放在相对真实的地形地理环境中去,从而更为直观地表现道路的设计效果(平、纵、横的组合及与周围环境的配合),同时通过内部的链接和映射能方便地提取其他的道路、交通信息,当然也能方便地提取事故信息。由此可见,利用 GIS 可以有效地管理交通事故数据和公路线形等带有明显地理分布特征的空间数据,它为高速公路安全信息管理方式带来了深刻的变革。

高速公路安全信息系统的目标是建立一个基于 GIS 技术的,以实时提供道路信息、交通信息、事故信息和其他与高速公路安全有关的信息为基础的信息系统。根据系统的开发目的可得出系统内并存着三条主线数据流:

①从各信息采集系统中取来的数据,通过中间处理过程进行处理后,显示发布在管理人员或对外信息系统发布的用户终端上;

②从各信息采集系统中取来的数据,通过中间处理过程进行处理后,存储在数据库中;

③管理人员根据管理需要或发布系统需要,从数据库查询调用进行对比、分析、将处理结果显示发布在终端机上或为决策系统提供数据信息服务。

由于存在这三种主线数据流,系统结构划分为:信息采集、管理与分析、发布和数据库 4 大部分。

二、基于 GIS 的高速公路安全信息系统的信息采集子系统

系统需要采集的数据包括道路平面线形及路线走廊地形地貌等空间数据和道路事故、线形要素(包括平曲线参数、竖曲线参数、纵坡、车道数、车道宽度等)、道路设施(交通标志标线、交通信号、服务区等)、道路路面状况、道路结构物(桥梁、隧道、涵洞等)等属性数据。

1. 空间数据采集

空间数据的采集有以下几种数据来源和采集方式。

(1)图纸数字化

利用 GIS 软件支持的数字化仪,为地图建立坐标系,并把数字化后的矢量数据添加到系统的要素类中。

(2)扫描地图数字化

扫描地图可以利用系统的栅格数据捕捉屏幕上的特征点,从而实现快速数字化。

(3)航测和卫星影像数字化

航空立体影像,通过解析摄影测量或数字摄影测量方式直接生成栅格式,此外可以通过人机交互的方式进行矢量化。卫星影像是通过卫星上载有的传感器进行成像。一般需要通过专门人员进行人工判读。

(4)CAD 数据

由于现在道路信息(特别是新建道路)大都采用 CAD 来绘制,其数据以 DWG 或 DXF 的格式的文件形式存储。CAD 数据与 GIS 的数据最大的区别在于 GIS 数据是反映现实世界的地物特征,如道路、河流、山峦等,具备面向对象的特点。它可以通过修改图例的参数改变实体的显示特性。而 CAD 数据是针对图形元素的,如点、线、圆、面等。因此,GIS 用户需要将 CAD 数据转化为 GIS 数据。

(5)通过 GPS 进行空间数据采集

对于不具备线形资料或希望以较快的手段对路网进行大面积数据采集,可以考虑通过 GPS 进行数据采集。墨西哥的基于 GIS 的联邦道路事故数据管理系统就是采用这种方法进行道路空间信息采集的,所能采集的道路信息包括:道路的平曲线和竖曲线线形;标记不同的路面类型和车道数;路堑和桥梁的位置;交叉口的位置和等级;客货车的起终点位置;高速公路收费站位置和服务区位置等。采集的数据以通用的 GIS 格式存储。

(6)系统自动生成

用编程软件开发道路中心线的生成模块,该模块直接读取路线线形要素,生成要素类表,

并把生成的空间数据连同其属性数据直接放到系统的数据库中。这种方法不需要另行设定坐标系,具有方便、快捷、准确的优点。

2. 属性数据采集

(1)使用 ODBC 创建查询获取数据

ODBC(Open DataBase Connectivity,开放式数据库互联)是一种公共的数据库访问接口,它能使应用程序访问以结构化查询语言(SQL)作为数据标准访问 SQL 服务器以及其他几个数据源,包括文本文件、Microsoft Excel、FoxPro、Xbase、Access、Oracle 等。

(2)人工采集数据

根据对高速公路安全性影响因素的调查与分析,确定高速公路上需要观测的道路、交通和环境等方面的数据,建立观测精度和频率标准。确定用于观测各种数据的传感器的类型,管测点位置和视频摄像机、雷达、红外测速装置、路面线圈等检测器的安设方式,并根据安全管理的需要,建立相应的数据采集方法和标准。由于数据采集牵涉到不同的行业和部门,在实际工作中各部门间需要签订数据传输协议,定义数据接口以进行各方面数据采集,并保证采集到的数据安全、可靠、有效。

三、高速公路安全信息系统的信息管理与分析子系统

信息管理与分析子系统主要包括 5 个方面:

①信息处理,其功能是将原始数据或预处理的数据转换为管理员和用户所需的可识别的信息及相应的用户界面;

②实时数据传输;

③对数据库操作,其功能是提供对数据库的存取服务;

④配置管理和信息查询,其功能是响应用户请求,将查询显示所需信息送给对外信息发布子系统;

⑤对某些信息进行统计分析,使系统根据信息的更新情况自动生成动态统计图,从而直观地表达所研究事物的发展趋势。

通过对信息需求情况的分析,可以提取过滤所需数据,为信息发布、高速公路安全管理以及事故分析、安全性评价等决策预警工作服务。

四、信息发布子系统

信息发布子系统分为两个部分:一部分是为管理人员使用的内部信息发布,主要是通过管理内网 Intranet,向各级指挥中心、领导决策层、高速公路安全管理科技人员以及基层科队一线提供所需信息,为事故分析、安全性评价、改善措施选择等管理决策、控制协调等活动服务。另一部分是为广大道路交通参与者服务,所采用的手段主要是互联网 Internet。

由此可见,信息发布系统具有内部使用和外部使用两个特性,因此其硬件配设也是由系统内和系统外两个方面构成,重要的是信息发布的格式,各类接收设备(终端机)的接口需要统一化、标准化。

五、信息系统的数据库

高速公路安全信息系统所包含的数据内容广泛,类型复杂多样,为了有效存储和管理这些数据,必须合理地选择数据库平台,并进行有效地组织和设计,以达到既减少数据冗余,又能方

便地查询的目的。

　　按照系统数据的采集性质,可将其分为空间数据和属性数据两大类。空间数据存储的是与地理位置相关的信息,并且能在地图上以实体的形式表现出来。属性数据是描述道路、交通或事故的某一方面属性的详细资料,一般通过系统参照方法与空间数据相对应。

　　依据系统数据的存储性质可将其分为两类:静态数据和动态数据。静态数据是指所存储的数据保持相对稳定,一次采集和输入后,除特殊情况外基本保持不变。而动态数据是动态变化的,它具有很强的时间性,必须根据实际变化定期地更新。严格地说,许多动态数据每时每刻都在发生变化,考虑到这些数据的采集具有一定的周期性,在两次数据采集之间,尽管实际数据可能已产生了变化,但系统假设这期间数据是不变的。

　　因此,建立数据库的关键是根据所维护数据的类型确定数据库的最佳结构,以实现对数据实时性、有效性、一致性的控制。

复习思考题

1. 高等级公路安全保障体系由哪些机构组成,其功能是什么?
2. 高等级公路安全保障体系由哪三个子系统构成? 试对其进行分析。

第九章　资产管理系统

　　各类交通运输设施是一个整体,它们相互协作,共同为交通运输服务。同一个管理部门可能同时管理多种交通运输设施。但是,在目前的管理中,受技术条件和实践水平的局限,几乎都采用单设施管理模式,没有将多种设施综合起来管理。然而,随着管理的进步,单设施管理模式越来越不能适应现代管理的需求,多设施综合优化管理将是未来设施管理的发展方向。近年来,国内外兴起了"资产管理"的热潮,管理者开始逐渐将目光由设施的性能转向设施的价值,研究者也开始探索如何将管理的主题由"设施"转变为"资产",这为多种设施综合管理提供了思路。本章主要对资产管理的概念、资产价值的评估方法以及资产管理的技术框架等相关内容作一介绍。

第一节　概　　述

　　资产管理是当前交通运输设施管理研究方面的一个热点问题,但其研究才刚起步,许多方法和技术并不是很完善。本节主要以道路运输系统为背景,对国外资产管理研究现状和发展趋势进行综述,并结合国内设施管理的现状,提出了交通运输设施资产管理的定义和方法。

一、起源

　　资产管理源自设施管理,早在 20 世纪 70 年代,澳大利亚的 Austroads 路面管理系统就被命名为道路资产管理系统,并将其定义为一种"长期管理资产的一种结构化的综合工具",这是在交通运输设施管理史上首次出现了"资产管理"一词。尽管实质上 Austroads 仍然只是一个传统的设施管理系统,但 Austroads 对于设施管理发展历程中最重要的贡献在于它首次提出了"资产"的概念,认为应该将交通设施看成一种有价值的商品,这一点为后来"资产管理"概念的真正成形奠定了基础。

　　真正由"设施管理"到"资产管理"理念的转变,经历了一段很长的时期和各方面条件的准备。20 世纪中后期,美国运输部门主要致力于州际公路的扩建,到了 20 世纪八九十年代,其任务逐渐转移到对美国境内价值约 1 万亿美元的路桥资产进行管理,并对其进行合理的、效益最大化的资源配置。同时,公众对政府的效益观也发生了改变,公众更期望政府能对自己的行为负责,希望政府不仅要能够给出理由为什么进行这样的投资,还要对其投资的效益直接负责,并公布于众。这使得设施管理更像是一种商业运作,并受公众监督。此外,由于经济的快速发展,生活水平的大幅度提高,公众对公共基础设施的性能要求也愈高。而由于车辆增多、车速提高、轴载增加,大量道路达到使用年限末期、损坏加剧,无形中给了政府非常大的压力。为了满足公众期望、更好地实现自己的管理责任,各州必须面对资源有限、公众期望提高以及养护需求激增之间难以调和的矛盾。各政府单位必须能够对自己的投资行为给出合理的解释,承担自始至终的责任,并能及时更改或修正不当的投资行为。以上诸多方面的因素促进了

"资产管理"概念的形成。

概括起来,以下几点详细说明了"资产管理"概念形成的主要原因。

1. 运输系统的综合需求

美国州际公路建设在经历了40年的努力之后,于20世纪90年代初完成。自此之后,开始从新设施的建设转移到养护管理和已有设施的重建。而今,从设施角度而言,部分公路设施产生损坏,需要不断对其进行养护维修,才能保持设施的性能;从道路使用者角度而言,道路使用者对设施安全性、舒适度、便利性及可靠度的期望也在不断的变化,随着生活水平的提高,其需求逐渐提高;而从经济角度而言,只有同时满足了设施本身的需要和用户的要求,经济效益最大化才有可能成为现实。而靠目前的管理理论和模式,实现这一点是非常困难的,因而各管理部门都力求改善自己的运作方式和管理手段,来满足运输系统各方的综合需求。

2. 资源限制

各州面临着一系列与资源有关的问题。一些州近年来由于政府重组及机构裁减的原因减少了很大一部分人力和物力,其财政预算也相应下调,并且这种趋势还将继续下去,这无形中给管理部门施加了巨大的压力。怎样以最少的钱做最多的事情,得到最大的经济效益,是管理部门着重关注的问题。

3. 有竞争性的预算需求

交通运输行业还必须同其他公益性行业竞争资金,以得到更多、更好的资源供给。一部分立法者也坚持认为直接的交通运输投资还不如将钱花在传统的道路工程以外的其他领域,如教育、文化、娱乐等公益性项目。来自领导阶层的压力使得各管理部门必须拿出有说服力的业绩来争取财政拨款。因此,需要更大程度上优化自己的管理模式,得到更经济有效的管理结果。

4. 对公众负责

公众对政府的管理能力持怀疑态度,加之近年来公众普遍偏向于将企业的管理方法应用于公共部门,公众要求政府负起更多的责任,且要求政府管理部门能够像企业那样进行经营活动,要求以更可信、更有说服力的成果和产出或者增长的经济价值来衡量和评价管理部门的成绩。许多州要求各管理部门报告公共财政用途、投资决策过程、预期实现目标等,并要求管理部门对此全权负责,必要时调整决策方案,以达到公众要求。

面对这些挑战,各州对设施管理的理论和实践进行了改进,资产管理的概念得到了重视,并将其定义为一种新的商业行为,设施管理者将设施的资产价值作为项目评价或方案选择的一部分。这种方法被看成是一种提高运输效益和生产能力、增加服务和运输用户产品价值的途径,由此出现了资产管理的概念。

二、现状

1. 国外

(1) FHWA

在美国"资产管理"概念全面萌芽并迅速兴起的大背景下,美国联邦公路局(Federal Highway Administration,简称FHWA)首先掀起"资产管理"的研究热潮。1998年,FHWA专门成立了资产管理办公室,其主要职责是用权威的专家意见和先进的管理理念引导全美公路基础设施资产的系统化管理,将公共基础设施作为一项巨大的公共投资,寻求最具经济效益的投资方案。它对推进一些先进的管理理念和研究方法起了积极作用,提倡路面、桥梁、隧道等设施管理的系统化理论和方法;对系统投资经济分析进行了探讨;引进了各学科、各领域的先进技术;主办了各种培训及研究;同其他机构进行了充分的合作研究等,开展国际范围的资产管理研究。

1999 年 12 月,FHWA 发布了资产管理初级读本(Asset Management Primer,简称 AMP),系统阐述了资产管理的概念、原则、构成等基本内容,给出了资产管理的明确定义和一般管理过程,为公路资产管理提供了参考依据,并指出资产管理是一种基于现状、系统化、可持续的决策方法。AMP 将资产管理定位为一种覆盖较长时间段的商业过程或决策框架,并将诸多经济和工程因素均考虑在列,所管理的资产范围也非常宽泛,并不仅仅局限于道路桥梁等基础设施,还包括运营性硬件设备、车辆、不动产、材料甚至人力资源及数据等。

AMP 提出,就实质而论,资产管理是一种战略性的对交通运输设施进行管理的方法,其主要目的是从宏观层面上把握交通运输设施技术状况和使用性能,从经济学上寻求使其经济效益最优的方法,并提出采用全寿命费用效益分析方法系统化地对所有交通运输设施资产进行全面综合的管理。

资产管理的过程如下(图 9-1):

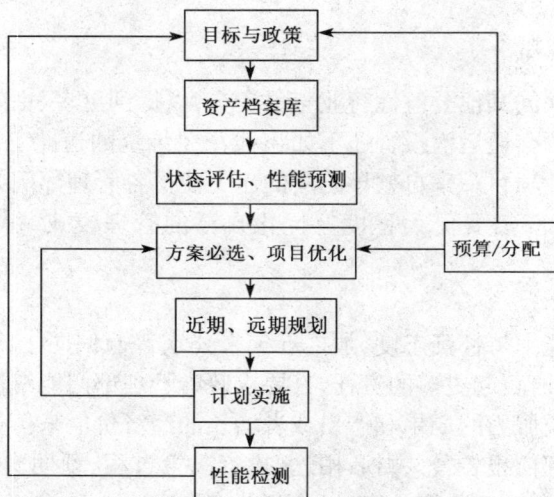

图 9-1　FHWA 资产管理过程

①确定目标、政策和可用预算以及与之相适应的分析和决策过程;

②采集性能数据、建立档案库,并对其进行评估和预测分析;

③以性能期望值为目标,利用分析工具和迭代程序得出各种可行的预算约束下的对策,以满足管理需求和用户期望;

④根据近期和远期规划目标,对各方案进行评价和选取;

⑤通过性能监测对整个过程进行年度评价。

AMP 还提出了对交通设施进行资产评估的概念。这也是美国政府会计准则委员会(Governmental Accounting Standards Board,简称 GASB)于 1999 年 1 月发布的第 34 号文件(GASB 34)——《州和地方政府的基本财务报表以及管理讨论与分析》(Basic Financial Statements and Management Discussion and Analysis for States and Local Governments)的一个基本要求。

GASB 成立于 1984 年,是美国制订州和地方政府会计规范的权威机构,其职责是指导州和地方政府制定会计规范。GASB 34 明确规定了各州和地方政府基本财务报表的内容,其中明确要求必须采用科学合理的方法对交通运输设施进行资产价值评估。GASB 34 提出一种新的财务报告方法,涵盖各州和地方政府所有的资产及长期债务,其中包括交通运输设施资产以及其他资产和债务。同时,要求进行收益统计,报告每年因提供服务而产生的所有花费及收入,并推荐州、市、县政府管理机构进行资产变更的财务声明时,用历史费用法来估算资产的价值。如果历史费用法不可行,GASB 建议以当前重置成本代替历史成本,并明确规定,资产管理系统应该包含:

①及时更新的资产档案库;

②至少每 3 年对设施进行性能状况预测,并对结果进行评估分析;

③对设施维护所需的年度总费用进行统计并生成报表。

GASB 34 要求各州和地方政府的管理机构在 2002 年 7 月之前完成其所辖区域内交通运输设施的财务报告。但 GASB 34 并没有明确规定应该采用何种方法对交通运输设施资产进行评估,只是提出了科学、合理、可持续发展等定性的要求。根据 GASB 34 的要求,各州和地方政府的管理机构及咨询公司纷纷对交通运输设施资产评估方法进行了研究和实践。

由于交通运输设施种类繁多,所以其资产管理很难一蹴而就地全面涵盖所有的设施,只能循序渐进。2001 年,FHWA 资产管理办公室在其发布的年度报告中明确指出,目前 FHWA 主要致力于道路、桥梁、隧道等设施的综合管理,然后再扩展到整个交通运输系统,包括其他各种公路基础设施、人员、资金、信息等。尽管 FHWA 目前仅仅是对道路和桥梁等设施的资产管理的核心理论和技术进行了初步研究,但其研究开创了资产管理研究的先河。此后,FHWA 始终致力于相关研究,并不断对资产管理的框架、过程进行改进和完善。

(2)AASHTO

除了 FHWA 之外,美国各州公路与运输工作者协会(American Association of State Highway and Transportation Officials,简称 AASHTO)也不甘落后,迅速展开了对资产管理理论和方法的研究。

1998 年,AASHTO 组成了一个研究小组来实施一个为期 10 年的资产管理战略研究计划,主要有以下内容:

①同其他管理部门和设施的股份持有人建立合作关系,建立资产管理的基础条件;

②形成对资产管理更好的理解,以便更好地在各成员州中应用;

③促进发展更好的资产管理技术、工具及相关研究;

④与各州进行交流并培训他们如何开展资产管理;

⑤协助各州应用资产管理系统。

该战略计划于 2000 年 12 月得到 AASHTO 董事会的许可,其研究小组开始进行资产管理的相关研究。2002 年,在国家公路合作研究计划(National Cooperative Highway Research Program,简称 NCHRP)的资助下,AASHTO 发布了资产管理指南(Asset Management Guide,简称 AMG),明确了资产管理的任务并制订了资产管理的框架,提出要从系统论的角度、采用寿命周期成本效益分析的方法来对所有公路资产进行全面综合的管理。AMG 将资产管理定义为:结合工程原理、商业实践和经济理论,以效益最大化为目标,对物理资产进行维护、改善和运营的系统化过程,为建立一个有序的、符合逻辑的决策方法提供了便利工具,并提供了一个可以制订短、长期规划的管理框架。

与 FHWA 相比，AASHTO 的研究显得更宏观、更笼统一些，且尚未形成比较成熟的技术方法和理论。

（3）其他

在 FHWA 和 AASHTO 率先开展了对资产管理的研究和实践之后，美国各地方政府也相继开始关注资产管理研究。

美国公众工作协会（American Public Work Association，简称 APWA）于 2001 年成立了资产管理研究小组，展开了对资产管理理论和方法的研究，认为资产管理是那些在各个合法且具有竞争性的需求之间，负责有效分配有限资源的人所需要的方法。

马里兰州（Maryland）成立了一个资产管理研究小组，到 2003 年已经建立了 110 项资产中 12 项的评价方法，并利用基于设施状态的折余重置成本法进行了资产评估。

美国纽约交通部门在《资产管理系统发展和实施蓝本》中指出，在运输领域里，资产管理被定义为有效运营、维护及改进运输资产的一种系统化过程，它将工程和数学分析工具以及合理的商业实践及经济理论结合起来。这种整合的资产管理的概念超出了传统的基础设施管理的范围，也可用于人员资源和其他方面（如信息和数据等）。资产管理是目标驱动，包括数据采集、决策评价、项目实施及反馈等部分，资产管理是涵盖所有这些内容的综合决策。它是在预先设定好的目标和允许的资源条件下，提供给用户效益最大化的运输规划方式。美国纽约交通部门还采用重置成本法，对系统内各资产的价值进行了评估。

美国剑桥系统与优化公司（Cambridge Systematics and Optimization，简称 CSO）提出了资产管理系统框架研究报告。该报告提出了美国资产管理系统的框架，并在以下 4 个方面提出资产管理指导思想：

①政策的目标与目的。强调制订资产管理相关政策应该体现出交通部门的战略观点、优良服务意识和发展的前瞻性。

②制订计划和方案分解过程。鼓励交通运输设施发展计划和实施方案应同政策的目的与目标保持一致；鼓励在调查交通运输设施性能的基础上制订其发展计划和实施方案；鼓励在综合平衡资产投资与经济效益的基础上，系统地评估交通运输设施需求与供给矛盾的解决方法。

③计划实施过程。建议应考虑交通运输设施发展项目与养护计划实施的及时性、工程计划进展质量信息传达的及时性，应确保批复工作计划实施的有效性和及时性。

④数据处理与分析。强调在资产管理的全过程中，数据的重要性，低成本、准确的交通运输设施数据的采集与更新，是资产管理的基础。

另外，美国的一些学者也对资产管理进行了详细的研究。譬如，Mohammad A Hassanain 等对资产管理框架模型进行了研究，提出了一种新型的资产管理系统框架模型。在这个框架模型中，各个管理过程相互衔接，框架模型结构表现出灵活性与鲁棒性特征。

Nasir G 等提出了一种集成化的高等级公路设施管理系统，该系统分为 4 个方面：

①单机的集成系统；

②网络级集成系统；

③项目级集成系统；

④多性能参数集成。

决策支持系统是整个系统的核心，Omar Smadi 等对此进行深入研究，论述了决策支持系统的结构，决策算法的输入、输出变量和常用的几种算法（Omar Smadi，1999）。Omar Smadi 提出了决策支持系统的结构框架流程，如图 9-2 所示。其中，输入变量包括状态数据、性能参数、政策目标及资金预算等，所用优化模型为线性规划、动态规划、多目标规划等，按照单位资金增加的效益或者边际成本效益来对方案进行优先排序。Omar Smadi 的研究实现了各资产之间的资源分配，网级性能分析、资金影响/平衡分析、对于各单个管理系统的项目选择和修复以及养护计划之间的分析等。

应美国资产管理研究热潮，其他国家和地区也纷纷展开了对资产管理的研究和实践。如加拿大研究了不同类别资产估价的方法，日本也对道路桥梁资产管理进行了研究。其他如澳大利亚、新西兰、加拿大、芬兰、瑞士等国制订了详细的资产管理方案手册和报告。1999年，欧洲合作发展工作小组发布的资产管理系统工程描

图 9-2　决策支持系统的结构框架流程

述将资产管理定义为"不同于现有的单设施管理方法（如路面管理系统、桥梁管理系统等），资产管理关注的是整个路网的全体组成部分，对有限资源的综合管理，通过正确的资产管理，政府能够提高项目和基础设施的质量，增加信息可达性和综合利用程度，强化决策过程，进行有效的投资，降低总体成本，包括交通事故引起的社会影响和经济影响"。

2.国内

在国内，自 20 世纪 80 年代以来，设施管理的技术和手段不断发展成熟，尤其是路面管理系统和桥梁管理系统，如北京公路局的路面管理系统（姚祖康，1993；孙立军，1993；孙立军，1989；刘伯莹，1992）、交通部的 CPMS（潘玉利，1998）、上海市城市基础设施管理系统（孙立军，1998；孙立军，2000；陆亚兴，1997）等。其中，上海市市政工程管理处与同济大学合作研发的上海市城市基础设施管理系统（Shanghai City Infrastructure Management System，简称 SHCIMS）有别于传统的单设施（路面或桥梁）管理系统，是针对多种城市基础设施（包括道路、桥梁、隧道、高架等）的多设施管理系统，但其主要是将传统的单设施管理系统进行集成，还未进一步考虑到设施之间的协调发展和综合管理。

总体而言，国内交通运输设施管理还处在设施管理的阶段，尚未实施资产管理。但设施管理方面的研究与实践，包括设施技术状况评价、使用性能预测、数据采集等，为资产管理的研究奠定了基础。目前，国内已经陆续出现有关资产管理的研究。熊辉、史其信在总结了路面管理理论与方法的研究进展与趋势后，指出资产管理是设施管理发展的一个必然方向，并首先表现为以路面和桥梁为代表的资产管理；初秀民对交通资产管理系统的方法和技术进行了初步研究；邹志云等对公路交通资产管理系统框架进行了研究，定义了公路资产管理的管理对象、目的和系统框架；华南理工大学的苏卫国、张肖宁对公路基础设施资产管理进行了总结和概述。资产管理已引起我国相关从业人员的关注和重视，相关研究刚刚起步。

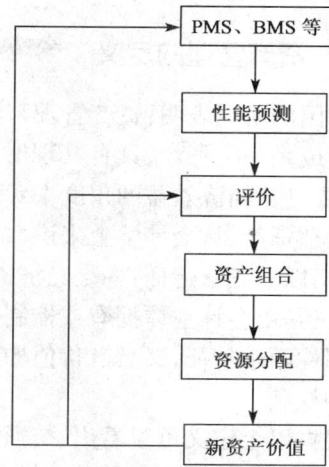

第二节　资产管理的一般概念

一、资产管理的定义

各国的研究表明:资产管理与传统的设施管理不同,它体现了一种全新的管理观念,即把设施看成是一种资产,具有其现时价值、将来价值以及根据不同的使用途径而具有的运营价值,主要是从经济效益的角度来对设施进行管理。

所谓资产,从会计学上来讲,是由会计主体拥有或控制,能给企业带来经济利益的经济资源,包括以下三个特征:一是经济资源——具有稀缺性;二是能给企业带来经济利益——强调效用;三是由会计主体拥有或控制——强调对效用的权利。从经济学上看,资产既具有稀缺性和有用性两个特征,又具有价值增值性特征;而法学上的资产与权利密切相关,资产就意味着收益和权利。

根据以上定义可以看出,交通运输设施无疑是一项价值巨大的资产:它是一种资源,承载客货运输带来价值不菲的经济效益,并由国家掌控。而交通运输设施包含了多种设施,决定了其资产管理的对象也灵活多样,必须充分考虑到各类设施之间的互相联系、兼容和协调。但资产管理并不是各种单设施管理系统的简单组合,而是一个逻辑的决策框架,综合了工程及经济学的原理,对整个交通运输设施系统的资源配置进行优化。资产管理主要具有以下特点:

(1)它是一门技术哲学。资产管理是从战略上长期考核交通设施的性能、管理资金的利用,并从全局性、长远性、多方位考虑交通设施资产的资源配置,它与国家政策方针、目标等息息相关,是对设施性能及未来资金决策的系统评估。

(2)它是一种管理过程。资产管理涉及多种设施的管理过程,如设施的发展规划,工程项目的计划编制、计划分解,养护计划的编排,资金、劳动力、土地、设备、材料、信息等资源配置的决策。通过这种管理过程使相关部门乃至整个社会受益。

(3)它是一系列的技术手段。准确、完整、及时地获取设施信息是资产管理的基础,此信息获取技术是资产管理不可缺少的部分。在对设施进行技术状况评价、预测和养护维修计划安排时,不可避免地涉及多方面的技术应用,如管理学、经济学、数学、工程、计算机以及软件等技术的应用。多种技术的综合应用是资产管理飞速发展的前提和保障。

根据上述资产管理的特点,在众多的研究中,各个机构根据各自的发展特点和要求对资产管理提出了不同的定义,而各方一致认同的是,资产管理是一种综合的、战略的、完整的交通运输设施管理的理论和方法,其实质是通过具有成本效益的管理和规划以及资源分配决策,为交通运输系统的监控、保存、改善、优化等过程提供一个坚实的基础(FHWA,1999)。在研究过程中,尽管各运输部门根据其实际情况和经验积累,一直在对资产管理进行重新定义,但在以下几个方面是一致的:从广义的角度来看待具体资产,包括各类交通运输设施;考虑资产的整个寿命周期,从最初征地、建设,到维护、运行、更新以及淘汰;要求对资产需求和解决需求的资源分配进行系统分析;依赖于信息技术,但不只是现有管理系统和数据的简单集成,而是多种技术手段的综合;结合了工程学原理、经济学方法和良好的经济决策排序,寻求经济、有效和低成本的结果。

根据上述分析,资产管理具有以下关键词:

(1)系统化:资产管理最终必将以系统的形式来表现。

(2)战略化:资产管理是一个战略的决策过程或决策框架。

226

（3）费用有效：资产管理的目标是追求效益最大化。

（4）多元化：资产管理结合了工程、经济学、商业实践、数学方法、管理学等多个学科的概念和原理。

（5）时效长：资产管理覆盖了很长的时间段，涵盖了设施整个寿命周期。

（6）管理范围广：资产管理的对象非常广，不仅包括主体物理资产，如路面、桥梁、隧道、管线等，还包括一切附属于主体物理资产的其他硬件资产内容。此外，其管理对象还包括人力资源、数据、资料等软件方面的内容。

（7）平衡分析：对各种类别、各个资产进行状态评估和选择相应的养护维修对策，建立平衡的投资方案。这里指的平衡是需要考虑不同类别的设施之间的平衡，如道路和桥梁。

（8）长期规划：必须对设施的长期管理作出详细的规划。

综上所述，对交通设施资产管理作出以下定义：交通设施资产管理就是运用工程学和经济学原理，有效地对交通运输设施进行维护、改善、运营的一种系统化的战略过程，其覆盖时间长、管理对象宽泛，可为交通运输设施物理资产及其衍生资产的系统化维护、改善和有效运营提供一种组织化的决策方法，可对各类资产在短期或长期规划下的投资策略进行平衡比较分析。

交通运输设施资产管理超越了传统的设施管理的范畴，把设施看成一项资产，具有价值，是从资产的角度对其进行全面综合的管理。其主要过程是以提升资产的整体性能、实现最大的经济及社会效益为目标，资产管理系统将实时监控在目标实现过程中的进展情况，评估与目标相关的工作过程，进而确定管理方案与投资决策在目标实现过程中的作用。

二、资产管理的对象

交通设施资产管理对象包括各种主体设施，如道路、桥梁、铁路、码头、机场等，以及各种附属设施，如护栏、标志、标线、照明、监控设备等。描述资产状态的数据可以分为静态数据（如设施地理位置、外观尺寸、线形、材料等）和动态数据（如设施的损坏、交通、环境等）。

三、资产管理的核心技术

根据传统的设施管理流程，资产管理也应具有以下几个功能模块：

（1）信息管理：包括数据采集、分析、处理、维护及更新。

（2）系统分析：技术状况评价和使用性能预测。

（3）优化管理：资源合理分配与综合管理。

（4）计划安排与报表输出：项目实施计划。

这四个功能模块可以分为以下内容：设施数据采集；设施技术状况评价；设施使用性能预测；资产价值评估；综合优化决策。

其中，设施技术状况评价是分析设施养护需求、选择养护维修对策、制订养护项目计划的依据。对设施进行评价的主要目标是客观、准确地掌握设施的技术状态。设施技术状况评价主要包括评价模型和数据采集方法两方面的内容，评价模型是理论核心，数据采集是基础保障，两者不可偏废，必须齐头并进，才能真正实现上述评价目标。

设施使用性能预测可提前预估设施技术状况的变化情况。众所周知，设施在使用过程中，其使用性能会随着时间、自然环境及车辆荷载作用次数的增加而逐渐变坏。当损坏达到某一预定标准时，设施就应该或需要采取改建措施，以恢复和提高其使用性能。如果只局限于对设施现状的掌握，不能对设施使用性能的发展趋势作出较为客观和准确的判断，那么管理所处的位置就比较被动,管理的定位就只能停留在"出现问题、解决问题"这样一个比较低的层次上,而无法形成"预计问题、防患于未然"这种比较主动的局面。因而,有必要对设施的使用性能进行预估,以便准确、客观地预先掌握设施的未来变化情况。

资产价值评估是将设施转化为资产的关键,也使多设施资产的综合优化分析成为可能。同时,作为资产的一项基本属性,管理者们也更期望用一种简单可行的方法准确估算出所管设施的价值。

第三节 资产价值评估方法

多设施管理的困境之一在于如何比较不同种类设施间管理效果的差异。由于不同种类设施的技术性能指标差异巨大,试图在两种结构组成、性能规律完全不同的设施之间建立某种新的联系,极为不易。然而,资产管理提供了解决这一问题的思路。在交通运输设施资产管理中,交通设施被看成是一种资产,具有现时价值、将来价值以及根据不同的使用途径而具有的运营价值。这是因为交通运输设施所具有的稀缺性和有用性两个鲜明的特征,均符合不论是在会计学还是经济学中对资产的理解。作为资产的一项基本属性,设施的资产价值与设施的使用性能密切相关,即资产价值的差异是受到使用性能差异所影响的。因此,只要制订合理的评估依据(客观、科学地量化设施的性能状态对设施资产价值的影响),选取合适的评估方法,就可以得到不同种类设施的资产价值。由于设施的价值差异是使用性能差异的映射,这样既实现了设施技术指标和经济指标间的转换,又奠定了不同种类设施比较的基础。

一、资产价值评估综述

资产价值评估,也称资产评估,是按照特定的目的,遵循评估原则,依照相关程序,选择适当的价值类型,运用科学的方法,以统一的货币单位,对资产价值进行分析、估算的行为和过程。

在国外,资产评估已经经历了上百年的发展,其应用的领域不断扩展。近年来,随着交通运输设施资产管理理念的提出,交通运输设施管理领域对其的应用研究也日渐增多。如前所述,美国的政府会计准则委员会于 1999 年 1 月发布的第 34 号文件中明确提出了对国有资产进行价值评估的要求,要求在各管理机构的年度报告里增加资产评估价值项。这是一个对国有资产(包括交通运输设施)进行合理管理和维护的指南性文件,但是其中并没有明确规定具体的评估方法,而是仅仅提出了科学、合理、可持续性的指导思想。依据该文件,美国各州和地方政府的交通运输设施管理机构及咨询公司纷纷对资产评估方法进行了研究和实践(FHWA,1999)。资料表明,各州所用的资产评估方法不外乎两种:折余价值法和资产管理法。折余价值法(Depreciation Method)是美国各州和地方政府用得最多的一种方法,其基本思想就是认为设施的价值会随着使用年限的增长而逐年发生折减,只需确定设施的历史价值,按使用年份对其进行折减即可得到设施当前价值。其中,历史价值就是设施最初的建设成本,按使用时间对其进行折减,并把期间各年的维护、养护等费用直接看成其价值的增加量。而资产管理法,也称修正法(Modified Approach),相比折余价值法,它考虑了管理的作用,即每年对设施进行养护、维修的费用都对设施的价值有一定的提升作用,但这又不能简单等同于投资的数额,而是必须根据设施状况的改善量来衡量其价值增量。

资产评估从进入我国到现在仅有 20 多年的历史,但随着我国社会经济的不断发展,资产评估在社会生活各方面发挥的作用也显著增强。国务院资产管理监督委员会在1991年发布了《国有资产评估管理办法》，其中规定的评估方法主要包括重置成本法、现行市价法、收益现值法、清算价格法（国务院国有资产管理监督委员会，1991）。而财政部于2004年2月颁布了《资产评估准则——基本准则》，正式标志着我国资产评估准则体系的初步建立。但是在上述的文件中，都没有明确规定对交通运输设施资产价值评估的具体方法。

曾胜男等提出用重置成本法对交通设施资产进行评估，并对设施的实体性贬值计算做了详细的研究。但是，该方法中所考虑的因素并不全面，所得到的设施资产价值尚无法完全反映设施在整个交通运输设施网络中所发挥的作用。出于多设施管理的需要，考虑实践应用和适应性等因素，周丹等以我国的资产评估体系为基础，在曾胜男研究成果基础上，对交通设施的资产评估方法进行了完善。

我国的资产价值评估体系是由资产评估的基本方法（资产评估途径）和实现资产评估途径的具体技术方法构成的，其层次划分如图9-3所示。其中，资产评估基本方法是指某种资产评估技术思路和实现该评估技术思路的所有具体技术方法的集合。资产评估具体技术方法是一个个体概念，如重置核算法、折现法，其仅是一种技术工具，并不专属于某一种资产评估基本方法，可以应用于多种评估基本方法。而经济技术参数则是指在资产评估过程中所用到的基本要素，如重置成本、市场价格等。

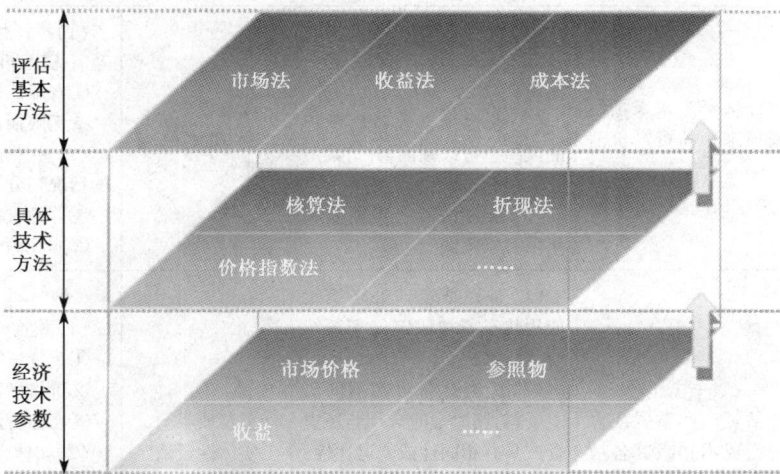

图9-3　资产价值评估方法体系层次划分

资产评估方法选择实际上就是一个不同层面的资产评估方法的选择和综合。整个过程分别对应于三个层面的选择：一是关于资产评估技术思路层面的选择，即分析各种资产评估基本方法所依据的资产评估技术思路的适用性；二是在资产评估技术思路已经确定的基础上，选择适合的实现评估技术思路的具体评估技术方法；三是在确定了资产评估技术思路和具体评估技术方法的前提下，对所涉及的经济技术参数进行选择。可见，资产评估方法选择是资产评估技术思路、评估技术方法以及经济技术参数选择的统一。

资产评估的基本方法按照分析原理和技术路线不同一般分为三种：市场法、收益法和成本法。表9-1对这三种评估基本方法进行了简要归纳。从表9-1中可以看出，三种评估基本方法各具特色，分别依据不同的评估技术思路来对资产进行评估，并且有各自的应用前提和适用范围。经验表明，选择评估基本方法可能会受到很多因素的制约，而评估的目的和评估的对象

229

是其中最为重要的影响因素。

评估的目的既是指资产评估所要实现的具体目标，又是指资产评估结果的具体用途。交通运输设施资产评估是为了了解和掌握设施在一定的使用性能状态下的资产价值，其用途是将不同种类设施的技术指标统一转化为经济指标，以便实现多设施管理成果的横向比较以及进行经济分析和优化管理。由于设施的技术指标主要是对设施物理状况的反映，因此，设施资产评估的目的主要是为了获得设施的物理价值，而不是获得其他的附加价值。

资产评估的基本方法 表9-1

类型	定　义	应　用　前　提	基　本　要　素	具体评估方法
市场法	利用市场上同样或相类似资产的近期交易价格，经过直接比较或类比分析以估测资产价值的各种评估技术方法	（1）需要有发育成熟、公平活跃的公开市场，以便能够选择相同或类似的参照物进行对比、分析和评价； （2）参照物以及被评估资产可比的指标、技术参数等资料是可以搜集到的	参照物 比较因素	（1）直接比较法 ①现行市价法； ②市价折扣法； ③功能价值类比法； ④价格指数法； ⑤成新率价格调整法 （2）类比调整法 ①市场售价类比法； ②成本市价法； ③市盈率乘（倍）数法
收益法	估算被评估资产未来预期收益的现值来判断资产价值的方法	（1）被评估资产的未来收益的可以预测，并可以用货币衡量； （2）获得预期收益所承担的风险也可以预测，并可以用货币衡量； （3）被评估资产预期获利年限可以预测	收益额 折现率收益 期限	（1）按评估对象未来预期收益有无限期的情况划分 ①有限期评估方法； ②无限期评估方法 （2）按评估对象预期收益额的情况划分 ①等额收益法； ②非等额收益法
成本法	按被评估资产的重置或再生产的现行成本扣减其各项有形损耗和无形损耗来确定被评估资产价值的方法	（1）被评估资产处于继续使用状态或被假定处于继续使用状态； （2）应当具备可利用的历史资料，同时现时资产与历史资产具有相同性或者可比性； （3）形成资产价值的耗费是必需的。耗费包括有效消耗和无效消耗，采用成本法评估资产，要确定这些耗费是必需的而且应体现社会或行业平均水平	重置成本 实体性贬值 功能性贬值 经济性贬值	（1）重置成本估算方法 ①重置核算法； ②价格指数法； ③功能价值类比法 （2）实体性贬值测算方法 ①观察法； ②使用年限法； ③修复费用法 （3）功能性贬值测算方法 （4）经济性贬值测算方法

其次，从评估的对象来看，交通设施的首要属性是公共品，这类项目一般是由各级政府或其他公共部门投入巨大的财力、物力修建，但是在其营运过程中没有直接的现金收益产生。因此，交通运输设施的价值应首先反映该项目需要的资源投入，即其实物价值。这里的实物价值主要是指建造同样类型、同样功能设施的费用。值得注意的是，由于交通设施并非一般商品，所以其依附的土地资源价格在评估中可不予考虑。

通过以上两方面分析，分别依据三种资产评估基本方法的特点来考察各方法对交通运输设施资产评估的适用性。首先，市价法的理论依据是费用价值论，它以比较对象资产的现在市场交易价格决定评估对象资产的现时价格。显而易见,市价法对于交通运输设施资产的评估存在一定的困难。由于不同交通运输设施资产在技术标准、所处经济环境和地理环境、建造时间、里程长短等诸多方面差异较大,所以它们形成的实物价值也互不相同,在转让市场上很难找到替代品。即使找到近似替代品,也因调整差异工作难度大,方法可行性差。因此,市价法的适用前提并不存在。

收益法的理论基础是效用价值论,它以资产的未来收益决定资产的现时价格。然而,交通运输设施资产管理并非以营利为目的,无法直接获得现金收益。由于交通运输设施资产的未来收益无法预测,也无法用货币衡量,因此运用收益法的前提也并不成熟。值得一提的是收益法被用在对道路收费运营权评估中是有效的。但究其实质,其评估的对象是依附于道路实体资产上的无形资产(收费权),而不是道路资产的实体价值。

成本法的理论基础是替代原理,它是在被评估资产的重置或再生产的现行成本中扣减各种损耗来决定资产的现时价格。从对交通运输设施资产实物价值进行评估的目的来看,成本法比较适合交通运输设施资产价值评估,理由如下:

(1)交通运输设施资产具有使用延续性;

(2)能够新建一个相同类型的基础设施,由此可以准确地求得其重置成本;

(3)交通运输设施资产在使用过程中会出现各种损坏,而这些损坏不可避免地影响到了设施的价值,因而其实际价值就是重置成本与损坏价值之差;

(4)交通运输设施资产的贬值是与其技术状况等因素密切相关的,因而可以利用这些基本参数对贬值进行估计,从而在准确得到贬值量的同时,实现了技术状况与资产价值间的相互对应。

综上,选用成本法作为交通运输设施资产评估的基本技术思路。成本法是指首先估测被评估资产的重置成本,然后估测被评估资产存在的各种贬值因素,并将其从重置成本中予以扣除而得到被评估资产价值的各种评估方法的总称。其基本思路是,从投资者的角度出发,重新构建与被评估资产相同或类似的全新资产,在现行市价条件下需要花多少钱。然后,在此基础上扣除新旧程度和社会技术进步、社会经济环境变化对资产价值的影响,从而得出被评估资产的重估价值。这种评估思路,既考虑了被评估资产的现行价格水平,又考虑了购建时的全部直接与间接费用,还考虑到了资产使用后功能上和经济上的变化。上述思路的数学公式可表达为式(9-1)。

$$\begin{cases} VAL = RV - D \\ D = D_b + D_p + D_e \end{cases} \tag{9-1}$$

式中:VAL——资产价值的评估价值;

   RV——资产的重置成本;

   D——资产的价值损耗;

D_b、D_p、D_e——分别为资产的实体性贬值、功能性贬值和经济性贬值。

二、交通运输设施资产评估方法

根据式(9-1)可以看出,成本法主要包括两大要素:重置成本和贬值。

1. 交通设施资产的重置成本

重置成本就是资产的现行再取得成本,又可分为复原重置成本和更新重置成本两种。复原重置成本是指用与原资产相同的材料、建造标准、设计结构和技术条件等,以现时价格水平重新购建与评估对象相同的全新资产所需的全部成本。更新重置成本指利用新型材料、新技术标准等，以现时价格购建与评估对象具有相同功能的全新资产所支付的全部成本。对交通运输设施资产进行重置成本计算时，如复原成本和更新成本均可获得，应优先选用更新成本进行计算。

由表9-1可以看出，资产的重置成本可以通过不同的评估方法进行估算。重置核算法也称加和法，是利用成本核算的原理，根据重新取得资产所需的费用项目，逐项计算然后累加得到资产的重置成本；价格指数法是利用与资产有关的价格变动指数，将被评估资产的历史成本（财面价值）调整为重置成本的一种方法；功能价值类比法是通过比较同类或类似的资产，研究其功能变化与其价格或重置成本的变化关系，通过参照物的价格或重置成本以及功能价值关系估测评估对象价格或重置成本的技术方法。

由于交通运输设施工程项目具有差异性大的特点，并且其工程量等参数较容易获得，因此比较适合用重置核算法来计算设施资产的重置成本费用。通常建设项目工程造价一般由如图9-4所示几个部分构成。

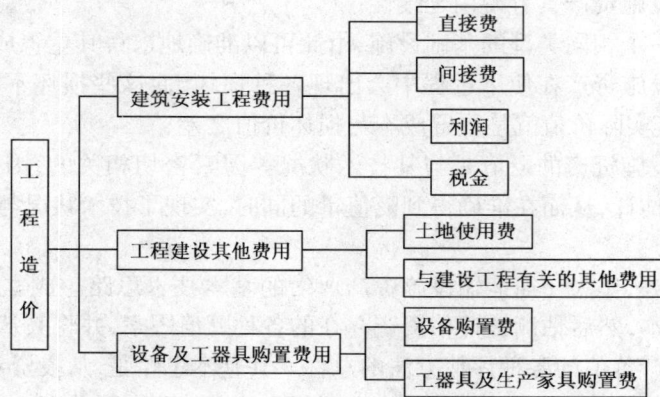

图9-4　建设项目工程造价的构成

但是，基础设施的重置成本费用并非完全等同于一般意义上的建设项目工程造价。在交通运输设施管理中，由于管理关注的要点主要是设施的实体价值，因此在计算重置成本时，只考虑了基础设施的建筑安装工程费用，而对于土地征用和拆迁等其他与工程有关的费用是不予考虑了的，因为其价格影响因素与设施自身的物理特性无关。其次，不能简单地按投资、建设单位的实际支出费用计算，而应根据基础设施建设的设计施工图纸、按基础设施预决算中的费用项目和定额标准，用科学合理的市场公允价格来表示基础设施资产的重置成本。

2.交通运输设施资产的贬值

贬值的计算涉及三个基本要素，即资产的实体性贬值、资产的功能性贬值和资产的经济性贬值。

（1）实体性贬值

资产的实体性贬值是指资产由于使用及自然力的作用导致资产的物理性能损耗或下降而引起的资产价值损失。对于交通运输设施来说，是在荷载和环境的共同作用下，设施产生实体损坏，从而使其价值减少，如图9-5所示。资产的实体性贬值通常采用相对数计量，即实体性贬值率。资产实体性贬值的估算方法主要有观察法、使用年限法、修复费用估算法。

观察法,也称成新率法,主要用于对简单的单项资产或各部分成本比重差不多的资产,通过现场勘查对资产各结构、部位的损坏百分比确定其实体性贬值率。使用年限法是利用资产已使用年限与总使年限的比值来判断其实体性贬值率（程度）。修复费用估算法适用于某些特定结构部件发生损坏,但能够以经济上可行的方式进行修复的情况。这种为修复有形贬值而发生的费用即为实体性贬值。利用修复费用估算法计算资产贬值的前提条件是修复费用能够统一确定。如果采用使用年限法对设施实体贬值进行计算,公式如下:

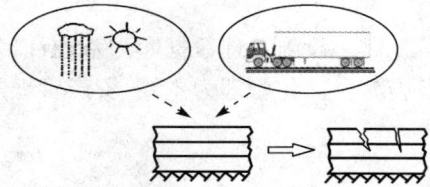

图9-5 路面实体损坏示意图

$$D_b = RV \cdot \frac{Y_p}{Y_d} \qquad (9-2)$$

式中:Y_p——设施的已损耗寿命;

Y_d——设施的设计寿命。

（2）功能性贬值

资产的功能性贬值一般是指由于规模、方式或其他因素所引起的资产功能的不足。通常采用"未来剩余年限内各年超额运营成本折现求和"的方法来确定。计算公式如下:

$$D_p = \sum_{i=1}^{n} \frac{C_i}{(1+r)^i} \qquad (9-3)$$

式中:C_i——第i年的超额运营成本;

r——折现率;

n——设施的剩余使用寿命,年。

由式(9-3)可以看出,功能性贬值计算的关键在于确定资产的超额运营成本。对交通运输设施而言,其超额运营成本并非指其运营管理上所耗费的成本,而是指由于性能衰退所造成的用户费用的累计增加值。

（3）经济性贬值

经济性贬值一般是由外部因素（如经济和科学技术发展水平）引起的。然而,从某一个时间段来看,交通运输设施所处的经济、技术环境都一样,并且在资产管理系统中进行资源优化分析时,针对的是所有的交通运输设施。尽管某个具体的设施存在经济性贬值,但并不会影响所有交通运输设施资产评估的结果。因此,经济性贬值可忽略。

综上所述,式(9-3)可以改写为:

$$VAL = RV - \left(RV \cdot \frac{Y_p}{Y_d}\right) - \sum_{i=1}^{n} \frac{C_i}{(1+r)^i} \qquad (9-4)$$

式中的主要参数,如Y_p、Y_d、C_i都是设施使用性能PPI的函数,因此设施资产价值也可以表示为$VAL = f(PPI)$,由此即实现了将设施的技术指标转化为经济指标的目的。

三、多设施综合优化管理

通过上述资产评估方法将各类交通运输设施的"性能"转化为统一的"价值"后,再利用最优化方法建立相应的优化模型。通过优化分析,即可实现多种交通运输设施的综合优化管理。

第四节　资产管理技术框架

以多设施管理数据库为基础,以各类设施管理技术理论为依托,以设施资产价值评估和多设施综合优化管理为主线,资产管理的总体技术框架可分为以下几个部分,如图9-6所示。

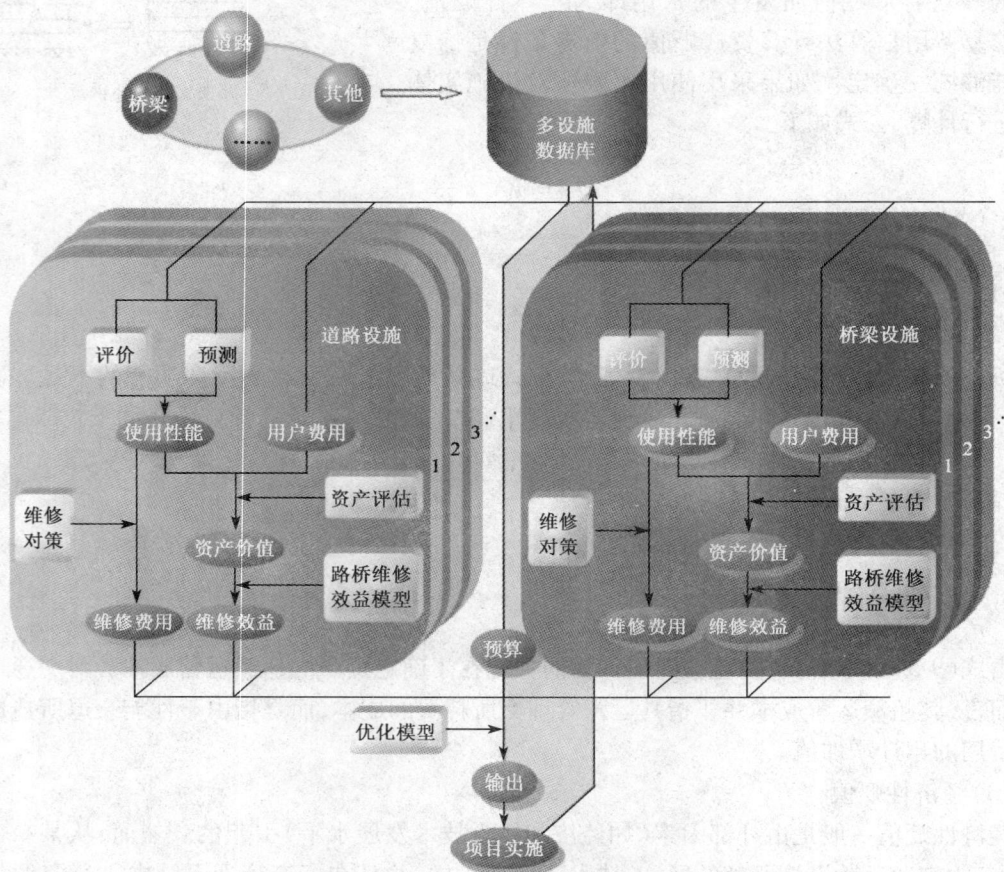

图9-6　多设施优化管理技术框架图

一、数据输入

数据是管理的基础,也是系统的生命。详尽、准确、有效是对数据的基本要求。由于与单设施管理一脉相承,资产管理中的部分数据需求与单设施管理中的相一致。例如,美国联邦公路局的资产管理数据库就仍沿用了数种单设施管理系统的数据库,并对其进行整合。这部分数据中既有各种设施的基本静态信息和动态信息,也有与设施性能相关的模型参数。许多单设施管理中固有的成熟的数据采集方式和数据格式都被资产管理所继承。

但是,资产管理毕竟已不再停留于单设施的层面,单纯地对不同种类设施的数据库进行整合,难以满足多设施管理需要。为了适应管理中的大量综合分析、协调平衡的工作,数据库的数据结构不仅要与多设施综合管理流程相一致,更重要的是要增加大量额外用于分析的数据。根据本文前面的分析,此分析数据大致包括以下几类:一类是资产评估过程时所需的大量经济技术参数,如与用户费用计算有关的燃油价格、材料价格等;另一类则是用于表达设施依赖关系的数据,如设施在空间上的相对位置关系等 GIS 类空间数据。这两类数据都是单设施管理所不需要的,但对多设施管理却是至关重要的。因此,对这些数据的采集方法和数据格式都必须进行严格定义。另外,还有一些影响管理的重要因素,如管理目标、管理政策、资金预算水平、规划期长以及最低可接受水平等。虽然这些因素与技术本身无关,却是管理过程中非常重要的约束条件。对于这部分数据,也必须给予充分的关注。

最终,凡是管理中所需的各类数据都按一定的规则存储在核心数据库中,通过在它们之间建立复杂的关系,将这个庞大的数据集合有机地关联起来,为管理服务。可以想象的是,资产管理数据库的复杂程度是单设施管理数据库无法比拟的。

二、优化管理

多设施综合优化管理是整个交通运输设施资产管理工作的核心和主体,是以核心数据库为基础,借助数学、经济以及计算机手段,实现对多种交通设施进行评价、对策、费用、预测、综合优化、综合协调等一系列的数据处理和分析过程。其中最重要的关键技术理论包括设施使用性能状况评价和预测、资产价值评估以及多设施综合优化方法等。

对设施使用性能状况的分析是设施管理的根基,具有极其重要的作用,资产管理也不例外。其不同之处在于涵盖面非常广,资产类型涉及路面、桥梁等多种设施。因此,对资产管理而言,仅仅着重于其中某类设施的使用性能评价和预测研究是不够的,其他种类设施使用性能相关研究发展的落后都将在某种程度上形成对资产管理系统整体的制约。为此,应对每一种设施的性能都进行深入细致的研究。

资产价值评估是建立在对相关设施技术理论的准确把握之上,借助经济学的方法,发掘不同类型设施间的共性,将设施的技术指标转化为经济指标。这是实现多设施管理的关键。在资产价值评估过程中需要根据实际管理需求,确定合适的评估思路。同时,还应对其中的技术经济参数进行分析,确保其取值科学合理。

综合优化是实现管理目标的重要手段,其针对设施现时技术状况和未来使用性能预测水平,给出合理的养护维修对策,实现各种具有竞争性的资产之间进行有限资源的合理配置,以期达到最佳总体使用性能,亦即各类型设施之间的平衡协调。这部分主要是利用现有成熟的优化算法,但是需要依据设施管理的特点,不断提高其运算精度,确保获得交通运输设施全局范围内的最优解。

值得注意的是,对于多设施管理来说,以上的几个环节都是必不可少的,它们紧密联系,共同形成了多管理效益的基础。此外,随着科技的进步和管理流程的复杂化,这一部分的工作对辅助工具的依赖可能会越来越多,人的参与可能会越来越少,但是却必不可少。管理中最终的决策还是需要由管理者来完成。

三、管理输出

将最终的管理决策通过计划、规划、报表或其他成果形式输出,并对该决策项目贯彻执行。由于涉及设施间的平衡与协调,所以输出的内容和形式肯定都不尽相同。例如,对于在大中修建议时,会对设施间的依赖关系进行说明,从而便于项目的具体实施。另外,在项目实施过程中或实施以后,对项目各方面进行跟踪评估,其结果对及时调整决策或将相关资料保存于核心数据库中以及对后续管理技术的改进都会有较大的帮助。

第十章　轨道运输基础设施管理

轨道交通线路在运营期间,受列车的碾压、冲击、振动和雨雪风沙等自然因素的侵袭,会逐渐产生各种耗损以至发生病害,如钢轨磨损,轨、枕腐朽、损坏,道床脏污,路基松软、下沉、翻浆,轨距水平方向发生变化甚至超出容许限度等。因此,应该对线路进行养护维修,尽量减缓设备的耗损,防止或延迟病害的出现,一旦产生病害就采取措施加以整治,以保证轨道运输的安全与畅通。

普通铁路因线路等级、列车速度、道床结构类型有较大差异且客、货运共线运营(轴重和速度差异大),使得其养护维修管理相对复杂。

城市轨道交通运营时段行车密度大,只能在夜间维修,因而多采用少维修的轨道,其维修管理内容与普通铁路中无砟轨道的线路养护维修相近。

高速铁路行车速度高和行车密度大,不能在行车时段维修,必须分区段安排维修"天窗"时段,同时要求快速、高质量地维修,因而主要采用机械化方式养护维修。

轨道交通基础设施包括轨道、路基、桥梁、隧道、供电及通信信号等设施。限于篇幅,下面重点介绍普通铁路线路(轨道及路基)的养护维修管理。

第一节　线路维修管理体制与组织

一、国外铁路维修体制简介

世界各国的铁路维修体制因列车运行模式不同而在管理模式、管理内容、维修方式、维修周期和作业手段等方面有所差别。

世界上铁路列车的运行模式大致可分三类:

①以日本和西欧为代表的快速客运专线;

②以美国、加拿大、澳大利亚为代表的货运重载运输;

③以俄罗斯、中国为代表的客、货共线。

1. 日本新干线修理体制

(1)管理模式

新干线的维修工作均是由非铁道部门的专业承包人以承包方式进行作业,主要分大规模施工和小规模施工两大类。

①大规模施工,主要包括更换道床、钢轨、钢轨伸缩调节器和道岔等作业。

②小规模施工,主要针对线路的整修。整修的内容与时限要求主要依据新干线的"轨道几何不平顺管理目标值"。

(2)维修周期

①更换钢轨。曲线钢轨每1~1.5年更换1次;直线钢轨通过总重为5亿~6亿t或每7~8年更换1次。

②更换道岔及钢轨伸缩调节器。原则上与更换钢轨同步,但由于其结构较为复杂、易于损坏,实际比钢轨的更换周期要短,一般根据其具体状态确定。

③更换道床。道床一般每 11 ~ 12 年更换 1 次。目前主要由道床状态检查结果确定,主要检查道床板结和道砟磨损情况。

④轨道维修。轨道维修根据轨检车每 10d 检测 1 次的具体资料确定工作量。由于新干线为客运专线,轴重轻(原来轴重 15t,现减小到 11t),板式轨道比重大(板式轨道占 53%),故轨道几何尺寸变化较小,相应的轨道养护维修工作量大大减少。

2. 美国重载货运线维修体制

(1)修程按大修、维修设置,不采用定期维修,根据检测状态实施修理,即状态修。

(2)修理方式。线路大修、维修不采用发包形式,直接由工务段专业工队承担,线路的日常养护由工务段工区承担。

(3)线路检测。采用动态检查为主,并辅以人工巡查。轨检车动态检查每年 4 ~ 6 次,徒步巡查每周 2 次,钢轨由探伤车每年检查 1 ~ 2 次。

(4)作业手段。以中小型机械为主,养护维修机械化程度较高,注重实用,但仍有部分手工作业。

(5)管理体制。为力求减少层次,线路较少的铁路公司由总部的工务工程部门直接管理基层单位。

3. 俄罗斯客货混铁路维修体制

(1)俄罗斯线路修程按大修、中修、维修设置,大修、中修、综合维修的周期均按通过总重划定。年通过总重超过 50Mt·km/km 的线路,大修周期为 600 ~ 700Mt·km/km,中修周期 350 ~ 400Mt·km/km,综合维修周期为 125 ~ 200Mt·km/km。

(2)修理方式。由路内的工务段和大修段(机械化段)承担。工务段负责轨道结构和轨面几何状态的日常养护,大修段(机械化段)承担线路的大修、中修、综合维修。

(3)线路检测。以每月工区静态检查和轨检车动态检查相结合的方式进行。钢轨探伤以小型超声波探伤仪人工检查为主,并辅以探伤车检查。

(4)作业手段。线路大修、中修、维修均采用大型高效率养路机械开"天窗"进行,工区的日常养护采用小型养路机械。

(5)管理体制。管理组织结构纵向分为部、路局、分局、基层单位(工务段等)4 级。

二、我国铁路养护维修体制

目前,我国铁路绝大部分为客、货混运铁路,维修体制主要参考俄罗斯的模式。但是,随着大量高速铁路的建成运营,我国将逐渐引入日本新干线的维修管理体制。

对我国普通铁路,为控制线路的技术状态,对线路设备的修理划分为线路大修、线路中修和线路维修,并以周期修的方式进行。《铁路线路修理规则》第 6.1.1 条对周期做了以下规定(表 10-1)。

1. 线路大修

当钢轨运营累计通过总重达到铁道部 2006 年发布的《铁路线路修理规则》规定的标准或钢轨疲劳伤损累计数达到 2 根/km 时,必须通过线路大修对钢轨及其他损耗部件进行全面更新和修理,恢复或提高设备强度,增强轨道承载能力。其主要内容是更换钢轨,同时破底清筛道床。

轨 道 条 件			周期(通过总重)(Mt·km/km)		
轨型	轨枕	道床	大修	中修	维修
75kg/m 无缝线路	混凝土枕	碎石	900	400~500	120~180
75kg/m 普通线路	混凝土枕	碎石	700	350~400	60~90
60kg/m 无缝线路	混凝土枕	碎石	700	300~400	100~150
60kg/m 普通线路	混凝土枕或木枕	碎石	600	300~350	50~75
50kg/m 无缝线路	混凝土枕或木枕	碎石	550	300	70~100
50kg/m 普通线路	混凝土枕或木枕	碎石	450	250	40~60
43kg/m 及以下钢轨普通线路	混凝土枕或木枕	碎石	250	160	30

注:1. 当速度大于 120km/h、轴质量大于 23t、牵引定数大于 5 000t 时,铁路线路大、中修周期可适当缩短。

2. 铺设全长淬火轨地段,线路大修周期可适当延长。

3. 采用一级道砟的线路,其综合维修周期可适当延长。

2. 线路中修

当累计通过总重达到《铁路线路修理规则》规定的标准或道床脏污率达到 30%,枕下道床板结深度达到 250mm,并出现成段翻浆冒泥时,应实施线路中修。中修应解决道床脏污、板结,全面恢复道床弹性。

3. 线路维修

线路维修分为综合维修、经常保养和临时补修。

当道床脏污率达到 20%,道床开始板结。枕下板结深度接近 70mm 并出现零星翻浆冒泥或前一次综合维修起道量全部下沉完毕、轨道几何状态成段严重不良,养护已不能维持轨面状态时,应进行线路综合维修。其目的是全面改善轨道弹性,调整轨道几何状态尺寸和更换、调修失效零部件。

自 1997 年至今,我国铁路已实施了 6 次大提速,列车提速至 200km/h 后,线路的质量标准有了较大幅度的提高。人工作业采用的电动捣固棒的作业精度不能达到 200km/h 质量要求,也不能利用列车间隔进行作业。200km/h 线路质量的提高与保持必须依靠大型机械,日常的紧急补修采用高效的小型养路机械作业,作业时间应在"天窗"内进行。

我国铁路线路维修的指导思想体现在以下几条:

(1)线路维修工作的基本任务是经常保持线路设备完整和质量均衡,使列车能以规定的速度安全、平稳和不间断地运行,并尽量延长设备使用寿命。

(2)线路维修工作应贯彻"预防为主、防治结合、修养并重"的原则,按线路设备技术状态的变化规律和程度,相应地进行综合维修、经常保养和临时补修制度,有效地预防和整治线路病害,有计划地补偿线路设备损耗,以取得较好的技术经济效益。

(3)线路维修工作,应实现科学管理,开展标准化作业,提高机械化程度,改善检测手段,建立和健全责任制,严格执行检查验收制度;应积极采用新技术,改进作业方法和劳动组织,推广先进经验,不断提高工作水平。

三、管理组织

线路养护维修工作有一套完整的管理系统,由工务局、工务处、工务段等各级专职机构负责。

(1)铁道部设工务局,主管全国铁路养护维修工作,制定工务系统技术政策,颁布有关工务工作的规章、标准、制度等。

(2)各铁路局设工务处,主管局管内的线路养护维修工作。工务处管辖局管内各工务段及线路大修队。线路大修队负责线路大、中修工作。

(3)工务段下设若干(养路)领工区,领工区下设若干(养路)工区。在工务段领导下,养路领工区负责线路日常维修工作的组织工作,养路工区负责具体实施。工务段管辖的范围(营业长度),单线以 300~400km 为宜,双线和山区铁路以 250km 左右为宜。

工务段下设的线路维修组织有:养路领工区、养路工区和机械化工队;根据需要可设道口领工区或道口工区(或由养路领工区领导的道口工区),探伤领工区或探伤工区,路基领工区或路基工区;专业性较强且工作量较大的工作,可设工务段领导的专业工队。

(4)线路维修组织分为修养分开与修养合一两种形式。

①修养分开组织形式。机械化线路维修段负责综合维修的大型机械作业,工务段配合施工,并负责其他作业项目,以及经常保养和临时补修。

工务段直接领导的机械化维修队负责综合维修,养路领工区负责经常保养和临时补修。

养路领工区下设 1 个机械化工队和 6~8 个保养工区,机械化工队负责综合维修,保养工区负责经常保养和临时补修。

②修养合一组织形式。养路领工区领导的 3~4 个机械化工队或 6~8 个保养工区负责全面线路维修工作;有大站时,可设站线养路工区、道岔工区。

机械化养路工区管辖的营业长度,一般单线铁路应不大于 20km,双线应不大于 15km。站线工区的管辖线路延长以 15~20km 为宜。养路工区管辖的营业线路长度一般不大于 10km。

(5)路基维修工作的管理组织。设有路基工区的区段,养路工区负责修理土质路肩,清除路肩大草,疏通侧沟;路基工区负责路基维修工作。路基领工区管辖若干路基工区,路基工区一般管辖 12~20km。领工区设领工员 1 人、计工员 1 人,技术人员 1 人。每个路基工区设工长 1 人、路基工 15~25 人,根据需要设若干巡山巡河组(每组 2 人)、塌方落石看守组(每组 3~5 人)。

未设路基工区的区段,路基维修工作由养路工区负责,并根据路基设备配置相应定员,按《铁路路基大修维修规则》的规定,进行路基检查、维修、评定和巡守工作。

四、维修工作计划

我国铁路绝大部分为客货混运的线路,铁道部颁布的《铁路线路修理规则》及《铁路线路设备大修规则》是这些铁路养护维修管理的依据,其中详细规定了铁路线路的检查、养护、维修的各项工作制度、工作内容及其评价标准。

(1)工务段根据铁路局下达的年度计划,编制年度分季维修计划,下达至各养路领工区和机械化维修队。主要内容包括线路、道岔综合维修工作的数量,经常保养的工作重点安排,各项技术指标,劳力和主要材料计划。

线路设备状态和线路保养质量的主要技术指标有线路设备状态评定合格率、线路保养质量评定合格率、道岔保养质量评定合格率、轨道检查车检测质量合格率。

（2）养路领工区和机械化维修队，根据工务段下达的年度分季维修计划和各项技术指标，共同编制维修队的年度分月维修计划。养路领工区会同养路工区和机械化工队，编制工区和工队的年度分月维修计划。

（3）养路工区每月作业计划，由养路工长负责调查与编制。主要内容有综合维修的工作量、经常保养的工作量、临时补修的工作量、巡守人员的工作量。养路工区的日作业计划由养路工长或班长负责调查与编制。

（4）在线路维修计划中，应根据线路设备条件和实际状态，结合季节特点，合理安排综合维修、经常保养和重点工作。

除了日常维修之外，铁路线路在一定时期后需要进行中修和大修。大、中修周期与线路累计通过总重有密切关系。按照各区段的通过总质量和轨道条件，根据《铁路线路设备大修规则》及《铁路线路维修规则》的规定，计算各种修程的数量。

第二节　线路维修管理

在我国现行的铁路管理体制下，养护维修工作分为日常维修、中修和大修三种，各负其责，互为补充。提高线路日常维修质量，能增加轨道各部件的使用寿命，延长大中修周期和减少大中修工作量；而适时且高质量的大、中修，则可以在一定程度上提高线路设施质量，减少线路维修工作量。

线路日常维修通常称为线路维修，是在大、中修间或两次中修之间进行消灭一般线路病害维修或计划预防性工作的作业，其对象是全部线路。线路维修的基本任务是经常保持线路状态均衡完好，使列车能以规定的速度安全、平稳和不间断地运行，并尽量延长设备使用寿命。维修工作包括经常保养、临时补修、综合维修、季节性维修等内容。

一、经常保养

经常保养是根据线路变化情况，在全年度和线路全长范围内，有计划、有重点地养护，以保持线路质量经常处于均衡状态。

经常保养的工作内容如下：

（1）根据轨道几何尺寸状态，有计划、成段地整修线路；

（2）处理道床翻浆冒泥，均匀道砟和整理道床；

（3）更换和修理轨枕；

（4）调整轨缝，锁定线路；

（5）更换钢轨、辙叉、护轨、尖轨和基本轨，整治线路上钢轨病害；

（6）成段进行接头螺栓或扣件涂油；

（7）无缝线路应力放散和断缝焊复；

（8）整修防砂、防雪设备和整治冻害；

（9）整修道口及其排水设备，清理侧沟和清除杂草；

（10）短于综合维修周期的单项工作和其他工作。

二、临时补修

线路临时补修主要是及时整修超过经常保养容许误差限度的轨道几何尺寸及其他不良处所,以保证行车平稳和安全。

临时维修的工作内容如下:

(1)整修超过经常保养容许误差限度的轨道几何尺寸;

(2)更换重伤的钢轨、夹板、辙叉、尖轨和基本轨,更换折断的接头螺栓、辙叉螺栓和护轨螺栓;

(3)调整严重不良轨缝;

(4)无缝线路地段断缝、重伤钢轨和重伤焊缝的处理;

(5)疏通严重淤塞的侧沟,处理严重冲刷的路肩和道床;

(6)整修严重不良的道口设备;

(7)垫入和撤除冻害垫板;

(8)其他需由临时补修处理的工作。

三、综合维修

综合维修是按周期有计划地对线路进行综合性修理。通过综合维修,改善轨道弹性,调整轨道几何形位,整修和更换设备零部件,以恢复线路完好状态或全面加强线路。综合维修原则上每年1次,较合理的维修周期需由通过总重确定,见表10-1。

综合维修的工作内容如下:

(1)根据线路状态,适当起道;木枕地段,全面捣固;混凝土枕地段,撤除调高垫板,全面捣固或重点捣固;混凝土宽枕地段,垫渣与垫板相结合。

(2)改道、拨道,调整道岔各部尺寸,用绳正法全面拨正曲线。

(3)清筛严重不洁道床和边坡土垄,处理道床翻浆冒泥,补充道砟和整理道床。

(4)更换、方正和修理轨枕。

(5)调整轨缝,整修、更换和补充防爬设备,整治线路爬行,锁定线路。

(6)矫直钢轨硬弯,整治钢轨及其接头病害,整修尖轨、辙叉和护轨。

(7)整修、更换和补充连接零件,并有计划地涂油。

(8)整修路肩,清理侧沟,清除杂草。

(9)整修道口,修理和补充标志,收集旧料。

(10)其他预防和整治病害工作。

四、季节性作业

在线路维修作业中,应针对地区特点,加强季节性工作。

(1)春融时期,应加强线路和山体检查,及时更换和撤除冻害垫板并重点捣固补修,调整轨缝和螺栓涂油,疏通排水设备,整治路基翻浆冒泥处所,消灭失效枕木群,回收路基边坡散存的道砟,巩固线路质量,防止春融乱道。

(2)防洪时期要从思想上、组织上、物资上全面落实防洪工作。

(3)天气炎热时期,应注意调整轨缝,防止跑道。

(4)入冬前,应做好防寒的组织领导工作,对线路养护人员进行过冬抗寒的各项准备工作。全面整修线路和拨正曲线;加强线路排水工作。有地下排水设备的,必要时应进行防寒。对过冬用的材料、工具、信号等应及时补充、更换和修理。在冬季应着重整治线路冻害,检查、更换和倒换伤损钢轨及道岔连接零件,除冰雪及预卸石渣等工作,保持线路状态良好。

(5)在风沙地区应在风沙季节加强线路检查,及时清除线路上的积沙,必要时应设置防沙设备。

第三节　路基维修管理

在平原、丘陵地区,路基的经常维修工作量不大,一般不单独设立路基领工区及路基工区,即使发生了路基病害也由工务段单列计划或结合线路大、中修计划进行整治。在山区,路基的经常维修工作量较大,需要设立专门的路基领工区和路基工区进行维修管理。下面介绍路基养护维修管理的主要内容。

一、业务范围

1. 工务段路基室的主要业务

(1)准确掌握管内路基设备及其病害状况,编制路基大修计划,及时总结报告各项任务完成情况。

(2)经常深入现场,指导路基领工区、工区的工作,保证质量良好地完成各项任务。

(3)定期组织并参加路基设备大检查。若发现危及行车安全的路基病害处所,应组织劳力立即消除,确保路基及设备经常处于良好状态。

(4)编制、修改路基变形登记簿、路基设备台账等,并按规定数量和期限上报路局审查。

(5)组织各工区开展技术培训、安全教育等活动,提高业务水平、工作效率和工作质量。

(6)制订巡守处所的巡回图。

(7)制订重点病害处所的观测计划,指导路基观测组工作。

(8)参加维修质量验收工作。

2. 路基领工员的主要业务

(1)在工务段路基室的指导下,按计划完成各项生产指标和技术指标,按时下达工区月计划,及时上报月、季总结报告。

(2)指导各工区的施工,并亲自参加技术较复杂的工程项目的施工及扫山工作。

(3)严格执行检查制度,全面掌握管内路基设备状态和病害情况,随时消除管内路基不良处所,将检查结果记入记录簿内,并及时上报工务段。

(4)参加工务段组织的设备大检查及工区维修质量的复验工作。根据检查中发现的问题及上级领导提出的改进意见、措施,认真贯彻和督促工区执行。

(5)认真贯彻并教育职工执行路基维修及有关规章和指标。

(6)经常参加工区生产劳动,了解工区全面情况,调查研究,不断改进施工操作方法和维修质量,总结推广先进经验。

(7)经常检查、督促巡山看守工作。

(8)领工区应备有路基设备、病害详图和资料,准确填写路基变形登记簿。

3. 路基工长的主要业务

(1)负责工区的全面工作,良好地完成各项生产任务和指标。

（2）准确安排日计划，合理组织劳力，组织并参加施工，检查当日维修施工质量。

（3）经常检查管内路基设备及病害，将检查情况记入检查记录簿内，并随时组织劳力消除和监视危及行车安全的路基不良处所，及时将检查情况报告领工区、工务段。针对具体情况，编制扫山保养计划。

（4）直接组织扫山工作，及时消除危石、活石、危树等对行车安全的威胁。

（5）参加工务段组织的大检查、月末质量验收。

（6）统计、分析当月养护维修任务完成情况（工作量、指标、工料定额、劳力安排、出工、出勤），按时上报月度计划。

（7）领导巡山巡河工、看守工，编制小修补计划，执行巡守工作制度。

二、检查和验收制度

1. 检查制度

为了准确掌握各种路基设备状态，摸清路基病害发生的原因和发展规律，采取预防与整治的合理措施，不断提高路基设备质量，需要对路基设备进行认真检查。检查工作包括定期检查、经常检查、固定看守和专业检查等。

定期检查是按照路局规定的日期和办法，组织有关工程技术人员、领工员、工长、巡山巡河工等，对路基设备和病害进行定期全面大检查。这项工作通常在每年 9 月底以前进行，故又称秋季设备大检查。

路基经常检查由路基领工员、工长、巡山巡河工负责办理。工务段长或副段长对严重病害地区进行重点检查，每季度一次。路基领工员对路基设备、病害每季度应全面检查一次，重点病害不少于两次。路基工长对路基设备、病害每月应全面检查一次，重点病害不少于两次。雨季应增加检查次数，严密监视路基病害的发展。

对于经常发生坍方落石及危及行车安全的地段，应设立长期看守或雨季临时看守小组，严密监视该地段病害情况，按工务段规定的巡回图进行检查。

对于较大路基病害，如滑坡、山体裂缝、路基严重下沉地段，除工长、巡守人员进行简易观测检查外，工务段路基观测组还应进行专门观测，以摸清路基变形的规律。

2. 验收制度

路基设备计划维修和零小病害整治工程完成后，应组织验收。验收通常分级进行，先进行工长主持的初验，然后进行领工员主持的复验，最后是工务段领导（段长、副段长或其委派人员）主持的终验。

三、工作内容

1. 路基排水、防护及加固设备的养护

（1）路基排水设备的养护

水为路基的大敌，是造成路基病害的最主要的原因。凡是路基沉陷、翻浆冒泥、冻胀凸起、崩塌、滑坡、错落等变形，均与地表水和地下水的活动有关。为了减少其对路基的危害，必须首先做好路基排水工作，保证路基坚固和稳定。路基排水一般分排除地表水和排除地下水两大类。

地表排水设备主要包括路堤排水沟、侧沟、天沟、吊沟等。养护过程中应保持这些排水设备的通畅。

地下排水设备有水沟、水槽、渗沟、暗沟、泄水隧洞、水平钻孔、渗水井和抽水井等。应建立定期检查和维修制度,特别是在每年雨季前后必须认真全面地检查一次,彻底清理渗沟、暗沟、泄水隧洞和检查井中的淤积。

(2)路基防护设备的养护

路基防护设备按其使用的性质不同,可分为路基边坡坡面防护和路基岸坡冲刷防护两大类型。

路基坡面防护可以采用铺种草皮、抹面、捶面、喷浆、灌浆勾缝、护坡、护墙、挡石墙、落石沟、钢轨栅栏、修建明洞等措施,有效地防止边坡风化剥落、冲蚀、冲刷及坍方落石等。

河岸岸坡冲刷防护通常采用的有种草、铺砌草皮、营造防水林、设置调节河流建筑物、笼石护坡、抛填片石、柳桩柳条编栅、挡墙护坡、混凝土块沉排等。在河流岸坡或水库库岸,最常用的防护措施是植树,使成防护林,以消除水浪对岸坡的冲刷。在种植树木时,须选用各种优良的树种,这树种能经受长期水淹,易于成活,并且有发达的根系,枝梢茂盛。在各种树木中,以柳树为最好,其他可用的树种有黄槐、垂柳、杨梅、野蔷薇、山楂子等。在调节河流建筑物中,常用的为丁坝、顺坝等导流建筑物。路基岸坡冲刷防护(如导流建筑物、柴排、石笼,混凝土块沉排等)如有破损裂缝或局部坍落、冲毁,则在水流的冲击之下将迅速扩大而破坏。所以,河岸冲刷防护建筑物均应在洪水时期加强观察,在必要时立即进行抢救修补或加固;水位下降之后,对河岸防护建筑物状态进行检查。如在水下的坝,则可用测试的方法加以检查,以免坝身失效后使岸坡失去保护。

(3)路基加固设备的养护

在铁路路基工程中,常借用人工支挡建筑物来加固路基。路基加固设备,通常包括挡土墙、扶壁和副堤。

路基加固建筑物的经常性维修和保养工作,是由路基领工员、工长同巡山工、巡河工对这些建筑物的检查,作出维修和保养计划,由路基工区具体负责养护。

在检查管辖内路基防护、加固建筑物时,要注意以下几点:

①圬工建筑物是否完整无损及山洪暴雨冲刷情况;

②圬工建筑物后面的缓冲填土是否完整及坍落物的堆积情况;

③排水建筑物的状态和路基边坡植被情况。

路基加固建筑物的设备完好状态和效用大小在很多方面取决于路基经常养护维修的质量高低。所以,对路基加固建筑物损坏的各种部分需及时进行整修。

防护加固建筑物的排水窗、泄水孔淤积,长杂草影响排水的,需要及时由巡山工进行清理疏通。圬工灰缝脱落,坡面开裂、变形,要查明原因,及时进行修补或加固处理。

高大的路基防护加固设备,如高护坡、高护墙、大挡墙,在施工时应设置安全检查设施,如检查梯、拴系安全绳用的固定安全桩,为经常检查设备状态提供条件。原有建筑物缺乏安全检查设备的,可以在路基养护维修中予以增设。锈蚀的检查登梯、安全栏杆,需及时除锈刷新。

2.路基边坡的养护

(1)土质路基边坡的养护

路基边坡修筑以后,受地质条件、水文、气候等自然因素和其他人为因素的影响,形成各种类型的边坡病害,如崩塌、落石、边坡溜坍等,直接威胁铁路运输的安全。因此,在养护维修中,应根据不同的地形、地质、水文条件,采用排水或封闭的方法。对于边坡过陡或剥落而引起边坡不稳定可能招致的坍塌现象,则采取相应的清刷方法,以达到稳定边坡的目的。

（2）岩质路基边坡的养护

岩质路基边坡，因地质构造、水文气象条件和生物活动的影响，破坏了原有结构，造成崩塌、落石、风化剥落、错落、滑坡等病害，威胁行车安全。对于岩质路基边坡的治理，有清放、稳定、封闭、拦挡等方法。

清放是处理坡面及堑顶孤石、危石的有效措施之一。在崩坍落石地段，堑顶坡面岩石由于地壳的变化或风化作用形成危石，孤石迭迭，互相挤压，头大根小，摇摇欲坠；或由于开挖路堑时形成边坡探头。为了消除后患，可采取清刷、小型爆破，铁楔开石的方法处理。

在许多情况下，采用清刷方法往往使病害不但得不到整治，相反容易使病害扩大恶化，因此在岩质坡面养护工作中，应尽量考虑"少刷多补"的原则，根据具体条件采用"就地稳定、保持平衡"的方法。具体方法有：浆砌片石（或混凝土）支撑、嵌补、护墙；钢钎、钢筋混凝土桩插别、串联；坑埋孤石以及捆绑和扒钉等。

在堑顶上存有大量危石，特别是风化破碎很严重的山坡上，因范围大，不易彻底处理，零星坍方落石很难避免。为防止落石危及行车和人身安全，可以在山坡坡脚或自然沟咀处，增设钢轨木栅栏，浆砌片石拦石墙，或在山坡上开挖落石沟，以拦截零星坍方落石。

封闭是加固坡面、防止或减少岩质坡面风化剥落的措施。常用的方法有：灌浆、勾缝、喷浆、抹面（抹灰）、捶面、片石护坡等。

3. 路基基床变形及治理

基床变形大体可分为翻浆冒泥、下沉、陷槽、外挤、臌坍、冻胀和弹性波伏等类型。

线路翻浆冒泥有道床翻浆和基床面翻浆两种情况。道床翻浆是道砟不洁而致，应在线路维修中处理。基床面翻浆主要是基面土质不良受到地下水浸湿软化，在列车动力作用下以泥浆形态向道床或通过道床向外翻浆的现象。

基床个别地点密度不实，在水和列车动力作用下形成道砟陷槽。初期只是每个枕木下道砟压入基床面，叫道砟槽；进而发展为各道砟槽连成一个整体，叫道砟箱（道砟锅）；再进一步变形恶化，则发展成道砟囊。

由于基床强度不足，基床土体会发生剪切变形的现象。根据其发生的部位和变形情况可分为路肩隆起、侧沟外挤和边坡臌坍三种。

冻胀是寒冷地区由于基床土的冻结而发生基床隆起的变形现象。按其冻胀程度可分为表层冻胀和深层冻胀两种。

弹性波状是指软土地区高压缩性的饱和软土上矮路堤在列车通过时发生上下弹性波动的现象。

基床变形病害的主要治理方法有渗沟、暗沟、砂垫床、各种类型的封闭层、换土、切路基、压注水泥浆和化学加固等。

第四节　线路中修

线路中修的目的是消灭上次线路大修以后由于列车通过而积累下来但又不是经常维修所能消除的病害。中修是延长大修周期的重要手段。线路中修的对象是钢轨的类型和状态还能适应运输的需要，但道床、轨枕及其他设备的状态已不能适应运输需要的线路。中修的主要内容是全面清筛和补充道床，解决道床不洁及厚度不足问题，同时更换失效轨枕，整修钢轨，使线路质量基本上恢复到或接近于原来的标准。

中修一般根据轨枕及道床状态而有计划地周期性成段进行。线路中修的周期主要决定于道砟的使用寿命,即道砟的清筛或更换期限。当道砟的脏污程度达到最大容许限度时,就必须进行线路中修。在两次大修之间一般进行2~3次中修。

线路中修工作内容如下:

(1)校正线路纵断面和平面。

(2)清筛道床,补充道砟,改善道床断面;改天然级配卵石道床或砂道床为碎石道床。对基床翻浆冒泥地段进行整治。

(3)抽换轻伤有发展的钢轨及失效连接零件,均匀轨缝,螺栓涂油,整修补充防爬设备,锁定线路。

(4)对无缝线路进行应力放散,按设计锁定轨温锁定线路,记录锁定轨温。

(5)更换失效轨枕及失效扣件,修理伤损轨枕。

(6)整修道岔,抽换失效岔枕。

(7)整修道口。

(8)铲平或填补路肩,整修路基面排水坡,清理侧沟,清除路堑边坡弃土。

(9)补充、修理和刷新工务管理的线路标志、信号标志、钢轨位移观测桩及备用钢轨架。

(10)回收旧料,清理场地,设置常备材料。

由以上整修内容可见,线路中修必须进行设计,按设计施工。根据《铁路线路设备大修规则》的规定,整修的基本技术条件除换轨一项外,其余各项与大修基本一致。

第五节　线路大修

线路大修的目的在于消灭由于列车通过而积累下来的一切永久变形,使大修后的线路质量完全恢复到原有标准或达到更高的标准。大修的对象是设备(主要是钢轨)和线路状态已经不能适应运输需要的线路。

线路大修的主要内容是全面更换钢轨、清筛补充道床、更换失效轨枕等。线路大修一般根据钢轨的磨耗及伤损情况周期性地进行。若原有钢轨类型不能适应运输要求,也可通过线路大修进行改造。线路换轨大修要求成段进行,并按设计施工。大修周期的长短与区间通过总重、轨道结构和维修情况有关。

除上述整体性大修外,也可以进行线路设备的单项大修,如更换道岔、路基大修、铺设无缝线路、小半径曲线地段成段更换磨损轨及混凝土轨枕、道口大修等。这些大修项目可根据需要单独进行。

下面介绍线路大修的主要工作内容。

一、工作分类

铁路线路设施大修分为以下9大类:

(1)线路大修(以km计)。由于原铺钢轨使用过程中疲劳伤损或轨型不适应当前或近期运输发展的要求,必须全面更换新钢轨。大修时,采用普通轨道结构形式的,则列入线路换轨大修;采用无缝线路轨道结构形式的,则分为铺设无缝线路前期工程和铺设无缝线路工程。

(2)线路中修(以km计)。

(3)成段更换再用轨(以km计)。

（4）成组更换新道岔和新岔枕（以组计）。

（5）成段更换新混凝土枕或再用混凝土枕（以根计）。

（6）成段铺设混凝土宽枕（以根计）。

（7）成段更换混凝土枕扣件（以根计）。原有轨枕扣件变形、扣压力不足或需要改变扣件类型时，可列为成段更换混凝土枕扣件件名。

（8）道口大修（以万元/处计）。

（9）其他大修（以万元计）。

由于线路大修而设计其他设备变动时，由铁路局在各有关部门制订大修计划时统一安排。

二、工作内容

1. 线路换轨大修的主要工作内容

（1）校正、改善线路纵断面和平面。

（2）全面更换新钢轨及配件，更换桥上钢轨伸缩调节器及不符合规定的护轨，更换绝缘接头及钢轨接续线。

（3）更换失效轨枕、严重伤损混凝土枕及扣件，补足轨枕配置根数，有条件时应将线路上木枕地段成段更换为混凝土枕（另列件名）。

（4）清筛道床，补充道砟，改善道床断面；改天然级配卵石道床或砂道床为碎石道床。对基床翻浆冒泥地段进行整治。

（5）成组更换新道岔和新岔枕（另列件名）。

（6）安装轨道加强设备。

（7）整修路肩、路基面排水坡，清理侧沟，清除路堑边坡弃土。

（8）整修道口。

（9）抬高因线路大修需要抬高的邻线道岔、桥梁，加高有砟桥的挡砟墙。

（10）补充、修理并刷新由工务管理的各种线路标志、信号标志、钢轨纵向位移观测桩及备用轨架。

（11）回收旧料，清理场地，设置常备材料。

2. 铺设无缝线路前期工程的主要工作内容

（1）校正、改善线路纵断面和平面。

（2）抽换轻伤有发展的钢轨及配件。

（3）均匀轨缝，螺栓涂油，整修、补充防爬防备，锁定线路。

（4）更换失效轨枕、严重伤损混凝土枕及扣件，补足轨枕配置根数，有条件时应将线路上木枕地段成段更换为混凝土枕（另列件名）。

（5）清筛道床，补充道砟，改善道床断面；改天然级配卵石道床或砂道床为碎石道床。对基床翻浆冒泥地段进行整治。

（6）整修道岔。

（7）整修路肩、路基面排水坡，清理侧沟，清除路堑边坡弃土。

（8）整修道口。

（9）抬高因线路大修需要抬高的邻线道岔、桥梁，加高有砟桥的挡砟墙。

（10）补充、修理并刷新由工务管理的各种线路标志、信号标志、钢轨纵向位移观测桩及备用轨架。

（11）回收旧料，清理场地，设置常备材料。

3. 铺设无缝线路工程的主要工作内容

（1）焊接、铺设新钢轨及扣件，更换桥上钢轨伸缩调节器及不符合规定的护轨，焊接、铺设胶接绝缘钢轨和无缝道岔，并按设计锁定轨温锁定线路，埋设钢轨纵向位移观测桩；

（2）整修线路（整调轨距、整正扣件、方正接头轨枕），安装轨道加强设备；

（3）整修道口；

（4）回收旧料，清理场地，设置常备材料。

4. 成段更换再用轨的主要工作内容

（1）更换再用轨及配件，更换不符合规定的护轨，更换绝缘接头及钢轨接续线；

（2）更换失铲轨枕及扣件；

（3）整修线路（整调轨距、整正扣件、方正接头轨枕），安装轨道加强设备；

（4）整修道口；

（5）回收旧料，清理场地，设置常备材料。

5. 成段更换新道岔和新岔枕的主要工作内容

（1）成组更换新道岔和新岔枕；

（2）清筛道床，补充道砟，做好排水工作；

（3）整修道岔及道岔前后影响范围内的线路；

（4）回收旧料，清理场地。

6. 成段更换新混凝土枕或再用混凝土枕的主要工作内容

（1）全面更换混凝土枕及扣件，螺栓涂油，修理伤损螺旋道钉；

（2）清筛道床，补充道砟；

（3）整修线路，安装轨道加强设备；

（4）整修路肩、道口；

（5）回收旧料，清理场地，设置常备材料。

7. 成段铺设混凝土宽枕的主要工作内容

（1）清筛道床，补充道砟，整治基床病害；

（2）校正线路纵断面和平面；

（3）整修路肩、改善排水设施；

（4）全面铺设混凝土宽枕；

（5）用封闭材料填封宽枕之间的缝隙及隧道内宽枕端头与挡砟墙之间的缝隙；

（6）回收旧料，清理场地，设置常备材料。

8. 成段更换混凝土枕扣件的工作内容

全面更换扣件，螺栓涂油，修理伤损螺旋道钉，回收旧料，清理场地。

第六节　养路机械的发展与运用

进入 20 世纪 60 年代，为适应铁路高速、重载以及轨道结构重型化的技术发展，各国铁路竞相采用大型养路机械。截至 20 世纪 80 年代末，发达国家的铁路已基本形成以大型养路机械为主要作业手段的格局。我国铁路发展大型养路机械起步较晚，20 世纪 80 年代初引进了少量机械，于 20 世纪 90 年代方形成规模。近 20 年来，大型养路机械在维护、改善主要干线线路质量、提速扩能、保证行车安全以及促进工务修制改革等方面都取得了显著的效果,大型养路机械已成为我国铁路线路维修工作中不可缺少的重要手段。与此同时,借鉴国外的经验,结合我国铁路的实践,也确立了我国铁路大型养路机械的发展模式,并且形成了具有中国特色的管理体系。目前,发展大型养路机械已列入我国铁路主要技术政策,并且被确定为表征我国铁路技术进步的一项重要标志,我国铁路大型养路机械已进入了持续、规范发展的新阶段。

一、国外养路机械的发展

半个多世纪以来,国外养路机械的发展大致可分为三个阶段。

1. 第一阶段:第二次世界大战结束到 20 世纪 60 年代初

在此阶段中,在各国全力以赴恢复国民经济的进程中,确立了铁路在经济发展中的战略地位,从而对铁路提出了迅速提高运输能力的要求,新建、改建和修复铁路的任务量大增,设计和生产新型、成套、高效的线路机械摆在了铁路部门的面前,线路机械工业在这种形势下开始蓬勃发展。在此阶段,工业发达国家首先发展的是能替代线路作业中主要工序所需劳力的机械设备,如铺轨、道床清筛、铺砟、道床配型、捣固和起拨道等耗费大量人工的项目。

铁路养路机械的迅速发展在各国经济复苏中发挥了重要作用。同时,由于大幅度降低了每千米线路作业的用工量,机械化作业取得了明显的经济效益。

2. 第二阶段:从 20 世纪 60 年代初到 70 年代末

进入 20 世纪 60 年代以后,各国经济全面发展,各种运输方式对铁路的垄断地位提出了新的挑战。

在这种历史条件下,在剧烈的竞争中,20 世纪 60 年代中期,国际上出现了高速铁路、重载铁路和繁忙铁路。客运列车的速度超过了 200km/h;货物列车的轴重增加到 20t 以上;大功率机车提高了单机的牵引力;出现了"万吨列车";旅客列车舒适性的要求(各方向的稳定)、车内外无线通信、通风、空调、隔声的条件提高了,从而提高了铁路的客运竞争力。这样就相应地要求提高线路结构的质量和线路作业的要求,缩短维修周期,加大作业量。这种情况的出现迫使各国铁路和厂商研究线路作业新的组织工艺,改造旧的线路机械,以适应高速、重载和繁忙线路发展的需要。

在此阶段,线路机械发展的特点是:出现了一批成套的大型和小型的机械;大量使用现代化新技术,如计算机技术、自动化控制、激光、红光线、光电液压技术以及新材料;整机结构越来越大,越来越重;机械化程度和效率越来越高;价格越来越昂贵(一台现代化大型养路机械的价格相当于好几台现代化机车);机械的管理也较以前复杂得多,每组机械须配一名工程师,操作工人须受专门的技术培训。各国制造业间竞争更趋激烈,缩短了机械换代的周期。大型机种每 3~5 年就更新一次。捣固车、清筛机、大修列车、轨检车、钢轨打磨车等都是如此。竞争者中有老对手,也出现了新的挑战者,其中最瞩目的是出现了属高技术装备的机械群。

3. 第三阶段:20 世纪 80 年代初以后

从 20 世纪 80 年代初以来,各国运输业间的竞争更为激烈,高速和重载铁路延展长度不断增加,引发了养路机械行业的更加激烈的竞争。在竞争中,养路机械更趋大型化、高效化、智能化。

在线路更新作业中,西方国家继续采用分开式的工艺。在干线上,一般开设 5~10h 以上的"天窗",用大修列车分别回收和铺设钢轨、轨枕(扣件由人工回收和铺设),然后再清筛道床,补充道砟,最后用联合作业机组整形、捣固、起拨道、抄平与稳定道床。这种作业工艺的质量是高的。如"天窗"时间在 8~10h 及以上,撤除"天窗"后,列车可以按原速运行,不需减速。这个时期又出现了新一代大修列车,但结构和作业工艺没有大的变化,名义效率为 500~550m/h。如瑞士马蒂萨公司的 P90LS 型,效率为 530m/h,全长 44.62m,质量为 110t。奥地利普拉塞公司根据各国铁路要求,为意大利、法国和澳大利亚分别生产了 SUM1000I、SVM1000 和 SMD80G 型更新列车。效率则视"天窗"时间而定,平均为 500m/h。20 世纪 80 年代后期,澳大利亚天勃公司采用了马蒂萨公司 P90LS 型设计,生产了 P811S 型大修列车,也参与了这项机械的国际竞争。

纵观半个多世纪以来各国铁路线路作业机械化的发展,经济发达国家的线路作业机械化程度于 20 世纪 90 年代达 90%;线路作业每千米用工量仅为半个世纪前的几十分之一。所有现代化大、中、小型线路机械(包括各种功率在 1 000kW 以上、质量大于 200t、自行速度达 100km/h 的大型机械动力装置以及小型手提式、质量只有几千克的手动机具)大约有 100 多个品种,不少已属高技术机械设备。铁路线路机械的发展基本保证了现代化高速铁路、重载铁路、繁忙铁路的安全运营。线路作业机械化水平已成为衡量各国铁路现代化程度的重要标志之一。

从上述三个阶段线路作业机械化的发展可以看出,各经济发达国家的机械化作业与其国民经济的增长、铁路运输的发展、现代化科学技术的进步有着密切的关系。此外,西方国家劳力缺乏,劳力昂贵,劳力市场价格的增长速度远远超出原材料和设备价格的增长,从而促进了机械化作业的发展。

二、我国铁路养路机械及其运用

随着铁路运输条件的变化、轨道结构的强化、作业手段的进步,我国铁路线路维修工作在经历了解放初期的"事后修",20 世纪 50 年代中期开始的一年一遍综合维修的"计划预防性维修",20 世纪 80 年代开始的按不同轨道结构、以累计通过总重为依据确定线路综合维修周期的三个阶段之后,逐步趋于成熟。在作业手段上从手工作业、小型养路机械发展到大型养路机械开"天窗"进行线路维修,逐步向国际水平靠拢。目前,我国铁路部门实际装备大型养路机械已超过 300 台,组成了线路大修机组 20 多个、维修机组 40 多个。在这些大型机械中,轨道检查车、钢轨探伤车、道岔捣固车、钢轨打磨车、焊轨设备等装备数量也有较大增加,线路维修效率比以前有了大幅度提高。

1. 主要养路机械

目前,我国铁路主要运用的大型养路机械种类有:

(1)轨道检查车。用来采集轨道的方向、水平、高低等平顺性数据,并利用有关计算机软件进行轨道平顺性的评价。

(2)钢轨探伤车。用来检查钢轨损伤的位置、类型及程度。

(3)钢轨打磨车。用来对钢轨表面进行打磨,使产生波形磨耗的钢轨恢复到光滑平顺的状态。

(4)钢轨搬运车和换轨机。钢轨搬运车用来运送钢轨,换轨机可把线路上的旧钢轨拆下来,并更换成新钢轨。

(5)轨枕搬运车和换枕机。轨枕搬运车用来运送轨枕,换轨机用来更换轨枕。

(6)拨道机。用来将线路位置拨正。

(7)道砟清筛机。用来清筛道砟。

（8）道砟整形机。用来铲起道砟、把道砟铺入枕木盒和铺于轨枕端部。

（9）道砟捣固机和夯拍机。道砟捣固机通过振动的方式使新铺设的道砟更加密实。道砟夯拍机通过夯拍的方式使道床更加密实。

（10）动力稳定车。通过强力的振动使道床快速进入密实状态，以满足正常的列车运营对轨道的要求。

（11）道岔搬运车和更换车。道岔搬运车用来运送道岔。道岔更换车可把线路上的旧道岔拆下来并更换成新道岔。

此外，还有一些养路机械，如锯柜机、焊轨机、多头机动螺栓扳手、打道钉机、起道钉机、磨轨机、枕木钻孔机、灌木切割机、除雪机、专用的除草机和喷洒列车等。我国中铁建昆明机械厂是我国唯一的铁路养路机械的生产基地，除少数特大规模的铺轨机械不能生产外，绝大部分大中型养路机械均能生产，并广泛应用于我国铁路维修工程。

在国际上，比较著名的铁路养路机械企业有：奥地利的普拉塞和陶依尔公司、瑞士马蒂萨公司、美国的杰克逊公司及波泰克公司、加拿大的坦普尔公司、德国的罗贝尔公司及温得哈夫公司等。

近年来，我国引进了国外一些大型养路机械，如08-32 捣固车、RM80 清筛车、DGS-62N 动力稳定车及 SSP-103 配砟整形车等。但是，随着我国大型养路机械需求的不断扩大及我国整体工业化水平的提高，我国铁路养路机械的生产水平正在接近国际先进水平，大型养路机械主要依靠国内生产。

2. 线路大修机械化施工案例

利用大型机械进行线路大修作业，可大大提高大修进度及质量。下面简要介绍应用最为广泛的龙门架铺轨排的施工方法。

整个大修作业分为轨排基地、拆铺轨排专用列车、换轨和清筛作业三大部分，分别由三个施工队完成。每个工队根据工作顺序和人员情况进行流水作业。

（1）轨排基地

线路大修机械化施工时，新轨排的组装和旧轨排的拆卸均需在轨排基地进行。图 10-1 为日产 800m 轨排的组装基地。基地设有硫磺砂浆配置车间、木枕修理车间、钢轨及连接零件修理车间等。此外，还备有装卸新旧轨排和轨道材料用的起重吊装设备。

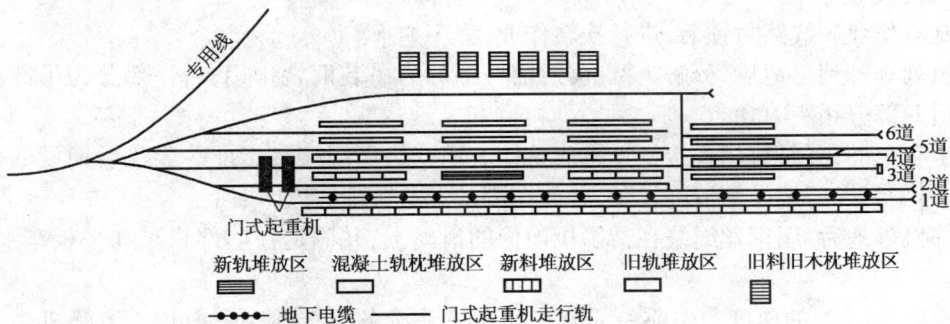

图 10-1　轨排组装基地实例

（2）拆铺轨排专用列车

拆铺轨排专用列车由机车、轨排车和其他一些专用车辆按下列编组顺序及辆数组成（括号内的数据为车辆数）：机车（1）—刮渣车（1）—机车（1）—守车（1）—发电车（1）—龙门架

（2）—旧轨排车（14）—清筛车（2）—短轨车（1）—新轨排车（14）—轨排绞车（1）—发电车（1）—守车（1）—回填石渣车（1）—机车（1）。

拆铺轨排的专用机具为龙门架。龙门架为一钢制吊轨架，装有起重能力为 39.2kN 的绞车，用以提升和降落轨排。从轨顶面算起的起重高度为 3.5m。龙门架上的走行部分装有走行轮，可以在龙门架（图 10-2）卸车后，在轨道外侧临时铺设的轨距为 3 260mm 的钢轨上，借助电动机牵引前进或后退。

龙门架在基地装车时，先将龙门架车（也称连接车）推入龙门架内，用龙门架上的吊钩挂住龙门架车支架上吊梁，通过绞车提升吊钩。由于龙门架较轻，因此很容易被提升而悬挂在龙门架车上。龙门架车上共可悬挂 8 台龙门架，其中 4 台为一组吊运 25m 的旧轨排，另外 4 台为一组吊运 25m 的新轨排。图 10-2 为龙门架在基地装车及在现场卸车时的情况。

轨排车由平车改装而成。每辆平车上有滑行装置，轨排分几层平放在滑轮上，用绞车将一辆平车牵拽到另一辆平车上。清筛道床的机械设备包括分渣器（刮渣车）、清筛机（清筛车）、平渣器（回填石渣车）三部分。分渣器位于清筛机前，将道床顶面洁净道砟推到道床两侧，然后清筛机清筛枕下 250mm 的道床。平渣器则用来回填和整平清筛后的石渣。

列车上有两列电站车，前面一辆装有 120kW 柴油发电机，供吊装旧轨排龙门架和清筛机用电，后一辆装有 75kW 柴油发电机，供吊卸新轨排龙门架用电。

（3）换轨和清筛作业

①准备作业。准备作业包括施工前整理施工地段的龙门架走行线，封锁线路前松开原有线路钢轨接头等工作。

②基本作业。线路封锁后，进行换轨作业，程序如下。

换轨列车开到工地后，分解为两部分：前一部分为吊装旧轨排用；后一部分为吊卸新轨排用。前后两部分相距 100m。

卸下车上的龙门架，用连接杆连接成整体。用一组龙门架吊走前一天最后铺设的一组新轨排，用另一组龙门架吊卸清筛设备，并放在刚吊走新轨排的道床面上。

清筛机落地后，用钢丝绳绕在清筛机前面的滑轮上，并固定在前部机车和平板车上，由机车牵引。

列车以 5km/h 的速度牵引前一部分车辆和清筛设备，边清筛，边前进。清筛机为大揭盖式，由挖掘、输送、清筛三部分结构组成，清筛宽度为 2.5～2.6m，深度为轨枕下 200～250mm。

清筛后，从后一部分车辆吊卸新轨排，上好接头夹板，拨正线路方向。旧轨排则用龙门架吊装空平板车上，每两辆平板车可叠放 6～7 层。如此周而复始地进行换轨。走行轨是龙门架的走行轨道。由于清筛后，走行轨距变化很大，容易造成龙门架掉道，为保证施工安全，须派专人负责走行轨的方向、轨距及高低。

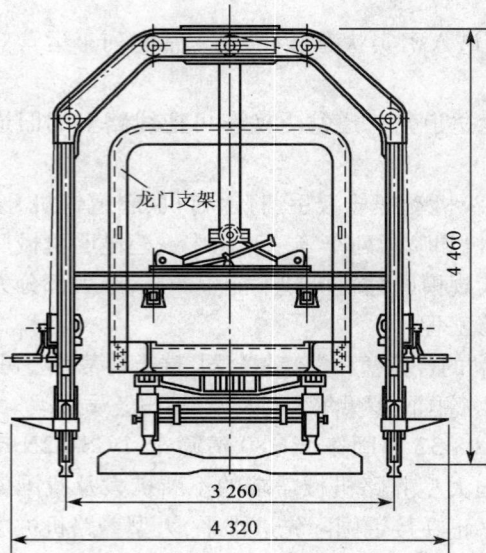

图 10-2　龙门架（尺寸单位：mm）

252

铺完最后一排新轨后,如果新轨排不能与原线路钢轨连接,须用铺轨列车上的短轨。短轨组为长度不同的28根钢轨,可组成458种不同长度的合拢短轨。

合拢后,用龙门架将清筛设备吊上平车,并将走行轨与前一部分车辆连接,拖到次日施工地点。最后,连接前后两部分车辆,列车返回基地。

③整理恢复作业。包括拨道、回填石渣、起道捣固等作业。经过整修,使线路恢复到标准状态,待列车经过一段时间的限速后,恢复到原规定的速度。

第七节　小　　结

本章重点介绍了我国普通铁路养护维修的组织机构、技术类别及工作内容。铁路养护维修的组织有工务局、工务处、工务段、领工区、工区等层次。铁路养护维修的技术类别分为日常维修、中修、大修。鉴于铁路维修机械化是我国铁路养护维修的发展趋势,本章末尾介绍了我国运用大型养路机械进行养护维修的发展概况和案例。

复习思考题

1. 目前我国铁路养护维修的组织机构是怎样设置的? 各级组织的主要职能是什么?
2. 线路维修工作有哪些主要内容?
3. 什么是线路大修? 什么是线路中修? 我国铁路线路大、中修的周期根据哪些条件确定?
4. 试列出我国铁路现阶段主要运用的大型养路机械种类,并说明其主要用途。

第十一章 机场管理

第一节 机场容量和延误

机场容量是指机场在一定时段内处理航空业务量的能力,其最大处理能力即为极限容量(或称理论容量)。当机场需处理的航空业务量接近其极限容量时,将出现排队等待现象,即产生延误。容量与延误的理论关系见图11-1。一般而言,机场航空业务需求量越接近极限容量时,延误时间越长。在机场管理中,常采用延误水平反映服务水平和服务质量,服务水平高,则可接受的延误时间短。美国 FAA 的容许平均延误时间为4min,该延误水平下的实际容量一般为极限容量的80% ~ 90%。

一、跑道容量分析

一般情况下,机场跑道容量决定了机场的容量,跑道容量指一定时间段(通常为 1h 和 1 年)内在跑道上可以起降飞机的架次。在确定起降架次时,如果考虑了可接受的平均延误水平,则称为跑道的实际容量。如果按照飞机连续到达和起飞等理想条件进行计算,则称为跑道的极限容量。影响跑道容量的主要因素包括以下 4个方面。

1. 空中交通管制因素

为了保证交通安全,跑道的使用应遵循以下

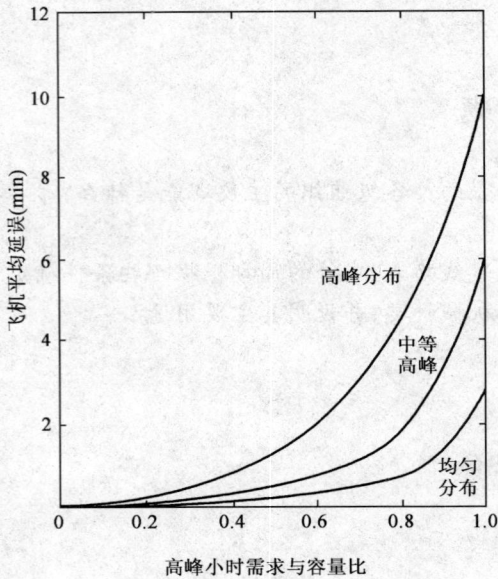

图 11-1 容量和延误的理论关系

交通管制方面的规定:

(1)跑道上不允许同时有两架飞机运行,即着陆飞机必须滑离跑道后,起飞飞机才能放行;后一架飞机必须待前一架飞机完成起飞程序后,方可进入跑道。两者的时间间隔取决于跑道占用时间(一般为1min)。

(2)着陆优先于起飞。当着陆飞机离跑道入口一定距离(约3 704m)以内时,应首先安排着陆;否则,可插入一次起飞。

(3)同一飞行路径的两架飞机之间应有足够的水平距离间隔,以避免飞机飞行时翼尖涡流对后随飞机的影响。

(4)交通管制系统的完善程度(控制精度)和管制员所采取的顺序原则(按速度排序原则或按先到先安排原则)。

2. 机队组成

机队中各种类型飞机组成的比例不同,会影响到其平均水平间隔距离和平均速度,从而影响到跑道的容量。FAA 采用机队指数 MI(%)反映这些特点。

$$MI = C + 3D \tag{11-1}$$

式中:C——最大起飞重力为 55.6 ~ 133.4kN 的飞机的运行次数占总次数的比例;

D——最大起飞重力大于 133.4kN 的飞机的运行次数占总次数的比例。

除了机队组成外,影响容量的飞机组成因素还有在总运行次数中着陆和着陆—离地(飞行训练时采用)各占的比例。

着陆百分率:
$$PA = \frac{A + 0.5TG}{A + DA + TG} \times 100 \tag{11-2}$$

着陆 — 离地百分率:
$$PTG = \frac{TG}{A + DA + TG} \times 100 \tag{11-3}$$

式中:A、DA、TG——相应小时内着陆、起飞和着陆离地的运行次数。

3. 跑道布置和使用方案(跑道构形)

当飞行区包括两条或两条以上的跑道时,跑道构形对跑道容量有很大的影响。同时,仅用于着陆使用的跑道与仅用于供起飞使用的跑道以及飞机混合运行的跑道其容量也具有很大的差别。

4. 环境因素

影响跑道容量的环境因素主要包括能见度、风、跑道表面状况和噪声控制等方面。能见度不同,适用的飞行规则不同(能见度好时采用目视飞行规则,否则采用仪表飞行规则),导致飞机之间的水平间隔距离和跑道的占用时间不同,进而影响跑道的容量。侧风过大,跑道湿滑或积雪,都会增加跑道的占用时间,甚至会引起跑道关闭,减小跑道容量。出于对噪声控制的考虑,限制跑道在一天内某些小时的使用,从而影响跑道的年容量。

跑道容量的计算方法包括经验分析法、计算机仿真分析法、排队论法、解析分析法4 种。

(1)经验分析法

机场跑道容量估计的方法最早从经验计算开始,1976 年美国 FAA 发布了用于确定跑道容量的计算手册,以 4 年的调查结果为基础,包含了 62 张图表。图 11-2 是其中的一张单跑道目视飞行规则(VFR)条件下的小时容量表格。使用 FAA 图表计算跑道容量时,首先将飞机分成 4 个不同的级别:

①级别 A——小型单引擎飞机,总质量为 5 670kg 或更轻;

②级别 B——小型双引擎飞机,总质量为 5 670kg 或更轻;

③级别 C——大型飞机,总质量为 5 670 ~ 136 078kg;

④级别 D——重型飞机,总质量超过 136 078kg。

然后,考虑 6 个方面的影响因素,即:

①机队组成,采用式(11-1)的机队指数 MI 来衡量;

②跑道是否同时服务于起飞和着陆;

③着陆—离地率;

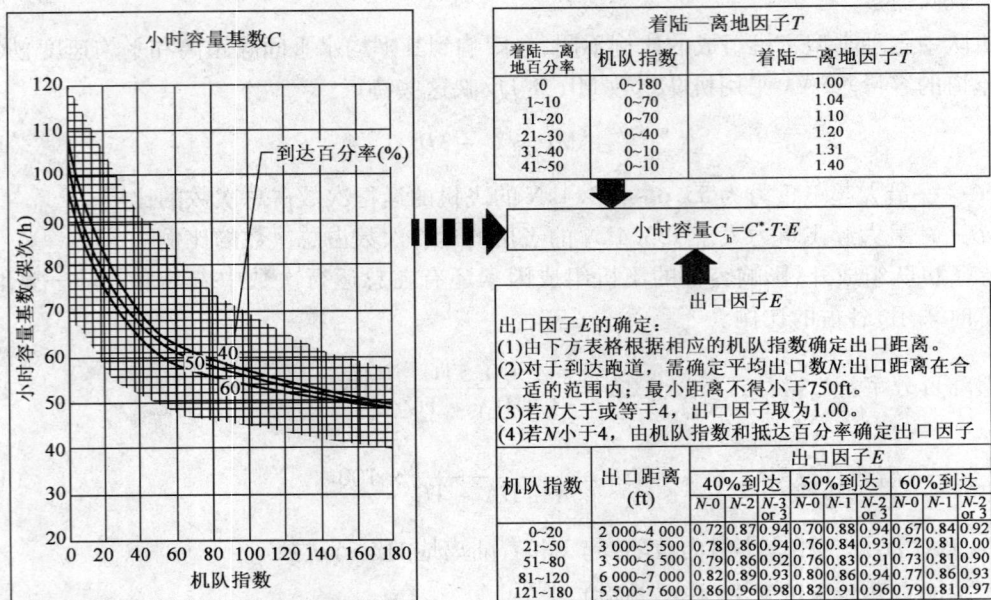

图 11-2　单跑道 VFR 条件下的小时容量

着陆—离地因子T

着陆—离地百分率	机队指数	着陆—离地因子T
0	0~180	1.00
1~10	0~70	1.04
11~20	0~70	1.10
21~30	0~40	1.20
31~40	0~10	1.31
41~50	0~10	1.40

小时容量 $C_h = C \cdot T \cdot E$

出口因子E

出口因子E的确定：
(1)由下方表格根据相应的机队指数确定出口距离。
(2)对于到达跑道，需确定平均出口数N:出口距离在合适的范围内；最小距离不得小于750ft。
(3)若N大于或等于4，出口因子取为1.00。
(4)若N小于4，由机队指数和抵达百分率确定出口因子

机队指数	出口距离(ft)	40到达 N-0	40到达 N-1	40到达 N-2 or 3	50到达 N-0	50到达 N-1	50到达 N-2 or 3	60到达 N-0	60到达 N-1	60到达 N-2 or 3
0~20	2 000~4 000	0.72	0.87	0.94	0.70	0.88	0.94	0.67	0.84	0.92
21~50	3 000~5 500	0.78	0.86	0.94	0.76	0.84	0.93	0.72	0.81	0.00
51~80	3 500~6 500	0.79	0.86	0.92	0.76	0.81	0.91	0.73	0.81	0.90
81~120	6 000~7 000	0.82	0.89	0.93	0.80	0.86	0.94	0.77	0.86	0.93
121~180	5 500~7 600	0.86	0.96	0.98	0.82	0.91	0.96	0.79	0.81	0.97

④不同的出口滑行道；

⑤环境条件(VFR,IFR)；

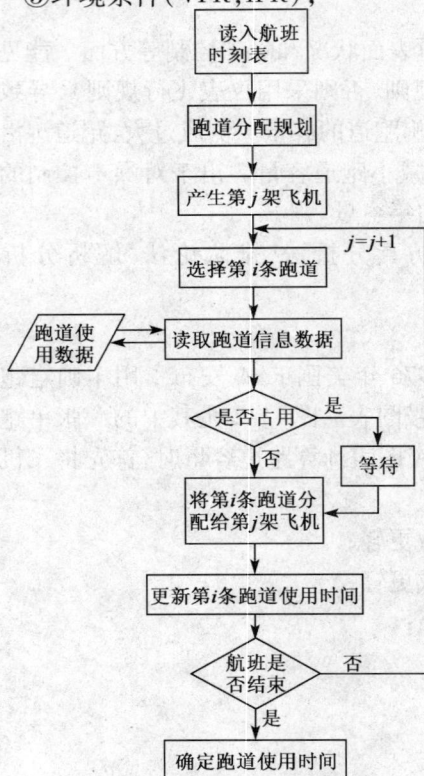

图 11-3　飞机起飞降落时跑道容量仿真模型流程图

⑥跑道构型。

虽然用观测值来预估机场的跑道容量比较符合实际，但是由于各个机场的实际情况存在较大差异，对于一些机场采用经验模型估计跑道容量时可能会出现较大偏差。

（2）计算机仿真分析法

仿真模型常用于整个系统的综合容量评估，针对性强、结果精确，但是建模与使用费用高昂。随着计算机技术的发展与进步，各种计算机仿真模型已被研发和运用，目前使用较普遍的仿真模型主要包括蒙特卡洛仿真模型、离散事件仿真模型、持续仿真模型，比较常用的机场容量仿真软件包括SIM-MOD 和 TAAM。这两个软件属于动态、微观、综合性的机场容量仿真模型软件，可以较好地模拟飞机的飞行情况。

使用仿真软件模拟机场飞行和管制策略比较灵活，但是需要花费相当多的时间和精力建立一个与实际情况较为符合的模型，机场航空业务量一旦改变，模型调整的工作量很大。图 11-3 为飞机起飞降落时跑道容量仿真模型的基本流程图。

（3）排队论法

排队论作为运筹学的一个重要分支,是研究排队现象的一种理论方法。在排队论中,我们把要求服务的对象称作顾客,把从事服务的对象称作服务台,顾客可能到达服务台后立即能够接受服务,也有可能到达服务台后需要等待一段时间才能够接受服务,等待时间即为延误时间。对于机场,可以将到达和起飞的飞机描述为一个排队论问题,飞机是顾客,跑道是服务台,可以把起飞和到达的飞机简化为泊松分布。实际经验表明,飞机到达的规律可以较好地满足泊松分布假设。排队系统的结构如图11-4所示。

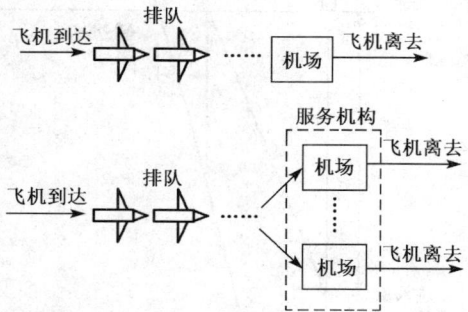

图11-4 用于容量分析的机场排队模型

假定飞机的到达服从泊松分布,并且服务时间相等,Bowen 和 Pearcey 推导出了具有平均着陆延误 W 的计算公式:

$$W = \frac{\rho}{2\mu(1 - \rho)} \tag{11-4}$$

式中:ρ——强度因素,$\rho = \lambda/\mu$,λ 为飞机到达率;
   μ——服务率,$\mu = 1/b$,b 为平均服务时间。

用更一般的形式,上述公式可以改写为 Pollaczek-Khinchin 公式:

$$W = \frac{\rho(1 + C_b^2)}{2\mu(1 - \rho)} \tag{11-5}$$

式中:C_b——服务时间的变异系数,$C_b = \sigma_b/b$,σ_b 为服务时间的标准差。

由上述公式可以计算得到延误 W 时的到达率,进而计算跑道的容量。排队论法考虑了延误时间,但是存在两个问题,即:

①在众多影响跑道容量和延误的因素中仅考虑了很少的一部分;

②模型给出了一个稳定状态的解,但是实际运行往往很难达到这种稳定状态。

（4）解析分析法

1959 年,Blumstein 开发了单跑道着陆模型。1972 年,Harris 研发了各种条件下的分析模型。其中,最简单的模型是着陆间隔模型,它考虑三方面因素的影响:

①一般进近路径的长度;

②飞机速度;

③空中交通管制所需的最小飞机间隔。

这个简单模型假定无误差进近,即管制员在期望的时间点放飞机进入最后进近入口,飞行员能够精确地控制速度和飞机间隔。具体进近模式包括:

①靠近模式,尾随的飞机速度大于或等于前行飞机,见图11-5;

②拉开模式,前行飞机的速度大于尾随飞机的速度,见图11-6。

它们的最小时间间隔则为:

当 $v_2 \geq v_1$ 时,

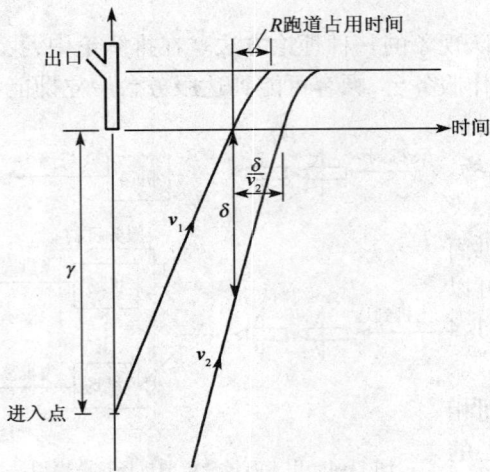

图 11-5　靠近模式的时间间隔

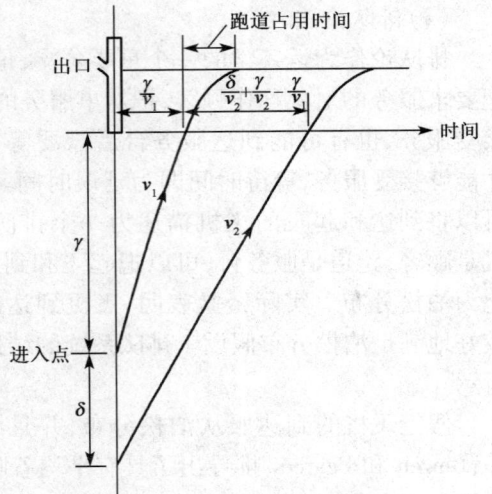

图 11-6　拉开模式的时间间隔

$$m(v_2,v_1) = \frac{\delta}{v_2} \tag{11-6}$$

当 $v_2 < v_1$ 时，

$$m(v_2,v_1) = \frac{\delta}{v_2} + \gamma\left(\frac{1}{v_2} - \frac{1}{v_1}\right) \tag{11-7}$$

式中：v_1、v_2——分别为飞机 1 的速度和飞机 2 的速度；

　　　　γ——一般最后进近路径的长度；

　　　　δ——飞机在空中的最小安全间隔距离；

$m(v_2,v_1)$——无误差进近最小时间间隔，飞机 2 尾随飞机 1。

在计算极限容量时，将飞机划分为 n 个离散的速度组（$v_1,v_2,\cdots,v_n$），组成最小时间的矩阵：

$$\boldsymbol{M} = [m(v_i,v_j)] = \left[\begin{array}{c} \text{最小间隔矩阵} \\ \text{飞机速度为 } i \text{、尾随速度为 } j \text{ 时为 } m_{ij} \end{array}\right] \tag{11-8}$$

每个速度飞机出现的比例可以组成速度比例矩阵 $[P_1,P_2,\cdots,P_n]$，则期望的着陆间隔（加权平均服务时间）可近似地描述为：

$$\overline{m} = \sum_{ij} P_i m_{ij} P_j \tag{11-9}$$

跑道小时极限容量即为加权平均服务时间的倒数：

$$C = \frac{1}{\overline{m}} \tag{11-10}$$

二、跑道延误分析

延误表征了机场的服务水平，是评价机场管理水平高低的重要技术指标。跑道延误的计算方法主要包括经验分析法、解析分析法两种。

258

1. 经验分析法

美国 FAA 根据多年调查结果编制了一整套计算延误的图表,已成为目前延误分析使用最为广泛方法。使用 FAA 图表进行延误分析的步骤如下:

(1)对跑道计算小时需求和容量之间的比率 D/C。

(2)由图表确定飞机到达延误指数 ADI 和出发延误指数 DDI,见图11-7。

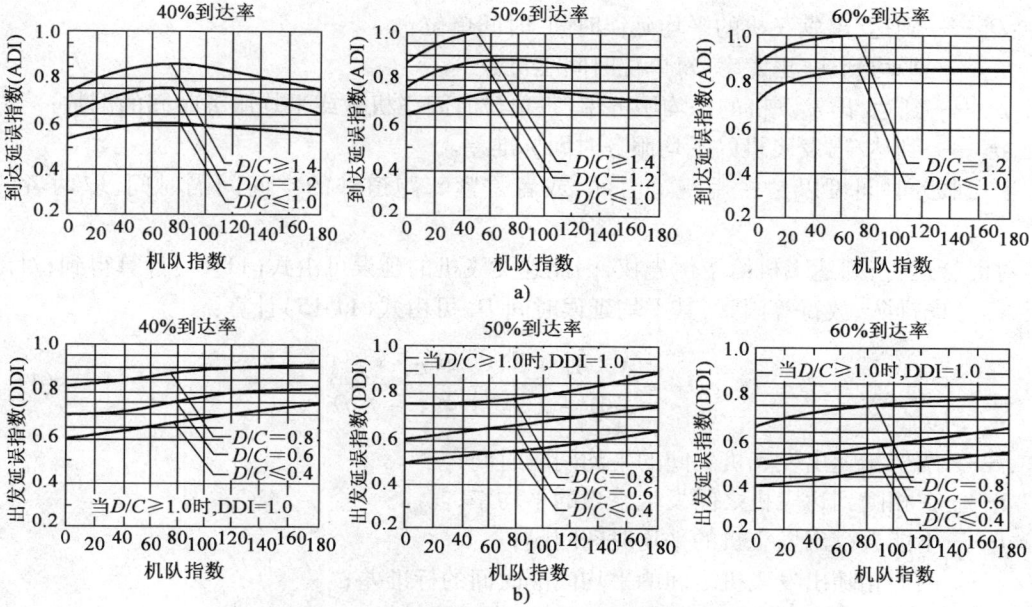

图 11-7　跑道的延误指数图
a)飞机到达延误指数(ADI);b)出发延误指数(DDI)

(3)由式(11-11)计算飞机到达延误因子 ADF:

$$ADF = ADI \cdot (D/C) \tag{11-11}$$

(4)由式(11-12)计算飞机出发延误因子 DDF:

$$DDF = DDI \cdot (D/C) \tag{11-12}$$

(5)确定需求特征因子 DPF,定义为最繁忙 15min 流量和该小时需求之间的比值。

(6)由图 11-8 确定到达和出发飞机的小时延误。

(7)采用式(11-13)计算飞机的小时延误 DTH:

$$DTH = HD \cdot \{(PA \cdot DAHA) + [(1 - PA) \cdot DAHD]\} \tag{11-13}$$

式中:HD——跑道的小时需求量;

PA——到达飞机的百分比,%;

DAHA——跑道的到达飞机平均小时延误;

DAHD——跑道的出发飞机平均小时延误。

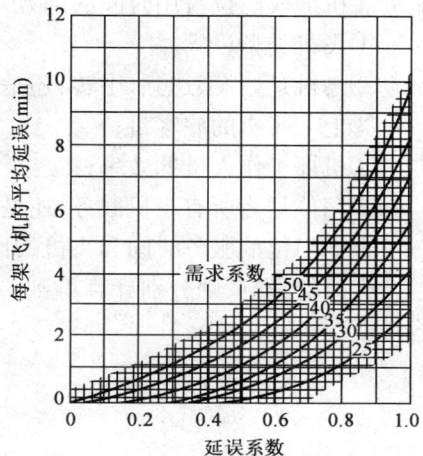

图 11-8　飞机平均小时延误

2. 解析分析法

简单的飞机延误情况可以采用解析法进行计算。专用于飞机到达或者出发跑道的延误计算可采用以下公式：

$$D_a = \frac{\lambda_a(\sigma_a^2 + 1/\mu_a^2)}{2(1 - \lambda_a/\mu_a)} \qquad (11\text{-}14)$$

式中：D_a——到达/出发飞机的平均延误时间，时间单位；

λ_a——平均到达/出发率，每单位时间飞机数；

μ_a——到达/出发飞机的平均服务率，每单位时间飞机数或平均服务时间的倒数；

σ_a——到达/出发飞机的平均服务时间标准差。

平均服务时间可以是占用跑道时间，或者是紧邻跑道外的空间间隔时间，取两者的最大值。

对混合运行，到达飞机给予优先权，因此这类飞机的延误可由式（11-14）计算得到；对出发飞机，需考虑排队、放行等因素，其平均延误时间 D_d 可由式（11-15）计算：

$$D_d = \frac{\lambda_d(\sigma_j^2 + j^2)}{2(1 - \lambda_d j)} + \frac{g(\sigma_f^2 + f^2)}{2(1 - \lambda_d f)} \qquad (11\text{-}15)$$

式中：j——两架相随出发飞机之间的平均间隔时间；

g——在相随到达飞机之间发生空当的平均率；

f——不能放行出发飞机的平均时间间隔；

σ_j——两架相随出发飞机之间的平均间隔时间的标准差；

σ_f——不能放行出发飞机之间的平均间隔时间的标准差。

在繁忙时段，如果假设飞机在跑道端排好队并总是准备一得到允许立刻就起飞，那么式（11-15）中的第二项预期为零，上述公式只有当平均到达率（或出发率）小于平均服务率时方才有效。

三、门位容量和飞行区地面延误

门位容量指在连续需求的情况下门位能够接受飞机上下旅客和装卸物品的能力，是所有服务飞机加权门位占用时间的倒数。影响门位容量的主要因素有：

①飞机类型；

②飞机是始发、达到、中转，还是经停；

③上下飞机的旅客量；

④机坪工作人员的效率；

⑤门位是为所有飞机服务，还是仅服务于某个航空公司或特定的机型。

根据门位的服务时间和飞机的比例，单个门位的容量可以按照式（11-16）计算。若不考虑混合交通的影响，则分别计算得到单个门位的容量，然后将其相加即可得到整个机场的门位容量。

$$C_g = \frac{60}{\sum_i p_i t_i} \qquad (11\text{-}16)$$

式中：C_g——小时门位容量，架次/门位；

p_i——第 i 种飞机的比例；

t_i——第 i 种飞机的平均占用时间,min。

对于混合交通的门位系统来说,门位系统容量取决于系统中最小容量组别,即系统容量为:

$$C_g = \min\left(\frac{G_i}{T_i M_i}\right) \tag{11-17}$$

式中:G_i——接受第 i 类飞机的门位数量；

T_i——第 i 类飞机的平均占用门位时间；

M_i——需要服务的第 i 类飞机的分数比例。

飞行区地面延误主要包括机位延误、滑出延误和滑入延误。机位延误指飞机在一个机位上停留的时间超过预定值。机位延误可以由多种因素引起,如:

①由于滑行系统、跑道等待区或空中交通管制等原因,飞机在机位上等待；

②由于天气原因或除冰等操作,使得飞机在机位上停留时间过长；

③旅客、货物和地面配合系统未能在规定时间内完成相应的运作,超过了预定的时间。

滑出延误指实际的滑出时间与平均滑出时间的差值。实际滑出时间定义为从飞机脱离机位到离地升空的时间。平均时间一般根据航空公司的历史数据统计得到,不同的航空公司由于机型、机位等的差别,采用不同的滑行线路。因此,其平均滑行时间以及统计的方式均有所差别。产生滑出延误的主要原因有起飞前的排队等候、与机场管制员的通信等待、滑行线路的选择不佳、滑行道体系的容量不足等。滑出延误严重时可以占到地面延误的50%以上。滑入延误指实际的滑入时间与平均滑入时间的差值。实际滑入时间定义为飞机接地到在机位中停稳的时间段。90%~95%的滑入延误是由于停机位被占用或停机位不足引起的。与滑出延误相比,滑入延误的程度要轻得多。

第二节　道面维护管理

机场道面的使用性能随着使用时间的增加而逐渐衰减,典型的衰减变化规律如图11-9所示。按照道面使用性能的衰减变化规律,可将道面维护管理分为道面性能平稳发展、道面性能加速损坏两个阶段,不同阶段的道面维护管理重点与方法有所差异。

一、平稳发展阶段的道面维护

在平稳阶段,道面使用性能的衰减在较长时间内发展缓慢,维护管理的主要目标是通过科学化、规范化、制度化管理,随时掌握道面当前的状况,采用道面日常养护和预防性养护等手段,尽可能地延缓道面加速损坏状况的出现,从而延长道面使用寿命。

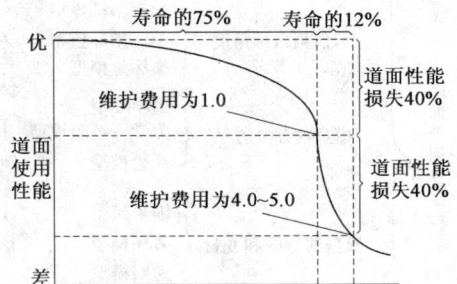

图11-9　机场道面使用性能衰变的一般规律

为此,应及时掌握道面使用过程中各项技术指标的实际变化情况,在使用性能合理预估的基础上,选择合理的方法和可行的时机对道面实施必要的维修或者预防性养护措施。道面性能稳定阶段维护管理的一般流程如图11-10所示。

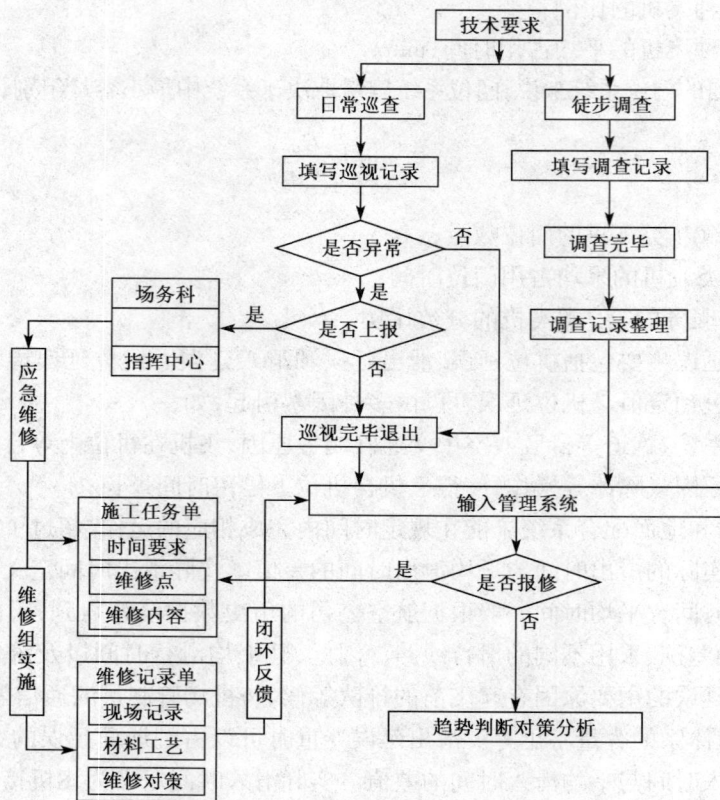

图 11-10 道面性能稳定阶段维护管理的一般流程

1. 道面使用性能预估

道面使用性能预估是在道面工程和预测学理论的指导下,以调查研究和统计资料为依据,以科学的定性分析和严谨的定量计算为手段,对道面使用性能发展演变规律进行分析和揭示,通过构建道面使用性能衰变模型,对道面的使用性能的发展趋势进行科学的预测,进而为道面管理提供可靠的决策依据。道面使用性能模型的研究始于 20 世纪 60 年代,最早可以追溯到美国的 AASHTO 环道试验。此后在各国研究者的不懈努力下,取得了很大发展。在不同研究者各自的研究中,从不同的角度对使用性能变化特点进行了分析。根据不同决策需要选择与之相适应的决策方法,进而对模型提出了不同的应用要求。同时,为了适应数据采集过程中不同的资金、技术和人员条件选取了不同的模型变量,采用了不同的建模方法。从不同角度分析道面使用性能模型,可以得到不同的模型划分,如图 11-11 所示。

道面使用寿命是指道面从开放交通这一起点开始,在荷载和环境不断重复作用下,道面使用性能下降至某一临界值时所经历的时间(或累计飞机架次)。如果以当前作为起点,则所经历的时间(或累计飞机架次)即为道面剩余使用寿命。机场当局可以通过道面使用性能模型来确定道

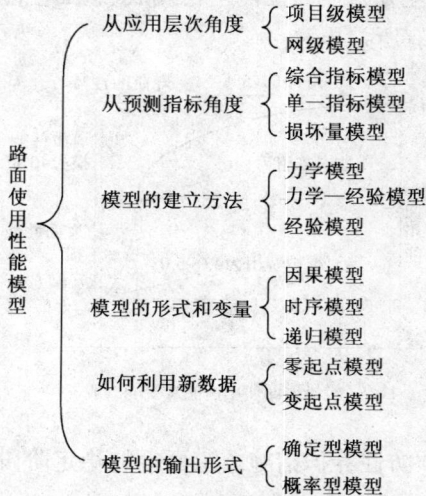

图 11-11 道面使用性能模型的划分

面的剩余使用寿命,道面剩余使用寿命在道面管理中有以下用途:

①进行道面修复对策经济分析的基础;

②制订中长期养护规划的必要条件;

③进行道面管理网级优化的前提条件。

道面剩余使用寿命预估可从以下两个角度进行:

①从使用的角度进行预估,即考虑道面损坏状况,以道面损坏为标准(一般采用 PCI 作为指标),根据 PCI 的衰变规律,判断 PCI 衰变到某一临界值时所经历的时间(或累计飞机架次)。所谓临界值是指 PCI 下降到该值时,PCI 的下降速率突然增大(道面损坏加速),或者修复费用显著增加时所对应的 PCI 值。比较典型的预估方法是 Cook 等人和 Shahin 提出的两种不同的方法,即比例增加法和平行推移法,如图 11-12 和图 11-13 所示。

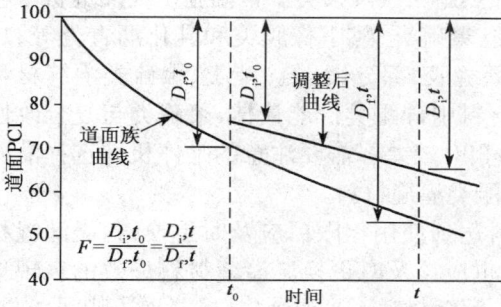

图 11-12 比例增加法预测道面性能(Cook)

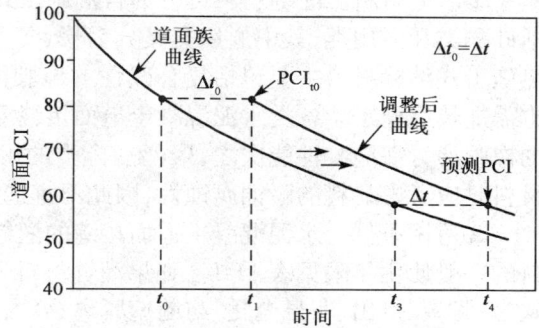

图 11-13 平行推移法预测道面性能(Shahin)

②从工程的角度进行预估,即考虑材料的疲劳损坏和基层顶面模量,以材料破坏为标准(一般以疲劳开裂为指标),根据疲劳方程,判断道面出现疲劳开裂时所经历的时间(或累计飞机架次)。比较典型的预估方法是基于水泥混凝土道面结构设计逆过程的力学—经验预估模型。该模型从道面结构的角度预测其剩余使用寿命,以我国现行民用机场水泥混凝土道面设计方法为理论基础,经过力学计算确定临界荷位的板底最大拉应力,通过设计使用的疲劳方程推算道面能够承受的飞机运行次数,有较好的外推性,预测精度较高。该方法的流程如图 11-14 所示。

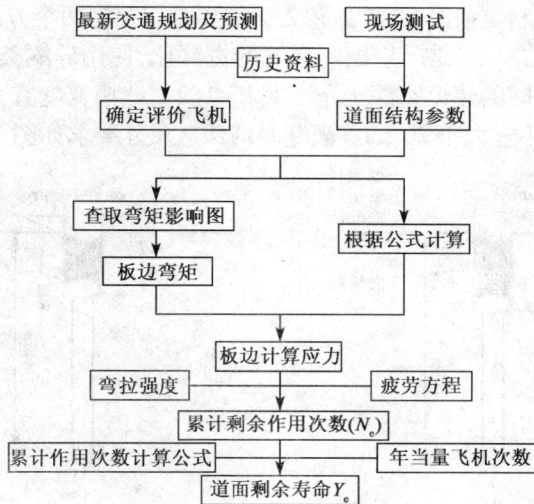

图 11-14 水泥混凝土道面剩余使用寿命预估流程

从不同角度进行道面剩余使用寿命预估,采用的模型和方法将会不同,但判断损坏的标准在本质上是一致的。首先,为计算PCI值而定义的各种道面损坏类型已经包含了疲劳损坏在内。其次,根据疲劳理论,道面出现疲劳开裂时,其支撑强度应仍能满足要求,即道面仍然可以运行,但道面的损坏加剧,维修量将增加,在这个时间段内PCI将会达到临界值。因此,从使用和工程两个角度得到的道面剩余使用寿命预测结果不会相互抵触,而是相近的。

2. 平稳发展阶段的道面修复方法

在道面使用性能平稳发展阶段,道面主要出现一些表观功能性损坏,如水泥混凝土道面的接缝破碎、板角剥落、嵌缝料损坏等,沥青混凝土道面则经常出现反射裂缝(常出现于复合道面或者半刚性基层的沥青道面)、局部的沉陷或者隆起、小面积的松散等,这些病害应及时进行修补。

(1)水泥混凝土道面嵌缝料更换

①灌缝材料。灌缝材料可分为常温施工式和加热施工式两大类。常温施工式灌缝材料包括硅酮类和通用类,其中通用类又分为聚(氨)酯类、聚硫类、氯丁橡胶类和乳化沥青类等;加热施工式灌缝材料主要包括复合改性的橡胶沥青灌缝胶,部分聚(氨)酯类、聚硫类灌缝材料也需加热后施工。各类水泥混凝土道面接缝灌缝材料中硅酮类性能最佳,聚硫类与复合改性的橡胶沥青灌缝胶性能次之,聚(氨)酯类的耐久性相对较差。需要注意的是停机坪选择灌缝材料时应考虑材料的耐油腐蚀性,因此不宜选择硅酮类灌缝材料。

②适用条件。水泥混凝土道面接缝的灌缝材料达到使用年限后应及时更换,各类灌缝材料的一般使用年限见表11-1。如果灌缝材料失效,也应该及时更换。灌缝材料失效的表现形式为:脆裂、挤出、明显老化、与缝壁脱离、缝内长草、灌缝材料不足或缺失、接缝周边唧泥、吹雪后高温熔化等。

灌缝材料的使用年限 表11-1

灌缝材料类型	使用年限(年)	适 用 区 域
硅酮类	5～8	跑道、滑行道
聚硫类	3～6	跑道、滑行道、停机坪
聚(氨)酯类	2～4	跑道、滑行道、停机坪
复合改性的橡胶沥青灌缝胶	3～5	跑道、滑行道、停机坪

③工艺与机具。嵌缝料更换时,施工工艺方面需要重点控制两个方面:一是采取有效措施确保灌缝前缝壁保持干燥、洁净;二是严格控制灌缝的宽深比,使用硅酮类灌缝材料时建议宽深比为1:1,使用其他灌缝材料时的建议宽深比介于1:1～1:2。缝槽宽度宜介于8～10mm,最小宽度不宜小于6mm,最大宽度不宜大于20mm。灌缝时的构造尺寸要求如图11-15所示。

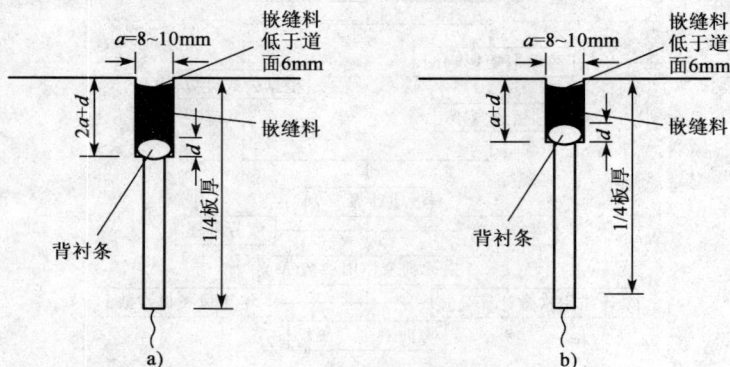

图11-15 接缝构造尺寸

a)其他灌缝材料;b)硅酮类灌缝材料

嵌缝料更换应采用机械设备,常用设备包括扩缝机、清缝机、灌缝机等,如图11-16所示。

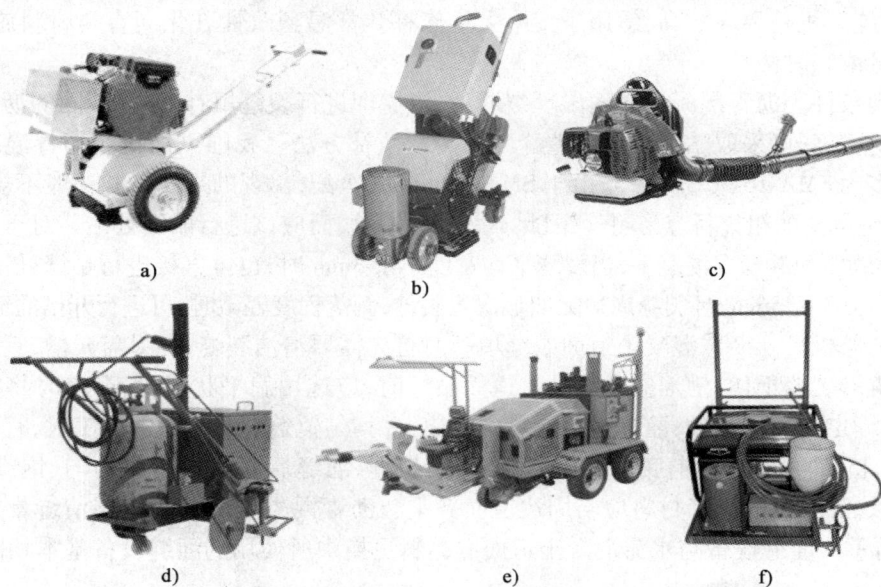

图11-16　嵌缝料更换常用机具
a)扩缝机;b)喷砂机;c)吹风机;d)手扶式加热灌缝机;e)挂车式加热灌缝机;f)手扶式常温灌缝机

（2）水泥混凝土道面浅层修复

①浅层修复材料。5～50mm的水泥混凝土道面浅层修补,可采用聚合物砂浆或磷酸盐水泥砂浆。浅层修补材料除了要求有足够的抗折、抗压强度外,还要求其与原水泥混凝土道面具有很好的黏结抗折强度且收缩性小,避免轮载与温度作用下出现"起壳"现象。浅层修补材料的一般技术技术要求见表11-2。

浅层修复材料的一般技术要求　　　　　　　　　　表11-2

测试项目	标准	
	聚合物砂浆	磷酸盐水泥砂浆
抗折强度	≥3.5MPa(开放交通时)	
抗压强度	≥20MPa(开放交通时)	
黏结抗折强度	≥3.5MPa(开放交通时)	
收缩性	—	收缩率小于0.03%(28d)
耐磨性	优于通用硅酸盐水泥砂浆	

②适用条件。水泥混凝土板块边角位置的剥落,如果裂缝没有贯穿板块,可以采取浅层修补措施。

③工艺与机具。水泥混凝土道面浅层修补的深度一般介于0.5～5cm,修补面积不宜大于$1m^2$;修补面积大于$1m^2$时,应分块修补,修补形状宜为规则矩形。修补时,应确保坑槽底部应尽可能平整,坑槽内应干燥、干净。由于抹面时面积小,可采用抹子等工具(图11-17)人工整平。

（3）沥青混凝土道面裂缝填补

①裂缝填补材料。沥青混凝土道面裂缝填补材料应选择加

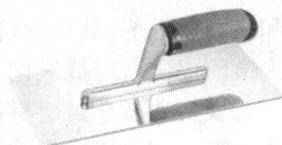

图11-17　常用抹平工具

265

热型优质改性橡胶沥青类材料或改性乳化沥青类材料。加热型优质改性橡胶沥青类材料耐久性好，但对施工机具要求较高，适用于集中大量修补。常温型改性乳化沥青类材料施工方便，适用于少量或临时修补。

②适用条件。沥青混凝土道面出现裂缝后，应立即进行裂缝填补，根据不同的沥青混合料类型及裂缝宽度，可采取贴缝与开槽灌缝两种裂缝填补方法。我国民用机场沥青混凝土道面的上面层多为 SMA-16 或 SMA-13，由于 SMA 是间断式级配，出现的裂缝形状一般不规则，如果开槽，则裂缝周边的粗集料容易剥落，因此不宜开槽灌缝，而应该进行贴缝处治。对于 AC-16 或 AC-13 等连续级配的沥青混凝土，当裂缝平均宽度小于 3mm 时，也可直接进行贴缝处治；当裂缝平均宽度介于 3～25mm，且裂缝周边无明显次生裂缝，剥落程度轻微时，可进行开槽灌缝。

③工艺与机具。沥青混凝土道面裂缝填补时首先需要清洁裂缝，如果需开槽，宜使用沥青道面开槽机沿裂缝干切，槽形应为矩形。道面贴缝时，应选用扁平状喷嘴，贴缝时将喷嘴贴合道面，沿裂缝走向匀速移动，灌缝材料应均匀流出，并均匀覆盖裂缝。灌缝施工时，宜使用较细的喷嘴，以 45°斜角深入缝槽底部，由下往上填满裂缝，灌缝后灌缝材料应均匀、饱满，无起泡与隆起现象，灌填后的灌缝材料应与周边道面齐平。沥青混凝土道面开槽与清缝常用设备如图 11-18 所示。灌缝设备与水泥混凝土道面嵌缝料更换中所使用的灌缝设备基本相同。

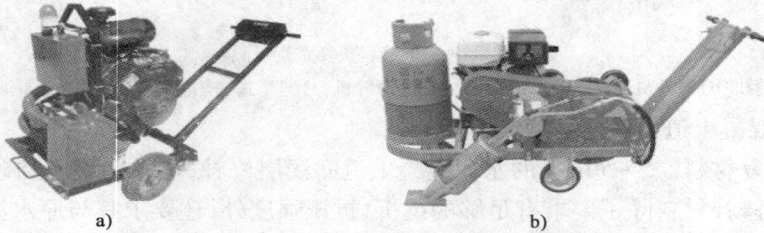

图 11-18　常用沥青混凝土道面裂缝填补机具
a)沥青混凝土道面开槽机;b)沥青混凝土道面清缝机

（4）沥青混凝土道面预防性养护

沥青混凝土道面预防性养护是指在道面状况良好、尚未出现明显损坏或损坏程度轻微时实施的一类道面维护技术。预防性养护能够密封和填充道面表层裂缝，还原混合料中沥青的部分活性，从减少水分入渗和延缓沥青老化两个方面提高沥青混合料的性能，延长道面使用寿命。目前，机场沥青混凝土道面预防性养护的主要方法是对道面进行雾封层处治。

机场沥青混凝土道面雾封层材料宜采用溶剂型材料（可渗入沥青道面），主要包括氧化沥青类、改性乳化沥青类和煤焦油类三类。

①氧化沥青类雾封层材料。氧化沥青类雾封层材料是一种溶剂型渗透性封层剂，材料内不含集料，以氧化沥青为黏结料，含有多种能在紫外线下保持稳定的芳香族化合物及与水分反应较为迟钝的有机硅化合物。有机硅化合物使材料具有极低的黏度、低表面张力以及较好的憎水性，因此，该类材料渗透性强，能够渗入紧密的毛细孔内，封堵道面细微裂缝的效果最佳。

②改性乳化沥青类雾封层材料。改性乳化沥青类雾封层材料通常包括聚合物改性乳化沥青和表面活性剂，其作用机理与煤焦油类材料类似，通过激活老化沥青增加沥青的黏性，同时可为道面提供一层抗氧化、防水和抗油污的微表层。

③煤焦油类雾封层材料。煤焦油类雾封层材料通常由乳化煤焦油、陶土和其他有机成分组成。乳化煤焦油渗入道面表层，能够软化老化沥青，增加沥青黏性；陶土是一种完全破碎成粉状的集料，可以填补道面因裂缝、松散等病害导致的集料缺失现象；煤焦油类材料可使道面

具有良好的封水效果，同时可固定道面上松动的细小集料，缓解道面病害发展。

沥青混凝土道面雾封层作业可通过机械式洒布车实施。常见普通型洒布车如图11-19所示。

图 11-19　沥青混凝土道面雾封层洒布车

二、加速损坏阶段的道面维护

道面进入加速损坏阶段后，道面结构的整体性能将显著下降，体现在道面结构性损坏和突发性损坏现象增多，道面状况指数（PCI）持续快速衰减（PCI下降40%时所用时间约占使用寿命的12%）。这一阶段道面维护管理的目标为：一方面采取道面结构性维护措施维持道面的正常使用性能；另一方面进行道面使用性能综合评价，及时、准确地掌握道面的关键问题所在（特别是道面结构承载能力能否满足要求），据此安排道面大中修工程，以提升道面的服务水平。

1. 道面使用性能综合评价

道面使用性能综合评价主要包括道面损坏、道面结构性能、道面平整度、抗滑性能等方面的评价。评价必须根据现场测试的各类数据，按照有关技术要求计算分析确定。道面使用性能综合评价的主要内容如图11-20所示。

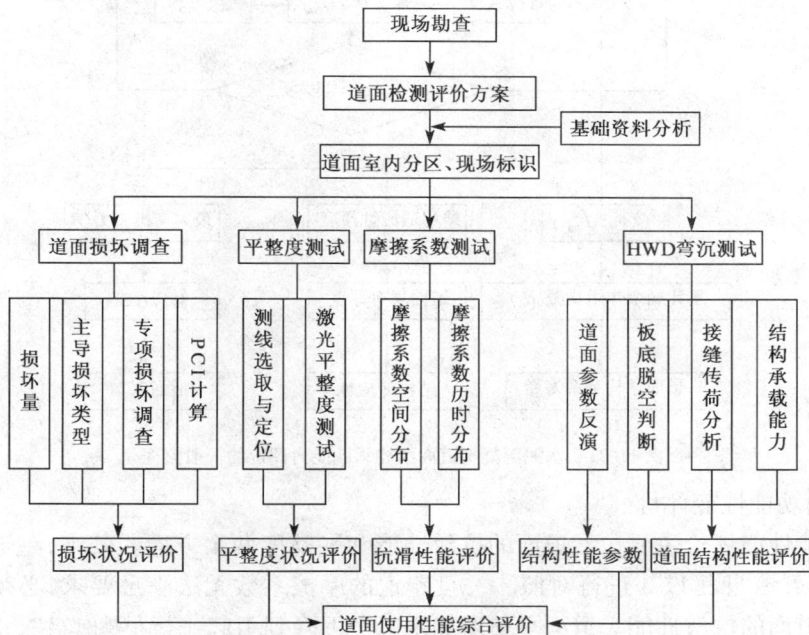

图 11-20　道面使用性能综合评价的主要内容

（1）道面损坏状况评价

道面损坏状况既是道面使用性能衰减的直接表现，也是影响飞机行驶舒适性和安全性的主要因素。通过道面损坏状况的调查和评价，一方面可以根据损坏量估算道面日常维修的工程量，另一方面可以通过分析主导损坏类型及成因以及道面损坏等级，比较准确地判断道面所处的损坏阶段。

（2）道面结构承载能力评价

道面承载能力反映了道面对当前航空交通量的适应程度，与道面结构的力学响应及材料疲劳特性有关，评价指标包括道面 PCN，适应性厚度及剩余寿命。对于水泥混凝土道面，结构承载能力评价的一般流程如图 11-21 所示。此外，还应进行道面脱空状况及板块接缝传荷能力两方面的测试与评价。

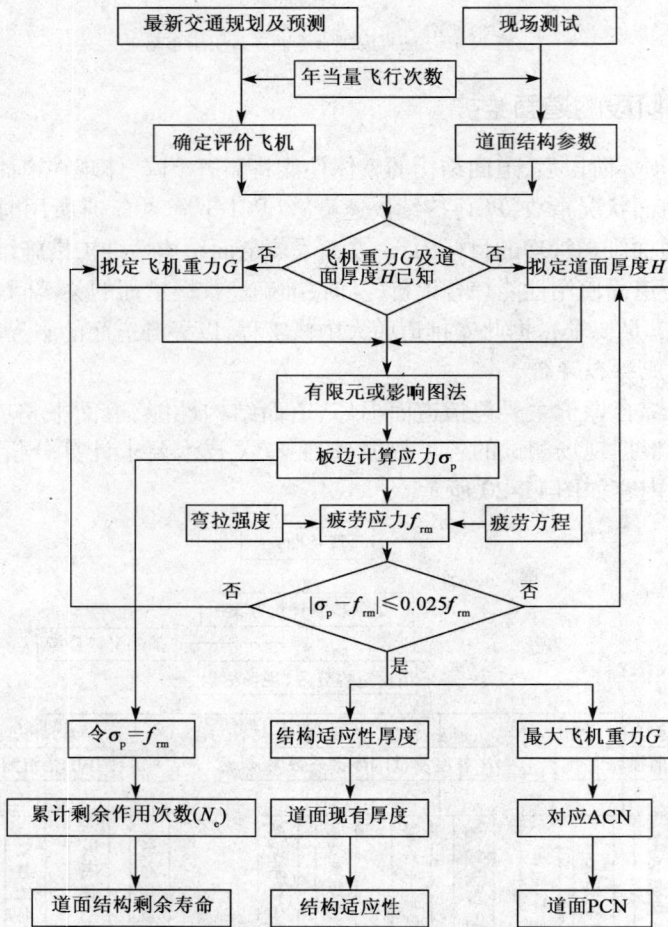

图 11-21　水泥混凝土道面结构承载能力评价的一般流程

（3）道面功能性能评价

道面功能性能评价主要包括道面的抗滑性能和平整度两个方面。其中，跑道的抗滑性能是关键指标，可参照表 11-3 进行对照。一旦跑道的摩擦系数无法满足要求，必须立即采取有效措施提升道面的抗滑性能。道面平整度如果已经下降到引起飞行员"抱怨"，也应该采取有针对性的措施予以改善。

268

常用摩擦系数测定设备的跑道抗滑性能评价标准①　　　　表 11-3

| 测 试 设 备 | 测试轮胎② | | 测试速度 | 测试水深 | 维护 | 摩擦系数 |
	类型	压力(kPa)	(km/h)	(mm)	规划值	最小值
Mu 仪拖车	A	70	65	1.0	0.52	0.42
	A	70	95	1.0	0.38	0.26
跑道摩阻测试车	B	210	65	1.0	0.60	0.50
	B	210	95	1.0	0.54	0.41

注①连续100m道面的摩擦系数平均值低于表中的维护规划值,或者低于表中摩擦系数最小值的累计长度大于100m时,可判定跑道抗滑性能不满足要求。

②装在 Mu 仪上的两个测试轮胎是平纹的,具有特殊的橡胶构成,即 A 型;装在跑道摩阻测试仪上的单个测试轮胎是平纹的,即 B 型。A 型和 B 型轮胎的具体要求参见《机场服务手册》第二部分。

机场道面使用性能综合评价应提供详细的测试报告,并及时通报。标准通报格式可参考表 11-4 的形式,道面综合测试数据应长期保存和积累。

2. 加速损坏阶段的道面修复方法

在道面使用性能加速发展阶段,道面将出现一些以结构性损坏为特征的病害,如水泥混凝土道面的纵向、横向或斜向裂缝、角隅断裂、比较严重且普遍的错台现象等。沥青混凝土道面则经常出现程度较为严重的松散、网格状的龟裂与不规则裂缝等。这些病害面积较小时,可针对病害位置进行结构性修补;病害面积较大时,应考虑采取可全面提升道面服务水平的大中修维护工程,如沥青混凝土道面加铺工程。

(1)水泥混凝土板块全厚度(部分厚度)修补

①修补材料。机场水泥混凝土道面补块修补(部分厚度和全厚度修补)材料多选择快硬早强水泥混凝土,以尽量缩短材料养生时间,减少对机场正常运行的影响。快硬早强水泥混凝土主要包括磷酸盐水泥混凝土、快硬硫铝酸盐水泥混凝土和氟铝酸盐水泥混凝土等。修补材料的技术要求如表 11-5 所示。

②适用条件。水泥混凝土板块全厚度(部分厚度)修补主要用于维修各类裂缝断板类损坏。其中,纵向、横向和斜向裂缝是在飞机轮载反复作用下,水泥混凝土板块疲劳强度不足引起的。这种损坏出现后板块整体抗弯拉能力迅速下降,如不及时处治,在飞机轮载作用下裂缝逐渐加宽,裂缝周边常出现剥落、掉粒等现象,并逐渐产生次生裂缝,板块结构承载能力将逐渐丧失。角隅断裂一般是由于板块基础存在脱空现象,飞机轮载作用下的荷载应力超过水泥混凝土板块的极限强度引起的,往往发生在飞机主起落架轮迹覆盖区域的板块位置(如飞机滑跑轮迹带、联络道转向进出口等),具有发展速度快、断裂后的角隅易下沉、错台现象较明显等特征。板块出现裂缝断板现象后,宜采取全厚度修补。如果裂缝周边板块无明显错台但出现比较严重的剥落时,可对裂缝影响区域内的板块进行部分厚度修补。

③工艺与机具。板块全厚度补块修补的形状应为规则矩形,长宽比小于2:1,短边长度不宜小于60cm,相邻两处损坏的间距小于60cm 时应一并修补,补块跨接缝时宜沿接缝分开修补。

修补时,应重视补块与原道面接缝的处理,要求在板块破碎和清洁时,清除接缝内的灌缝材料与背衬条。修补材料浇注前,在接缝处放置橡胶板或泡沫板等可压缩隔离板。如果原接缝设置了传力杆或者拉杆,应恢复原样,恢复时在原传力杆(拉杆)处水平偏移 10～20cm 的位置上重新钻孔、安装。水泥混凝土板块全厚度修补的施工大样图见图 11-22。修补中需要使用的机具主要包括切缝设备、破碎设备、拌和设备、振捣设备和抹平设备等,如图 11-23 所示。

跑道 PCN 通报：		PCN31/R/B/W/T		测试日期：	

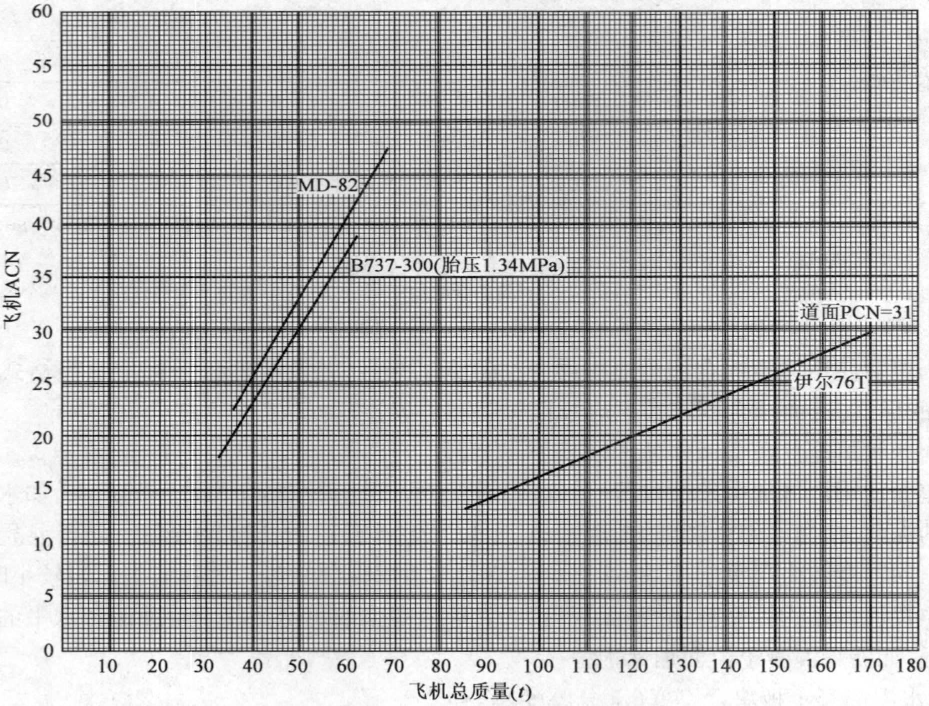

飞机ACN（纵轴） / 飞机总质量(*t*)（横轴）

MD-82
B737-300(胎压1.34MPa)
道面PCN=31
伊尔76T

损坏状况	PCI	评价等级：				
	主导损坏					
	错台量	最大值：		最小值：		均值：
平整度	部位	最大值	最小值	均值	变异系数	评价等级
	跑道					
	平滑道					
摩擦系数	部位	最大值	最小值	均值	变异系数	评价等级
	跑道					
	平滑道					
结构参数	区域	厚度	弯拉强度	弯拉模量		反应模量
	R_1					
	R_2					
结构承载能力	区域	适应性厚度		结构剩余寿命		PCN
板底脱空与接缝传荷	区域	弯沉传荷比		应力折减系数		脱空率
维修历史						
结论与建议						

测 试 项 目	标 准
抗折强度	≥3.5MPa(开放交通时)
抗压强度	≥30MPa(开放交通时)
黏结抗折强度	≥抗折强度的50%(开放交通时)
收缩性	收缩率≤0.03%(28d)
耐磨性	优于通用硅酸盐水泥混凝土或砂浆

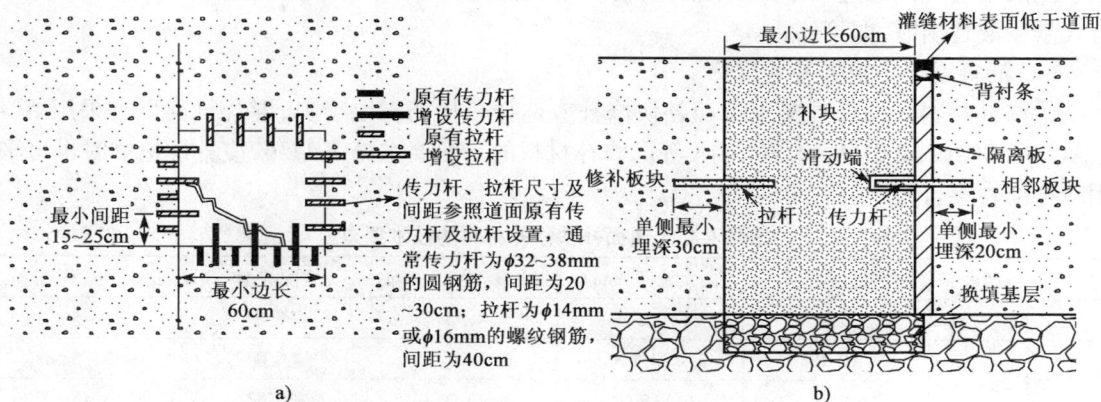

图 11-22 水泥混凝土板块全厚度修补施工大样图

a)平面图;b)剖面图

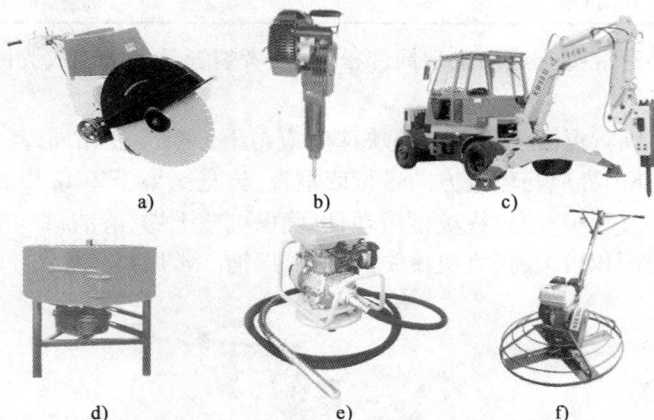

图 11-23 水泥混凝土板块补块维修常用机具

a)切缝机;b)破碎镐;c)镐头机;d)立式(强制式)混凝土搅拌机;e)插入式振捣器;f)抹平机

（2）水泥混凝土道面基础注浆

①注浆材料。注浆浆液可分为化学浆液和水泥浆液两种。化学浆液分为单液型和双液型，可灌性好，容易填充各类细小空隙；水泥浆液通常由水泥、粉煤灰、外加剂和水等拌和而成，属悬浊液，流动性稍差，难以灌入 0.2mm 以下的空隙，但填充效果较好，无污染，机场基础注浆宜选择水泥浆液。

②适用条件。水泥混凝土道面基础注浆可将基础(或者基层)空隙中的空气、水和泥浆排出，注入浆液填充空隙，黏结并固结，起到充填基础、提高基础(基层)顶面反应模量、封堵水分、稳固基础(指碎石基础)等作用，进而提高道面结构的承载能力，一般常在水泥混凝土道面

271

基础存在脱空或者反应模量偏低时实施。

③一般工艺。用于填充（封堵）板底脱空时，若脱空位置处于板块与基层之间，注浆位置为板下5cm；若基层质量不好或脱空位置处于碎石垫层，注浆位置为基层以下5cm。用于提高基层反应模量时，应通过地质勘探确定软弱土部位，注浆位置应为该软弱土层。机场道面注浆时，可以选择帷幕注浆、隔板注浆或者由中间向外围注浆等注浆顺序。注浆孔的布设由注浆浆液扩散半径和板块尺寸计算确定。通常单板宜布置4~5个注浆孔。若四孔注浆，注浆孔分布在四个板角；若五孔注浆，板中可增设一个释放孔，注浆孔与板边间距不宜小于50cm，孔径略大于注浆喷嘴。注浆过程中如果注浆板块抬升量达到0.3mm，或者板块接缝（或其他注浆孔）有大量浆液冒出时，即可停止。

（3）沥青混凝土道面补块维修

①修补材料。沥青混凝土道面补块修补应选择热拌沥青混合料，混合料类型宜采用AC-5、AC-10、AC-13或SMA-10、SMA-13等。修补材料的一般要求见表11-6，应急性抢修时也可采用冷拌沥青混合料。

沥青混凝土道面补块修补材料的技术要求 表11-6

沥青混合料类型		最大粒径(mm)	公称最大粒径(mm)	级配类型	设计空隙率(%)
砂粒式	AC-5	9.5	4.75	密集配	3~5
细粒式	AC-10	13.2	9.5	密集配	3~5
	AC-13	16	13.2	密集配	3~5
细粒式	SMA-10	13.2	9.5	间断集配	3~4
	SMA-13	16	13.2	间断集配	3~4

②适用条件。沥青混凝土道面出现局部松散，或者裂缝已经发展成为网格状时，宜进行补块修补。

③工艺与机具。沥青混凝土道面的补块深度应与上面层厚度相同，且不得小于5cm。补块宜为规则矩形，修补边界应与轮迹方向平行或垂直，长宽比小于2:1，相邻补块间距小于1m时应一并修补。修补过程中，应重视坑槽清理，以确保坑槽干燥、清洁，在坑槽底部和四壁应均匀涂刷黏层油。补块面积较大时，宜机械铣刨，机械摊铺。常用机具见图11-24。

图11-24　常用沥青混凝土道面补块修补机具
a)驾驶式小型铣刨机；b)手推式小型铣刨机；c)小型摊铺机

3.道面大中修计划的制订

如果道面的使用性能通过局部的维修已经无法有效提升服务水平，应考虑实施道面大中修工程。制订道面大中修计划需要综合考虑工程实施对机场正常运行的影响程度及不停航施工的要求，具体采取哪种工程方案，则需要根据道面使用性能综合评价的结果。一般情况下，机场道面大中修宏观决策可以采用道面状况指数(PCI)作为判断指标,推荐标准见表11-7。机场道面大中修工程决策的一般流程如图11-25所示。

机场道面大中修决策推荐标准

表11-7

道面损坏等级	优	良、中	次	差
PCI	100~85	85~55	55~40	40~0
维护策略	日常养护	日常养护、大中修	大中修、改建、重建	改建、重建

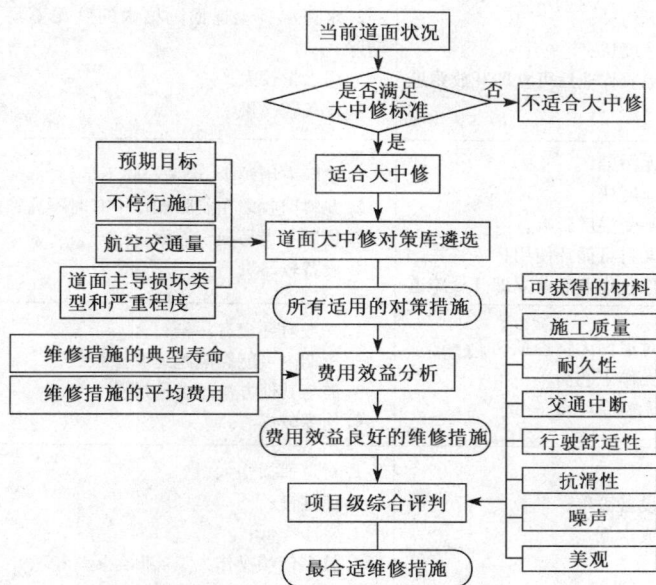

图11-25 机场道面大中修工程决策的一般流程

如果存在以下情况,也应该考虑采取道面大中修工程提升道面的服务水平:

(1)道面不平整引起飞机驾驶员的强烈反应,水泥混凝土道面出现多处程度较严重的错台与沉陷现象;

(2)道面的抗滑性能处于"差"的水平,道面抗滑能力不能满足机场正常运行的要求,定期除胶等措施无法有效提升道面摩擦系数;

(3)道面横坡不足或者排水设施无法满足道面表面排水的要求,道面积水已经影响了机场的正常运行。

第三节 飞行区场地其他日常维护管理

除道面维护管理外,机场飞行区日常维护管理还包括跑道定期除胶、地面标志维护、土质地带维护、道面清除冰雪、鸟害防范等工作。

一、跑道除胶

飞机在跑道上起降、滑跑过程中,轮胎胶泥容易附着在道面上,降低跑道的抗滑性能,因此跑道定期除胶是飞行区日常管理的一项主要工作。根据规定,当跑道的摩擦系数低于表11-3

中的摩擦系数最小值时,必须进行除胶作业。

跑道除胶的重点区域为跑道接地带中线两侧15m范围,应沿跑道纵向方向除胶,从中线向两侧进行作业。除胶的流程应考虑除胶区域的宽度、除胶设备的单次胶泥除净率和一次作业宽度等因素。目前常用的跑道除胶方法见表11-8,各类方法简述如下。

常用的跑道除胶方法介绍   表11-8

除胶方法	优点	缺点	适用条件
高压/超高压水冲法	1. 无污染; 2. 速度快; 3. 除胶作业后可立即开放跑道	1. 水压力过大易损伤道面; 2. 水泥混凝土道面刻槽内的胶泥不易清除; 3. 用水量较大; 4. 设备较昂贵	气温低于5℃时不宜使用
抛丸冲击法	1. 无污染; 2. 速度快; 3. 不受温度影响; 4. 丸料可循环使用; 5. 除胶作业后可立即开放跑道	1. 实际应用较少,现场经验不足; 2. 丸料回收率在实际操作中有时不高; 3. 控制不当易损伤道面; 4. 设备较昂贵	潮湿情况下不宜使用
化学除胶法	1. 对道面无物理损伤; 2. 操作工艺简单; 3. 无需专业设备	1. 一般对环境有污染; 2. 短期内可能影响跑道摩擦系数; 3. 需与其他方法结合使用; 4. 速度较慢	气温低于5℃或者潮湿情况下不宜使用
机械打磨法	1. 设备简单; 2. 成本低	1. 对道面损伤大; 2. 速度慢; 3. 除净率低; 4. 较多依赖操作人员实际经验	适用于小型机场

(1)高压/超高压水冲法

该方法是我国民用机场最为常用的除胶方法,根据喷头形式可分为雾化射流和集束射流,宜选用由多只微孔喷嘴组成的雾化射流设备,以减小道面损伤。高压水冲法的水压力宜控制在 $70 \sim 100$ MPa;超高压水冲法的水压力宜控制在 $100 \sim 140$ MPa。应根据机场实际情况,按照"增加次数、减小压力"的原则进行跑道除胶。除胶过程中应密切监视道面状况,特别是超高水压对水泥混凝土道面刻槽的磨损情况。除胶作业宽度为 $0.6 \sim 2.0$ m,除胶效率为 $450 \sim 2400$ m^2/h。作业时,应注意设备储水量是否充足,可安排水车配合作业。高压水冲除胶设备主要分为全部车载式、主机车载式、主机拖车式三种。

(2)抛丸冲击法

该方法是较为先进的除胶方法,其机理是用丸料高速冲击道面,使胶泥剥落,与胶屑和灰尘分离后的丸料可循环使用。丸料的回收比例不宜很低,丸料不足时应及时补充。除胶作业宽度为 $0.5 \sim 1.8$ m,除胶效率为 $900 \sim 2700$ m^2/h。抛丸机按其行走方式可分为手推式、车载式和自行式三种。通过选择丸料的大小和数量,控制抛丸速度和角度,可得到不同的抛射强度,以获得最佳除胶效果。

(3)化学除胶法

该方法通过在道面上洒布化学除胶剂来软化并分解胶泥,然后用有压水清除软化的胶泥,除胶效率为 $700 \sim 1700$ m^2/h。目前可用的除胶剂较少,在使用前需验证其使用效果。

（4）机械打磨法

该方法采用铣刨机、研磨机或旋转硬质钢丝刷等清除胶泥，操作不当易损伤道面，破坏道面刻槽，甚至产生微裂缝，不宜大范围长期使用。

二、地面标志维护

飞行区地面标志线因胶泥污染、交通磨损、油料腐蚀或涂料老化等原因而出现模糊、褪色、脱落等现象时，应及时维护。地面标志涂料可分为水性漆、溶剂型、双组分和热熔型四类。

跑道、滑行道位置宜选用水性漆或溶剂型涂料，特别是跑道接地带等易被胶泥污染处宜选用涂层厚度较薄的水性漆或溶剂型涂料，通常可在道面除胶后直接在原标志线上涂刷，原标志线厚度大于5mm时应除线后再涂刷；热熔型涂料与沥青混凝土道面黏结性能好，因此沥青混凝土道面边线宜选择耐久性较好的热熔型涂料；双组分涂料与热熔型涂料涂层较厚，可重复涂刷次数少，不宜作为道面边线内的地面标志涂料。

机场飞行区地面标志可以选择具有反光效果的反光标志涂料，反光标志涂料是在普通涂料内掺入一定比例的反光玻璃微珠，在灯光照射下产生反光效果，在夜晚或雨天具有较好的交通诱导与安全警示作用。一般机场跑道号码标志、跑道中线标志（包括滑行道出口引导线标志）、跑道入口标志、跑道中心圆标志、跑道瞄准点标志、跑道接地带标志、跑道掉头坪标志、滑行道中线标志、跑道等待位置标志和中间等待位置标志等可选择反光标志涂料，飞行区服务车道与巡场道路照明较暗的位置应优先选择反光标志涂料。

飞行区地面标志线应根据机场飞机着陆架次的大小定期涂刷，对于日着陆架次大于210架次的机场，跑道地面标志线的建议涂刷频率见表11-9；对于日着陆架次小于210架次的机场，应根据接地带的胶泥情况合理确定跑道地面标志线的涂刷频率，一般情况下不宜少于每年2次。

繁忙机场跑道地面标志线涂刷频率建议值　　　　　　　　　　表 11-9

地面标志线类型	涂刷频率
飞机着陆区域的中心线标志	1 次/15d
瞄准点标志 接地带标志 中心圆标志 其他位置的中心线标志	1 次/季度
边线标志	2 次/年

地面标志线涂刷的施工技术要求与涂料类型有关。其中，水性漆和溶剂型涂料一般采用高压无气喷涂方法，根据材料特点，这两类材料不得在雨天、雪天、雾天或潮湿、冰冻情况下施工。涂刷时道面必须干燥、洁净，环境温度应大于10℃，相对湿度应低于80％。双组分涂料一般采用刮涂或高压无气喷涂方法，适宜的施工环境温度介于 −5～35℃。为控制不同环境温度下涂料的固化时间，可调整双组分涂料中催化剂的掺加量，刮涂或喷涂标志线前应保证道面干净，新建水泥混凝土道面应清净其表面的碱性浮灰后才能进行刮涂或喷涂，刮涂或喷涂应采用专用设备。热熔型涂料一般采用涂敷方法，施工环境温度不宜低于10℃，潮湿道面不宜进行涂敷，冬季低温施工前应采取措施预热道面，涂料应在热熔釜中加热到指定温度后方可涂刷。

水性漆、溶剂型和热熔型涂料可以通过内渗玻璃微珠形成反光型涂料。对于水性漆、溶剂型反光型涂料，玻璃微珠的目数由涂料喷涂厚度确定，裹覆在标志线中的玻璃微珠颗粒应占涂层厚度的 2/3 左右。施工时玻璃微珠应随着涂料的喷涂迅速喷射于标志线的表层，使之能被涂料充分包裹。一旦涂料表层结膜，不得喷射玻璃微珠。对于热熔型反光型涂料，玻璃微珠撒布量一般为涂料总质量的 15% ~ 20%。施工时，应在涂料涂敷后立即撒布玻璃微珠。

废弃或超高地面标志线的清除可采用高压水冲洗、机械打磨或抛丸机打磨。现场作业应注意控制作业参数，避免损伤道面。高压水冲洗时，压力一般控制在 140 ~ 180MPa。

三、土质地带维护

飞行区土质地带应定期进行场地平整、碾压、割草（除草）、密实度测试等维护工作。飞行区土质地带平整度可通过 3 米直尺法测试，一般要求 3 米直尺最大间隙不得大于 5cm，并确保土质地带不存在积水现象。如果平整度不满足要求，应进行平整作业，尽可能使土方平衡。

跑道端安全区和升降带内的土质地带应定期碾压并测试密实度，每年碾压与密实度测试的次数不得少于两次。碾压时间宜选在土体接近最佳含水率的季节（多为雨量适中、温度适宜的春秋两季），测试密实度的时间间隔宜尽量平均。

土质地带密实度测试应分区域进行，跑道两端的安全区应分别作为一个测试区域，跑道两侧的升降带平整区可沿跑道方向每 300 ~ 800m 作为一个测试区域，分区示例见图 11-26。

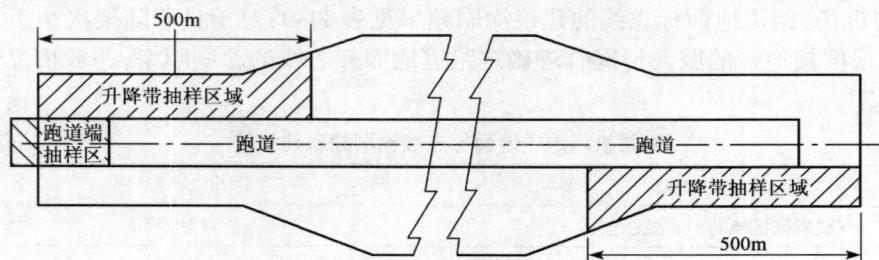

图 11-26　土质地带密实度测试抽样区域的划分

同一密实度测试区域内的取土点不得少于三个，采用随机抽样方法确定。密实度测试包括土样实际干密度和标准最大干密度测试。同一区域内土样应按照式（11-18）计算密实度评价代表值 K_E。密实度评价标准为：

①密实度评价代表值 K_E 不小于 87%；

②任一土样密实度不小于 85%。

$$K_E = \overline{K} - \frac{t_\alpha}{\sqrt{n}} \cdot \sigma_K \tag{11-18}$$

式中：K_E——密实度评价代表值，%；

$\overline{K}$——各组土样实测密实度的平均值，%；

t_α——保证率为 α 时随测点 n 变化的 t 分布系数，95% 保证率的系数见表 11-10；

n——同一测试区域内土样的总数；

σ_K——同一测试区域内各组土样的标准均方差，%。

n	6	7	8	9	10	11	12	13	14	15	16	17	18
$t_\alpha/\sqrt{n}$	0.823	0.734	0.670	0.620	0.580	0.546	0.518	0.494	0.473	0.455	0.438	0.423	0.410

飞行区土质地带应全面植草,选择不易吸引鸟类和其他野生动物入侵的草种;气候不适宜植草的地区可铺设人工草坪,或采取其他有效措施减少水土流失和扬尘。土质地带的草高应控制在 5~30cm,草高超过 30cm 时应组织除草。道肩、标记牌、助航灯具、导航设施和驱鸟设施等周边 5m 范围内宜采用人工割草,其他位置宜采用机械割草。清除的草料应及时外运,如需在飞行区内临时堆放,放置位置应距离道肩 15m 以上。

四、道面清除冰雪

积留冰雪的机场道面对于机场运行的影响主要表现在以下 6 个方面:

(1)道面上积留冰雪,特别是道面结冰现象,将严重降低道面的抗滑性能,飞机在行驶过程中容易引发起落架轮胎打滑,使飞机失去控制。

(2)飞机在加速起飞过程中,道面上的积雪(干雪、湿雪、雪浆)在起落架轮胎的推挤作用下,一方面将阻滞飞机滑跑,影响其加速性能,另一方面四处飞溅的冰雪(外来物)可能对飞机造成潜在的危害。

(3)道面上的干雪、湿雪、雪浆以及飞机起落架上散落的雪块(一般在飞机接地过程中散落)在低温和轮胎碾压等情况下,容易转化为块状的冰碴,一方面附着在道面上的冰碴将严重降低道面的抗滑性能,另一方面游离在道面上的冰碴作为外来物对飞机的发动机、轮胎及机体其他部件可能造成严重影响。

(4)道面上积留的冰雪将覆盖道面上助航灯光设施与各类标志牌与标志线,影响飞行员的判断。

(5)若飞行区无线电导航设施上积留冰雪,当雪堤高度过高时,将影响该设施的工作性能。

(6)道面清除冰雪过程中形成临时雪堤,如果其堆放位置距离飞机过近、过高,可能会形成外来物影响飞机运行安全。此外,堆放太高的雪堤还可能形成障碍物,影响通视条件。

因此,各地机场针对道面清除冰雪工作需要建立清除冰雪专门协调机构。清除冰雪专门机构由机场管理机构牵头,包括基地航空运输企业和空中交通管理部门等相关单位。清除冰雪专门机构主要负责清除冰雪工作中的物资准备、人员培训、预案制订、完善与演练等工作。每年雪期结束后,清除冰雪专门机构应及时总结该年雪期中清除冰雪工作出现的问题,并在下一雪期来临前完成物资准备、设备保养、人员培训与预案演练等工作。

清除冰雪作业程序应根据机场所处地区的气候条件、飞行区面积大小、冬季机场冰雪的主要形态、机场繁忙程度、所配备的清除冰雪物资与设备等因素,通过机场道面清除冰雪预案的形式确定。

飞机高速滑跑行经的道面(跑道、快速脱离道等)与慢速经过的道面(停机坪通道),应采用不同的冰雪清除标准与冰雪清除作业程序,可将飞行区清除冰雪的作业区域分为关键区域和一般区域,分区方法见表 11-11。应优先对关键区域进行清除冰雪作业,尽可能减少各种形态的冰雪在道面上的积留时间,保证其同步开放交通,一般区域的清除冰雪作业可逐步进行。

飞行区清除冰雪作业区域的分类　　　　　　　　　　表 11-11

作业区域分类名称	区域说明
关键区域	①主跑道； ②快速脱离道以及通往航站区的滑行道； ③需使用的廊桥机位机坪； ④机场应急救援和消防设施通道； ⑤无线电导航设施
一般区域	①次级跑道及其他滑行道； ②目视助航设施； ③其他机坪及次级区域； ④其他服务车道

　　机场道面清除冰雪的方法主要包括融解法、机械法两种类型。融解法可分为热融雪（除冰）法和化学融雪（除冰）法。热融雪（除冰）法一般利用退役飞机发动机的高热尾气进行道面清除冰雪作业，也可利用远红外线或者微波等热源进行道面清除冰雪作业；化学融雪（除冰）法主要通过在道面上撒布能够降低冰点的各类化学物质，起到防冰（雪）或者除冰（融雪）的作用。这些化学物质可分为液体和固体两类。液态除冰液主要包括醋酸钾液体、乙二醇液体；固体除冰化合物主要包括尿素、甲酸钠和醋酸钠等。机械除雪法是通过机械设备将道面上冰雪清理出道面的方法。按照设备的工作原理和结构特点，这些机械设备可以细分为犁板式除雪车、旋切式抛雪车、扫滚式除雪车。犁板式除雪车安装有犁板式除雪装置，结构简单、造价低、性能可靠，作业时以直线运动为主，按犁板体结构又分为单向犁式、V 形犁式、刮雪板式、侧翼板式。旋切式抛雪车一般分为螺旋式抛雪车（水平除雪轴垂直于行车方向）和转子式抛雪车（叶片轴平行于行车方向），一般由集雪装置、抛雪转子、抛雪筒及连接装置组成，能够将收集起来的雪抛投到指定区域。扫滚式除雪车通过扫雪滚或扫雪盘的高速旋转运动，将道面积雪清除，主要适用于道面积雪较薄的情况（小于 1cm），一般用于犁板式除雪车或者旋切式抛雪车清除后道面残雪的清除，道面冰雪的除净率很高。

　　采用融解法的优点是冰雪除净率高，一般情况下可以满足道面冰雪清除标准，但是成本较高，如飞机发动机高热尾气清除冰雪设备油料消耗量巨大（1 台国产军用战斗机发动机工作 30min 的航空煤油消耗量约 1t）。而采用化学除冰（融雪）材料时，目前使用的除冰（融雪）材料对于道面以及道面上运行的飞机具有腐蚀作用，而且各类化学除冰（融雪）材料对周边环境均存在或多或少的负面影响。在低温条件下（一般为气温 −10℃ 以下时）使用溶解法时，还必须注意如果道面上融化后的冰雪不能及时排出，容易出现再次结冰的现象。机械除雪法工作效率高，对周边环境无污染，是一种应用最为广泛的清除冰雪方法。其存在的主要问题是由于机械除雪装置对于道面平整度、横坡的适应性不强，而且容易受到道面上凸起障碍物的影响，道面冰雪的除净率有时无法满足机场道面冰雪清除标准，特别是对于道面上 3cm 以下厚度的积雪采用机械法往往效果不显著。

五、机场鸟害防范

　　据 FAA 统计，1990～1998 年期间，包括美国民用飞机在内的野生动物撞击飞机事件导致每年的飞机受损费用超过 3.8 亿美元，因此，机场应当采取综合措施，防止鸟类和其他动物对航空器运行安全产生危害，最大限度地避免鸟类和其他动物撞击航空器。

机场应配置必要的驱鸟设备,并每年至少对机场鸟类危害进行一次评估。评估内容包括:机场生态环境调研情况,鸟害防范措施的效果、鸟情信息的收集、分析、利用及报告等。根据机场鸟害评估结果和鸟害防范的实际状况,制订并不断完善机场鸟害防范方案。方案至少应当包括:

①生态环境调研制度和治理方案;

②鸟情巡视和驱鸟制度;

③驱鸟设备的配备和使用管理制度;

④重点防治的鸟种;

⑤鸟情信息的收集和分析;

⑥鸟情通报及鸟击报告制度。

1. 生态环境调研和环境治理

机场应当持续开展鸟害防范基础性调研,全面掌握机场内及其附近地区的生态环境、鸟类种群、数量、位置分布及其活动规律;绘制鸟类活动平面图;掌握机场内及其附近地区与鸟情动态密切相关的生物类群及影响因素的时间、空间分布情况,分析其中的关系;据此制订和不断完善鸟害防范实施方案,确定各阶段应当重点防范的对象,有针对性地实施鸟害防范措施。机场鸟类活动平面图应当至少涵盖机场障碍物限制面的锥形面外边界所包含的范围,并应当包括:垃圾场、饲养场、屠宰场、农作物、灌木林、沟塘及其他吸引鸟类活动的设施或者场地的位置;大鸟和群鸟(含候鸟)的筑巢地、觅食地、飞行路线、飞行高度、出没时间等。

根据机场鸟情信息分析结果,机场应及时对机场围界内对飞行安全危害较大的鸟类巢穴、食物源、水源、栖息地、觅食地进行有效的整治,并应当积极协调配合地方政府对机场围界外的上述情况进行整治。具体整治措施包括:

(1)定期对机场范围内的草坪、树木进行灭虫处理;

(2)定期巡视检查并清除机场建筑物角落和周边树上的鸟巢;

(3)尽可能减少机场范围内的表面水,及时排除水坑、洼地上的积水,定期清理排水沟,避免昆虫和水生物的滋生;

(4)飞行区内禁止种植农作物和吸引鸟类的其他植物,不得进行各类养殖活动,不得设置露天垃圾场和垃圾分拣场。

2. 巡视驱鸟要求及驱鸟设备管理

在环境整治的基础上,机场应根据鸟情特点,采取惊吓、设置障碍物、诱杀或捕捉等手段或其组合实施鸟害防范工作。各种驱鸟手段应当符合相关的法律、法规和规章要求,并确保人身安全,避免污染环境。在机场有飞行活动期间,机场管理机构应当不间断地进行巡视和驱鸟。

3. 鸟情和鸟击报告制度

(1)鸟情巡视人员发现鸟情可能危及飞行安全或者发现有规律的鸟群迁徙时,应当立即向空中交通管理部门通报,空中交通管理部门应当视情发布航行通告。

(2)在机场及附近发生航空器遭鸟撞击的事件时,应向机场所在地民航地区管理局报告航空器遭鸟撞击的有关情况(包括航空器遭鸟撞击的时间、地点、高度及相关情况),并尽可能搜集和保存鸟撞击航空器的物证材料(如鸟类的尸骸、残羽、照片等)。

(3)航空器维修部门、空中交通管理部门、航空运输企业发现航空器遭鸟撞击的情况后,应当及时向机场管理机构通报有关情况。

复习思考题

1. 跑道容量的影响因素有哪些？预估方法有哪几种？它们各有什么优、缺点？

2. 机场道面性能评价包括哪几个方面？各方面的评价内容及评价指标分别是什么？

3. 道面剩余使用寿命预估在道面管理中有何用途？请简要说明如何进行道面剩余使用寿命的预估。

4. 道面维护管理过程可分为几个阶段，其划分标准是什么？各阶段的道面维护管理重点是什么，维护方法有哪些？

参 考 文 献

[1] 贾云华,董平如. 高速公路建设与管理[M]. 北京:北方交通大学出版社,2002.

[2] 中华人民共和国铁道部. 铁路线路维修规则[M]. 北京:中国铁道出版社,2001.

[3] 中华人民共和国铁道部. 铁路线路设备大修规则[M]. 北京:中国铁道出版社,1997.

[4] 交通部公路管理司. 公路养护与管理手册[M]. 北京:人民交通出版社,1996.

[5] 中华人民共和国行业标准. JTG B01—2003 公路工程技术标准. 北京:人民交通出版社,2004.

[6] 中华人民共和国行业标准. JTJ 011—94 公路路线设计规范. 北京:人民交通出版社,1994.

[7] 姚祖康. 公路设计手册 路面. 北京:人民交通出版社,1999.

[8] 交通部第二公路勘察设计院. 公路设计手册 路基. 北京:人民交通出版社,1997.

[9] 张雨化. 道路勘测设计. 北京:人民交通出版社,1999.

[10] 高速公路丛书编委会. 高速公路交通工程及沿线设施. 北京:人民交通出版社,2003.

[11] 高速公路丛书编委会. 高速公路立交工程. 北京:人民交通出版社,2001.

[12] 刘伟铭. 高速公路系统控制方法. 北京:人民交通出版社,1998.

[13] 中华人民共和国国家标准. GB 5768—2009 道路交通标志和标线. 北京:中国标准出版社,2009.

[14] 中华人民共和国行业标准. JT/T 374—98 隔离栅技术条件. 北京:人民交通出版社,1998.

[15] 中华人民共和国行业标准. JTG D81—2006 公路交通安全设施设计规范. 北京:人民交通出版社,2006.

[16] 中华人民共和国行业标准. JTG F71—2006 公路交通安全设施施工技术规范. 北京:人民交通出版社,2006.

[17] 杨少伟. 道路立体交叉规划与设计. 北京:人民交通出版社,2000.

[18] 中华人民共和国行业标准. JTG D20—2006 公路路线设计规范. 北京:人民交通出版社,2006.

[19] 姚祖康,顾保南. 交通运输工程导论. 2 版. 北京:人民交通出版社,2008.

[20] 中华人民共和国国家标准. GB 50157—2003 地铁设计规范. 北京:中国计划出版社,2003.

[21] 吴渊明. 铁路总体设计. 北京:中国铁道出版社,1986.

[22] 王其昌. 高速铁路土木工程. 成都:西南交通大学出版社,1999.

[23] 中华人民共和国行业标准. MH 5001—2006 民用机场飞行区技术标准. 北京:中国民航出版社,2006.

[24] 罗伯特·霍隆杰夫,弗兰西斯·马卡维. 机场规划与设计. 吴同涛,译. 上海:同济大学出版社,1987.

[25] 理查德·德·纽弗威尔. 机场系统:规划、设计和管理. 高金华,译. 北京:中国民航出版

社,2006.

[26] 谈至明,赵鸿铎,张兰芳.机场规划与设计.北京:人民交通出版社,2010.

[27] 亚历山大 T.韦尔斯.机场规划与管理.赵洪元,译.北京:中国民航出版社,2004.

[28] 姚祖康.机场规划与设计.上海:同济大学出版社,1994.

[29] 刘得一.民航概论.北京:中国民航出版社,2000.

[30] 中华人民共和国行业标准.MH 5002—1999 民用机场总体规划规范.北京:中国民航出版社,2000.

[31] 中国民用航空局发展计划司.从统计看民航(2009).北京:中国民航出版社,2009.

[32] 余志生.汽车理论.2 版.北京:机械工业出版社,1998.

[33] 高延龄.汽车运用工程.北京:人民交通出版社,1998.

[34] 沈志云,邓学均.交通运输工程学.2 版.北京:人民交通出版社,2003.

[35] 陈家瑞.汽车构造.北京:机械工业出版社,2003.

[36] 王望予.汽车设计.北京:机械工业出版社,2003.

[37] 孙朝云.现代道路交通测试技术——原理与应用.北京:人民交通出版社,2000.

[38] 郭忠印,李立寒.沥青路面施工与养护技术.北京:人民交通出版社,2003.

[39] 潘玉利.路面管理系统原理.北京:人民交通出版社,1998.

[40] 中华人民共和国行业标准.JTG H10—2009 公路养护技术规范.北京:人民交通出版社,2009.

[41] 交通部 CPMS 推广工作组交通部 CPMS 推广工作报告."八五"国家重点推广项目推广报告,1996.

[42] 姚祖康,孙立军.沥青路面使用性能评价,"七五"国家重点攻关科技项目研究报告.上海:同济大学,1990.

[43] 日本水泥混凝土协会.AASHO 道路试验.东京:日本水泥混凝土协会,1966.

[44] 饭岛尚.MCI 路面使用性能评价模型.土木技术资料 22-11,1981:577-582.

[45] 姚祖康.路面管理系统.北京:人民交通出版社,2001.

[46] 资建民.路面管理和管理系统.广州:华南理工大学出版社,2003.

[47] 张树升.道路工程经济与管理.北京:人民交通出版社,1989.

[48] 邬伦,等.地理信息系统——原理、方法和应用.北京:科学出版社,2001.

[49] 陈述彭.城市化与城市地理信息系统.北京:科学出版社,1999.

[50] 盛昭瀚.最优化方法基本教程.南京:东南大学出版社,1990.

[51] 刘伯莹.网级路面管理系统研究.上海:同济大学博士论文,1992.

[52] 郭忠印,方守恩.道路安全工程.北京:人民交通出版社,2003.

[53] 邵毅民.高等级公路交通安全管理.北京:人民交通出版社,1999.

[54] 赵恩棠.道路交通安全.北京:人民交通出版社,1990.

[55] 郑安文.我国高速公路交通事故的基本特点与预防对策.公路交通科技,2000(8).

[56] 过秀成.道路安全学.南京:东南大学出版社,2002.

[57] Austroads. Strategies for improving asset management practice,1997.

[58] Federal Highway Administration Office of Asset Management. Assert management primer U S

department of Transportation, 1999.

[59] Omar Smadi. Asset management decision support tools. http://www. ctre. iastate. edu. cn/ GASB34, 1999.

[60] New York State Department of Transportation. Blueprint for developing and implementing an asset management system, asset management task force, 1998.

[61] Cambridge Systematics, Inc. Cambridge Systematica Inc. Synthesis of asset management practice, 2002.

[62] Cambridge Systematics, Inc. Asset management framework, NCHRP Web Document 41 (Project SP 20—24[11]); Contractors Final Report, Feb, 2002.

[63] Mohammad A Hassanain, Thomas M Froese, Dana J Vanier. Framework model for asset management. Journal of Performance of Constructured Facilities, 2003, 17(1).

[64] Nasir G Gharaibeh, Michale I Darter. Development of prototype highway asset management system, Journal of infrastructure systems, 1999, 5(2).

[65] Omar Smadi. Asset Management implementation. http://www. ctre. iastate. edu. cn/ GASB34, 1999.

[66] Guillett, Edwin C. The story of Canadian roads. Toronto: University of Toronto Press, 1966.

[67] Roads and Transportation Association of Canada. Pavement management guide, Ottawa, 1977.

[68] Ohnishi Hirofumi. Research coordinate for road affairs, road department, asset management for road facilities, 2002.

[69] Organization for European Cooperation and Development Working Group. Asset management, systems, project description, 1999.

[70] 孙立军. 路面养护决策支持系统研究文集. 北京公路局, 同济大学, 1993.

[71] 孙立军. 智能型路面管理系统的建立方法. 上海: 同济大学, 1989.

[72] 孙立军. 上海市城市桥梁管理系统研究报告. 上海: 上海市市政工程管理处, 同济大学, 1998.

[73] 孙立军. 上海市城市桥梁管理系统研究. 华东公路, 2000.

[74] 陆亚兴. 桥梁管理系统研究. 上海: 同济大学, 1997.

[75] 熊辉, 史其信. 路面管理理论与方法的研究进展与趋势. 土木工程学报, 2004(1).

[76] 初秀民, 严新平. 交通资产管理系统的研究现状与展望. 公路, 2003(12).

[77] 邹志云, 毛保华, 郭志勇. 公路交通资产管理系统框架研究. 华中科技大学学报(城市科学版), 2005, 22(2).

[78] 苏卫国, 张肖宁. 公路基础设施资产管理概述. 公路, 2003(7).

[79] 曾胜男. 交通资产管理核心技术研究. 上海: 同济大学, 2006.

[80] 张彤. 资产评估师实务手册. 机械工业出版社, 2006.

[81] 国务院国有资产管理监督委员会. 国有资产评估管理办法. http://www. sasac. gov. cn/ index. html, 1991.

[82] 周丹. 资产管理中的多设施综合优化管理研究. 上海: 同济大学, 2008.

[83] 姜楠. 关于资产评估方法及其选择的应用探讨. 中国资产评估, 2004(6): 6-9.

[84] 毕宝德. 资产评估实务. 北京：中国发展出版社, 1995.

[85] 卢祖文. 铁路轨道结构及修理. 北京：中国铁道出版社, 2002.

[86] 中华人民共和国铁道部. 铁路线路修理规则. 北京：中国铁道出版社, 2006.

[87] 王午生. 铁道线路工程. 上海：上海科技出版社, 1999.

[88] 许玉德, 李海锋, 戴月辉. 轨道交通工务管理. 上海：同济大学出版社, 2007.

[89] 艾迪拓. 铁路基本知识. 北京：中国铁道出版社, 1989.

[90] 钱炳华, 张玉芬. 机场规划设计与环境保护. 北京：中国建筑工业出版社, 2000.

[91] FAA. Guidelinesand procedures for maintenanceof airport pavement. Washington, DC：AC：150/5380-6, 1982.

[92] Shahin MY. Pavement management for airports, roads and parking lots. NewYork：Chapman &hall, 1994.

人民交通出版社股份有限公司　公路教育出版中心
交通工程／交通运输类教材

教材详细信息,可查询"中国交通书城"(www.jtbook.com.cn)

注:◆教育部普通高等教育"十一五""十二五"国家级规划教材
　　▲交通工程教学指导分委员会推荐教材、"十三五"规划教材